이반 일리치

1926년 오스트리아 빈에서 태어났다. 어린 시절부터 중부 유럽을 떠돌다가 나치 박해를 피해 이탈리아로 피신한 후, 화학·신학·역사학 분야에서 학위를 받았다. 1951년 로마에서 사제 서품을 받고, 교황청 국제부직이 예정되었으나 미국으로 건너가 뉴욕 빈민가의 보좌신부로 가난한 사람들과 함께 살았다. 1956년 서른 살에 푸에르토리코 가톨릭 대학교의 부총장이 되었다. 1966년 멕시코에 〈문화교류문헌자료센터CIDOC〉를 설립해 당시 전 세계가 숭배하던 개발 이념에 도전했다. 이 센터는 급진 운동의 근거지이자 사상의 싱크탱크가 되었다. 교회에 대한 비판으로 교황청과 마찰을 빚다가 1969년 스스로 사제직을 버렸다. 1971년 『학교 없는 사회』를 발표한 후, 『공생을 위한 도구』, 『의학의 한계』 등으로 현대 문명에 근원적 도전을 던지며 세계적 사상가가 되었다. 1980년대에는 현대 관념의 뿌리를 밝히기 위해 12세기로 거슬러 오르는 사상적 여정을 시작해 『과거의 거울에 비추어』, 『텍스트의 포도밭에서』 등을 출간했다. 사회학·철학·경제학·여성학·종교학·언어학 등 여러 분야에서 탁월한 업적을 남기며, 가장 근원적이기에 가장 급진적인 사상가로 평가받는다. 말년에는 한쪽 뺨에 자라는 혹으로 고통받았지만 현대식 의료 진단과 치료를 거부했다. 2002년 12월 2일 독일 브레멘에서 눈을 감았다. 보수주의자에게는 '사상의 저격수'로 두려움의 대상이었고, 진보주의자에게는 시대를 앞선 성찰로 불편함의 대상이었던 이반 일리치. 21세기 인간 해방의 길은 이반 일리치로부터 시작하지 않으면 안 된다.

권루시안

편집자이자 전문 번역가이다. 이반 일리치·데이비드 케일리의 『이반 일리치와 나눈 대화』, 앨런 라이트맨의 『아인슈타인의 꿈』, 잭 웨더포드의 『야만과 문명』, 데이비드 크리스털의 『언어의 죽음』 등 다양한 분야의 책을 아름답고 정확한 번역으로 소개하려 노력하고 있다. 홈페이지 www.ultrakasa.com

IVAN ILLICH 1926-2002

과거의 거울에 비추어

IN THE MIRROR OF THE PAST:
Lectures and Addresses 1978~1990 by IVAN ILLICH

Copyright © Ivan Illich 1992
All rights reserved.

This Korean edition was published by Slow Walk in 2013
by arrangement with MARION BOYARS PUBLISHERS LTD
through KCC(Korea Copyright Center Inc.), Seoul.
이 책은 (주)한국저작권센터(KCC)를 통한
저작권자와의 독점계약으로 느린걸음에서 출간되었습니다.
저작권법에 의해 한국 내에서 보호를 받는 저작물이므로
무단전재와 복제를 금합니다.

IVAN ILLICH

과거의
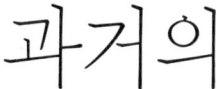
거울에

비추어

현대의 상식과 진보에 대한
급진적 도전

이반 일리치 지음
권루시안 옮김

미래는 삶을 잡아먹는 우상입니다.
우리에게는 미래가 없습니다.
오직 희망만이 있을 뿐입니다.

이반 일리치

일러두기

1. 이 책은 Ivan Illich, *In the Mirror of the Past: Lectures and Addresses 1978~1990* (Marion Boyars Publishers,1992)를 우리말로 옮긴 것입니다.
2. 본문 중의 강조 표시는 모두 지은이의 것입니다.
3. 각주는 모두 옮긴이의 주석입니다.
4. 인명, 지명 등은 되도록 원어 병기를 피했으며, 본문 뒤 고유명사와 용어로 따로 모았습니다.

머리말

이 책은 1978년부터 1990년 사이에 여러 모임에서 강연을 위해 준비한 글을 모은 것입니다. 책에 실린 원고는 밸런티나 보러먼스가 선별했고, 싣는 순서 또한 그녀가 정했습니다. 이미 출간된 것도 있고 이 책에서 처음으로 출간되는 것도 있습니다. 강연을 목적으로 쓴 글이기 때문에 글투가 말을 하듯이 되어 있고, 간혹 주제가 겹치거나 참고 문헌 표시가 없는 것도 그 때문입니다.

밸런티나 보러먼스는 저의 강연 원고 중 영어로 준비한 것, 그중에서도 저의 각별한 관심사가 드러나 있는 글을 골랐습니다. 모두 여러 부류의 청중에게 호소하는 형식으로, 얼핏 사소해 보이는 관념을 역사적으로 살펴보자고 청원하는 글입니다. 각각의 글에서 저는 그 사회적 기원을 고찰하지 않은 채 진리 혹은 '실질적으로 확실'하다고 받아들여지는 여러 전제에 대해 역사적 시각을 보여주려 했습니다.

몇몇 강연은 전문가 단체를 대상으로 한 것입니다. 그런데 그들이 저를 초청했다는 사실에 비추어, 강연 주제에는 그 단체의 자아상을 갉아먹는 어떤 근본적 문제점이 숨어 있지 않을까 생각했습니다. 각각의 강연에서 일상적 현실뿐 아니라 전문가적 현실을 존재하게 하는 시대 특유의 정신 공간과 그런 공간을 생기게 하는 전제에 주목하도록 했습니다.

지난 몇 년 동안 제가 읽고 가르친 내용은 주로 12세기 중반의 상상, 인식, 관념, 환상에 대한 것이었습니다. 생빅토르의 위그, 엘로이즈, 기베르, 테오필루스 사제 등이 남긴 글을 해석하면서 오늘날에는 없어졌으면 좋겠다고 감히 생각할 수도 없을 만큼 확고하게 사회적 현실이 되어버린 전제가 그 시기에 어떤 상황에서 어떤 모습으로 등장했는지 이해하려 했습니다. 제 강연은 이렇게 중세기 연구에 몰두하는 사이사이에 가끔씩 한눈을 파는 셈이었고, 이 책을 읽다 보면 앞서 말한 중세 시대의 저자에게 우리 시대를 설명해 주려는 목적으로 현재를 들여다보고 있구나 하는 생각이 들 때가 많을 것입니다. 청중 앞에 설 때마다 저는 과거라는 거울에 비춰볼 때만 우리 20세기의 정신 위상이 과거와는 근본적으로 다르다는 점을 알아볼 수 있고, 나아가 대개는 오늘날의 관심사에서 밀려났지만 그런 결과를 낳은 논리적 공리를 깨달을 수 있다는 사실을 말하고 싶었습니다.

이 책에 모은 강연을 들려준 대부분의 모임에서 저는 환영받는 외부인으로서 초청됐는데, 그보다 몇십 년 전에는 저의 글이 그들 사이에서 논란이 된 적이 있기 때문이었습니다. 바로 그 때문에 저를 초청한다고 명확히 밝힌 경우도 많았습니다. 하지만 저는 강연 서두에 몇 마디 말로 압축할 길이 없을 만큼 저의 현재 관심사가 훨씬 젊은 시절에 쓴 책이나 팸플릿으로부터 먼 길을 왔다는 사실을 주최 측이 이해하지 못하면 초청을 수락하지 않았습니다. 그리고 건축가, 교육자, 정책 입안자, 의료인, 루터교회 주교, 경제학자 등 저를 초대한 모임이 어떤 분야의 전문가든, 저는 그들을 배려하는 동시에 존중하는 뜻에서 해당 모임의 기조를 결정짓는 전문 언어를 삼갔습니다. 강연마다 저는 그 집단 내에서 분명 금기로 취급할 바로 그 개념이나 인식 또는 도덕적 확신에 논쟁을 부채질하는 것을 저의 임무로 보았습니다. 매번 저는 그 모임에서 내건 그 해의 구호를 비아냥거렸습니다.

이 책에 소개한 글은 강연 시점과는 무관하게 수록됐습니다. 그래서 저의 생각과 용어가 어떻게 변화하고 있는지는 알아보기 어렵게 됐지만, 독자가 큰 줄거리를 이해하기에는 더 쉬울 것입니다.

제1부에서는 '공용'이라는 말이 어떤 의미를 띠는지 대강 그려내는 한편, 제가 전통문화를 공동체에서 희소성 인식이 확대되지 않도록 막아주는 일련의 규칙으로 이해하게 된 과정을 설명했습니다. 먼저 발전으로부터 평화를 분리하고 이처럼 둘을 분리해내지 않을 경우의 상황을 저로서는 입에 올릴 수 없는 어떤 것으로 인지합니다. 그 다음에 대안 경제학은 경제학의 대안이 될 수 없음을 분명히 설명합니다. 공용이 자원으로 탈바꿈될 때 무엇을 잃게 되는지에 대해서는 정적靜寂과 정주定住에 대한 글에서 예시하고 있습니다. 일본 엔트로피 학회에서 발표한 강연에서는 우리가 경제활동과 경제성장으로 내몰리는 것은 사회적으로 부정가치를 만들기 때문이라는 점을 논합니다. 제1부의 마지막 글에서는 부정가치가 더 확대되지 않도록 막으려면 사회적으로 어떤 선택을 할 수 있는지 여러 차원에서 다룹니다. 문화의 시

대를 넘어서도 경제적 필요가 힘을 잃고 문화적 욕망이 힘을 얻는 거부의 정치학을 탐구했습니다.

그 다음 제2부의 글 두 편은 이른바 '교육자'를 대상으로 강연한 것입니다. 두 글의 공통된 주제는 교육 안에서 이루어지는 연구가 아니라 교육에 대한 연구를 하자는 호소입니다. 여러 가지 방법으로 저는 현재의 교육 이론 속에 공통적으로 숨은 전제를 구성하는 확실성을 연구하자고 청했습니다. 교육 세계는 중세 천문학에서 달밑세계 또는 금성세계라고 이름을 붙였던 것들에 못지않은 사회적 구성물임을 논합니다. 저는 루이 뒤몽이 호모 오이코노미쿠스의 등장을 연구한 것과 같은 방식으로 호모 에두칸두스의 사회적 발생을 연구해야 한다고 말했습니다. 모어母語라는 전제라든가 사람은 태어날 때부터 '자연적으로' 단일 언어를 사용하게 되어 있다는 전제에는 알아볼 수 있는 시발점이 있었고 따라서 끝도 있을 수 있음을 설명했습니다.

이제 제3부에서 저의 탐구는 '질료의 역사' 속으로 들어갑니다. 현대를 이루는 '질료'라는 말로 제가 의미하려는 바는 물이 H_2O로 변하는 과정을 고찰하면서 드러납니다. 그 뒤의 글 몇편은 제 전환기에 대해 적은 것인데, 신화를 형성하는 예전 또는 의례라는 관점에서 학교교육을 연구하다가, 알파벳이라는 기호의 충격으로 서양이 탈바꿈하는 과정을 연구하게 된 계기를 다루었습니다. 강연에서 제가 걸어온 길을 되짚으며, 기호가 그 표기 체계를 다룰 수 없는 사람들의 감각 지각에까지 어떤 효력을 끼쳤는지 연구하기를 호소했습니다. 1170년 무렵 필사본의 쪽에서 '글월'이 분리되면서 새로운 문자 질료가 생성됩니다. 이 질료가 엉기어 진리가 되고 기억이 됩니다. 하지만 이 질료 역시 불안정합니다. 저는 여기에 12세기의 '평민 문자문화'라는 이름을 붙였는데, 이는 오늘날 컴퓨터를 사용하는 사람뿐 아니라 컴퓨터를 모르는 사람도 빠져드는 '인공지능의 몽환지경'에 대한 은유가 됩니다.

1976년에 저는 『의학의 응보』의 제3판이자 최종판을 펴내고 여섯 주 동안 전문가들과 논쟁해야 했습니다. 그 뒤로 저는 의료 전문가들과는 어떠한 토론도 삼가고 있습니다. 제4부에서는 의료는 이제 더 이상 핵심 쟁점이 아님을 분명히 이야기하고자 합니다. 저는 지금도 어떻게 해서 의료가 그토록 진지하게 받아들여질 수 있었는지 이해가 되지 않습니다. 우리가 탐구해야 하는 주제는 바로 '생명'을 궁극의 자원으로 인식하고 부지불식간에 관리하는 행위입니다. 이것이 생명유리학의 기면을 빗기사는 글의 요점인데, 함께 초안을 잡았던 로버트 멘델존은 서명하기 전에 세상을 떠났습니다.

여기 실린 글 중 몇몇은 형식과 내용에서 리 호이나키와 오랫동안 협력한 결과입니다. 이 책을 영어로 된 저의 모든 책을 펴낸 출판인이자 귀중한 비평과 격려를 해 준 저의 친구 매리언 보야즈에게 바칩니다.

이반 일리치
오코테펙, 1991년

차 례

머리말 9

I   간디의 오두막에서 19
　　경제학에 가려진 삶의 축복 25
　　평화의 사라진 의미 44
　　빼앗긴 공용, 들판과 고요 63
　　정주, 되찾아야 할 삶의 기술 74
　　부정가치와 엔트로피 89
　　사회적 선택의 세 가지 차원 107

II   중세의 우주에 갇힌 현대의 교육학 139
　　호모 에두칸두스의 역사 151
　　언어는 언제부터 상품이 되었나? 159

III   물의 신화: 망각의 강과 H_2O 197
　　정신 공간의 분수령: 구술, 문자, 컴퓨터 219
　　기억의 틀: 중세의 책과 현대의 책 253
　　컴퓨터, 인공두뇌의 꿈에서 깨어나기 283

IV   신체의 역사, '신체 생산자'의 출현 295
　　생명은 지옥으로! 306
　　생명 윤리학의 가면을 벗겨라 326

V   품위 있는 침묵에 대한 권리 331
　　나 또한 침묵을 지키기로 결심한다 338

이반 일리치를 회상하며 더글러스 러미스 343
이반 일리치 연보 361   옮긴이의 말 379   주요 고유명사와 용어 383

I

간디의 오두막에서

경제학에 가려진 삶의 축복

평화의 사라진 의미

빼앗긴 공용, 들판과 고요

정주, 되찾아야 할 삶의 기술

부정가치와 엔트로피

사회적 선택의 세 가지 차원

간디의 오두막에서

세바그람 아쉬람 프라티시탄 개원사
인도 와르다 세바그람
1978년 1월

오늘 아침 저는 마하트마 간디가 살았던 오두막에 앉아, 이 오두막을 만든 정신과 교감하며 그 교훈을 받아들이고자 했습니다. 이 오두막에서 저는 두 가지로 큰 감명을 받았습니다. 하나는 그 정신적 측면이고 또 하나는 쾌적함입니다. 저는 간디가 어떤 관점으로 이 오두막을 지었을까 이해하려 노력했습니다. 오두막의 소박하고 아름답고 깔끔한 면이 참으로 마음에 들었습니다. 이 오두막은 모든 사람에게 사랑과 평등의 원칙을 분명히 나타내고 있습니다. 멕시코에서 사람들이 제게 마련해 준 집이 여러모로 이 오두막과 비슷하기 때문에 저는 그 정신을 이해할 수 있었습니다.

　이 오두막에는 일곱 가지 장소가 있습니다. 신을 벗고 오두막으로 들어가면서 몸과 마음의 준비를 하는 장소가 있습니다. 그 다음에는 대가족이 들어가도 될 만큼 커다란 가운뎃방이 나옵니다. 오늘 아침

네 시에 기도를 하러 그곳에 앉았을 때 저 말고도 네 사람이 벽에 기대 앉아 있었고, 그 반대편에도 촘촘히 앉으면 네 명이 앉을 만한 공간이 있었습니다. 이 방은 사람들이 들어와 다들 함께 어울릴 수 있는 곳입니다. 세 번째 공간은 간디가 앉아 일하던 곳입니다. 방이 두 개 더 있는데, 하나는 손님을 위한 방이고 다른 하나는 환자를 위한 방입니다. 바깥으로 열린 베란다가 있고 널찍한 욕실도 있습니다. 모든 장소가 서로 유기적으로 연결되어 있습니다.

부자가 이 오두막에 온다면 비웃을 수도 있겠다 싶습니다. 그러나 소박한 인도 사람의 관점에서 보면 이보다 더 큰 집이 있어야 할 까닭이 없습니다. 이 집은 나무와 진흙으로 지었습니다. 이 집을 지을 때 수고한 것은 기계가 아니라 사람의 손입니다. 제가 오두막이라 부르고는 있지만 사실 이곳은 집입니다. 주택과 집은 차이가 있습니다. 주택은 사람이 짐과 가구를 보관하는 곳입니다. 사람 자신보다 가구의 안전과 편의에 더 치중하여 만든 곳입니다. 제가 델리에서 묵었던 곳은 여러 가지 편의시설이 마련된 주택입니다. 그런 편의의 관점에서 지은 건물입니다. 시멘트와 벽돌로 짓고 가구나 기타 편의시설이 잘 맞아 들어갈 수 있는 상자처럼 만들었습니다. 우리는 살아가면서 모으는 갖가지 가구나 물건이 결코 내면의 힘을 키워주지 못한다는 사실을 이해해야 합니다. 그런 것은 말하자면 장애인의 목발과 같습니다.

그런 편의를 더 많이 가질수록 거기에 더 많이 의존하게 되고 삶이 그만큼 더 제약을 받습니다. 그와는 달리 간디의 오두막에서 보는 종류의 가구는 차원이 달라서 거기에 의존하게 될 까닭이 거의 없습니다. 온갖 편의를 짜 넣은 주택은 우리가 약해졌음을 보여주고 있습니다. 우리는 살아갈 힘을 잃을수록 재화에 의존합니다. 사람들의 건강은 병원에 의존하고 우리 아이들의 교육은 학교에 의존하는 것과 비슷합니다. 애석하게도 병원도 학교도 한 나라의 건강이나 지성의 지표가 되지 못합니다. 사실 병원 수는 사람들의 건강 상태가 얼마나 나쁜지를 보여주는 지표이고, 학교 수는 사람들이 얼마나 무지한지를 보여주는 지표입니다. 마찬가지로, 삶에서 편의설비가 많으면 사람살이에서 표현되는 창의력이 최소한으로 줄어듭니다.

애석하게도 세상이 그런 편의를 더 많이 지닌 사람을 우러러본다는 사실은 참 불합리합니다. 질병에 높은 지위를 부여하고 무지를 더 존중하는 사회는 부도덕한 사회이지 않습니까? 간디의 오두막에 앉아 이렇게 뒤집힌 현실에 대해 곰곰이 생각하니 슬픈 마음이 들었습니다. 저는 산업 문명을 인간의 발전으로 이어지는 길이라 생각한다면 잘못이라는 결론을 얻었습니다. 경제 개발을 위해 더 크고 더 뛰어난 생산 기계를 만들고 기사와 박사와 교수를 점점 더 늘리는 것은 말 그대로 과잉이라는 사실이 증명된 바 있습니다.

간디가 살았던 이 오두막보다 더 큰 곳을 원하는 사람은 몸과 마음과 생활방식이 초라한 사람입니다. 이런 사람을 저는 불쌍하게 생각합니다. 이들은 자기 자신을, 살아 있는 자아를 죽어 있는 구조물에게 내어준 것입니다. 그러는 과정에서 신체의 회복력과 삶의 생기를 잃었습니다. 이들은 자연과 거의 아무런 관계도 맺지 않고 동료 인간에 대한 친밀감도 거의 없습니다.

오늘날 계획을 맡은 사람들에게 간디가 우리에게 가르쳐준 저 단순한 접근방법을 왜 이해하지 못하는가 물으면, 간디의 방식은 아주 어려워서 사람들이 따라가지 못할 거라는 대답이 돌아옵니다. 그러나 진짜 이유는 간디의 원칙에서는 거간꾼이나 중앙집중체제가 설 자리가 용납되지 않기 때문입니다. 그래서 계획자나 관리자, 정치가가 소외당하는 느낌이 들기 때문입니다. 진실과 비폭력이라는 단순한 원리가 어떻게 이해되지 않을 수 있겠습니까? 거짓과 폭력을 통하면 원하는 목표에 다다르리라 생각하기 때문일까요? 아니, 그렇지 않습니다. 보통 사람은 정당한 수단을 통하면 정당한 목표에 다다른다는 사실을 이해합니다. 그것을 이해하려 하지 않는 사람은 뭔가 이권이 있는 사람뿐입니다.

부자는 이해하고 싶어 하지 않습니다. 여기서 '부자'는 보통 사람 모두가 누리지는 못하는 삶의 편의를 가지고 있는 사람을 가리킵니다. 생활하고 먹고 다니는 것에서 '부자'인 사람들이 있습니다. 이들의 소비 양식으로는 진실을 알아볼 수 없습니다. 이렇게 눈먼 사람들에게 간디는 이해하고 동화되기 어려운 명제가 됩니다. 이들은 소박함이 도무지 이해되지 않는 사람들입니다. 애석하게도 이들은 처해 있는 상황 때문에 진실을 알아보지 못합니다. 너무 복잡하게 살아가기 때문에 자신을 가두는 덫에서 빠져나오지 못합니다. 다행히도 대다수의 사람은 소박함이라는 진실에 무감해질 만큼 부유하지도 않고 이해력이 결여될 만큼 빈궁하지도 않습니다. 설령 진실이 보인다고 해도 부자는 그에 따라 살기를 거부합니다. 그들은 이 나라의 영혼과 더 이상 접촉하지 못하기 때문입니다.

자급자족이 이루어지는 사회에서만 사람이 품위를 지닐 수 있다는 사실, 또 산업화로 나아갈수록 고통을 겪는다는 사실은 아주 명백할 것입니다. 이 오두막은 사회와 조화를 이룰 때 얻는 즐거움을 담고 있습니다. 이곳에서는 자급자족이 으뜸입니다. 불필요한 물품과 재화를 소유할수록 행복을 받아들이는 능력이 그만큼 줄어든다는 사실을 우리는 이해해야 합니다. 그래서 간디는 생산성은 부족함을 메우는 한도 내에서만 유지해야 한다고 거듭 말한 것입니다. 오늘날의 생산 방식은 한계를 모르고 끝없이 증가하는 식입니다. 우리는 이런 모든 것을 이제까지 용인해 왔지만, 이제는 사람이 기계에 의존할수록 파멸을 향해 더 나아가게 된다는 사실을 깨달아야 하는 때가 왔습니다. 진보를 원한다면 그런 방법은 틀렸다는 사실을 문명세계가 ― 중국이든 미국이든 ― 이해하기 시작했습니다. 사람은 사회뿐 아니라 개인의 이익을 위해서도 당장 필요한 만큼만을 자기 것으로 지니는 것이 가장 좋다는 사실을 깨달아야 합니다. 우리는 이런 사고가 오늘날 세계의 가치관을 바꿔놓도록 표현될 방법을 찾아내야 합니다. 정부의 압력이나 중앙 기관을 통해서는 변화를 가져올 수 없습니다. 기층 사회가 무엇으로 성립되는지 사람들이 이해하게 하려면 여론이 형성되어야만 합니다.

오늘날 자동차를 타는 사람은 자전거를 타는 사람보다 우월하다고 생각하지만, 사실 공동 규범으로 보면 대중을 위한 수송 수단은 자전거 쪽입니다. 따라서 도로를 계획할 때에는 자전거를 가장 중요하게 취급하고 수송 역시 자전거를 바탕으로 이루어져야 합니다. 자동차는 제2의 자리로 밀려나야 합니다. 그러나 상황은 정반대입니다. 모든 계획에서 자전거가 제2의 자리로 밀려나고 자동차를 먼저 생각하는 것입니다. 이처럼 보통 사람에게 필요한 것은 무시하고 높은 사람이 필요로 하는 것을 챙기고 있습니다.

　간디의 이 오두막은 보통 사람의 존엄을 끌어올릴 수 있는 방법을 세상에 보여주고 있습니다. 이는 또 소박함, 봉사, 진실이라는 원리를 실행하여 얻는 행복의 상징이기도 합니다. '제3세계 빈민을 위한 기술'이라는 주제로 여러분이 여는 협의회에서 이런 교훈을 앞에 놓고 논의하기를 바랍니다.

경제학에 가려진 삶의 축복

미국 동부경제학회 협의회: 인간경제를
주제로 한 연차 토론회 강연문
미국 보스턴
1988년 3월 11일

제 강연의 주제는 경제성장에도 사라지지 않고 우리가 여전히 누리고 있는 삶의 축복입니다. 즉 30년에 걸쳐 개발 10개년이 이어지는 동안 미래가 드리워놓은 그림자에 가려버린 현재가 그 그림자에서 빠져나올 때 그 현재를 재발견하는 것을 말합니다. 그리고 생각건대 지금이 이른바 '개발'에 거는 희망이 꺼져갈 때 우리가 발견해야 하는 비경제적 은총에 대한 연구를 해주십사 부탁할 시점으로 보입니다.

저는 수송 수단보다 발로 걷거나 자전거를 타기, 공급주택에 대한 소유권을 차지하기보다 자신이 만들어가는 집에서 살아가기, 발코니에 토마토 심기, 라디오와 텔레비전이 없는 술집에서 사람들과 만나기, 각종 치료 요법 없이 고통을 겪어내기, 의료의 감시 하에 이루어지는 살해보다 '죽는다'는 자동사로 표현되는 행동을 택하기 등의 재발견을 일부러 축복과 은총이라고 말합니다.

비경제적 언어, '축복'과 '은총'

저는 '가치value'라는 낱말을 쓰지 않습니다. 저는 이 경제 용어가 어쩌다 최근 우리의 담론 속에 끼어들어와 '선'[1]을 밀어내고 그 자리를 차지했는지 알기 때문입니다. 하지만 선이라는 관념을 보존하려 애쓸 때 어떤 위험이 따르는지도 인식하고 있습니다. 오늘날 '선'이라는 용어에는 관리한다는 뜻이 담겨 있습니다.

예를 들면 교사나 의사, 논객이 전문가로서 '여러분 자신의 선을 위해'라는 식으로 입에 올립니다. 따라서 저는 축복과 은총이라는 관념을 되살려, 돈으로 사는 쾌락과 안전에 대한 기대가 무너지는 순간 부자 나라와 가난한 나라 모두에서 제가 관찰한 기쁨 그리고 슬픔의 재발견을 말하고자 합니다.

한때 축복이나 심지어 은총이라는 말에도 종파가 함축돼 있었다는 사실은 걱정하지 않습니다. 이런 경험에 대한 담론은 오로지 경제적 함축이 전혀 없는 언어로 전달되어야 합니다. 생산성이나 필요, 자원, 결정, 체제, 되먹임, 그리고 무엇보다도 개발을 전혀 언급하지 않는 언어로 전달할 때에만 이론적으로 일관성을 띠면서 실질적으로 타당하다는 점을 이야기하고자 합니다.

자신을 자기 학문의 반대파로 보는 전문 경제학자 여러분과 경제학을 논하도록 초청해 주어 고맙습니다. 경제학 언어로는 파악이 불가능하고 타락시킬 뿐인 축복 문제를 여러분 앞에서 제기할 수 있어 영광입니다. 또 볼딩, 카프, 미샨, 그리고 무엇보다도 슈마허와 그에게 직

---

[1] 영어 낱말 good은 선, 이익, 소용 등으로 풀지만, 그 바탕에는 '좋다', '이롭다', '바람직하다'는 뜻이 담겨 있다.

접 영향을 준 사람들을 인정하는 학자들 앞에서, 그리고 베이트슨에게서 영감을 받았다고 밝히는 사람이 다수 포함된 학자들 앞에서 경제학의 대안을 강연하게 된 것을 저는 특권으로 받아들입니다.

하지만 이렇게 학식 높은 사람들 앞에 저의 논제를 내놓아야 하기 때문에 막막한 마음도 듭니다. 왜냐하면 제가 볼 때 경제학 내의 반대파는 희소성과 관련된 전제라는 학문적 우산을 확장하여, 주류 학자가 아직 건드리지 않는 사실과 관계로 적용하는 수준을 넘어서지 못했기 때문입니다.

저는 경제학자가 아닙니다. 그보다는 역사학자에 가까운 사람입니다. 저는 미래에 대한 강박적 억측을 바로잡으려는 목적으로 역사를 공부합니다. 역사학자에게 현재는 미래의 과거로 나타납니다. 역사를 공부하면 곰곰이 선을 논의려 할 때 우리가 사용하는 모든 용어 속에 숨은 시간 벡터를 예민하게 알아차릴 수 있습니다. 역사학을 연구하면 제가 연구하는 사료의 저자 대부분은 저의 행동과 생각, 심지어는 지각의 바탕이 되는 명백한 확실성을 상상조차 못했다는 점을 알아차리게 됩니다. 저는 현 시대의 전제를 예민하게 파악하려고 역사학을 공부합니다. 이러한 전제는 검토되지 않고 그냥 지나쳐 버려 우리 시대 특유의 선험적 지각형태가 되어버렸습니다.

저는 역사를 이용하는 것도 아니고 역사 속으로 도망쳐 들어가는 것도 아닙니다. 과거를 공부함으로써, 제가 글 쓰고 말할 때 대면하는 생각과 느낌의 정신 위상을 형성하는 논리적 공리를 과거의 시각에서 내다보고자 합니다. 그리고 과거에서 나와 현재로 들어올 때, 저의 정신 공간을 생성하는 논리적 공리의 대부분이 경제학에 물들었다는 사실을 알게 됩니다.

저는 이번 토론회를 준비하면서 반대정상회담[2]의 논문을 읽어보고 또 폴 에킨스가 편집한 책을 자주 들춰보았습니다. 이 책 첫머리의 몇 문장을 인용합니다. '경제학은 막다른 골목에 다다랐다. 그 도구의 날이 무디어졌다. 방향은 갈피를 잡을 수 없다.' 대중은 참으로 '회의적이고 어리둥절해졌다.' 1988년의 미국 대통령 선거운동이 이런 혼란을 반영합니다. 전쟁 후 경제학은 널리 인정된 학문이라는 교감이 있었으나 이제는 없어져버렸습니다.

1960년대에는 경제학자가 사회의 천문학자로 추앙받았으나, 이제는 천문학자라기보다 점성술사로서 자문해 주기를 바라고 있습니다. 투자는 실업률을 도무지 낮추지 못합니다. 성장도 마찬가지입니다. 인플레이션은 풍토병으로 자리 잡았습니다. 분별 있는 대통령 후보라면 개발에 대해 말하지 않을 것입니다.

마지드 라흐네마는 아주 최근까지도 '도약'이라 불리던 것, 즉 문화가 저항력을 잃고 변태의 굴레에 빠져 경제로 바뀌는 그 시점을 에이즈에 비유합니다. 이 시점에 이르면 잠복해 있던 면역결핍 바이러스가 에이즈로 모습을 드러냅니다. 문화의 자립 상태가 빠르게 무너지는 것입니다. 시간이 지나면서 도처에 가난이 퍼집니다. 리스트와 사벨리가 함께 쓴 새 책은 적절하게도 제목이 『옛날에 개발이라는 게 있었다』입니다.

---

[2] The Other Economic Summit: 선진 7개국의 연례 경제 정상회담에 대항하는 정상회담으로서 1984년 런던에서 처음 열렸다.

누구도 건드리지 못하는 경제학의 전제

반대정상회담 논문의 여러 저자는 화폐화의 목적에 반대되는 결과를 보여주는 증거를 가차없이 내놓고 있습니다. 그러나 그보다 훨씬 더 중요한 것은, 학계에서 성장의 이런 역설적이고도 고통스러운 결과를 더 이상 무시할 수 없는 과학적 사실로 만드는 개념을 제시했다는 점입니다. 이로써 갖가지 지표가 완전히 새로 생겨났습니다. 이제 여러 가지 구체적 기준을 통해 '물품의 값비싼 성장'과 '값비싼 폐품의 성장'을 차별할 수 있게 됐습니다.

그러나 이런 새로운 개념 중에는 대안 경제학자가 집안일, 성관계, 정원 가꾸기 등을 경제적 식민지로 만들자는 주장의 근거로 삼는 것도 있습니다. 역설적이게도, 경제성장의 반反생산성이 경제적으로 증명된다는 사실 자체가 인간에게 중요한 것은 경제 용어로 표현될 수 있다는 믿음을 굳게 해주고 있는 것입니다.

제가 여러분에게 호소하고 싶은 건 대안 경제학자와 그들이 부리는 사악한 도구에서 공통적으로 나타나는 저 확실성을 다시 한 번 살펴보자는 것입니다. 대안 경제학자가 근간으로 삼는 부족, 필요, 가치, 자원이라는 전제는 과거의 거울에 비추어 보면 종류가 같은 것으로 나타납니다. 같은 글에서 에킨스가 인류의 복지를 최대화하기 위해 희소 자원을 알맞게 배정하기 위한 과학적 지침을 제공하는 것이 반대정상회담의 목표라고 정의하는 부분에서는 심하게 비논리적인 양상을 띱니다. 그리고 이렇게 이어집니다. '전통적 경제학의 근거가 되는 전제 자체가 이제 믿을 수 없다.' 경제학이 사물과 그 축적에 이바지하기보다 민중과 그 복지에 이바지하게 하려는 바람을 아무리 끈질기게 되풀이 표출해도, 호모 오이코노미쿠스에게 필요와 욕망을 짐 지우는 희소성이라는 전제 자체는 조금도 건드리지 못합니다. 전문가든 일반인이든, 주류든 반대파든 경제학자가 한 마디 말할 때마다 희소성이라는 전제가 더욱 깊이 뿌리박힙니다.

반대정상회담 논문은 아이비엠을 겨냥해 발톱을 세운 매킨토시의 광고로밖에 보이지 않습니다. 매킨토시는 사람 위주로 설계된 운영 체제를 바탕으로 돌아간다고 주장하는 광고가 나오고 또 나옵니다. 그게 사실이라고 칩시다. 저는 이런 광고를 접하면 여러분이 쉽게 짐작할 수 있는 그 이유 때문에 매킨토시를 더욱 경계하게 됩니다. 전통적 경제학과 마찬가지로, 그 반대 측 역시 어떠한 사회에서든 그 사회의 경제학을 컴퓨터 운영 체제에 비유하여 생각합니다.

경제학자는 그 운영 체제를 잘 알고 잘 다룹니다. 필요를 '기본'으로, 가치를 '인간'으로, 개발을 '개인적'으로, 수요를 '자원의 지속 가능한 이용'으로, 성장률을 '문화를 고려하여 조정된'으로 표현하여 경제학을 번지르르하게 치장하지만 그 기본 전제는 하나도 건드리지 않습니다. 아무리 치장해도 경제학의 언어는 문화적 선善이 가치로 바뀌어 희소성이라는 전제 안에서 동작하는 사회적 요소로 개조됐다는 것을 이해하는 데만 유용할 뿐입니다.

전통적 경제학을 본격적으로 비판하는 사람이라면 누구든 이러지도 저러지도 못하는 상황에 빠질 수밖에 없습니다. 경제성장에 함축된 피할 수 없는 결말을 명확히 규정짓자면 그 성장의 결과 나타나는 문화의 파괴 정도를 돈으로 계량해야만 합니다. 이 때문에 비판자는 자신의 권장사항을 일회용 반창고 광고나 종교적 훈계 같은 언어로 표현하게 되는 것입니다.

그러나 제가 반대정상회담 논문 몇편을 읽으면서 빠져드는 이유는 다른 한 가지가 눈에 띄기 때문입니다. 그것은 이따금씩 저자가 단순한 반대자에서 진정한 회의론자로 바뀐다는 사실입니다. 슈마허가 그런 사람이었습니다. 만년에 그는 중간기술(애초에 그가 붙인 이름이지만)을 적정기술로 재정의하면서 일련의 의문을 제기하는 일에 앞장섰는데, 그 질문이 지금은 이런 형태를 띠고 있습니다. '개발하고 나서 그 다음에는?' 의문을 제기한 사람 가운데 코르는 안녕한 상태가 유지되려면 차원 해석으로 드러나는 요소가 충족되어야 하며, 계량적으로 측정되는 어떤 복지로도 불가능하다는 사실을 암시해 많은 사람의 스승이 됐습니다.

경제학의 시대는 계속될 것인가

반대정상회담 논문에서 제임스 로버트슨은 경제학을 넘어서 경제학을 어떻게 비평할 수 있는지 틀이 잘 잡힌 비평을 보여줍니다. 그는 이렇게 묻습니다. '완전고용에 다다르고 나면 무엇이 오는가?' 오늘날 완전고용은 이상향에서 가능한 개념이 아니라 실질적으로 달성 불가능한 개념으로 인정됩니다. 로버트슨은 그 증거를 논합니다. 그는 지금 우리가 무직 상태의 성장 속에 있다고 말합니다. 일을 처리하는 경제적 방법으로 고용을 꼽을 수 없는 분야가 많아지고 있습니다. 과거의 노예 제도가 그랬던 것과 비슷하게 그 자체가 비경제적이 되어 가고 있습니다. 하지만 고용은 지금도 몇 가지 명백한 목적에 쓸모가 있습니다. 예를 들면 비경제적이면서 갈수록 더 비윤리적인 방식으로 이득을 재분배하는 데에 쓸모가 있습니다. 그러나 이제는 수많은 인간 활동을 바라보는 우리의 인식이 고용이라는 환원주의적, 규범적 개념으로부터 벗어나야 할 때가 아닌가 합니다.

로버트슨은 논문 끝부분에서 현재 통용되는 노동의 범주를 해체하는데, 그는 그렇게 해체하는 동시에 논지를 펴나가는 틀로 삼은 학문 분야 자체를 해체했음을 알아차립니다. '경제학의 시대는 사실상 고용의 시대와 일치했다. 고용이 노동을 조직하는 주된 방식으로 발전한 것은 지난 2백 년 동안에 지나지 않는다. …… 문제는 고용은 내내 노동의 주된 형태였지만 그에 비해 경제학은 상당히 단명한 논리 구조였다는 결론이 날 것인가, 아니면 경제학자가 경제학이라는 분야를 확장하는 데 성공하여 호모 오이코노미쿠스와 대비되는 실제 사람의 필요 및 활동을 반영하는 다양한 선택의 범위를 다룰 수 있을 것인가 하는 것이다.'

'필요'의 역사

이 문장에서 로버트슨은 고용이 노동의 주된 형태였던 시대에 널리 퍼진 정신 상태에 형식을 부여하는 학문으로서 경제학을 다룹니다. 그의 논거가 설득력이 있다고 받아들일 때 '고용'은 예컨대 '필요' 같은 다른 용어로 대치할 수 있습니다. 경제학의 시대는 인간의 여러 가지 필요를 점차 발견해온 것과 일치하는데, 경제학자는 이제 이 필요를 유한하고, 얼마 되지 않으며, 분류 가능하고, 보편적이라 정의합니다. 저는 필요에 초점을 맞추어, 로버트슨이 노동을 가지고 한 것처럼 필요라는 개념의 당위성을 해체하고자 합니다. 우리가 필요로 인식하고 경험하는 것은 사회적으로 노동보다도 더 근래에 창조된 것입니다.

우리가 필요라고 정의하는 그것은 과거 시대에는 알려지지 않았습니다. 제가 이전에 '필요의 역사'에 대해 말하려 한 것들을 마이클 이그나티에프는 『생소한 사람들의 필요』에서 정확하게 비평하고 있습니다. 우리의 필요와 그에 상응하는 과거의 그것은 사회의 수많은 전제 속에서 차지하는 자리가 너무나 달라 서로 비교가 불가능할 정도입니다. 최근에 일어난 인식론적 단절이 우리가 '필요'라 부르는 것이 등장한 시점입니다. 따라서 그 역사는 추적할 길이 없으며, 다만 현대기 후기에 이르러 우리가 필요라고 인식하게 된 것이 사회적으로 발생한 경위를 밝혀볼 수 있을 뿐입니다.

필요의 사회적 발생을 말하려면 신중해야 합니다. 우리 자신의 완전성을 그대로 유지하는 데 필요가 ― 우리 자신 및 생소한 사람들의 필요가 ― 필요합니다. 우리는 노여움도 향수도 불러내지 않는 논의 방향을 찾아내려고 노력해야 합니다. 예를 들어 자기 오두막집 한 구석에서 맞이하는 노인의 죽음과 중환자 집중 치료라는 '필요'가 완전히 충족된 노인의 죽음을 비교할 때 저는 두 가지 조건이나 상황 중 어느 쪽이 더 바람직한지 비교하는 게 아닙니다. 이 예는 두 사람을 모두 언급할 때 똑같은 낱말을 사용하기가 불가능하다는 사실을 강조하기 위해서일 뿐입니다. 제가 말하는 뜻을 알아차리기 바랍니다. 저는 과거에서 교훈을 찾아내려 하지 않습니다. 그러나 역사를 제대로 살펴보면 우리는 궁핍한 인간, 즉 호모 오이코노미쿠스의 처지를 더 뚜렷하게 알 수 있을 거라 믿습니다.

우리는 아주 최근에 와서야 필요라는 측면에서 인간을 정의하는 것을 받아들이기 시작했습니다.『옥스퍼드 영어사전 부록』제2권을 들여다보면 이 사실을 확인할 수 있습니다. 1976년판 부록에 수록된 '필요, 실명사' 항목에는 다음과 같은 새로운 의미가 하나 올라 있습니다. '심리학: 의식적·무의식적으로 만족을 얻기 위한 행동을 유발하는 심리 상태 또는 심리적 결핍 상태.' 그리고 이러한 새로운 용법으로 사용된 최초의 인용문은 1929년 것으로 표시돼 있습니다. 그로부터 50년이 지난 지금, '필요'라는 낱말을 쓰면서 이런 함축이 따라가지 않게 하기가 어렵게 됐습니다. 오늘날에 이르러 필요는 행동을 유발하는 욕망 상태를 나타내는 낱말이 된 것입니다.

그런데『옥스퍼드 영어사전』에 따르면 1960년대에 '필요 심사', '필요 분석', '필요 양식' 등의 낱말이 추가됐습니다.[3] 이런 신조어는 필요가 언제든 검증하고 관리할 수 있는 결핍임을 가리킵니다. 이제 필요는 내가 타인에게서 인지하는 결핍이자, 필요의 인지를 다루는 전문가가 보증할 수 있는 결핍입니다. 그리고 나 자신의 필요는 다른 사람들에게서도 똑같이 인지될 경우 갈수록 더 정당한 것으로 취급됩니다.

필요를 느끼도록 만들어라

1960년대 이후로 필요를 갖는 것이 배움의 목표가 됐습니다. 필요를

---

[3] '욕구 심사needs test', '욕구 분석needs analysis', '욕구 양식need pattern'으로도 쓴다.

갖도록 교육하는 게 갈수록 더 중요한 작업이 됐습니다. 의사는 이제 환자의 필요를 정의하는 일에 한정하지 않습니다. 이제 환자를 교육하는 '의무'까지 받아들입니다. 이제 환자는 진단되는 필요를 자기 것으로 인식해야 합니다. 이것이 치료동의서의 '추천하는 치료법에 대해 이해하고 승낙합니다' 하는 구절이 근본적으로 의미하는 바입니다. 마찬가지로, 사회복지 종사자도 자신이 맡은 사람의 필요를 채워주는 것으로 더 이상 만족하지 않습니다. 이제 복지 종사자는 자기가 맡은 사람이 필요를 의식 전면에 떠올려 정당한 권리의 요구로 변환하게끔 북돋아주도록 훈련받습니다.

이처럼 필요의 충족에 그치지 않고 필요를 형성하도록 관리하는 것은 사회 정책 입안을 단순한 복지 이상으로 끌어올리기 위한 준비입니다. 필요는 관리가 가능하기 때문에, 다가올 유토피아에서는 집단 행동을 통해 현실적으로 충족시킬 수 없는 필요는 생겨나지 않습니다. 서비스직 종사자들은 단순히 만족을 부과하고 관리하는 수준을 지나 필요의 느낌을 구체화하는 수준으로 옮겨감으로써 스키너화[4]한 낙원으로 이르는 길에 무게를 더해 주려 합니다.

끝으로, 1970년대 동안 '기본적 필요'[5]라는 용어가 경제학에 들어왔습니다. 그리고 경제학에 들어오면서 정치적 핵심어가 됐습니다. 새로운 부류의 경제학자들이 효율적인 필요 충족이라는 윤리를 바탕으로 정책 권고사항을 꼼꼼하게 마련했습니다. 윤리 기반의 새로운 경제 질서를 제안하는 이 학자들은 깐깐한 경제 기술자들로부터 줄기차게 공

---

[4] 행동주의 심리학자 버러스 프레더릭 스키너(1904~1990)를 말하는 것 같다.
[5] basic needs: '기본적 욕구', '기본적 요구'로도 옮긴다.

격받고 있습니다. 하지만 이들은 필요를 부과하는 방법이나 필요를 활용하여 잠재 수요를 측정하는 방법 때문에 비판받는 경우는 거의 없습니다. 이들에게는 대개 사회주의자라는 꼬리표가 붙습니다. 사회주의자란 부과되는 필요를 정확한 권리 항목으로 번역하고 타인에게 얼마만한 의무가 지워지는지 측정할 수 있는 사람에게 붙이는 별명입니다.

결핍된 존재로 태어나다

여기서 문제는 여러 경제학파가 일상 언어로 필요라고 하는 것을 표현할 때 사용하는 기술적, 수학적 방법이 아닙니다. 문제는 이 용어를 일상의 담론에 사용한다는 데에 있습니다. 정치 토론에서뿐 아니라 평상시의 대화에서도 사람을 정의할 때 충족되지 않은 '필요'라는 말이 갈수록 더 많이 사용되고 있습니다. 그런데 이렇게 된 것은 겨우 몇년밖에 되지 않습니다. '저개발', 즉 극도로 궁핍한 상태를 가리키는 낱말이 탄생한 날은 1949년 1월 10일입니다. 이날 미국의 해리 트루먼 대통령은 제4항 계획의 시행을 알리는 연설을 하면서 이 낱말을 세상으로 불러들였습니다.

그밖에 이와 비슷하게 부정적인 뜻으로 정의된 낱말은 좀 더 은밀한 방식으로 언어 속에 끼어들었습니다. 문맹이라는 낱말은 1982년 하버드 대학교의 『하버드 에듀케이셔널 리뷰』에서 처음 명사로 사용됐습니다. 그 뒤로 전문적으로 정의 가능한 필요와 권리를 지닌 대상자에게 '미진단자', '미치료자', '미보험자' 같은 통계학 용어가 들러붙었습니다. 그러니 필요를 사용하여 인간의 조건을 정의하는 것이 공리가 된 것입니다. 인간을 곤궁에 빠진 동물처럼 인식합니다. 문화를 경제학으로, 선을 가치로 탈바꿈하면 결국에는 개인의 자아가 뿌리를 잃어버리는 결과가 나타납니다. 그런 다음에는 사람을 고유한 맥락이 아니라 결핍이라는 추상으로 정의해도 자연스러워 보이게 됩니다.

인간을 이처럼 궁핍한 존재로 인식하는 것은 우리가 아는 어떠한 전통과도 단절된 것입니다. 그리고 현재 통용되는 평등의 의미에서도 비슷한 상황이 벌어지고 있는데, 바로 이 '비참한' 관점을 바탕으로 하는 정의입니다.

필요 담론 속에서 인간의 평등은 모든 사람의 기본적 필요는 동일하다는 확실성에 뿌리를 두고 있습니다. 이제 우리는 개개인에게 내재된 위엄과 쓸모가 달라서 평등하지 않은 것이 아니라, 결핍으로 인정받을 권리를 얼마나 정당하게 주장할 수 있는가에 따라 평등하지 않은 것입니다. 필요로 정의되는 담론에서는 또 우리가 서로를 소외시킨다는 특징이 있습니다. 우리는 생소한 사람들 사이에서 살게 됐습니다. 서로를 보살피기 위한 재원에 책임을 느끼지만 그렇다고 해서 낯설음이 덜해지지는 않습니다. 필요는 수요로 변환되면서 상대방과 우리 사이에서 상대방에 대한 우리의 책임을 중재합니다. 그러나 필요는 또한 바로 이 때문에 상대방에 대한 우리의 책임을 면제해 줍니다. 이 문제를 설명하기 위해 예를 들겠습니다.

경제학이 측정 못하는 것

1985년의 일본에서는 사람이 나이가 들면 병들고 불안정해지므로 특별한 보살핌이 필요하다는 전제는 전혀 일반적이지 않았습니다. 그 해에 유엔 대학교의 하시모토 여사는 거의 대등한 두 개의 공동체를 대비시켰습니다. 하나는 미국의 공동체고, 하나는 일본의 공동체입니다. 일본에서는 자녀와 함께 생활하는 노인의 비율이 70퍼센트인데 비해 미국에서는 26퍼센트였고, 일본에서는 3~4대가 한 집에서 생활하는 비율이 그중 66퍼센트인데 비해 미국에서는 6퍼센트였습니다.

일본의 가족 전통을 잘 아는 사람이라면 뜻밖이라 여기지 않을 것입니다. 일본에서는 혼인하면 가족 구성원이 한 사람 더 늘어나는 것이며, 우리 서양 전통과는 달리 가족 구조가 달라지지 않고 그대로 유지됩니다. 그 결과 공공의 보살핌이 일본에서는 필요가 증명된 예외적인 경우만을 대상으로 제공되는 반면, 미국에서는 필요와 그에 따른 권리가 당연히 전제되는 모든 노인에게 제공됩니다. 이는 놀랄 일이 아닙니다.

하시모토의 면담 조사 분석에서 놀라운 부분은, 65세 이상 노인을 직접 모시는 미국의 가정에서도 당사자의 특별한 필요를 고려한 비공식적 '보살핌'을 노인에게 제공하기를 고집한다는 사실입니다. 일본에서 노인은 개별적 필요를 어떻게 인식하든 상관없이 그냥 가족과 함께 생활합니다. 노인에 대한 대우는 '따뜻한 대접'이라는 말로 가장 잘 설명되지만, 이들은 공식적 비공식적 입원도 보살핌도 '필요'로 하지 않습니다.

일본은 고도로 현대화됐지만, 자식이 35세가 넘으면 부모는 대부분 자식과 같은 집에서 자식의 보살핌을 받으며 편안한 노년을 보낼 것을 기대합니다. 경제학자는 노인을 가정에서 돌볼 경우 양로원에서 보살필 때 드는 침대나 유지비용 등과 비교하여 얼마나 절약되는지 계산할 수 있습니다.

하지만 경제학의 언어로는 4세대가 모여 사는 집에서 가족 구성원이 매일매일 살면서 겪는 고마움이나 부담을 적절하게 표현할 수 없습니다. 경제 지표로는 미국 탬파와 일본 요코하마의 양상을 비교하면서 추상적인 부분만 측정할 수 있을 뿐입니다. 애초에 문화 속에서 있을 수 있는 기쁨과 슬픔을 놓칠 수밖에 없습니다. 경제 참가자가 희소성을 전제로 실용적 선택을 해서 나타나는 결과는 이 사람을 사랑한다는 직접성과는 사뭇 다른 것입니다. 사랑의 경험에서는 행복한 웃음에서부터 슬프고 쓰라린 눈물에 이르기까지 다채로운 축복이 있습니다.

필요라는 담론은 조상의 재가 담긴 유골함과 마찬가지로 이제까지 가정의 한 부분을 차지하던 할머니를 가정이라는 맥락 밖으로 몰아냅니다. 그렇게 할머니가 필요라는 담론 속에서 하나의 대상자로 변하고 나면 세넥스 오이코노미쿠스, 즉 경제적 노인이라는 새로운 인간이 출현합니다. 이 새로운 인간은 누군가의 선택으로 자신의 침대 속에 입원된 이방인입니다. 이제 가정은 보살핌의 중심지로 경험됩니다. 이제부터 할머니는 한 사람의 늙은 여자로서 필요한 것들을 수령하게 됩니다. 그동안 경제학적으로 정의 가능한 필요를 근거로 하는 어떠한 권리 주장과도 무관하게 당연히 받아온 대우를 더 이상 받지 못합니다.

1980년대 초에 일본에서는 필요라는 담론에 따라 노인 수백만 명이 이제까지 자신의 지위와 가정을 규정하던 경험의 맥락 밖으로 뽑혀나갔습니다. 경제가 지금 같은 수준에 다다른 일본조차도 문화적 맥락이 아닌 경제적 맥락에서 나이를 재해석하여 생겨나는 필요를 충족할 준비가 되지 않았습니다.

지난해 일본의 고위 사절단이 멕시코를 찾았습니다. 사절단은 일본 기업이 열대 기후 지역에 침소 1백만 개를 마련하여 늘어가는 일본인을 처리할 수 있도록 하는 협정을 원했으며, 그 대가로 산업 개발 원조를 제시했습니다. 예전에는 노인이 은총이자 부담으로 경험되었으나 이제는 경제의 부정가치[6]로 탈바꿈한 것입니다. 우이 준 교수는 1970년 이후 가난한 나라들이 일본 경제에 크게 기여한 부분은 폐기물을 비롯한 여러 가지 부정가치를 처리할 기회를 제공한 것이라 주장합니다.

사랑이 부정가치가 되다

제가 문화가 경제로 탈바꿈한다는 말로 설명한 현상은 대개 사회가 갈수록 더 화폐화된다는 점에서 논의됩니다. 저는 20년 전부터 이 과정을 '개발도상 사회에서 경제 구조가 퍼져나가면서 경제와 무관한 문화적 맥락에 드리운 그림자'라는 측면에서 연구하자고 간청해 왔습니다. 경제성장의 그늘에 가려진 문화적 은총은 부정가치가 됩니다. 할머니를 위해 음식을 준비하는 활동은 여러 방법으로 경제 기여도를 측정할 수 있는 가사노동으로 재정의됩니다. 또는 과거의 바람직하지 않은 잔류물이어서 개발을 통해 제거되어야 하는 대상으로서 논

---

[6] disvalue: 어떤 것의 전체 가치를 따질 때 그것을 깎아먹는 음(-)의 가치를 말한다.

의됩니다. 두 가지 관점 모두에서, 원래는 할머니에게 당연히 해주어야 하는 대우이지만 그 활동이 — 이 경우 늦은 아침식사를 준비하는 활동이 — 할머니의 필요를 충족하기 위해 생산되는 하나의 가치로 해석되고 나면 그때부터는 부정가치로 바뀝니다. 문화적 맥락이 황폐해지는 그때 그곳에서 경제적 가치가 대두되면서 축복에 어두운 그림자를 드리웁니다. 여러 가지 경제 개념이 등장하고 그런 개념이 경험을 유발하는 논리적 선결조건이 되면서 부정가치가 만들어집니다.

여기서 저는 앞서 축복이라는 낱말을 고른 이유와 같은 이유로 '부정가치'라는 낱말을 고릅니다. 이런 용어로써 경제 용어로는 측정할 수 없는 손실과 은총을 가리키고자 합니다. 경제학자는 손실에 값을 매길 수 있습니다. 외부 비용, 즉 생산물 때문에 다른 사람에게 끼치는 손실 중 가격에 반영할 수 있는 비용을 계산할 수 있습니다. 감가상각과 위험을 계산할 수 있습니다. 노후화로 인한 손실을 측정할 수 있습니다. 예를 들면 최근 아이비엠이 신제품으로 넘어가면서 수백만 고객에게 끼친 피해 규모를 계산할 수 있습니다. 그러나 희소성을 전제로 선택에 형식을 부여하는 개념을 가지고는 탈것이 이동 수단을 철저하게 독점해버려 발을 효과적으로 사용할 수 없게 된 사람의 경험을 측정할 길이 없습니다.

이 사람이 박탈당한 것은 희소성이라는 영역에 있지 않기 때문입니다. 이제 여기에서 저기로 가기 위해 이 사람은 승객 비용을 들여야 합니다. 지금의 지리적 환경 때문에 그의 발은 길이 막힙니다. 공간은 탈것을 위한 기간시설로 변했습니다. 이를 두고 발의 노후화라 부른다면 오해의 소지가 있습니다. 수송 공학자라면 그렇게 부를지도 모르지만, 발은 '초보적 수준의 자력 수송 수단'이 아닙니다. 그러나 이제 사람들은 대부분 '경제화'(마취와 비슷하다 할 수 있는 상태)됐기 때문에 제가 부정가치라 칭하는 것이 유발하는 손실을 알아보지도 못하고 관심도 없습니다.

축복을 회복하기 위한 조건

제 말의 뜻은 부정가치를 폐기와 비교해 보면 더욱 분명하게 드러납니다. 한때 폐기에는 비옥한 땅을 혹사시켜 더 이상 풍작을 내지 못하게 만든다는 뜻도 있었는데, 오늘날 수송 수단 때문에 인문지리학에서 인간의 걸음을 기준으로 하는 거리 관념이 없어진 것과 같은 방식입니다.

그러나 이제 폐기물은 이런 뜻이 아닙니다. 1840년 무렵부터 폐기물은 새로운 종류의 어떤 것을 가리키게 됐는데, 저로서는 그 이전의 글에서는 그런 용례를 찾을 수 없었습니다. 농민 사회와 초기의 도회지에서는 폐기물이라는 것을 몰랐습니다. 산업 생산이 시작되었을 때에도 여전히 폐기물은 작업대에서 밑으로 떨어지는 것을 가리켰습니다. 그러다가 나중에 산업에 의해 생산되는 것으로 어떠한 비용을 들여서라도 제거해야 할 정도로 '쓸모없는' 것으로 인식되었습니다.

폐기물은 따라서 두드러지게 경제적 범주가 됐습니다. 폐기물은 부정효용[7]이 효용보다 더 커질 때 그것을 알아차리기 위한 측정 수단으로 쓰이게 됐습니다. 그러나 효용과 부정효용이라는 두 가지 경제용

---

[7] disutilities: 어떤 것의 전체 효용을 따질 때 그것을 깎아먹는 음(−)의 효용을 말한다.

어는 모두 축복을 가져오는 기반을 파괴하는 정도, 즉 부정가치로 바뀌게 하는 정도에 따라 가치를 획득합니다. 그렇게 파괴된 다음이라야 사람들은 새로운 환경 때문에 발이 제 기능을 상실하고, 그때부터 동력으로 움직이는 목발에 의존하게 되는 것입니다.

이 새로운 환경에서 사람들은 더 이상 수송 수단을 피할 수 없습니다. 하지만 그보다도 더 나쁜 점은, 다니기 쉬운 정도를 비교하면서 이 새로운 환경이 더 뛰어난 선에 해당된다는 믿음이 대두된다는 사실입니다. 그래서 간접적으로 보행자의 세계를 등급이 떨어지는 종류의 선과 연결 짓습니다. 그 결과 수송 수단이 줄어들면 그것을 손실이라 봅니다.

저는 경제학자가 모인 이 자리에서 — 본질적으로 경제적이지 않은 경험을 경제 차원으로 떨어뜨리지 않도록 소심하면서 하는 말인데 — 하나의 담론, 경제 생산이 줄어들 때 '이것은 축복을 회복하기 위한 조건인가?' 하는 새로운 의문을 제기하는 담론이 확립되도록 도움을 주셨으면 합니다. 이 담론에서 핵심 쟁점은 경제학을 어떻게 한정할 것인가, 그리고 특히 경제 구조 때문에 문화 영역에 드리워진 그림자를 어떻게 걷어낼 것인가 하는 문제입니다.

이 목적을 위해 우리는 공공 문제에 대해 말할 때 희소성이라는 전제를 은밀히 끌어들이는 말을 쓰지 않는 절제된 방식을 배울 필요가 있습니다. 제가 '축복'이라 부르는 것이 가치에 대해 우위에 있을 때만 저는 개발의 붕괴 뒤 민중의 삶에 대해 절제된 방식으로 말할 수 있습니다. 그렇게 되면 우리는 좋은 삶을 위한 조건의 하나로 가치의 거부를 말할 수 있습니다.

평화의 사라진 의미

아시아 평화연구학회 제1차 총회 개회사
일본 요코하마
1980년 12월 1일

사카모토 요시카즈 교수님, 제게 아시아 평화연구학회 창립총회의 첫 기조연설을 맡겨주셔서 영광이면서 두렵기도 합니다. 교수님이 보내주신 신뢰에 감사드리면서, 일본에 대한 저의 무지를 너그러이 이해해 주셨으면 합니다. 제가 전혀 모르는 언어를 쓰는 나라에서 공개 강연을 하기는 이번이 처음입니다. 교수님이 강연을 부탁한 주제는 오늘날 사용되는 특정한 영어 용어로는 도무지 설명할 수 없는 주제입니다.

폭력은 이제 영어의 수많은 핵심 낱말 속에 잠복해 있습니다. 존 케네디는 빈곤과의 전쟁을 벌일 수 있었습니다. 이제 평화주의자는 평화를 위한 전략(말 그대로 '전쟁 계획')을 세웁니다. 저는 이렇게 공격적 모양새를 띠고 있는 언어로 여러분께 평화의 진정한 의미를 회복하자는 이야기를 들려주어야 합니다. 강연 내내 여러분의 토착 언어에 대해 제가 아무것도 아는 게 없다는 사실이 머릿속을 떠나지 않을 것입니다. 따라서 오늘 한 마디 한 마디 할 때마다 평화를 말로 표현하는 게 얼마나 어려운지 되새기게 될 것입니다.

한 겨레의 평화는 그 겨레의 시만큼이나 독특한 것 같습니다. 그래서 평화를 번역하는 일은 시를 번역하는 일만큼이나 힘듭니다. 평화는 시대에 따라 문화에 따라 그 의미가 달라집니다. 이에 대해서는 이시다 타케시 교수가 글을 쓴 바 있습니다. 그리고 이시다 교수가 지적하고 있듯, 같은 문화에서도 중심부냐 주변부냐에 따라 달라집니다. 중심부에서는 '평화의 유지'를 강조하는 반면, 주변부에서는 '평화로이 내버려두기를' 바랍니다. 이른바 '개발 10개년'[1]이 세 번에 걸쳐 이어지는 동안 후자의 의미인 민중의 평화는 사라졌습니다. 오늘 제가 들려드릴 이야기는 바로 이것입니다. 즉 전 세계에 걸쳐 '개발'이라는 허울 아래 민중의 평화를 상대로 선생이 벌어졌다는 것입니다. 오늘날 세계에서 개발이 이루어진 지역에서 민중의 평화는 거의 남아있지 않습니다. 저는 민중으로부터 우러난 경제 개발 제한이 민중의 평화를 회복하는 제일의 조건이라 믿습니다.

평화의 의미는 언어만큼 다양하다

문화는 늘 평화에 의미를 부여해 왔습니다. 각각의 에스노스ethnos — 겨레, 공동체, 문화 — 는 자신의 에토스ethos — 신화, 법, 여신, 이상 —

---

[1] 국제연합은 1961년 12월에 1960년대를 제1차 개발 10개년으로 지정하여 회원국에게 개발도상국의 경제성장을 지원하도록 요청했다. 그 이후 1990년대까지 10년 주기로 개발 10개년을 지정했다.

를 통해 평화를 상징적으로 표현하고 강화해 왔습니다. 평화는 언어만큼이나 토착적입니다. 이시다 교수가 고른 예에서 에스노스와 에토스가 상응 관계를 보인다는 사실이 명확하게 나타납니다. 유대인을 예로 들어 보겠습니다. 유대인 족장이 두 팔을 들어 자신의 가족과 양떼를 축복하는 모습을 살펴봅시다. 그는 샬롬shalom을 내려주십사 기원하는데 샬롬을 우리는 평화라는 말로 옮깁니다. 족장은 샬롬을 '조상 아론의 머리에서 수염 타고 흐르는 기름'처럼 하늘에서 흘러내리는 은총으로 봅니다. 유대인 족장에게 평화는 유일하고 참된 신이 최근 정착한 열두 양치기 부족에게 부어주는 정의의 축복입니다.

  천사는 유대인에게 샬롬이라고 인사합니다. 로마어로 팍스pax라고 인사하지 않습니다. 로마의 평화는 이와는 완전히 다릅니다. 로마 총독이 군단의 깃발을 높이 들어 올려 팔레스타인 땅에 내리꽂을 때 그는 하늘을 올려다보지 않습니다. 아득한 곳의 도시를 바라봅니다. 그 도시의 법과 그 도시의 질서를 선포하는 것입니다. 샬롬과 팍스 로마나는 같은 시대 같은 곳에서 존재했지만 둘 사이에는 아무런 공통점도 없습니다.

  우리 시대에는 둘 다 빛이 바랬습니다. 샬롬은 종교라는 사적 영역으로 물러났고, 팍스는 '피스' ― 패, 파체[2] ― 가 되어 세상 속으로 침입해 들어왔습니다. 팍스는 2천 년 동안 지배 계층이 사용하면서 온갖 것에 가져다 붙일 수 있는 말이 됐습니다. 콘스탄티누스 대제는 이 말을 이용하여 십자가를 이데올로기로 바꿔놓았습니다. 카롤루스 대제

---

[2] 피스peace는 영어, 패paix는 프랑스어, 파체pace는 이탈리아어이며 모두 어원이 팍스pax이다.

는 색슨족에 저지른 집단학살을 정당화하는 데 활용했습니다. 교황 인노켄티우스 3세는 군대를 십자가 아래에 복속시키기 위해 팍스라는 용어를 동원했습니다. 현대에 들어와 지도자들은 정당이 군대를 지배하도록 이 용어를 교묘하게 조작합니다. 성 프란치스코도 클레망 소도 사용했던 팍스라는 말은 이제 그 의미의 경계를 잃어버렸습니다. 이제는 이 용어를 사용하는 측이 주류세력이든 반대파든, 정통성을 주장하는 쪽이 동양이든 서양이든 파벌적이고 변절적 용어가 됐습니다. 팍스의 관념에는 다채로운 역사가 있지만 연구는 거의 이루어지지 않았습니다. 역사학자는 전쟁이나 병법에 관한 논문으로 도서관 서가를 채우는 일에 더 열중해 왔습니다.

오늘날 중국어 허핑和平과 힌두어 샨티shanti는 옛날과 그리 다르지 않은 의미를 지니고 있는 것 같습니다. 하지만 둘 사이에는 심연이 가로 놓여 있어 비교가 불가능합니다. 중국어의 허핑은 하늘의 위계 내에서 매끄럽고 평온한 조화를 나타내는 반면, 인도어의 샨티는 본래 개인적이고 광대무변하며 위계가 없는 깨달음을 가리킵니다. 다시 말해 평화에는 '본체'에 해당하는 것이 없다는 말입니다.

구체적인 의미에서 평화는 '나'를 '우리' 안에 포함시킵니다. 그러나 이러한 대응관계는 언어에 따라 다릅니다. 평화는 1인칭의 의미를 복수형으로 못 박습니다. 배타적 '우리'(말레이시아의 여러 언어로 카미)라는 형태를 정의하고 있기 때문에 평화는 태평양 지역 사람 대부분이 말레이 제어의 포괄적 '우리'(키타)[3]를 저절로 이해하는 바탕이 됩니

---

[3] 말레이어에서 카미는 듣는 사람을 포함하지 않는 '우리'이며, 키타는 듣는 사람까지 포함하는 '우리'라는 뜻이다.

다. 이런 문법적 차이는 유럽에서는 너무나 생소하며, 서양의 팍스에서는 완전히 결여되어 있습니다. 현대 유럽의 차별화되지 않은 '우리'는 의미론적으로 호전적입니다. 따라서 아시아에서는 키타, 아닷[4]을 조금도 존중하지 않는 팍스에 대해 연구할 때 아무리 조심해도 지나치지 않습니다.

　이곳 극동에서는 그 근본이 되어야 마땅한 이치에 바탕을 두고 평화를 연구하는 게 서양에서보다 쉬울 것입니다. 그 이치란 전쟁은 여러 문화를 비슷하게 만들고, 평화는 각각의 문화가 서로 비교할 수 없는 나름의 방식으로 꽃피우는 조건이라는 것을 말합니다. 따라서 평화는 다른 곳으로 이식할 수 있는 게 아닙니다. 이식하는 과정에서 필연적으로 타락합니다. 평화의 의도적 이식은 전쟁을 의미합니다. 평화 연구에서 이처럼 자명한 민족학적 이치를 소홀히 다루면 평화는 평화 유지 기술로 변하고 맙니다. 즉 도덕 재무장으로 타락하거나, 고위 장성이 벌이는 컴퓨터 게임을 위한 소극적 전쟁(전쟁 과학)으로 변질되는 것입니다.

전쟁의 역사, 평화의 역사

평화는 민족학적, 인류학적 현실을 바탕으로 하지 않으면 그저 비현실적인 추상에 머무르게 됩니다. 하지만 그 역사적 차원에 관심을 기울이지 않을 때에도 마찬가지로 비현실적인 상태를 벗어나지 못합니다.

---

[4] 아닷은 말레이어로 '관습'이라는 뜻이다.

아주 최근까지도 전쟁은 평화의 여러 켜를 모조리 꿰뚫고 들어가 평화를 완전히 파괴할 수 없었습니다. 그것은 전쟁을 계속하려면 그 전쟁을 뒷받침하는 자급[5] 문화가 살아남아야 하기 때문입니다. 전통적 전쟁 방식은 민중의 평화가 지속되어야만 가능했습니다. 이 사실을 소홀히 다룬 역사학자가 너무나 많습니다. 이들은 역사를 전쟁사처럼 보이게 만듭니다. 특히 강자의 흥망성쇠에 대해 글을 쓰는 고전 역사학자의 경우 이런 성향이 뚜렷합니다. 그러나 애석하게도 강자가 되어보지 못한 자들의 진영에서 보고자 역할을 하려는, 정복당한 자들의 이야기를 들려주고 사라진 사람들의 모습을 불러내려는 비교적 근래의 역사학자 중에도 똑같이 이런 자세를 취하는 사람이 많이 있습니다. 근래의 이런 역사학자 중에도 가난한 자들의 평화보다 폭력에 더 관심이 많은 경우가 너무나 많습니다. 이들은 노예와 농민, 소수자, 소외계층의 저항과 폭동, 반란의 역사를 주로 기록합니다. 더 근래에 와서는 프롤레타리아의 계급투쟁이나 성차별에 맞서는 여성의 싸움을 기록하고 있습니다.

강자를 다루는 역사학자에 비해 민중문화를 다루는 새로운 역사학자는 더 어려운 과제를 맡고 있습니다. 지배문화나 군대가 동원되는 전쟁을 다루는 역사학자는 문화 영역의 중심부에 대해 기술합니다. 이런 역사학자에게는 문헌 기록으로 기념비가 남아있고 돌에 새긴 법령, 상거래의 서신, 왕의 자서전, 진군하는 군대가 남긴 뚜렷한 흔적이 있습니다. 그러나 패배자 쪽을 다루는 역사학자에게는 이런 종류

---

[5] subsistence는 '존립'으로 볼 수도 있다.

의 증거가 전혀 없습니다. 이들은 종종 지구상에서 지워져버린 주체에 대해, 그 흔적이 적에게 짓밟혀버렸거나 바람에 날아가 버린 사람들에 대해 기술합니다. 농민과 유목민, 마을 문화와 가정 생활, 여성과 아이를 다루는 역사학자에게는 고찰할 수 있는 흔적이 거의 남아있지 않습니다. 이들은 짐작을 바탕으로 과거를 재구성해야 하고, 속담과 수수께끼와 노래에 담긴 암시에 주의를 기울여야 합니다. 가난한 사람들, 특히 여성의 말을 자자구구 그대로 적은 것으로는 마녀나 부랑자가 고문 받는 상태에서 진술한 법정 기록이 유일한 것일 때가 많습니다. 현대 인류학사(민중문화사, 정신사[6])에서는 이렇게 조각조각 남은 것들을 이해할 수 있는 형태로 만들기 위한 기법을 개발해야 했습니다.

하지만 이 새로운 역사도 전쟁에 초점을 맞추는 경향이 있습니다. 주로 약자가 자신을 지켜내기 위해 상대와 충돌하는 모습을 통해 약자를 그리는 것입니다. 저항의 이야기를 나열하면서 과거의 평화에 대해서는 넌지시 서술할 뿐입니다. 충돌이 있으면 충돌하는 쌍방의 비교가 가능하고, 과거를 단순화하여 바라볼 수 있으며, 과거에 있었던 일을 20세기의 꽥꽥일률[7]로 설명할 수 있으리라는 착각을 조장합니다. 전쟁은 여러 문화를 비슷하게 만들어버리는데, 그런 전쟁을 역사학자 자신이 내세우는 담론의 틀 내지 뼈대로 활용하는 경우가 너무나 많습니다. 오늘날에는 평화의 역사가 절실하게 필요합니다. 평화의

---

[6] l'histoire des mentalités: 전쟁이나 역사가 아니라 문화 사회 집단이 세상을 바라보는 태도에 초점을 맞추는 역사 연구방식으로서, 20세기 초 프랑스에서 형성된 아날학파에서 비롯됐다.
[7] 꽥꽥일률은 영어의 uniquack을 옮긴 것이다. 180쪽의 본문과 각주 참조.

역사는 전쟁 이야기보다 더 헤아릴 수 없이 다양합니다.

팍스 오이코노미카가 평화를 독점하다

현재 평화연구라 일컫는 것에는 역사적 시각이 결여된 경우가 아주 많습니다. 문화적, 역사적 구성요소를 모두 제거해버린 '평화'를 연구하는 것입니다. 역설적이게도, 평화연구는 희소성을 전제로 움직이는 경제 강국 사이의 균형으로 전락하면서 학문의 한 과목으로 변해버렸습니다. 이에 따라 평화연구는 제로섬 게임[8]에서 대치하는 경쟁자 간에 이끌어낼 수 있는 폭력의 정도가 가장 낮은 휴전 상태를 연구하는 걸로 한정됩니다. 이런 연구에서 사용되는 여러 가지 개념은 마치 탐조등처럼 희소성에 초점을 맞춥니다. 하지만 이러한 연구 과정에서 희소하지 않은 것을 평화로이 누리는 민중의 평화는 어두운 그림자 속에 남겨진 채 조명을 받지 못합니다.

  희소성이라는 전제는 경제학에서 필수적이며, 형식경제학은 이 전제 안에서 가치를 연구하는 학문입니다. 그러나 희소성은 — 따라서 형식경제학에서 의미를 분석할 수 있는 모든 것은 — 대부분의 역사에 걸쳐 대부분의 사람들 인생살이에서 그다지 중요하지 않았습니다. 희소성이 삶의 모든 측면으로 번진 데에는 뚜렷한 역사가 있습니다. 중세 시대 이후 유럽 문명에서 진행된 일입니다. 희소성이라는 전제가 점점 확장되면서 평화는 유럽 이외에서는 어디에서도 선례를 찾을 수

---

[8] zero-sum game: 한쪽이 얻는 만큼 상대방이 잃는 관계로 셋 이상의 관계에서도 마찬가지이다.

없는 새로운 의미를 얻었습니다. 평화는 팍스 오이코노미카를 의미하게 되었습니다. 팍스 오이코노미카는 형식'경제' 강국들 사이의 균형입니다.

우리는 이 새로운 현실의 역사에 관심을 기울여야 합니다. 그리고 팍스 오이코노미카가 평화의 의미를 독점하는 과정은 특히 중요합니다. 팍스 오이코노미카는 평화의 의미 중 처음으로 전 세계로 퍼졌습니다. 그리고 이런 독점 상태는 깊이 우려할 만합니다. 그래서 저는 팍스 오이코노미카를 그 반대쪽에 있으면서 보완해주는 민중의 평화와 대비하고자 합니다.

국제연합이 창설된 이후로 평화는 갈수록 더 깊이 개발[9]과 연계돼 왔습니다. 그 이전에 이런 연계는 생각조차 할 수 없었습니다. 아직 마흔 살이 안 된 사람은 그게 얼마나 생소한지 이해하지 못할 것입니다. 1949년 1월 10일에 저처럼 이미 어른이 되어 있던 사람은 그 희한한 상황을 좀 더 쉽게 알아볼 수 있습니다. 바로 해리 트루먼 대통령이 제4항 계획을 발표한 날입니다. 그날 우리 대다수는 지금 우리가 알고 있는 의미의 '개발'이라는 용어를 처음 접했으니까요. 그 전까지 이 낱말은 생물 종의 발달, 부동산 개발, 체스에서 말의 전개 등을 가리켰습니다. 하지만 그날부터 이 낱말은 사람이나 나라, 경제 전략에도 붙일 수 있게 됐습니다. 그리고 그로부터 한 세대가 채 안 되어 상충되는 갖가지 개발 이론이 홍수처럼 우리에게 밀려왔습니다. 하지만 오늘에 이르러서는 그런 이론 대부분이 수집가의 호기심 거리가 됐습

---

[9] 영어 낱말 development를 옮긴 것이다. 이 낱말은 '개발'을 비롯하여 '발달', '발전', '전개', '진전' 등으로 옮기는데, 근본적으로 좋고 나쁨의 방향 감각이 없이 그저 무엇을 점점 더 펼치고 벌여 놓는다는 뜻이다.

니다. 아마도 여러분은 '1인당 소득 증대'라든가 '선진국 따라 잡기', '종속 상태의 극복' 등을 목표로 연이어 시행된 각종 계획에 희생을 강요하며 얼마나 사람을 몰아붙였는지 다소 곤혹스러운 심정으로 기억할 것입니다.

개발에 반대하는 자, 평화의 적이 되다

그러나 지금, 우리는 '성취 지향'에서부터 '원자력의 평화적 이용', '일자리', '풍차', 그리고 현재에는 '대안 생활방식'과 전문가의 지도에 따른 '자조'에 이르기까지 한때 세상에 널리 퍼트릴 만하다고 생각됐던 많은 것들에 대해 의아해하고 있습니다. 이런 논리는 하나하나가 파도처럼 밀고 들어왔습니다. 한쪽은 기업심을 강조하는 자칭 실용주의자를 데려왔고, 다른 쪽은 사람들에게 낯선 이념을 주입하여 '의식화'시켜야만 하는 정치 지망생들을 낳았습니다.

양쪽 진영 모두 성장에 대해서는 동의했습니다. 양측 모두 생산을 늘리고 소비 의존도를 높이고자 했습니다. 그리고 각기 전문가를 거느리고 자기가 구세주라고 자처하며 언제나 자신의 개발 계획을 평화와 연계시켰습니다. 이렇게 구체적인 의미의 평화, 개발과 연계된 평화가 파벌의 목표가 됐습니다.

그리고 개발을 통해 평화를 추구하는 것은 누구도 이의를 제기할 수 없는, 무엇보다도 중요한 공리가 됐습니다. 경제성장에 반대하는 자, 이런 저런 종류의 경제성장이 아니라 경제성장 그 자체에 반대하는 자는 누구든 평화의 적으로 매도할 수 있었습니다. 간디조차도 바보 내지 공상가, 정신병질자로 격하됐습니다. 더 큰 문제는 간디의 가르침이 개발을 위한 이른바 '비폭력 전략'으로 곡해됐다는 사실입니다. 간디의 평화 역시 성장과 연계됐습니다. 카디[10]는 하나의 '물자'로, 비폭력은 경제적 무기로 재정의됐습니다. 팍스 오이코노미카는 경제학자의 전제, 즉 희소하지 않은 가치는 보호할 만한 것이 못 된다는 전제를 통해 민중의 평화에 대한 위협으로 바뀌었습니다.

평화와 개발이 연계되면서 개발에 도전하기가 어려워졌습니다. 저는 이러한 도전이 이제 평화연구의 주요 과제가 되어야 한다고 봅니다. 개발을 사람마다 다르게 해석한다는 사실은 장애가 되지 않습니다. 다국적 기업 경영자는 이런 의미로, 또 바르샤바 조약기구의 각료들은 저런 의미로, 또 신국제 경제질서를 창안한 사람들은 또 다른 의미로 해석합니다. 하지만 모든 파벌이 개발이 필요하다는 쪽으로 의견이 수렴되면서 개발 개념에 새로운 지위가 부여됐습니다. 이런 합의의 결과 개발은 평등과 민주라는 19세기의 이상을 추구하기 위해 갖춰야 하는 조건이 됐는데, 거기에 희소성이라는 전제 내에서만 이런 이상을 추구한다는 단서가 붙었습니다.

개발에는 본질적으로 비용 문제가 필연적으로 따릅니다만, '누가 무엇을 가져가는가' 하는 문제를 둘러싼 논쟁에 묻혀버렸습니다. 그러나 1970년대 이런 비용의 일부분이 드러났습니다. 그동안 자명했던 '진실' 몇 가지가 갑자기 논란거리가 됐습니다. 자원의 한계는 어느 정도일까, 독성 및 스트레스를 어느 수준까지 견뎌낼 수 있을까 하는 문

---

10 인도어로 '솜'이라는 뜻으로, 대개는 손으로 자은 실을 재료로 손으로 짠 옷감을 말한다. 간디가 1920년대에 벌인 인도 자급자족 운동의 상징이 됐다.

제가 생태학이라는 꼬리표를 달고 정치적 쟁점이 된 것입니다. 그러나 환경의 활용 가치에 대한 폭력적 공격은 아직까지 충분히 드러나지 않았습니다. 저는 더 이상의 모든 성장 속에 함축돼 있는 자급에 대한 폭력을, 그리고 팍스 오이코노미카에 가려 있는 폭력을 백일하에 드러내는 것을 근본적 평화연구의 가장 중요한 과제로 꼽습니다.

이론과 실제를 아울러 모든 개발은 자급 중심의 문화를 변형시켜 경제 체제에 통합시키는 것을 의미합니다. 개발은 언제나 자급 중심의 활동을 희생하고 그 대신 형식경제 영역을 확장합니다. 그것은 제로 섬 게임이라는 전제에서, 교환이 이루어지는 영역이 차츰 '뿌리뽑혀 나감'을 의미합니다. 그리고 이런 확장은 다른 모든 형태의 전통적 교환을 희생하며 진행됩니다. 이처럼 언제나 개발은 희소하다고 인식되는 상품 및 서비스에 대한 희소성 의존이 확산됨을 의미합니다. 개발 과정에서 환경을 개조하여 물자의 생산과 유통을 위한 자원으로 만드는데, 이때 필연적으로 자급 활동을 위한 조건이 제거됩니다. 개발은 따라서 필연적으로 모든 형태의 민중의 평화를 희생하고 그 자리에 팍스 오이코노미카를 세우는 것을 의미합니다.

가난한 사람을 지켜주던 평화

민중의 평화와 팍스 오이코노미카 간의 대립 관계를 더 잘 설명하기 위해 유럽의 중세기로 돌아가 보겠습니다. 그러면서 이것이 과거로 돌아가자는 주장이 아니라는 점을 강조하고자 합니다. 제가 과거를 들여다보는 이유는 오로지 평화의 두 가지 상호 보완적 형태 간의 역동적 대립을 설명하기 위해서입니다. 둘 다 형태적으로 구별됩니다. 제가 특정 사회과학 이론이 아니라 과거를 살펴보는 이유는 이상향을 추구하고 계획을 세우려는 심리를 피하기 위해서입니다. 계획이나 이상과는 달리 과거는 장차 실현될 수 있는 것이 아닙니다. 과거는 제가 사실에 발 디디고 현재를 바라볼 수 있게 해줍니다. 제가 유럽의 중세기로 눈을 돌리는 이유는 폭력적 형태의 팍스 오이코노미카가 그 모습을 갖춘 것이 중세기 말의 일이기 때문입니다. 그리고 민중의 평화를 몰아내고 팍스 오이코노미카라는 조작된 모조품을 앉히는 현실을 세상에 퍼뜨린 것은 유럽이기 때문입니다.

12세기에 팍스는 영주 간에 전쟁이 없는 상태를 나타내는 말이 아니었습니다. 교회나 황제가 보장하고자 했던 팍스는 근본적으로 기사가 무기를 들고 서로 부딪히는 일이 없는 상태가 아니었습니다. 평화를 위한다는 뜻의 팍스는 가난한 사람과 그들의 자급 수단을 전쟁의 폭력으로부터 보호한다는 뜻이었습니다. 평화는 농민과 수도사를 보호했습니다. 이것이 고테스프리덴, 란트프리덴[11]이 지닌 뜻이었습니다. 팍스는 구체적인 때와 장소를 보호했습니다. 영주 간의 충돌이 아무리 피비린내 난다 해도 들판의 소와 이삭은 평화의 보호를 받았습니다. 비상 곡식창고와 씨앗과 수확기를 안전하게 보호했습니다.

전반적으로 말해 '땅의 평화'는 공용 환경의 활용 가치에 폭력이 개입하지 않도록 지켜주는 방패였습니다. 물과 들판, 숲과 가축 말고는 달리 자급을 이끌어갈 방법이 없는 사람들이 물과 초지와 숲과 가축

---

11 독일어 낱말 고테스프리덴Gottesfrieden은 '하느님의 평화', 란트프리덴Landfrieden은 '땅의 평화'라는 뜻이다.

을 이용할 수 있도록 보장해 주었습니다. '땅의 평화'는 이처럼 전쟁 당사자 간의 휴전과는 달랐습니다. 근본적으로 자급 지향이던 평화의 의미는 르네상스와 함께 사라지고 말았습니다.

자급에 대한 '평화로운' 전쟁

국민국가가 떠오르면서 완전히 새로운 세계가 나타나기 시작했습니다. 이 새로운 세계에서 우리는 새로운 종류의 평화와 새로운 종류의 폭력 속으로 이끌려 들어갔습니다. 이 평화와 이 폭력은 모두 그 이전에 존재한 어떤 형태의 평화, 어떤 형태의 폭력과도 거리가 멉니다. 예전에는 평화가 영주 간의 전쟁을 뒷받침할 수 있는 최소한의 자급을 보호함을 의미했지만, 이제부터는 자급 자체가 '평화로운' 공격의 희생물이 됐습니다. 자급은 상품 및 서비스를 공급하며 점점 확장되는 시장의 먹이가 되었습니다.

 이 새로운 종류의 평화에는 이상향의 추구가 뒤따랐습니다. 과거에 민중의 평화는 현실 공동체가 불안하나마 완전히 멸절되지는 않도록 보호해 주었습니다. 그러나 이 새로운 평화는 추상을 중심으로 세워졌습니다. 이 새 평화는 **호모 오이코노미쿠스**, 즉 천성적으로 다른 사람들이 다른 곳에서 생산한 물자를 소비하며 살도록 만들어진 보편적 인간에게 꼭 맞게 재단됐습니다. 과거의 **팍스 포풀리**[12]는 토착적 자율, 그 자율이 번성할 수 있는 환경, 그리고 그것이 재생산될 수 있는 다

---

12 pax populi: '민중의 평화'라는 뜻의 라틴어이다.

양한 양식을 보호한 반면, 새로운 팍스 오이코노미카는 생산을 보호했습니다. 팍스 오이코노미카는 필연적으로 민중문화와 공용물과 여성에 대한 공격을 부추깁니다.

첫째, 팍스 오이코노미카에는 사람은 스스로 쓸 것을 스스로 마련할 수 없게 됐다는 전제가 숨어 있습니다. 이것은 교육, 건강 관리, 경찰의 보호, 아파트, 슈퍼마켓 등을 이용할 수 있는지에 따라 모든 사람의 생존을 결정할 권한을 새로운 지배 계층에게 줍니다. 이것은 예전에는 몰랐던 방식으로 생산자를 추앙하고 소비자를 격하합니다. 팍스 오이코노미카는 자급을 '비생산적'이라 규정하고, 자율을 '비사회적'이라 부르며, 전통적인 것을 '저개발된 것'이라 낙인찍습니다. 이것은 제로섬 게임에 적합하지 않은 모든 지역적 풍습에 폭력을 가져옵니다.

둘째, 팍스 오이코노미카는 환경에 대한 폭력을 조장합니다. 이 새로운 평화는 환경을 상품 생산을 위해 캐내 사용할 수 있는 자원으로 또 상품 유통을 위해 마련된 공간으로 사용하도록 면죄부를 줍니다. 그저 허용하는 정도가 아니라, 공용물의 파괴를 장려합니다. 예전에 민중의 평화는 공용물을 보호했습니다. 가난한 자가 들판과 숲을 이용하게 했고, 사람들이 길과 강을 이용하게 보장했으며, 과부와 거지에게는 환경을 활용할 수 있는 예외적 권한을 보장해 주었습니다. 팍스 오이코노미카가 정의하는 환경은 하나의 희소 자원으로서, 상품 생산과 전문 서비스 제공을 위해 적절히 사용하도록 남겨둔 대상입니다. 역사적으로 개발이 의미해온 것은 이것입니다. 처음에는 영주의 양떼에 경계를 둘러치고, 다음에는 자동차를 이용하기 위해 거리에 경계를 둘러치고, 또 매력 있는 일자리는 학교교육을 12년 이상 받은 사람에게만 제한하기에 이르기까지 내내 그랬습니다. 개발은 언제나 소비에 의존하지 않고 생존하려는 사람을 환경의 이용 가치로부터 폭력적으로 배제한다는 뜻이었습니다. 팍스 오이코노미카는 공용에 대한 전쟁을 가져옵니다.

남녀 간의 새로운 전면전

셋째, 팍스 오이코노미카는 남녀 간에 새로운 종류의 전쟁을 조장합니다. 전통적으로 남녀 사이에 존재하던 우위를 차지하기 위한 싸움이 남녀 사이의 새로운 전면전으로 바뀌었는데, 이것은 경제성장의 부작용 중 가장 분석이 덜 이루어진 부분일 것입니다. 이 전쟁 역시 이른바 '생산력의 성장', 즉 임금 노동이 다른 모든 형태의 노동을 완전히 독점해 나가는 과정에 따른 필연적 결과물입니다. 그리고 이것 역시 하나의 침략입니다. 임금 노동이 다른 모든 노동을 독점하면 자급을 지향하는 모든 사회의 공통적 특징 한 가지가 침략을 받습니다.

자급을 지향하는 사회는 일본, 프랑스, 피지 등 나라만큼이나 다른 모습을 띠겠지만, 이런 사회에 공통적으로 나타나는 중요한 특징 한 가지가 있습니다. 그것은 자급과 관련된 모든 작업이 성별에 따라 고유한 방식으로 남자가 맡는 일 또는 여자가 맡는 일로 구분된다는 사실입니다. 필요에 따라 문화적으로 어떤 작업이 어떻게 정의되는지는 사회에 따라 다릅니다. 하지만 각각의 사회에서 여러 가지 있을 수 있는 작업을 남자의 일과 여자의 일로 나눠 배분하며, 그 방식은 독특한 양식을 따릅니다. 사회적으로 남녀의 작업 배분이 이루어지는 방식은 문화마다 다 다릅니다. 각각의 문화 속에서 '자라난다'는 것은 그 사회에서, 오로지 그 사회에서만 해당되는 남자 또는 여자의 고유한 활동에 익숙해진다는 뜻입니다. 산업사회 이전 사회에서 남자 또는 여자가 된다는 것은 성별이 없는 인간에게 부차적으로 첨부된 특징이 아니었습니다. 그것은 행동 하나하나에 가장 근본적으로 내재되어 있는 특징이었습니다. 자라난다는 것은 '교육을 받는다'는 뜻이 아니라, 여자로서 또는 남자로서 행동하면서 삶에 익숙해진다는 뜻입니다. 남녀 간의 역동적 평화는 바로 이런 작업의 구체적 구분으로 이루어집니다. 그리고 이는 평등을 의미하지 않습니다. 평등보다는 상호 억압에 대한 제한으로 작용합니다. 민중의 평화는 이런 사적인 영역에서도 전쟁과 지배의 범위를 모두 제한합니다. 임금 노동은 이런 양식을 파괴합니다.

산업 노동, 생산 노동은 중립적인 것으로 이해되고 또 그렇게 경험되는 때도 많습니다. 그것은 성별이 없는 노동으로 정의됩니다. 그리고 이는 보수가 있든 없든, 노동의 주기를 생산이 결정하든 소비가 결정하든 마찬가지입니다. 그러나 노동은 성별이 없다고 보면서도 노동의 기회에서는 극단적으로 치우쳐 있습니다. 보수를 받는 매력적이라 생각되는 일거리는 남성에게 먼저 돌아가고 여성은 그 나머지를 맡습니다. 보수가 없는 그림자 노동을 강제로 떠맡은 사람은 애초부터 여성입니다. 지금은 그런 작업이 갈수록 남성에게도 돌아가고 있습니다만. 이렇게 노동의 중성화가 일어난 결과, 개발은 필연적으로 성 간에 새로운 종류의 전쟁이 일어나도록 부추깁니다. 이 전쟁에서 이론적으로는 모두가 평등하지만, 그 절반은 자신의 성 때문에 불리합니다. 이제 우리는 희소해진 임금 노동을 차지하기 위한 경쟁을 목격하고 있습니다. 그리고 보수도 없고 자급에 보탬이 되지도 못하는 그림자 노동을 회피하기 위한 발버둥을 목격하고 있습니다.

왜, 지배자의 평화만 있어야 하는가?

팍스 오이코노미카는 제로섬 게임이 흔들림 없이 진행되도록 보호하고 보장합니다. 모두가 이 게임에 참여하여 호모 오이코노미쿠스의 규칙을 받아들이도록 강요받습니다. 지배 모형에 맞춰 들어가기를 거부하는 사람은 평화의 적으로 추방당하거나 순순히 받아들일 때까지 교육을 받습니다. 제로섬 게임의 규칙에 따라 환경도 인간의 노동도 희소한 판돈이며, 한쪽이 딸 때 반대쪽이 잃습니다. 평화는 이제 두 가지 의미로 격하됐습니다. 한 가지 의미는 2 더하기 2가 적어도 경제학에서라도 언젠가는 5가 되리라는 미신입니다. 또 한 가지 의미는 휴전 및 교착상태입니다. 이 게임을 확장하는 것을 개발이라 일컫습니다. 더 많은 참여자가 자신의 자원을 가지고 이 게임에 참여하도록 끌어들이는 것을 개발이라 일컫습니다.

따라서 팍스 오이코노미카의 독점은 치명적일 수밖에 없습니다. 그런 만큼 개발과 연계되지 않은 다른 평화가 있어야 합니다. 팍스 오이코노미카에 긍정적 가치가 아주 없지는 않지 않느냐고 말할 수도 있을 것입니다. 자전거가 발명됐고 그 부품은 예전에 후추가 거래되던 곳과는 다른 시장에서 유통되어야 하니까요. 그리고 경제 강국 간의 평화는 적어도 고대 영주 사이의 평화만큼은 중요하니까요. 하지만 이 지배자의 평화가 모든 평화를 독점하는 상황에 대해서는 의문을 제기해야만 합니다. 이러한 문제 제기를 하는 것이 오늘날 평화연구에서 가장 근본적인 과제라 봅니다.

빼앗긴 공용, 들판과 고요

'아사히 신문 학술토론회: 과학과 인간
– 컴퓨터가 관리하는 사회' 개회사
일본 도쿄
1982년 3월 21일

이 자리에 모인 여러분, 과학과 인간에 대한 이 토론회에서 강연하게 되어 영광입니다. 츠루 씨가 제안한 '컴퓨터가 관리하는 사회'는 우리 시대에 경종을 울리는 주제입니다. 여러분께서는 사람을 흉내 내는 기계가 사람살이의 모든 측면을 잠식해 들어오고, 또 사람을 기계처럼 행동하게 만든다는 사실을 예견하고 있음이 분명합니다. 확실히 이 새로운 전자 장치에는 사람과 기계가, 또 사람과 사람이 기계의 조건에 따라 '소통'하도록 강요하는 능력이 있습니다. 기계를 주로 사용하는 문화에서는 그 기계의 논리에 맞지 않는 논리는 뭐든지 걸러 버립니다.

사람이 전자기기에 묶여 기계 같은 행동을 하면 사람의 안녕과 존엄이 훼손되는 것입니다. 길게 볼 때 대부분의 사람은 견디지 못합니다. 프로그램된 환경이 끼치는 병적 효과에 대한 연구에 따르면 그런 환경 속에서 사는 사람은 게으르고 무기력하며 자기중심적이고 정치에 무관심하다고 합니다. 사람들이 자치 능력을 잃어버리기 때문에 정치 과정이 무너지고, 결국 관리 받기를 요구합니다.

컴퓨터가 관리하는 사회

저는 일본에서 새로운 민주적 합의를 키워내기 위해 오늘 토론회를 주최한 아사히 신문에 경의를 표합니다. 이런 노력 덕분에 7백만 명이 넘는 귀사의 독자는 기계가 자신의 행동양식을 침해하지 못하게 제한할 필요를 느낄 것입니다. 다름 아닌 일본이 이런 행동에 앞장서고 있다는 사실은 중요합니다. 세계는 일본을 전자기기의 수도로 우러러보고 있기 때문입니다. 그러므로 일본이 통신 분야에서 자기제한을 가하는 새로운 정치의 모범을 보이면 전 세계를 위해 매우 훌륭한 일이 될 것입니다. 사람들이 앞으로 계속 자치 능력을 유지하려면 이 분야의 절제가 필요하기 때문입니다.

 정치적 문제로 볼 때 전자 관리는 여러 가지 방식으로 접근할 수 있습니다. 저는 이번 공개 토론회가 시작되는 지금 이 문제를 정치생태학 문제로 접근할 것을 제안합니다. 지난 10년 동안 생태학에는 새로운 의미가 더해졌습니다. 생태학은 여전히 생물학이라는 학문의 한 갈래를 가리키는 이름이지만, 이제는 일반 대중이 정치적으로 조직되어 전문가의 결정을 분석하고 영향을 주는 행위를 가리키는 이름 역할도 하고 있습니다. 저는 새로운 전자 관리 장치는 인간 환경에 가해지는 하나의 특수한 변화이며 이것이 인간에게 우호적이 되려면 정치적으로 (그리고 오로지 전문가만이 아닌) 통제해야 한다는 데 초점을 맞추고자 합니다. 이 주제는 일본이라는 나라를 제게 알려준 여러분의 동료 세 분과 함께 고른 것인데, 사카모토 요시카즈 교수, 다마노이 요시로 교수, 우이 준 교수가 그 분들입니다.

환경은 자원이 아니라 공용이다

저는 앞으로 남은 13분이라는 강연 시간에 제가 생각하는 정치생태학의 근본 특징을 명확히 설명하고자 합니다. 환경을 자원으로 보는 견해와는 달리 저는 환경을 공용으로 봅니다. 특히 이 부분을 우리가 구별할 능력이 있어야 건전한 이론 생태학뿐 아니라 그보다 더 중요한 생태 법제를 실질적으로 구성할 수 있습니다.

   여러분, 이 순간 저는 일본의 위대한 선禪 시인 바쇼의 제자였으면 하는 마음이 참으로 간절합니다! 그랬더라면 제가 사람의 자급 활동이 뿌리내리는 공용과, 현대의 생존을 좌우하는 상품을 경제적으로 생산하는 자원이 어떻게 다른지 단 17개의 음절[1]로 표현할 수 있을지 모릅니다. 제가 만일 시인이라면 그 차이를 아름답고 예리하게 설명하여 여러분 가슴속에 파고들어 영원히 기억에 남도록 할 수 있을지도 모릅니다. 애석하게도 저는 일본의 시인이 아닙니다. 저는 여러분에게 지난 1백 년 동안 그 차이를 설명할 능력을 잃어버린 언어인 영어로 이야기해야만 합니다. 게다가 통역을 거쳐야 합니다. 오로지 통역 천재

---

[1] 5음절-7음절-5음절을 기본으로 하는 일본 정형시의 한 가지인 하이쿠를 가리킨다.

마라마츠 씨가 있는 덕분에 일본에서 강연하면서 감히 옛 영어의 의미를 되살려 보고자 합니다.

'공용commons'은 중세기 영어 낱말입니다. 저의 일본인 친구들 말로는 일본어에서 지금도 쓰이는 이리아이[2]와 아주 비슷하다고 합니다. 이리아이처럼 '공용'도 산업 시대 이전에는 환경의 특정한 측면을 가리키는 데에 사용된 낱말입니다. 사람들은 환경 중에서도 관습법에 따라 공동체가 일정한 형태로 존중한 부분을 가리켜 공용이라 불렀습니다. 환경 중에서도 자기 집 대문의 문지방 바깥에, 즉 자기 소유의 바깥에 놓여 있으나, 상품 생산을 위해서가 아니라 집안의 생계를 유지하기 위해 사용할 권한이 인정된 부분을 가리켜 공용이라 불렀습니다. 공용을 설정함으로써 환경을 인간적으로 만든 이 관습법은 대개 성문화되지 않았습니다. 사람들이 성문화할 마음이 없었기 때문이기도 하지만, 문장으로는 도저히 표현할 수 없을 정도로 복잡한 현실을 지켜주기 때문이었습니다. 공용에 관한 법률에는 사람이 다닐 권리, 물고기를 잡고 사냥할 권리, 가축에게 풀을 먹일 권리, 숲에서 땔나무를 모으고 약초를 캘 권리 등을 다루고 있습니다.

한 그루의 참나무는 공용으로 볼 수 있습니다. 여름이면 그 그늘을 양치기와 양떼 몫으로 둡니다. 도토리는 돼지와 이웃 농민을 위해 남겨둡니다. 마른 가지는 마을의 과부가 쓸 땔나무가 됩니다. 봄이면 갓 자란 가지 몇개를 꺾어 교회의 장식용으로 씁니다. 그리고 해거름에는 마을 사람들이 모이는 장소가 되기도 합니다. 공용, 즉 이리아이에

---

[2] いりあい (入会): 일정 지역의 주민이 관습에 따라 일정한 산림·들·어장 등에 들어가서 그것을 공동으로 이용하여 풀·땔감·물고기 등을 채취하는 일.

대해 말할 때 사람들은 환경 중 제한이 설정된 부분, 공동체가 생존하기 위해 필요한 부분, 여러 집단이 다양한 방식으로 살아가는 데 필요한 부분, 그러나 엄밀히 경제적 의미로 볼 때 희소하다고 인식되지 않는 부분을 가리켰습니다.

울타리가 세운 생태학의 질서

오늘날 유럽에서 제가 학생들에게 '공용'이라는 용어를 쓰면 (독일어로 알멘데Allmende 또는 게마인하이트Gemeinheit, 이탈리아어로 글리 우시 치비치gli usi civici) 학생들은 곧바로 18세기를 떠올립니다. 마을에서 집집마다 양을 몇마리씩 기르던 영국의 그 목초지를, 그리고 공용이던 초지를 상업 축산을 위한 자원으로 바꿔버린 '초지에 두른 울타리'를 생각하는 것입니다. 그러나 무엇보다도 저의 학생들은 울타리와 함께 생겨난 가난의 새로운 모습, 즉 땅에서 내몰려 임금 노동자가 된 농민이 겪는 절대적 빈곤화에 대해 생각합니다. 그리고 상업적으로 부유해진 영주들을 떠올립니다.

즉각적인 반응으로서 학생들은 새로운 자본주의 질서의 대두를 생각합니다. 이들은 그 새로운 고통을 대면하면서 저 울타리는 또한 뭔가 더 근본적인 것을 나타낸다는 사실을 잊어버립니다. 공용에 울타리를 치자 새로운 생태학적 질서가 시작됩니다. 농민이 행사하던 초지 지배권이 물리적으로 영주에게 넘어간 게 다가 아닙니다. 사회가 환경을 바라보는 태도에 철저한 변화가 일어났음을 나타냅니다.

그 이전에는 어떠한 사법 체제에서도 환경은 사람이 시장에 의존하지 않고서도 생계를 이끌어낼 수 있는 공용으로 간주했습니다. 울타리 이후 환경은 일차적으로 '기업'이 마음대로 쓰는 자원으로 변했습니다. 기업은 임금 노동을 조직함으로써, 소비자가 기본적 필요 충족을 위해 의존하는 상품 및 서비스로 자연을 탈바꿈시켰습니다. 이 탈바꿈을 정치경제학은 보지 못합니다.

이러한 태도 변화는 초지가 아니라 도로를 생각해 보면 더 잘 이해할 수 있습니다. 20년 전만 해도 멕시코시티에서 신시가지와 구시가지는 서로 얼마나 달랐습니까. 구시가지에서 길거리는 진정한 공용이었습니다. 어떤 사람은 길에 앉아 채소와 석탄을 팔았습니다. 어떤 사람은 길에 의자를 놓고 앉아 커피와 테킬라를 마셨습니다. 어떤 사람들은 길에서 모여 동네의 새 이장을 뽑고 나귀의 가격을 정했습니다. 어떤 사람은 짐을 잔뜩 지운 나귀와 나란히 걷거나 안장에 앉아 사람들 사이를 헤치며 지나다녔습니다. 아이들은 길가 도랑에서 놀고, 사람들은 여전히 길을 이용하여 한 곳에서 다른 곳으로 걸어 갈 수 있었습니다.

이런 길은 사람을 위해 닦은 길입니다. 진정한 의미의 여느 공용과 마찬가지로 길거리 자체도 사람들이 거기 살면서 그 공간을 살만한 곳으로 가꾼 결과물이었습니다. 그 길가에 늘어선 집들은 현대적 의미의 개인 주택, 즉 노동자를 밤새 보관해 두는 수납창고가 아니었습니다. 그러면서도 사적 생활공간과 공유되는 생활공간은 문지방을 중심으로 나뉘어 있었습니다. 그러나 이 사적 의미의 집도, 공용으로서 길거리도 경제 개발에서 살아남지 못했습니다.

멕시코시티의 신시가지에서 길은 더 이상 사람들을 위한 곳이 아닙니다. 이제 길은 자동차와 버스와 택시와 승용차와 트럭을 위한 곳입니다. 버스 정류장으로 가는 도중이 아니라면 사람은 길에서 거의 용납되지 않습니다. 이제 사람이 길거리에서 앉거나 멈추면 차량에 방해가 되고 차량은 사람에게 위험이 됩니다. 길은 공용이었으나 이제는 그저 차량유통을 위한 자원으로 전락한 것입니다. 사람은 더 이상 스스로 돌아다닐 수 없습니다. 차량이 사람의 이동력을 대신합니다. 사람은 띠에 묶여 운반될 때만 돌아다닐 수 있습니다.

인간에게 일어난 근본적 변화

영주의 초지 사유화에 대해서는 이의가 제기됐으나, 초지나 길이 공용에서 자원으로 바뀌는 더 근본적인 변화는 최근까지도 아무런 비판 없이 진행되고 있습니다. 소수가 환경을 전유하는 행위는 명백히 용납할 수 없는 남용 행위로 인식됐습니다. 그와는 대조적으로, 사람을 산업 노동력과 소비자의 구성원으로 격하시키는 더욱 중대한 변화는 최근까지도 당연하게 받아들여졌습니다. 거의 1백 년 동안 수많은 정당이 환경 자원이 소수의 개인에게 집중되는 것에 이의를 제기했습니다. 하지만 환경 자원을 사적으로 이용한다는 차원에서 논의되었을 뿐 공용이 사라져 없어진다는 차원에서는 논의되지 않았습니다. 이처럼 자본주의에 대항하는 정치 운동은 이제까지 공용을 자원으로 탈바꿈시키는 행위의 적법성을 뒷받침해왔습니다.

최근에 이르러서야 사회의 밑바탕에서 생겨난 새로운 종류의 '대중 지성'이 이제까지 어떤 일이 벌어져 왔는지 인식하기 시작했습니다. 울타리는 모든 역사를 통틀어 생존이라는 도덕경제가 의존하는 바로 그 종류의 환경에 대한 민중의 권리를 박탈했습니다. 울타리를 일단 용납하고 나면 공동체가 재정의됩니다. 울타리는 공동체의 지역 자율을 잠식합니다. 공용에 두른 울타리는 이렇게 자본주의자에게 이익인 만큼 전문가와 정부 관료에게도 이익이 됩니다. 울타리가 있을 때 관료는 지역 공동체가 스스로 생존을 부양할 능력이 없다고 정의하게 됩니다. 사람들은 자신을 위해 생산되는 상품에 의지하여 생존하는 경제적 개인이 됩니다. 근본적으로 대부분의 시민운동은 이처럼 환경을 탈바꿈시켜 사람을 소비자로 재정의하는 행위에 맞서는 반란에 해당됩니다.

여러분, 여러분은 제게 초지나 길이 아니라 전자기기에 대한 이야기를 들려주기를 원했습니다. 그러나 저는 역사학자입니다. 그래서 제가 과거를 살펴보고 알게 된 초지의 공용에 대해 먼저 들려드리고, 그런 다음 지금 전자 장치 때문에 공용에 가해지는 훨씬 폭넓은 위협을 말하고 싶었습니다.

정적은 공용이다

지금 여러분 앞에서 강연하고 있는 이 사람은 55년 전 오스트리아의 빈에서 태어났습니다. 태어난 지 한 달 뒤 기차에 실려, 이어 배에 태워져 크로아티아의 브라츠 섬으로 보내졌습니다. 달마티아 연안에 있는 이 섬 마을에서 할아버지는 새로 태어난 손자를 축복하고 싶어 했습니다. 할아버지가 살던 집은 교토에서 무로마치가 지배하던 시대[3]

---

3 14세기부터 16세기 무렵이다.

부터 집안 대대로 살아온 집이었습니다. 그 뒤로 달마티아 연안 지방에서는 수많은 지배자가 오고갔습니다. 베네치아의 총독, 이스탄불의 술탄, 알미사의 해적, 오스트리아의 황제, 유고슬라비아의 왕 등이 거쳐 갔습니다.

그러나 그 5백 년 동안 총독의 관복과 언어는 여러 차례 바뀌었건만 사람들의 일상에는 거의 변화가 없었습니다. 똑같은 올리브 나무 서까래가 여전히 할아버지의 집 지붕을 떠받쳤습니다. 지붕 위에 얹힌 똑같은 석판으로 빗물을 받아 모았습니다. 똑같은 통에서 포도를 밟아 포도주를 빚었고, 똑같은 종류의 배를 타고 바다로 나가 물고기를 잡았으며, 에도 성이 생긴 지 아직 얼마 되지 않은 때 심은 나무에서 기름을 얻었습니다.

알아머시는 바깥소식을 한 날에 두 번 섭했습니다. 바깥소식은 증기선을 따라 사흘 뱃길을 타고 왔습니다. 그 이전에는 돛단배를 타고 왔는데 뱃길로 닷새가 걸렸습니다. 제가 태어났을 무렵 한길에서 멀리 떨어진 곳에서는 역사가 여전히 알아차리지 못하게 느릿느릿 흘러갔습니다. 환경은 대부분 공용에 속했습니다. 사람들은 자신이 지은 집에서 살았고, 가축이 밟고 다니는 길거리를 따라 움직였으며, 물을 자율적으로 확보하여 쓰고 버렸고, 큰 소리로 말하고 싶을 때에는 목청을 돋우면 되었습니다. 이 모든 것이 제가 브라츠에 도착하면서 달라졌습니다.

1926년에 저를 태우고 간 바로 그 배를 타고 확성기가 처음으로 섬에 도착했습니다. 확성기라는 게 있다는 소문조차 들은 사람이 거의 없었습니다. 그때까지 남자든 여자든 다들 고만고만한 목소리로 말했습니다. 하지만 그날부터 달라졌습니다. 그날부터 마이크를 누가 잡느냐에 따라 누구의 목소리가 확성되는지가 결정됐습니다. 정적靜寂은 이제 공용에 포함되지 않게 됐습니다. 확성기들이 서로 차지하려고 경쟁을 벌이는 자원으로 바뀐 것입니다.

 이로써 지역의 공용물이던 언어 자체가 소통을 위한 국가 자원으로 바뀌었습니다. 영주가 울타리를 쳐 개인적으로 양을 몇마리 치던 농민을 내쫓고 국가의 생산성을 높였듯, 확성기가 잠식해 들어오면서 그때까지만 해도 남자와 여자 모두에게 똑같이 제 목소리를 부여해 주던 그 정적이 파괴됐습니다. 확성기를 이용할 수 없으면 그 사람은 입막음을 당하는 것입니다. 이제 이 두 가지가 비슷하다는 점이 분명하게 이해되었으면 좋겠습니다. 공간이라는 공용이 섬세하여 교통이 동력화되면서 파괴되는 것처럼 말이라는 공용 역시 섬세하여 현대적 통신 수단이 잠식해 들어오면 쉽사리 파괴된다는 점입니다.

남아있는 공용을 방어하라

제가 논제로 제안하는 쟁점은 따라서 명확합니다. 그것은 우리 존재에서 초지나 길보다 더 미묘하고 본질적인 역할을 하는 공용, 정적처럼 귀중한 공용을 잠식해 들어오는 전자 기반의 새로운 기기나 장치에 대해 어떻게 대처할까 하는 것입니다. 인격 성장에 정적이 필요하다는 것은 동서양의 공통된 전통입니다. 사람을 흉내 내는 기계가 그 정적을 우리에게서 앗아갔습니다. 우리가 이미 기계에 의존하여 이동하고 있는 것처럼 말하고 생각하는 것도 점점 더 기계에 의존하기 쉽습니다. 공용이던 환경이 이처럼 생산을 위한 자원으로 탈바꿈하는 것이 환경 퇴화의 본모습입니다. 이런 퇴화에는 오랜 역사가 있습니다. 자본주의와 역사가 일치하지만, 오로지 그것으로 한정지을 수만은 없습니다. 애석하게도 정치생태학은 이런 탈바꿈이 중요하다는 사실을 이제까지 간과하거나 과소평가해왔습니다.

아직까지 남아있는 공용을 방어하기 위한 행동을 조직하려면 이런 탈바꿈을 인식할 필요가 있습니다. 이를 방어하는 것이 1980년대 동안 대중의 정치 행동에서 결정적으로 중요한 과제입니다. 이 과제는 긴급하게 수행해야 합니다. 공용은 경찰 없이 존재할 수 있지만 자원은 그럴 수 없기 때문입니다. 교통과 마찬가지로 컴퓨터도 경찰을 필요로 합니다. 교통보다 훨씬 많은 경찰을, 훨씬 더 교묘한 경찰을 필요로 합니다. 자원은 당연히 경찰이 지키게 되어 있습니다. 일단 경찰이 지키기 시작하면 공용으로 회복하기는 갈수록 어려워집니다. 특히 긴급한 이유가 여기에 있습니다.

정주, 되찾아야 할 삶의 기술

영국 왕립 건축가 협회 창립 150주년 기념 강연
영국 요크
1984년 7월

정주定住는 인간의 행위입니다. 야생 짐승에게는 둥지가 있고, 가축에게는 우리가 있고, 마차는 헛간에 들어가고, 자동차는 차고에 들어갑니다. 정주는 오로지 인간만이 하는 것입니다. 정주는 기술입니다. 거미는 모두 자기 종족 특유의 거미줄을 치려는 본능을 타고납니다. 동물처럼 거미 역시 자기의 유전자에 의해 프로그램되어 있습니다. 인간은 동물 중 유일하게 기술자이며, 정주 기술은 삶을 사는 기술의 한 부분입니다. 집은 둥지도 아니고 차고도 아닙니다.

대부분의 언어에서는 산다는 말을 정주한다는 뜻으로 사용합니다. '어디에서 사는가?' 하고 묻는 것은 여러분의 일상적 존재가 세상에 모양을 부여하는 장소가 어디인지를 묻는 것입니다. 여러분이 어떻게 정주하는지 알려주면 여러분이 누구인지 말해줄 수 있습니다. 정주와 삶을 같이 보는 것은 세상이 아직 살기에 적당하고 인간이 그 속에 머물러 살던 시대로 거슬러 올라갑니다. 당시 정주한다는 것은 자기 자신의 흔적 속에 깃들여 산다는 뜻이었고, 그날그날 살아가며 자신의 일대기를 한 올 한 올 풍경 속에 적어 넣는다는 뜻이었습니다. 이 일대기는 세대에서 세대로 이어지며 돌에 새겨지기도 하고, 장마철에는 갈대와 나뭇잎으로 새로 그려지기도 했습니다. 사람이 살아가며 남기는 흔적은 그곳의 거주자만큼이나 덧없는 것이었습니다.

건축가가 지을 수 없는 집

주거, 즉 사람이 정주하는 곳은 사람이 자리를 잡고 살기 전에는 완성되지 않았습니다. 사용 준비가 끝나는 그날부터 망가지기 시작하는 오늘날의 상품과는 딴판이었습니다. 천막은 날마다 고쳐 써야 했습니다. 그리고 세우고 걷고 했습니다. 농가는 거기 사는 사람들의 상황에 따라 커졌다 줄었다 합니다. 먼 등성이에서 내려다만 보아도 아이들이 혼인했는지, 노인들이 죽었는지 알아볼 수 있을 때가 많습니다. 집짓기는 일생에서 일생으로 이어지며, 그 특별한 단계에서는 의례 행위가 벌어집니다. 주춧돌을 놓고 서까래를 얹기까지 여러 세대가 지났을 수도 있습니다.

  도시에서도 어떤 지역이 완성에 다다르는 일이 없습니다. 18세기까지도 서민 지역 주민은 건축가들이 슬쩍 끼워 넣으려는 개선안에 반발하여 폭동을 일으켜 자신의 정주 기술을 지켜냈습니다. 정주는 에드워드 파머 톰슨이 아주 잘 묘사한 도덕경제의 한 부분입니다.

  그러나 왕의 거리가 질서와 청결과 안전과 예법이라는 이름으로 사람 사는 동네를 갈기갈기 찢어버리면서 짓눌려버렸습니다. 19세기에 거리마다 이름을 붙이고 집집마다 번호를 붙인 경찰에게 짓눌려버렸습니다. 하수 시설을 설치하고 사람 사는 곳을 계획하고 통제하는 전문가들에게 짓눌려버렸습니다. 정주는 시민이 차고와 텔레비전을 소유할 권리를 드높인 복지로 인해 거의 절멸됐습니다.

정주는 건축가의 손이 닿을 수 없는 곳에서 일어나는 활동입니다. 그것이 민중의 기술이기 때문만도 아니고, 건축가의 힘으로는 통제할 수 없는 파도처럼 끝없이 이어지기 때문만도 아니며, 단순히 생물학자나 시스템 분석자가 다룰 수 없을 만큼 섬세하고 복잡해서도 아닙니다. 그것은 무엇보다도 똑같은 모습으로 정주하는 공동체가 없기 때문입니다. 습관과 거주[1]는 거의 같은 말입니다. 인류학자의 용어를 빌리자면, 토착 건축은 토착어만큼이나 독특합니다.

사랑하는 기술, 꿈꾸는 기술, 고통을 겪고 죽음을 맞는 기술 등 살아가는 총체적 기술이 저마다 독특하기 때문에 저마다 생활방식이 독특한 것입니다. 따라서 이 기술은 너무 복잡해서 코메니우스나 페스탈로치 같은 방식이나 교사나 텔레비전이 가르칠 수 없습니다. 살아가며 체득하는 것 말고는 달리 배울 길이 없는 기술입니다. 사람은 자라나면서 하나씩 하나씩 새로운 것을 접하면서 토착 건축가가 되고 토착어를 말하게 됩니다. 따라서 건축가가 건물로 짓는 3차원의 균질한 데카르트 공간과 정주를 통해 존재하는 토착 공간은 서로 다른 종류의 공간입니다. 건축가는 건물을 짓는 것 외에는 아무 것도 할 수 없

---

[1] 영어로 습관은 habit, 거주는 habitat이다.

습니다. 토착 정주자는 자신이 거주하는 공간의 공리를 생성합니다.

흔적도 없이 사라지는 삶

오늘날 입주 공간의 소비자는 다른 위상의 세계에서 살고 있습니다. 그가 찾아 들어가는 입주 공간의 좌표는 그가 경험해온 유일한 세계입니다. 그는 가축을 치는 풀라니족, 절벽에서 살아가는 도곤족, 물고기를 잡는 송가이족, 농사를 짓는 보보족이 살아가는 공간은 생태학적 관점에서 서로 이질적이지만 모두가 똑같은 하나의 풍경 속에 어우러져 들어간다는 사실을 도무지 믿지 못합니다.[2]

현대의 입주자에게 1킬로미터는 1킬로미터이고, 1킬로미터가 지나면 다음 1킬로미터가 나옵니다. 세상에 중심이 없기 때문입니다. 정주하는 사람에게 세상의 중심은 그가 살고 있는 장소입니다. 강을 따라 10킬로미터 거슬러 올라간 곳이 사막 안으로 1킬로미터 들어간 곳보다 훨씬 더 가까울 수도 있습니다. 문화에 따라 정주자의 시야가 왜곡된다고 말하는 인류학자가 많습니다. 실제로 문화에 따라 거주하는 공간의 성격이 결정됩니다.

입주 공간의 소비자는 정주 능력의 많은 부분을 잃어버렸습니다. 지붕 밑에서 잠을 자야 된다는 사실이 문화적으로 정의된 필요로 탈바꿈했습니다. 정주할 자유는 그에게 중요하지 않게 됐습니다. 그는 건

---

[2] 풀라니, 도곤, 송가이, 보보 등의 부족은 모두 아프리카 말리에서 살아가는 부족으로, 부족마다 언어와 복장, 주거, 생활방식이 다르다. 부족별로 생계를 꾸리는 방식이 전문화되어 있는데, 어느 부족도 자신의 힘만으로는 기후 조건에 완전히 대처할 수 없지만 모자라는 부분을 서로 채워주는 방식으로 협력하며 살아간다.

축된 공간 속의 일정 면적에 대한 권리를 필요로 합니다. 그리고 배달을 이용하는 권한과 배달을 시키는 방법을 소중히 여깁니다. 그에게서 삶의 기술은 몰수됐습니다. 그는 아파트를 필요로 하기 때문에 정주 기술은 필요로 하지 않습니다. 의료의 도움에 의지하기 때문에 고통을 겪는 기술이 필요하지 않은 것과 마찬가지입니다. 그리고 죽음을 맞이하는 기술에 대해서는 분명 생각해본 적조차 없을 것입니다.

입주 공간의 소비자는 만들어진 세계에서 삽니다. 고속도로에서 스스로 길을 낼 수 없는 것과 마찬가지로 집안의 벽에 구멍을 낼 수 없습니다. 그는 흔적을 남기지 않고 삶을 거쳐 갑니다. 그가 남기는 자국은 흠집으로, 닳은 것으로 간주됩니다. 그가 정말로 뭔가를 남기면 찌꺼기이므로 제거됩니다. 환경은 정주를 위한 공용이었으나, 사람과 상품과 자동차를 보관하는 수납창고를 짓는 자원으로 재정의됐습니다. 공동주택은 입주자를 수용하기 위한 칸막이를 제공합니다. 이런 공동주택은 칸막이를 위해 계획, 건축, 시설됩니다. 자기 자신의 공동주택에서 최소한의 정주를 허락받는 것은 특권이 됩니다. 부자만이 문을 옮기고 벽에 못을 박을 수 있는 것입니다.

이처럼 정주라는 토착 공간은 수납창고라는 균질한 공간으로 대치됐습니다. 타이완에서 미국 오하이오 주까지, 페루의 리마에서 중국의 베이징까지 다 똑같아 보입니다. 어디를 가도 똑같은 수납창고가 있습니다. 수송 수단을 편리하게 이용할 수 있는 곳에 밤새 노동력을 보관해 두는 선반인 것입니다. 인간은 원래 자신에게 맞게 모양을 잡아가는 공간에서 정주하는 거주자였지만, 이제 생산된 건물에서 피난하면서 입주자법이라든가 신용수여자법의 보호를 받는 공동주택 소비자로 정식 등록된 입주자로 바뀌었습니다.

쫓겨나는 사람들

대부분의 사회에서 어딘가에 수용되는 것은 불행의 표식입니다. 고아와 방랑자와 법법자와 노예와 군인이 막사 같은 건물에 맡겨지고 유숙하고 투옥되고 밤 동안 갇히고 수용됩니다. 군인의 경우 18세기에 이르러서부터 그랬습니다. 그 이전에는 군대조차도 야영하면서 정주할 곳을 마련해야 했습니다. 산업사회는 시민 한 사람 한 사람을 입주자로 만들고자 하는 유일한 사회입니다.

 이 입주자는 지낼 곳을 마련해 주어야 하는 대상이며, 따라서 제가 정주라는 낱말로 가리키는 저 사회적, 공동체적 활동의 의무가 면제됩니다. 이제 정주의 자유를 고집하는 사람은 아주 부자이거나 유별난 사람으로 취급됩니다. 이는 정주 욕망이 이른바 '개발'에 의해 아직 지워지지 않은 사람과 산업 풍경의 금간 부분이나 약한 부분에서라도 거주에 적합한 새로운 형태의 정주를 추구하는 이탈자 모두에게 해당됩니다.

 근대화되지 않은 사람도 근대화를 부정하는 사람도 모두 공간에 대한 자기 주장을 사회가 금지하는 데에 반대합니다. 그런 만큼 이들은 자신의 행위를 성가시게 여기는 경찰이 개입할 것을 예상해야 합니다. 이들은 정주할 자유를 주장하는 상황에 따라 침입자로, 불법 점유자로, 무정부주의자로, 골칫거리로 낙인찍힐 것입니다. 페루 리마의 휴경지에 들어가 정착하는 인디언, 40년 동안 점유하고 살던 브라질 리우데자네이루의 산비탈에서 경찰에 쫓겨났다 다시 돌아와 눌러앉는 파벨라도[3], 베를린 크로이츠베르크의 폐허를 개조하여 정주하려는 대담한 학생들, 뉴욕 사우스브롱크스의 불타버린 건물에 들어가려는 푸에르토리코인이 그렇습니다. 이들은 모두 쫓겨날 것입니다. 그들이 건물주에게 손해를 끼쳐서가 아닙니다. 이웃의 보건과 치안에 위협이 되기 때문이 아닙니다. 시민을 표준 수납창고에 보관해야 하는 단위로 정의하는 사회적 공리에 도전하기 때문에 쫓겨나는 것입니다.

안데스 산맥에서 내려와 리마의 교외지역으로 들어가는 인디언 부족, 그리고 시의 공동주택 당국으로부터 스스로 이탈하는 시카고 주민 자치회는 모두 시민을 호모 카스트렌시스, 즉 수용되는 인간으로 보는 지금의 모형에 도전하고 있습니다. 그러나 새로 찾아드는 사람과 떨어져 나가는 사람의 행동은 정반대의 반응을 불러일으킵니다. 인디오는 지낼 곳을 제공해 주는 국가의 물질적 보살핌에 감사하도록 교육할 필요가 있는 이교도처럼 취급할 수 있습니다.

그러나 이탈자는 훨씬 더 위험한 존재입니다. 도시가 어머니처럼 포근하게 감싸 안아주지만, 그 이면에 사람을 무력하게 만드는 효과가 있음을 증언하고 있기 때문입니다. 이교도와는 달리, 이런 부류의 이단자는 표면적으로는 반대인 듯 나타나는 현재의 모든 이념 밑바닥에 숨겨진 시민 종교의 공리에 의문을 제기합니다.

이 공리에 따르면 호모 카스트렌시스로서 시민은 '지낼 곳'이라는 상품을 필요로 합니다. 지낼 곳에 대한 권리가 법으로 규정되어 있는 것

---

[3] 브라질 리우데자네이루의 산비탈에 생겨난 빈민가를 파벨라라 하며, 이곳에서 사는 빈민을 파벨라도라 한다.

입니다. 이탈자는 그 권리를 반대하지는 않지만, 지낼 곳에 대한 권리가 정주의 자유와 충돌하는 상황에 대해서는 이의를 제기합니다. 그리고 충돌이 있을 경우 이탈자는 희소하다고 정의되는 지낼 곳이라는 상품보다 정주할 자유의 가치가 더 큰 것으로 간주합니다.

희소해지는 삶의 공간

그러나 토착 가치와 경제 가치 간의 충돌은 문지방 안쪽 공간에 국한되지 않습니다. 정주의 효과가 실내의 형태만 바꿔놓는 것으로 한정한다면 잘못일 것입니다. 정주하는 사람의 문밖 역시 방식은 달라도 형태가 많이 바뀝니다. 사람이 사는 땅은 문지방 양쪽 모두에 있습니다. 문지방은 정주하며 만들어지는 공간의 회전축과 같습니다. 이쪽에는 가정이 있고 그 반대쪽에는 공용이 있는 것입니다. 다수의 집안이 거주하는 공간이 공용입니다. 집이 가족에게 지낼 곳이 되어 주듯 공용은 공동체에게 지낼 곳이 되어 줍니다. 똑같은 양식으로 정주하는 공동체가 없는 것처럼 똑같은 공용이 있는 공동체도 있을 수 없습니다. 공용을 누가 사용할 수 있는지, 누가 사용해야 하는지, 또 언제 어디서 어떻게 사용하는지는 관습에 따라 정해집니다. 가족생활의 흐름과 범위에 따라 가정의 형태가 달라지듯, 공용은 일반 주민이 남기는 흔적입니다.

 공용이 없는 정주는 있을 수 없습니다. 고속도로는 거리도 아니고 길도 아니며 수송을 위해 예약된 자원이라는 것을 이주민이 인식하기까지는 시간이 걸립니다. 저는 뉴욕에 새로 도착한 푸에르토리코인 중 차도 옆 인도가 광장이 아니라는 사실을 알아차리기까지 몇년이나 걸리는 사람을 많이 보았습니다. 독일 관료에게는 실망스럽겠지만, 유럽 곳곳에서 사는 터키인은 의자를 거리로 가지고 나와 잡담을 나누고, 내기를 하고, 거래를 하고, 커피를 대접받고, 노점을 엽니다.[4] 차량은 문밖에서 남의 험담을 하는 것만큼이나 장사에 치명적이라는 사실을 이들이 깨닫기까지는, 공용을 떠나보내기까지는 시간이 걸립니다.

오늘날 입주 공간의 소비자는 사적 공간과 공적 공간을 구별하는데, 이는 문지방을 중심으로 집안과 공용으로 나뉘던 전통적 구별 방식을 대신하는 게 아니라 파괴합니다. 그런데도 상품으로서 공동주택이 환경에 어떤 영향을 끼쳤는지 아직까지 우리 생태학자에게 인식되지 않았습니다. 생태학은 여전히 경제학에 종속되거나 경제학의 쌍둥이이기 때문입니다. 정치생태학은 공용이 파괴되어 경제 자원으로 변형되는 것이 정주 기술을 마비시키는 환경 요인이라는 사실을 인식할 때에만 근본적이고 유효하게 될 것입니다.

지금 세계가 살기에 얼마나 부적합한지를 보면 공용이 얼마나 파괴됐는지 알 수 있습니다. 인구가 늘어나면서 역설적으로 우리는 환경을 살기에 부적합한 곳으로 만듭니다. 더 많은 사람이 정주할 필요가 있는 바로 그때 토착 정주를 상대로 벌이는 전쟁이 그 마지막 단계에 접어들면서 희소한 공동주택을 찾아 나서도록 사람들을 강요합니다. 한 세대 전에 제인 제이콥스는 전통적 도시에서는 도시가 확장할

---

[4] 독일은 이민자 인구 중 터키인이 가장 많다. 2010년 독일 정부 통계에 따르면 전체 인구 8,200만 명 중 터키인이 350만 명에 이른다.

수록 또 사람들이 서로에게 가까이 다가갈수록 정주 기술 및 공용의 생명력이 증가한다는 것을 효과적으로 입증해 보였습니다. 그럼에도 지난 30년 동안 전 세계 거의 모든 곳에서 강력한 수단을 동원하여 지역 공동체의 정주 기술을 강탈하고 그럼으로써 삶의 공간이 희소하다는 느낌이 갈수록 더 극심하게 느껴지도록 만들었습니다.

이처럼 공동주택이 공용을 강탈하는 행위는 잔인하기가 물에 독약을 푸는 것에 못지않습니다. 정주 공간의 마지막 지역을 공동주택 사업이 침범해 들어가는 것은 그 역겨운 정도가 스모그를 내뿜는 것에 못지않습니다. 새로운 정주 방식을 탐구할 자유와 공동주택에 대한 권리가 서로 충돌할 때마다 공동주택에 유리하도록 법 해석이 이루어지는 일이 끝없이 반복되는데, 이는 '생산적 인간' 부부의 생활방식을 강요하는 법률만큼이나 억압적입니다.

정주 능력의 회복

그럼에도 불구하고 정주할 자유를 선언할 필요가 있습니다. 공기나 물, 여러 가지 공존 방식은 수호하는 사람들이 있습니다. 훈련 과정도 있고 관료로 취직도 합니다. 그렇지만 정주할 자유와 살기 적합한 환경을 보호하는 일은 당장은 소수 시민운동의 관심사로 머물러 있습니다. 그리고 이런 운동조차도 건축가들이 목표를 잘못 해석하면서 훼손되는 경우가 너무 흔합니다.

사람들은 '내 손으로 집짓기'를 단순한 취미로 — 또는 판자촌을 짓고 사는 사람을 위안하는 말로 — 생각합니다. 귀농은 낭만주의로 봅니다. 도심의 연못과 닭장은 단순한 놀이로 여깁니다. '잘 돌아가는' 동네에는 고임금의 사회학자가 홍수처럼 쏟아져 들어오다가 결국 실패로 끝납니다. 주택 무단 거주는 시민 불복종으로 간주되며, 원래 장소로 되돌아와 무단 거주하면 더 나은 공동주택을 더 많이 제공하라는 목소리로 해석됩니다. 그러나 교육, 의료, 수송, 시신 매장 등의 분야와 마찬가지로 공동주택에서 자발적으로 이탈하는 사람은 순수주의자라서 그러는 게 아닙니다. 저는 애팔래치아 산맥에서 염소 몇마리를 놓아기르는 가족을 알고 있는데, 저녁이 되면 전지로 동작하는 컴퓨터를 가지고 놉니다. 제가 아는 어느 불법 점유자는 뉴욕 할렘 지구에서 담을 둘러 들어가지 못하도록 해 놓은 어느 아파트에 침입해서 살고 있는데 딸을 사립학교에 보내고 있습니다.

그러나 조롱하고 정신과 진단을 내려도 이탈자는 물러가지 않습니다. 이들은 칼뱅주의자 히피들의 양심을 잃어버렸으므로 자기 나름의 풍자와 정치적 기술을 기릅니다. 이들은 예전에 누리다가 스스로 포기한 안락보다 정주를 통해 회복하는 삶의 기술이 더 즐겁다는 사실을 경험을 통해 알고 있습니다. 그리고 이들이 산업사회의 한 기둥인 호모 카스트렌시스에 관한 공리를 거부한다는 뜻을 간결한 몸짓으로 표현하는 능력은 갈수록 강해지고 있습니다.

게다가 오늘날 정주 공간을 회복하는 것이 이치에 맞아 보일만 한 이유가 또 있습니다. 현대의 방법과 재료, 기계 덕분에 내 손으로 집을 짓는 일이 전보다 점점 더 간단하고 덜 귀찮아지고 있습니다. 건설 노동조합을 거치지 않는 사람에게 붙던 이기적이라는 딱지가 무직자가 늘어나면서 사라지고 있습니다. 숙련된 건설 노동자가 자신의 일을 완전히 새로 배운 다음 자신과 공동체에 유용한 형태의 무직 상태로 일하는 경우가 갈수록 많아지고 있습니다. 1970년대에 세워진 건물이 총체적으로 비능률적이어서, 몇년 전이었으면 항의했을 이웃들도 이전에는 생각조차 할 수 없었던 변화를 한층 덜 불쾌하게 받아들이고 나아가 타당하게 여기기까지 합니다.

　제3세계의 경험은 사우스브롱크스의 경험과 일치합니다. 멕시코의 대통령은 선거운동 중에 분명하게 다음과 같이 선언했습니다. '멕시코의 경제 상황으로는 지금도 앞으로도 국민 대다수에게 공동주택을 공급할 수 없다. 모든 멕시코인이 적당히 살 집을 마련하는 유일한 길은 멕시코의 각 공동체가 스스로 전보다 더 나은 집에서 살 수 있도록 법과 건축 재료를 준비하는 것뿐이다.'

　여기서 제안한 것은 어마어마합니다. 즉 전 세계의 공동주택 공급 시장에서 하나의 국가가 이탈한다는 뜻입니다. 저는 제3세계 국가가 이렇게 할 수 있으리라고는 믿지 않습니다. 한 나라가 스스로 저개발됐다고 보는 한 자본주의든 사회주의든 선진국을 모형으로 삼습니다. 그런 나라가 정말로 하나의 국가로서 스스로 이탈할 수 있다고는 믿지 않습니다. 어떤 정부든 본래부터 '수용되는' 인간이라는 이념을 바탕으로 너무 많은 권력이 생겨나기 때문입니다. 국가가 건물을 세우고 공동주택을 짓는 유토피아는 제가 아는 모든 사회 지도층 인사의 사고와 밀접한 연관이 있습니다. 제3세계에서 특히 그렇습니다.

　저는 정주할 자유, 그리고 그것을 선택 가능하도록 만들기 위한 수단, 즉 법과 건축 재료는 '개발'된 선진국에서 먼저 인식되어야만 한다고 봅니다. 선진국에서는 이탈자가 차고에 대한 권리보다 정주할 자유를 더 우위에 두는 이유를 훨씬 더 큰 확신으로 훨씬 더 정확하게 주장할 수 있습니다. 그런 다음 그 이탈자가 멕시코를 보고 어도비 벽돌로 무엇을 할 수 있는지 알게 합시다.

그리고 인간 수납창고에 대한 무기력한 권리를 추구하기보다는 정주하는 토착 능력을 회복하는 게 중요하다는 주장이 늘고 있습니다. 앞서 살펴보았듯, 이런 논의는 희소가치를 다루는 학문인 경제학의 날개 밑에서 빠져 나오기만 하면 생태운동의 방향과 일치합니다. 이런 논의는 기술에 대한 근본적으로 새로운 분석 한 가지와 일치합니다. 이 분석에서는 건축 산업에서 사람들이 자원봉사자로 등록하는 것, 그리고 인간의 불완전한 정주 능력을 보완하기 위해 받아들인 현대적 도구라는 두 가지를 서로 대비시킵니다. 그러나 아직 제대로 모양이 잡히지는 않았지만 이보다 더 중요한 논의가 한 가지 있는데, 여러 가지 운동에서 제가 직접 구체적으로 관찰할 수 있었습니다.

내 손으로 집을 지을 자유

삶의 흔적을 새기기에 적합한 공간은 깨끗한 물이나 맑은 공기만큼이나 생존에 기본적입니다. 샤워실과 에너지 절약 장치를 동원하여 아무리 화려하게 꾸며도 인간은 수납창고에 맞지 않습니다. 가정과 수납창고는 같은 종류의 공간이 아닙니다. 사회생물학자는 가정을 인간의 둥지로 단정하려 하지만 가정은 그와는 다릅니다. 수납창고의 선반을 아무리 푹신하게 꾸며도 사람은 그곳에서 살아갈 수 없으니까요. 수납창고는 상품이라는 동질한 공간에서 유통되는 물건을 저장하는 공간입니다. 둥지는 본능에 따라 자신의 영역에 매여 있는 동물이 만들고 차지하는 곳입니다.

인간은 정주합니다. 인간은 수천 가지 방식으로 지구에 거주해왔고 서로의 정주 형태를 모방해왔습니다. 수천 년 동안 바뀌어 온 정주 공간의 성격을 결정하는 것은 본능도 유전자도 아닌 문화와 경험, 생각이었습니다. 물론 동물의 세력권과 정주 공간은 모두 3차원이라는 특징을 띠지만, 담고 있는 의미로 볼 때에는 같은 종류의 공간이 아닙니다. 정주 공간이 수납창고와 다른 만큼이나 다릅니다. 현재 우리가 다루고 있는 학문 중 이와 같은 다양한 위상을 제대로 파악할 수 있는 학문은 없습니다. 사회학에서도, 인류학에서도, 역사학에서도 지금 대체로 적용하고 있는 기본 관점으로는 저렇듯 다양한 위상이 지니는 중요한 차이를 구별하지 못하는데도 그런 관점을 버리지 못합니다.

저는 토착 가치가 지배하는 상황에서 이루어지는 인간의 경험과 희소성이 지배하는 상황에서 이루어지는 인간의 경험을 엄격하게 대비시키는 것이 그런 차이를 — 그 중요한 차이를 — 명확하게 드러내는 첫걸음이라 믿고 있습니다. 그리고 그런 차이를 진술할 수 있는 언어를 회복하지 못하면, '수용되는 인간'이라는 모형에 동조하기를 거부하고 새로운 토착 정주 공간을 찾으려는 노력은 정치적으로 효력을 띨 수 없습니다.

그러므로 정주라는 행위가 정치의 대상이 되는 때가 오면 필연적으로 갈림길에 다다르게 될 것입니다. 한쪽 길에서는 '공동주택 정책'이 관심사가 될 것입니다. 즉 좋은 자리에서 좋은 설비를 갖춘 칸을 차지할 권리를 모든 사람에게 주는 방법을 찾으려 할 것입니다. 이쪽 길에서는 건축가에게 들일 돈이 다 떨어질 때 빈민과 공동주택을 연계하는 방법이 사회사업가에게 성장 부문이 될 것입니다.

반대쪽 길에서는 공동체가 능력과 기술에 따라 스스로를 형성하고 거주할 권리에 관심을 기울일 것입니다. 이 목표를 추구하다 보면, 주거 환경이 조각조각 부서지고 전통을 잃어버렸기 때문에 정주할 수 있는 주거 환경에 대한 권리를 박탈당했다는 사실을 선진국의 수많은 사람이 알게 될 것입니다. 스스로 집을 마련하기를 고집하는 젊은이는 공간과 전통이 아직 살아 있는 '저개발'국을 부러운 눈으로 바라볼 것입니다.

저개발된 지역에 이런 부러움이 생기기 시작하면 용기와 반성으로 치유해야 합니다. 그러나 제3세계에서는 생존 자체가 '내 손으로 지을' 권리와, 땅 한 뼘과 서까래 같은 몇 가지 물건을 소유할 권리 사이의 균형을 올바르게 유지하느냐에 달려 있습니다.

부정가치와 엔트로피

일본 엔트로피 학회 제1차 공회 강연문
도쿄 게이오기주쿠 대학
1986년 11월 9일

일본 엔트로피 학회의 이번 제1차 공회는 다마노이 요시로 교수를 기념할 수 있는 좋은 자리입니다. 우리는 대부분 그를 친구로서, 제자로서 기억합니다. 그가 던진 질문에 따라 오늘 6백 명의 물리학자, 생물학자, 경제학자, 녹색 활동가가 이 자리에 모였습니다.

다마노이 교수는 도쿄 대학교에서 경제학 교수로 있으면서 칼 폴라니의 저서를 일본어로 번역했습니다. 그는 또한 문화적 차원을 물리적 차원과 연관지어 글을 쓰고 가르치면서 생태 연구에 일본 특유의 맛을 첨가했습니다. 그는 한 시대의 경제 이념과 그것이 뿌리내린 흙과 물의 역할을 하는 사회생활 간에 일어나는 상호작용에 초점을 맞춤으로써 그렇게 했습니다.

그는 능동적인 환경정치가였고 뛰어난 교사이기도 했습니다. 그리고 그의 우정을 경험한 사람 중 그 섬세함을 잊을 수 있는 사람은 아무도 없습니다.

'엔트로피', 사회적 퇴화를 자연법칙으로 왜곡하는 말

다마노이 교수는 세상에 대해 어떠한 환상도 가지지 않았습니다. 견디기 힘든 공포와 마주할 때까지 현대의 전쟁과 현대의 추악함, 현대의 사회적 불평등을 용감하게 반추했습니다. 그럼에도 다마노이 교수의 균형 감각을 기억하지 못할 사람은 아무도 없습니다. 그는 동정심과 예리한 해학을 잃은 적이 없습니다. 그는 제게 히로시마 원폭에서 살아남아 그 상처를 안고 살아가는 피폭자의 세계를 알려주었습니다. 저는 그가 '영혼의 피폭자'였다고 생각합니다. 히로시마와 미나마타[1]의 그림자 속에서 그는 '성찰하는 삶'을 살았습니다. 그는 어둠 속에서 빚어낸 용어로 역사적 공간을 물리적 장소와 연결지었습니다. 이를 위해 그는 '엔트로피'를 하나의 세메이온, 즉 표식으로 사용했습니다. 서양 언어에는 같은 뜻의 말이 없어 보이는, 예컨대 후도[2] 같은 용어가 가리키는 지역적 특성을 바라보는 일본의 섬세한 인식에 위협이 닥쳤음을 나타내는 표식입니다.

엔트로피는 우리 대화의 중심이었습니다. 이 강연에서 저는 엔트로피라는 관념을 폐기라는 관념과 비교함으로써, 그것을 사회적 현상에 어디까지 유용하게 적용할 수 있는지 탐구해 보고자 합니다. 그런 다음 '부정가치'라는 관념을 제안하고자 하는데, 이 관념을 통해 엔

---

[1] 수은중독 때문에 생기는 미나마타병의 발생지.
[2] '풍토風土'를 말하는 것 같다.

트로피라는 용어가 물리학이나 정보이론 이외의 분야에서 사용될 때 좀 더 명확하게 의미가 전달되기를 바라기 때문입니다.

엔트로피라는 낱말은 독일 물리학자 클라우지우스가 도입했습니다. 그는 1850년에 닫힌 계 안에서 열 함량과 절대압력 간의 비율을 연구하다가 그 함수관계를 가리키는 낱말이 필요하다고 생각했습니다. 고전학 애호가였던 그는 1865년에 그리스어 낱말 엔트로피를 골랐습니다. 그때부터 이 낱말은 이전에는 인지되지 않았던 현상을 표현하는 저 함수관계를 나타내게 됐습니다. 그런데 바로 이 낱말을 고름으로써 클라우지우스는 우리에게 호의를 베푼 셈이 됐습니다. 엔트로페오는 고대 그리스어로 돌리다, 비틀다, 곡해하다, 창피를 주다는 뜻이기 때문입니다. 물리학에 도입된 뒤로 한 세기 이상이 지난 지금도 이 그리스어 낱말은 우리가 지니고 있는 최상의 사회적 에너지와 도덕적 의도를 곡해하는, 이전에는 알려지지 않았던 기막힌 왜곡을 잘 표현해 주는 것 같습니다.

몇년이 지나면서 이 낱말은 역설적으로 꼬여 있으면서 두 가지 공통점만 있으면 무엇이든 가리킬 수 있는 두루뭉술한 말이 됐습니다. 하나는 너무나 새로운 나머지 일상어에는 그것을 가리키는 전통적으로 정의된 말이 없다는 점이고, 또 하나는 너무나 화가 나기 때문에 그것을 입에 올리지 않는 쪽이 속편하다는 생각이 든다는 점입니다. 사람들은 상품 및 서비스의 지속가능하지 않은 소비에 자신이 연루돼 있다는 사실을 금기화하기 위해 '엔트로피'라는 무의미한 말을 낚아채, 사회적 퇴화가 흔히 있는 자연법칙의 하나로 보이게끔 합니다.

학교교육의 결과 멍청해지고, 의료의 결과 더 병들고, 속성과정의 결과 시간을 더 잡아먹는 등 문화가 메말라가는 현상에 대해 논의할 때 사람들은 선이 타락하는 현상을 말하는 것이지 에너지나 정보의 흐름을 말하는 게 아닙니다. 이런 것들이 의미하는 바는 비뚤어진 사회적 목적에서 나타나는 나쁜 결과이지, 물리학에서 엔트로피와 연관하여 생각하는 무정하고 냉혹한 결정론과는 아무런 관계가 없습니다. 돈이 초국가적으로 흘러가게 하면서 문화의 다양성이 퇴화하는 것은 자연법칙이 아니라 탐욕의 결과입니다. 지역의 흙과 연계된 자급 문화가 사라지는 것은 오직 최근에 이르러서야 나타난 인간의 역사적, 극적 조건입니다. 흙과 물에 풍미를 더해 주는 갖가지 '이념'이 사라지는 것은 인간이 그렇게 기획하고 노력한 결과입니다. 20세기 말에 사람들이 당연하게 받아들이고 있는 것이 언제나 그래왔던 것은 아닙니다.

다마노이는 제게 철학적 인간학 속에 흙과 물과 햇빛을 포함시킬 수 있다는 것을, '흙의 철학'을 논할 수 있다는 사실을 이해하게 해 주었습니다. 저는 그와 대화한 뒤 파라셀수스를 재발견했는데 파라셀수스 역시 똑같은 방법으로 접근해야 합니다. 흙의 철학은 이성은 그에 상응하는 규범과 구체적 현실이 형성되지 않으면 쓸모가 없다는 확실성에서, 또 문화적으로 형성된 신체 겸 '환경'을 구체적 때와 장소에서 있는 그대로 보는 데에서 출발합니다.

그런데 이 상호작용은 한 장소의 흙으로부터 제의와 예술로 불러내는 '혼'에 의해 형성되는 만큼이나 심미적 도덕적 양식에 의해서도 형성됩니다. 이념에 상응하는 흙과 사회라는 기반이 사라지고 있다는 사실은 우리가 아무리 깊이 고찰해도 지나치지 않은 문제입니다. 그리고 이를 위해 문화적 다양성이 폐기되는 것과 우주의 에너지 퇴화를 비교해 보면 도움이 되는데, 이렇게 비교해 보려면 다음과 같은 조건 한 가지가 반드시 충족되어야 합니다. 그것은 과학이 현재 은유를 어디까지 생성해낼 수 있는지 그 한계를 우리가 분명하게 이해한다는 조건입니다. 은유로서 엔트로피는 눈을 번쩍 열어줄 수 있습니다. 하지만 엔트로피로 유비하여 설명하려 하면 난해해질 수밖에 없습니다.

땅에 뿌리박은 낱말

제가 다마노이 박사와 마지막으로 대화를 나눈 것은 그의 고향 섬을 구석구석 둘러보고 나서였습니다. 그는 오키나와 여기저기로 저를 데리고 다니며 친구들과 만나게 하고 또 전쟁터와 방공호와 정유공장 등지를 둘러보았습니다. 어느 산길 모퉁이에서 이제는 버려진 일본의 원유저장소와 만을 내려다보았습니다. 조개와 밭과, 사람들이 생활하던 마을은 사라지고 없었습니다. 우리의 대화는 죽어가는 나무 한 그루를 바탕으로 지구의 공해를 따질 때 빠져들기 쉬운 위험으로 돌아갔습니다. 공해라는 악이 전 세계에 퍼져 있음에는 의심의 여지가 없습니다. 그러나 전 세계에 걸쳐 일어나는 그런 약탈과 그 구체적 증거에 정신이 팔려, 우리 앞의 이 나무, 이 풍경, 이 사람의 조개밭에 대해 느끼는 슬픔을 잊어서는 안 됩니다.

 논의가 전문적으로 들어가면 알고 있던 습지가 콘크리트나 아스팔트로 바뀌어버린 데 대한 우리의 말없는 분노가 쉽사리 무감해질 수 있습니다. 아름다움의 파괴를 엔트로피의 사례로 들어 말하기는 어렵습니다. 이런 은유는 우리가 개탄하는, 또 자동차와 비행기를 이용하는 사람이라면 누구나 관련돼 있는 저 더러운 사악함을 가려버리는 경향이 있습니다. 전문 용어로 이루어진 말은 은유적 용법에 적당하지 않다는 사실은 잘 알려져 있습니다. 윤리 담론에 전문 용어가 타고 들어오면 거의 언제나 예외 없이 그 도덕적 의미를 짓밟아버립니다.

진정한 낱말에는 함축이라는 후광이 있습니다. 그와는 달리 용어에서는 함축이 깎여나가고 없습니다. 낱말을 후광처럼 에워싸는 함축은 바람에 울리는 풍경風磬처럼 사람의 목소리에 울려 퍼집니다. 엔트로피는 그런 식으로 쓰려는 사람이 많기는 하지만 그런 낱말이 아닙니다. 이 용어를 그런 식으로 쓰면 두 가지 방식으로 한계가 생겨납니다. 즉 용어로서 지니는 예리한 날이 무뎌지는 동시에 힘찬 낱말이 지니는 깊은 함축도 얻지 못하는 것입니다. 시에 들어가면 거친 돌맹이가 되고 정치 담론에 들어가면 힘없는 몽둥이가 됩니다.

뭔가 중요한 것을 말하고 싶을 때 사람들이 쓰는 낱말은 죽은 — 고대 그리스어 같은 — 언어에서 아무렇게나 고른 것도 아니고 그렇게 정의되었기 때문에 의미를 부여받는 것도 아닙니다. 진짜 낱말에는 하나하나 본래의 장소가 있습니다. 풀밭에서 자라는 식물처럼 뿌리를 내리고 있는 것입니다. 어떤 낱말은 덩굴처럼 땅바닥을 따라 퍼지고 또 어떤 낱말은 단단한 나무 같습니다. 어떤 모양으로 자라든 이런 낱말은 말하는 사람이 조절하는 대로 움직입니다. 말하는 사람은 자기가 하는 말에 자기가 말하려는 뜻이 담기게 하려고 애씁니다. 그러나 엔트로피는 기호의 이름이 아닌 다른 용도로 쓰일 때 뚜렷한 의미가 없습니다. 이 낱말을 입 밖으로 내뱉는 사람이 틀리게 사용하고 있는지 아무도 구별하지 못합니다. 전문 용어를 일상 대화에서 올바르게 사용할 수 있는 방법은 없습니다.

'엔트로피'를 일상어 속에 사용하면 이 낱말은 공식의 이름으로서 갖는 힘을 잃어버립니다. 문장에도 체제에도 맞지 않습니다. 그뿐만 아니라 힘찬 낱말이 지니고 있는 함축도 품지 못합니다. 이 용어는 온전한 낱말의 의미와는 달리 모호하고 임의적인 후광을 풍깁니다. '엔트로피'가 정치적 진술 속에 등장하면 과학적이라는 느낌은 주겠지만 실제로는 아무 의미도 없을 것입니다. 이 낱말이 확신을 준다면 낱말 자체의 힘 때문이 아니라 불합리하게 미혹되기 때문입니다. 이 용어는 뭔가 무겁고 과학적인 것을 말하고 있다는 인상을 줍니다. 그래서 보통은 말할 때 도덕적 곡해를 피하려고 하지만 이 용어가 있으면 그런 곡해를 가려버립니다.

오키나와의 그 퇴락한 섬에서 내가 본 그것, 내가 한탄한 그것, 내가 깊이 불안을 느낀 그것은 억측과 침략과 탐욕의 결과물입니다. 엔트로피는 인간의 존엄 및 자유라는 영역과 우주적 법칙 사이에 엄격한 유비 관계가 존재한다고 강력하게 암시합니다. 즉 엔트로피라는 맥락 속에서 침략과 탐욕과 절망을 말한다면 우주적 필요성을 내세워 범죄와 부주의를 용서해 주는 것입니다. 나 자신의 생활방식이 악을 뒷받침하고 있다고 고백하는 것이 아니라, 자연에서와 마찬가지로 문화에서도 아름다움과 다양성을 없애는 것이 불가피하다고 암시하는 것입니다. 이것이 다마노이 교수가 목청 높여 제기한 문제점입니다. 그는 인간과 땅 사이에서 이념적으로 형성된 지역적 상호작용을 우주의 중심으로 정의했습니다.

그러나 이처럼 모호하지만 엔트로피는 여전히 귀중한 낱말입니다. 유비의 근본으로서가 아니라 암시적이고 서투른 수준을 벗어나지 못하는 은유로 사용될 때, 이 낱말을 통해 사회의 퇴화, 아름다움과 다양성의 상실, 점점 심해져가는 하찮음과 야비함을 깨닫는 사람도 있을 것입니다. 이 낱말은 무질서하게 들려오는 불규칙 잡음, 즉 우리의 내적 외적 감각에 몰아치는 저 뜻 없고 의미 없는 파동을 알아차리는 데에 도움이 됩니다. 그 한계를 염두에 둘 수 있다는 확신만 든다면 저로서는 이 낱말을 잃어버리고 싶지 않습니다.

삶의 소멸을 가리키는 말, '부정가치'

은유는 문자 그대로 받아들이면 불합리하게 들립니다. 내 아이의 두뇌가 컴퓨터라고 우긴다면 흔히 보는 부모의 허영심을 표현하고 있을 뿐입니다. 그러나 은유의 효과는 대부분이 언어를 의도적으로 잘못 사용했을 때 듣는 사람이 느끼는 충격에서 옵니다. 그리고 은유는 그 은유의 연락선이 오가며 이어주는 두 세계가 듣는 사람이 다가갈 수 있는 거리에 있을 때만 통합니다. 그런데 은유로서 엔트로피가 연결하려는 두 개의 영역만큼 거리가 멀고 불명료한 세계는 찾기가 어려울 정도입니다. 보통 사람에게 과학은 만만찮은 세계입니다. 원래부터 수학 용어는 길거리를 오가는 사람이 듣기에 생소합니다.

반면 엔트로피라는 은유에게 안내자 역할을 맡기려는 영역, 즉 계산된 공해, 말세적 보안, 프로그램된 교육, 의료화된 질병, 컴퓨터로 관리되는 죽음 등을 비롯하여 바보짓이 제도화된 세계는 너무나 무섭기 때문에 저로서는 악마를 대할 때와 똑같이 정중한 태도로 대할 수밖에 없습니다. 즉 악에 익숙해지면서 저의 가슴에서 감수성이 사라지지나 않을까 하는 두려움을 떨쳐버릴 수 없는 것입니다.

바로 이것이 '엔트로피'라는 용어를 쓸 때의 위험입니다. 사회경제적으로 퍼져 있는 저 기막힌 왜곡 때문에 현대기 이후 삶의 거의 모든 측면이 도덕적으로 곡해되기 때문입니다. 그런 한편으로 이 낱말은 우리에게 한 가지 좋은 일을 했습니다. 돌이킬 수 없는 우주의 운행 결과 생겨나는 혼돈이 자연스러운 만큼이나 사회적 퇴화 역시 자연스럽다는 (잘못된) 인상을 주기 위해 저 용어를 쓸 때 우리는 말문이 막힐 수밖에 없다는 사실을 인식하게 한 것입니다.

이런 왜곡에 이름을 부여하는 낱말은 우리가 느끼는 슬픔의 역사적 도덕적 성격을 담고, 사람의 노동을 보람 있게 해 주는 존엄과 아름다움, 자율의 상실을 가져온 저 배신과 악행을 담는 것이어야 합니다. 엔트로피는 약탈이 우주의 대폭발과 함께 시작된 우주의 법칙에 속한다고 암시합니다. 그러나 우리가 이름을 붙여 주어야 하는 저 사회적 퇴화는 우주와 동격이 아니라 인류의 역사 속에서 그 시작점이 있는 것이며, 또한 그 때문에 끝점도 있을 수 있는 것입니다.

저는 적당한 낱말로 '부정가치'를 제안합니다. 엔트로피가 에너지의 퇴화와 연계됐듯 부정가치는 가치의 퇴화와 연계될 수 있습니다. 엔트로피는 더 이상 물리적인 '일'로 전환될 수 없는 형태로 탈바꿈한 에너지를 나타내는 척도입니다. '부정가치'는 공용과 문화가 폐기된 결과 전통적 노동이 자급 능력을 상실하는 상황을 나타내는 용어입니다. 이 점에서 이 두 가지 개념의 유비는 서로 충분히 가깝기 때문에 천문학에서 현대의 생활방식으로 건너갔다 돌아오는 은유에서도 문제가 없습니다.

'부정가치'라는 낱말은 사전에서 찾을 수 없다는 것을 저는 잘 알고 있습니다. 우리는 이제까지 귀중하게 취급되던 어떤 것의 가치를 깎아내릴 수 있습니다. 주식이 가치를 잃을 수 있고, 옛날 동전은 가치가 올라갈 수 있으며, 비판사회학은 가치중립적 태도를 취할 수 있고, 거짓 사랑은 무가치할 수 있습니다. 이 모든 표현에서 말하는 사람은 '가치'를 당연하게 받아들이고 있습니다. 그러므로 현재의 용법에서 가치는 거의 어떤 것이든 나타낼 수 있습니다. 실제로 가치는 선을 대신하는 말로도 쓰일 수 있습니다. 이 낱말은 19세기의 3/4분기에 '노동력', '폐기', '에너지', '엔트로피' 등의 말이 생겨났을 때와 똑같은 사고방식에서 생겨났습니다.

부정가치라는 개념을 만들어냄으로써 사회적 퇴화와 물리적 퇴화의 닮은 점과 다른 점을 모두 보여줄 수 있습니다. 물리적 '일'은 엔트로피를 높이는 경향이 있는 반면, 일의 경제적 생산성은 문화적 노동의 부정가치화가 먼저 이루어지는 것을 바탕으로 하고 있습니다. 대개는 폐기와 퇴화를 가치 생산에 따르는 부작용으로 간주합니다. 저는 정확히 그 반대라고 봅니다. 저는 경제적 가치는 문화를 먼저 폐기한 결과로서만 축적되는 것이며, 이는 다시 부정가치의 창조로 간주할 수 있다고 주장합니다.

멕시코시티는 전 세계에 새로운 재앙을 안겨주고 있습니다. 이 도시에서는 이제 살모넬라와 아메바가 호흡기를 통해 일상적으로 전파되고 있습니다. 해발 2,400미터 높이의 산에 둘러싸인 테노치티틀란 골짜기에 처음 도착하면 공기가 희박하기 때문에 숨쉬기가 힘들 수밖에 없습니다. 반세기 전에는 공기가 상쾌하고 깨끗했습니다. 오늘날 허파 안으로 빨아들이는 것은 심한 스모그에 오염된 공기로 고체 입자가 고농도로 포함되어 있는데 그 중에는 병원성 입자도 많습니다. 이 도시는 몇 가지 사회적 조건 때문에 박테리아를 배양하여 퍼뜨립니다. 몇 가지를 살펴보면 문화의 붕괴와 이념, 대학에서 길러낸 편견 등이 복합적으로 작용하여 부정가치가 만들어지는 과정을 알 수 있습니다. 지난 30년 동안 멕시코시티가 겪은 진화는 어떻게 하면 생산성이 높은 부정가치가 만들어지는지를 보여주는 경고입니다.

지난 40년 동안 멕시코시티는 인구가 1백만 명에서 2천만 명 이상으로 커졌습니다. 이주자는 대부분 이 도시로 이주해 들어오기 전 끝없이 탁 트인 곳에서 살아온 사람들입니다. 콜럼버스 이전에는 농사를 지을 때 몸집이 큰 가축을 이용하지 않았습니다. 소와 말과 나귀는 유럽에서 들어왔습니다. 동물의 똥은 값이 비쌌습니다. 대개는 인간의 배설물을 뿌렸습니다. 최근 들어온 이주민은 대부분 농촌 지역 출신입니다. 이들의 화장실 습관은 인구가 밀집된 주거 환경에 적합하지 않습니다. 게다가 멕시코인의 배변 관념은 힌두나 무슬림, 유교 같은 엄격한 관점에서 형성된 게 아닙니다. 오늘날 멕시코시티에서 2백만에서 4백만 명 정도가 대소변과 피를 제대로 버릴 수 있는 곳을 갖추지 못한 것도 우연이 아닙니다. 이주민이 본래 지니고 있던 문화양식이 수세식 화장실이라는 이념 때문에 마비되어 도시화되지 못하고 있습니다.

현대의 도시 안에서 배변이 이루어질 때 그 문화적 특성을 알지 못하는 지도자의 무지와 해외의 위생 전문가들이 멕시코 관료들 마음속에 심어준 고도로 전문화된 환상이 복합적으로 작용했습니다. 두루마리 휴지를 손에 쥐고서 물 위에 앉기 전에는 생리학적으로 배변을 하지 못하는 저 앵글로색슨의 선입견이 멕시코를 이끄는 지도자들 사이에 풍토병처럼 자리 잡았습니다. 그 때문에 결과적으로 멕시코의 지도자들은 당면한 진짜 문제가 무엇인지 알아보지 못합니다.

더욱이 이 지도자들은 1970년대 초 석유 호황 동안 과대망상 수준의 계획을 세웠습니다. 그 당시 착수한 여러 가지 거대한 공공 토목공사는 결국 완성을 보지 못했고, 폐허처럼 버려진 공사장은 이내 다시 시작될 개발의 상징으로 받아들여지고 있습니다. 수많은 빈민이 개발의 종말이 임박했음을 알아차리고 발걸음을 옮기는 한편, 정부는 일시적 경제 위기 때문에 달러와 물의 흐름이 일시적으로 막혔다는 이야기를 계속하고 있습니다. 계획 입안자와 공중위생 전문가는 배변 교육을 하면 된다는 생각과 지금의 혼란기가 일시적이라는 착각에 눈이 가려져, 화장실이 없이 살고 있는 4백만 이웃의 배설물이 고원지대의 희박한 공기 속에서 그대로 남아, 썩고 가루가 되어 날아다니고 있다는 명백한 증거를 알아보지 못하고 있습니다.

그러다가 1985년에 멕시코시티에서 지진이 일어났습니다. 그때 멕시코의 수도만 흔들린 게 아닙니다. 일부 전문가들의 자기만족감도 뒤흔들렸습니다. 멕시코 같은 나라의 공학자와 보건 계획 입안자는 거의 대부분 태어날 때부터 수세식 화장실을 사용하는 계층에 속합니다. 그러나 1985년에 이 계층에 속하는 많은 사람이 몇주 동안 집이나 직장에서 물이 없이 지냈습니다. 처음으로 몇몇 논설가가 위생이란 배설물을 희석하여 화장실 배출수를 만들 수밖에 없다는 뜻인가 하는 의문을 제기하기 시작했습니다.

오래 전에 눈에 띄었어야 할 당연한 사실 한 가지가 문득 몇사람 눈에 명백한 결론으로 떠올랐습니다. 즉 수백만 개의 화장실에 추가로 물을 공급한다는 것은 멕시코의 경제 능력 밖이라는 사실입니다. 나아가 설령 돈도 충분하고 반드시 수세하게 하는 엄격한 법을 적용한다 해도, 수세식 화장실이 대중화되면 그것은 멕시코 농촌을 상대로 본격적으로 잔인한 공격을 벌이는 셈이 될 것입니다. 거기에 필요한 물 수천만 리터를 퍼올리면 그러잖아도 물이 넉넉지 않은 반경 150킬로미터가 넘는 지역의 농업 공동체가 황폐해질 것입니다.

그렇게 되면 다시 수백만 명이 도시로 들어올 수밖에 없습니다. 그러면 땅을 가꾸는 사람이 없어져 수천 헥타르에 이르는 계단밭에서 연약한 토양이 씻겨나갈 것입니다. 그 중 일부는 스페인 사람이 들어오기 전에 만들어진 것입니다. 중앙아메리카 고원 한복판이 완전히 사막으로 변할 것입니다. 이 모든 것이 인간을 태생적인 폐기물 생산자로 취급하는 이념이 빚어내는 결과물이 될 것입니다.

새로운 발상을 내건 야당이 등장하여 퇴비를 만드는 변기를 부자와 빈민용으로 보급하겠다는 구호를 내걸었습니다. 작지만 큰 영향을 끼칠 잠재력을 지닌 이 집단이 화장실 이념의 부재에 대응한 방식을 관찰해 보면 흥미롭습니다. 이들이 볼 때 스페인어로 똑바로 서 있다는 뜻인 라 노르말리다드라는 이상은 산산조각이 났습니다. 세계 최대의 거대도시에 갇힌 이 사람들, 일부는 전문가이지만 대부분은 극빈층인 이들은 고층건물, 지하 터널, 거대 시장 등과 같은 도회 생활의 상징을 거부했습니다. 도심의 폐허가 이들에게는 희망의 징후가 됐습니다. 이제까지 당연하게 받아들이던 물과 배설물에 대한 관념이 이제는 웃음거리가 됐습니다. 경제 개발은 대폿집의 우스갯거리가 됐습니다. 경제 개발로 축적된 가치는 결국 분배로 이어진 게 아니라, 전문적 서비스로 시중을 들어줄 필요가 있는, 시멘트와 플라스틱으로 이루어진 거대한 똥덩어리로 이어졌음이 확실하다고 말입니다. 하수 시설은 호모 오이코노미쿠스의 경제적 배변 훈련을 위해 만들어진 도시가 반드시 갖추어야 하는 구제책의 상징이 됐습니다.

폐기물 생성자가 된 인간

배설물의 — 그것을 생성하는 사람들의 의견으로는 퇴비로 만들 수가 없는 — 사회적 정의는 사람을 폐기물로서 버리기 위한 공식이 됐습니다. 사람들은 가장 기초적 욕구에 따라 행동할 때조차 서비스에 의존한다는 사실을 알게 됩니다. 이 관점에서 수세식 화장실은 자신을 폐기하는 습관 즉 자신에게 부정가치를 부여하는 습관을 주입하는 장치이며, 이로써 다른 영역의 희소한 서비스에도 의존하기 위한 준비가 이루어집니다. 수세식 화장실은 호모 폐기물 생성자라는 신체 지각 표상을 성립시킵니다. 배출이라는 생리적 필요 때문에 환경 퇴화를 가져온다는 사실을 하루에도 여러 번씩 깨닫게 되면, 사람은 존재 그 자체로 '엔트로피'를 증가시킬 수밖에 없다는 확신을 심어 주기가 쉽습니다.

폐기는 인간의 존재에 따른 자연적 귀결이 아닙니다. 폐기의 역사를 연구하고 있는 루돌프 쿠헨부흐 교수는 그 증거를 수집했습니다. 폐기라는 개념을 우리는 당연하게 받아들이고 있지만 1830년 이전에는 나타나지 않습니다. 그 이전에는 '폐기waste'가 명사로든 동사로든 황폐, 파괴, 사막화, 붕괴 등과 연관됐습니다. 제거될 수 있는 무엇이 아니었습니다. 다마노이 교수와 무라타 교수는 이와 비슷한 전제를 바탕으로 이론을 세웠습니다. 만일 한 문화가 햇빛과 흙과 물의 상호작용을 꾸준히 향상시키면 그 문화는 전체적으로 우주에 긍정적으로 기여한다는 것입니다. 폐기를 만들어내는 인간 사회는 자기가 자리 잡은 곳의 흙과 물을 파괴하는 사회이며, 팽창해 나가면서 주변 지역을 점점 더 황폐화합니다. 문화와 문화에 관련된 공용이 파괴되는 결과 엔트로피가 나타납니다.

따라서 모든 문화에는 폐기를 관리하는 속성이 있다고 보는 것은 부적당합니다. 땅에서 피어오르는 장기瘴氣나 사회의 금기는 오늘날 공해의 조상이 전혀 아닙니다. 오히려 자급 문화를 더욱 잘 통합하고 보호하는 상징적 규칙입니다. 이른바 '개발'은 이러한 보호를 부정가치로 바꾸는 프로그램된 과정입니다.

돈이 흐를수록 사회는 해체된다

부정가치는 두 가지 조건이 맞아떨어지는 한 눈에 띄지 않습니다. 그 첫째는 가치가 아닌 선을 관심사로 삼는 공동체를 서술할 때도 '가치' 측정이 목적인 경제적 범주를 적용할 수 있다는 믿음이 널리 퍼진 경우입니다. 선은 일정 장소에 고유하게 나타나는 여러 요소의 혼합체와 지역적 '이념'에 — 파라셀수스와 다마노이의 표현을 빌리자면 — 속하는 반면, 가치는 과학이라는 추상적 이념에 어울리는 수치입니다. 부정가치가 눈에 띄지 않는 두 번째 원인은 진보가 이루어질 거라는 강박적 확신입니다. 공생을 원시 경제로 격하하고 전통을 혐오하는 행위에 타문화의 진보에 헌신한다는 그럴 듯한 허울을 입히지만, 사실은 과거를 근시안적으로 파괴하도록 부추길 뿐입니다. 전통을 폐기의 역사적 표현으로 보고 과거의 쓰레기와 함께 버려야 하는 대상으로 보게 되기 때문입니다.

10년 전만 해도 20세기의 진보에 대해 확신을 갖고 말하는 것이 가능했습니다. 경제는 돈의 흐름을 증가시키는 하나의 장치 같았습니다. 에너지, 정보, 돈 등이 모두 똑같은 규칙을 따르는 것 같았습니다. 그 각각에 엔트로피 법칙을 똑같이 적용할 수 있을 것 같았습니다. 생산 설비 개발, 숙련 노동자의 증가, 저축 증대 등을 '성장'의 구체적 모습으로 보았고, 성장하면 조만간 더 많은 사람이 더 많은 돈을 손에 넣게 될 것으로 보았습니다. 돈의 흐름이 증가하면서 사회는 더욱 해체되고 있는데도 더 많은 사람의 기본적 필요를 충족하려면 근본적으로 돈을 점점 더 늘려야 한다는 제안도 있었습니다! 따라서 엔트로피는 이렇게 널리 퍼진 돈의 흐름에 따르는 사회 해체를 표현할 수 있는 솔깃한 유비로 보였습니다.

그러는 동안, 근본적으로 철저하게 경제 진리에 의문을 제기하는 움직임이 시작됐습니다. 20년 전에만 해도 가치 흐름의 열역학 모형을 가지고 평등한 존엄과 공정을 바탕으로 하는 세계 공동체를 계획할 수 있으리라는 전망이 어리석어 보이지 않았습니다. 1980년대 중반에 이르자 더 이상 그렇지 않게 됐습니다. 인간의 평등이 아니라 생존을 위한 기회의 평등을 제공한다는 약속조차 공허하게 들립니다.

세계적으로 보면 성장의 결과 경제적 이익이 소수에게 집중됐고, 한편으로 화폐경제를 벗어나면 생존이 불가능할 정도로 사람과 장소가 부정가치로 변했습니다. 일찍이 지금처럼 많은 사람이 빈곤과 무력한 상태에 빠진 적은 없었습니다. 나아가 고소득이 아니면 구매할 수 없는 특권은 갈수록 더 귀중하게 여겨지는데, 그 특권이 무엇보다도 모든 사람의 삶에 영향을 주는 부정가치에서 탈출하는 방편이기 때문입니다.

경제 발달이라는 이념은 돈의 흐름 바깥에서 문화적으로 형성되는 거의 모든 활동에 부정가치라는 그림자를 드리웁니다. 멕시코시티로 유입되는 이주자 같은 사람들, 그리고 지역 보건 법률 관련자 같은 사람들의 신념은 효과적인 화장실이 제공되기 훨씬 이전에 부정가치로 변합니다. 이들이 속한 신경제 사회의 자원으로는 배변 장소를 적절한 만큼 만들 수 없는데도 불구하고, 사람들은 그 장소를 희소하게 보는 새로운 정신적 위상 속으로 떠밀려 들어갑니다. '자연적' 희소성이라는 조건이 암시된 생산 및 소비 이념이 마음속에 뿌리내리고 있지만, 그것을 손에 넣기 위한 일자리도 돈도 획득할 수 없는 것입니다. 이처럼 자기 퇴화, 자기 폐기, 자기 황폐화 등은 화폐경제가 합법적으로 성장하기 위한 필요조건을 만드는 과정에 붙는 여러 가지 이름입니다.

다마노이 요시로 교수가 등장하는 것은 이 부분입니다. 그는 칼 폴라니의 저서를 번역했을 뿐 아니라 직접 가르치기도 했습니다. 그는 폴라니가 제시한 형식경제와 실체경제 사이의 구별을 받아들였습니다. 폴라니 이후 40년이 지난 뒤 다마노이 교수는 — 그의 글은 대부분 제가 모르는 일본어로 쓰여 있기 때문에 그와 나눈 대화를 통해서만 알고 있는데 — 그 구별을 현대의 일본 속으로 가지고 들어왔습니다. 그것을 이용하여 우리의 논의를 요약할 수 있습니다.

엔트로피는 분명 형식경제의 평가절하를 강조하는 효과적인 은유가 될 것입니다. 돈이나 정보의 흐름은 어떤 면에서 열의 흐름과 비교할 수 있습니다. 그러나 이제 거시경제학에서는 사람들이 선이라 여기는 것에 대해 우리에게 아무 것도 알려줄 게 없다는 사실이 분명해졌습니다. 따라서 형식적인 화폐경제 바깥에서 사람들이 행동하고 따르는 문화 양식의 유린을 적절하게 설명하지 못합니다. 실체경제에서 선물을 '교환'하고 물품이 이동하는 것은 형식경제가 전제로 삼는 가치의 흐름이라는 모형과는 본질적으로 다르기 때문입니다. 그리고 이 열역학적 흐름이라는 모형이 세력을 넓히는 사이에, 엔트로피로서는 영영 이해할 수 없는 삶의 방식이 거기에 짓눌려 사라집니다.

사회적 선택의 세 가지 차원

국제개발협회 제16차 총회 기조연설
스리랑카 콜롬보
1979년 8월 15일

지난 10년 동안 자금을 냈대도 어떤분이 빌니혼 선생이 어니로 가고 있는지는 개발이라는 거울을 들여다보면 가장 잘 보입니다. 1960년대 '개발'은 '자유'나 '평등' 등과 대등한 지위를 얻었습니다. 남을 개발하는 것이 부자의 의무이자 짐이 됐습니다. 개발은 건설 사업으로 묘사됐습니다. 피부색이 제각각인 모든 사람들이 '국가 건설'이라 말하면서도 얼굴을 붉히지 않았습니다.

이런 사회공학의 직접적 목표는 아직 변변한 도구가 없는 사회에 여러 가지 시설을 균형을 고려하여 설치하는 것이었습니다. 학교와 병원, 고속도로를 더 많이 짓고, 공장을 새로 세우고, 송전선망을 깔았습니다. 한편으로는 그런 시설을 운영하고 또 필요로 하도록 훈련된 인구를 길러냈습니다.

지금 보면 10년 전의 저 도덕적 명령은 순진해 보입니다. 오늘날 바람직한 사회에 대한 저런 도구주의자의 관점을 받아들이는 사상가는 거의 없습니다. 여러 가지 다양한 이유 때문에 사람들의 마음이 바뀌었기 때문입니다. 원치 않은 외부 효과[1]가 이익을 초과했습니다. 학교와 병원으로 인한 세금 부담이 대부분의 경제가 감당할 수 있는 정도를 넘어서고, 고속도로 때문에 생겨나는 유령도시로 도시와 농촌 풍경이 삭막해졌습니다.

개발의 청구서 — 반생산성과 제도화된 좌절

상파울루에서 생산되는 플라스틱 들통이 브라질 서부지역의 양철장이가 자투리 양철을 이어 만드는 들통보다 더 가볍고 싸기는 하지만 그 때문에 지역의 양철장이가 사라지고, 또 플라스틱의 독기는 환경에 특수한 흔적을 남기며 새로운 종류의 유령이 됩니다. 이런 독은 예로부터 이어온 인간의 대처 능력을 파괴하는 한편 온갖 노력을 기울여 독을 없애려 해도 불가피한 부산물이 되어 쉽게 사라지지 않을 것입니다. 산업 폐기물을 위한 묘지는 비용이 너무 많이 먹힙니다. 들통의 가치를 넘어서는 것입니다. 경제 용어로 말하자면 '외적 비용'이 플라스틱 들통을 생산하여 얻는 이익뿐 아니라 제조 과정에서 들어가는 인건비까지 넘어서는 것입니다.

그러나 이렇게 증가하는 외부 효과는 개발이 들이밀고 있는 청구서

---

[1] 시장 활동으로 인한 경제적 영향이 그 시장 활동에 참여하지 않은 제3자에게 미치는 것을 말한다. 예를 들면 공해를 발생하는 공장은 사회 전체에 비용을 발생하는데 이를 부정적 외부 효과라 한다. 동네에서 한 집이 정원을 아름답게 꾸미면 그 동네 전체의 주택 가치를 유지하거나 높이는 데에 도움이 되는데 이것은 긍정적 외부 효과이다.

의 한쪽 면에 지나지 않습니다. 그 반대쪽 면에는 반생산성이 있습니다. 외부 효과는 소비자가 원하는 것을 얻기 위해 지불하는 가격 '바깥'에 있는 비용에 해당하는데, 이 비용은 어느 시점에 소비 당사자나 다른 사람, 또는 미래 세대에게 청구될 것입니다. 그러나 반생산성은 구입한 재화의 용도 자체에서 생겨나는 새로운 종류의 실망입니다. 이 내적 반생산성은 현대 제도에 필연적으로 포함되는 요소로서, 각 제도의 수혜자 중 상대적으로 더 가난한 대다수가 지속적으로 경험하는 좌절이 됐습니다. 강렬하게 경험되지만 명확히 정의되는 경우는 거의 없습니다. 경제의 주요 부문에서는 제각기 독특하고도 역설적인 모순이 생겨납니다.

이 모순은 구축된 영역의 반대편에도 영향을 끼칠 수밖에 없습니다. 경제학자는 외부 효과에 가격표를 붙이는 쪽으로 점점 더 유능해지고 있습니다. 이들은 그 반대편에 있는 내적 부분을 다룰 능력이 없고, 또 해당 부문의 수혜자가 항상 안고 있는 좌절은 비용과는 다르기 때문에 측정하지 못합니다. 그 몇 가지 예로, 대다수의 사람에게 학교 교육은 유전적 차이를 억지로 비틀어 퇴화를 이끌어내는 공인된 과정입니다. 건강을 의료화하면 현실적이고 유용한 수준을 훨씬 넘어설 정도로 서비스에 대한 수요가 증가하는 동시에 상식적인 건강 즉 유기적 대처 능력은 떨어지게 됩니다. 혼잡한 시간대에 움직여야 하는 대다수는 수송 때문에 교통의 노예로 보내는 시간이 늘어나, 자유의사로 선택하는 이동과 상호 접근성이 모두 감퇴됩니다.

교육, 의료 및 복지 기관이 발전하면서 수혜자 대부분이 애초에 사업을 설계하고 자금을 투입할 때의 명백한 목적으로부터 오히려 멀어졌습니다. 강제적 소비의 결과물인 이런 제도화된 좌절과 새로이 생겨난 외부 효과가 결합합니다. 이에 따라 폐품 수거 및 수리 서비스 생산의 증가가 요구되면서 특정 계층의 개인과 공동체에 영향을 주어 그들을 무력화하고 나아가 파괴합니다. 현대기 특유의 이런 좌절과 마비, 파괴 때문에, 정격 생산능력[2]으로 표현되는 바람직한 사회의 모습은 전혀 믿을 수 없게 됩니다.

개발 때문에 입는 피해를 막아내는 것이 새로운 '만족'을 손에 넣는 것보다 더 간절히 원하는 특권이 됐습니다. 혼잡한 시간대를 피해 출퇴근할 수 있으면 성공한 것이고, 집에서 아이를 낳을 수 있다면 분명 명문학교를 다녔을 것이며, 아플 때 의사를 만나지 않아도 된다면 귀중하고 특별한 지식을 남몰래 알고 있는 것이고, 맑은 공기를 마실 수 있다면 부자에다 운이 좋은 것이며, 판잣집이라도 지을 수 있다면 절대로 가난하다 할 수 없습니다. 이제 하류층은 보호자를 자처하는 사람들의 도움을 받아야만 하고, 반생산적 묶음상품을 소비해야만 하는 사람들로 이루어집니다.

특권층은 그것을 마음대로 거절할 수 있는 사람들입니다. 따라서 지난 세월 동안 새로운 태도 한 가지가 형성된 것입니다. 공평한 개발은 생태학적으로 감당할 수 없다는 깨달음 때문에, 설사 공평한 개발이 가능하다 해도 우리 자신을 위해서도 그것을 원하지 않을 것이고, 남을 위해서도 권하지 않으리라는 것을 많은 사람들이 이해하게 된 것입니다.

---

[2] 공장 등을 설계할 때 지속적으로 생산할 수 있도록 설정한 생산물의 양을 말한다.

사회적 선택의 세 가지 축

10년 전 우리는 정치 영역에서 실행되는 사회적 선택과 전문가에게 맡기는 기술적 선택을 구별하는 경향이 있었습니다. 전자는 목표에 초점을 맞추는 쪽이었고 후자는 좀 더 수단 쪽에 초점을 맞추었습니다. 대략적으로 말해 바람직한 사회에 관한 선택은 좌에서 우로 변화하는 범위를 따라 분포됐습니다. 이쪽은 자본주의 '개발', 저기 저쪽은 사회주의 '개발'이라는 식이었습니다. 어떻게라는 부분은 전문가에게 맡겼습니다. 정책을 나타내는 이 1차원 모형은 이제 시대에 뒤떨어졌습니다.

오늘날 '누가 무엇을 얻는가' 하는 것 말고도 두 가지 새로운 선택이 일반인 사이에 논란거리가 됐습니다. 그 하나는 생산을 위한 적당한 수단을 놓고 일반인이 판단한다는 것 자체가 정당한가 하는 것이고, 또 하나는 성장과 자유를 나란히 놓고 하는 저울질입니다. 그 결과 서로 직각으로 교차하는 세 개의 축을 따라 독자적으로 움직이는 세 가지 변수가 작용하면서 사회적 선택을 나타내게 됩니다. x축에는 주로 좌와 우라는 말로 표시되는 사회계층, 정치당국, 생산 수단의 소유권, 그리고 자원의 배분을 놓습니다. y축에는 굳은 기술과 무른 기술을 놓되, 이 용어의 의미를 원자력의 이해득실을 훨씬 넘어서도록 확대하여 상품뿐 아니라 굳은 대안과 무른 대안의 영향을 받는 서비스까지 포함합니다.

세 번째 선택은 z축에 해당합니다. 이 축에서 중요시하는 대상은 특권도 기술도 아닌, 인간의 만족이 띠는 본질입니다. 축의 두 끝을 나타내기 위해 에리히 프롬이 정의한 용어를 사용하겠습니다. 축의 아래 끝에는 소유에서 만족을 추구하는 쪽의 사회 조직을 두고, 위 끝에는 행동에서 만족을 추구하는 쪽의 조직을 둡니다. 따라서 축의 아래 끝에는 갈수록 더 전문가의 설계, 처방과 통제를 통해 생산되는 묶음상품 및 서비스를 통해 필요가 정의되는 상품집약적 사회가 놓입니다. 이런 사회적 이상은 각자 한계효용을 고려하며 움직이는 개개인이 모여 이루는 인류의 모습과 일치하며, 이런 모습은 맨더빌에게서 출발하여 스미스와 마르크스를 지나 케인즈로 이어지며 발전했고, 루이 뒤몽은 이를 호모 오이코노미쿠스라 부릅니다.

그 반대쪽인 위 끝에는 아주 다양한 자급 활동이 — 부채꼴로 — 놓입니다. 이런 활동은 성장이라는 주장에 대해 각기 나름의 독특한 방식으로 회의적일 수밖에 없습니다. 오늘날의 도구를 이용하면 사용가치를 쉽게 창출할 수 있는 이런 새로운 사회에서는 상품을 비롯한 전반적 산업 생산이 자급을 위한 자원이나 수단이 될 때에만 가치를 인정받습니다. 따라서 이 사회의 이상은 호모 하빌리스에 해당됩니다. 저마다 다른 방식으로 현실에 적절히 대처할 능력이 있는 수많은 개인이 모인 모습으로서, 표준화된 '필요'에 의존하는 호모 오이코노미쿠스와는 정반대입니다. 이 사회에서 독립을 택하고 자기만의 영역을 택하는 사람들은 노예나 기계의 생산물에서보다 행동에서, 또 그때그때 쓸 것을 직접 만드는 데에서 더 큰 만족을 얻습니다. 따라서 문화적 사업은 모두 간소해질 수밖에 없습니다. 사람들은 자급자족을 향하여 힘닿는 데까지 나아가고, 스스로 생산할 수 있는 것은 생산하며, 남는 것은 이웃과 교환하며, 임금 노동으로 만들어진 생산품은 — 가능한 한 — 피합니다.

오늘날 사회의 형태는 독립적인 이 세 가지 축선을 따라 선택에 선택을 거듭해온 결과물입니다. 그리고 정치체제의 신용도는 이 세 가지 변수 하나하나에 국민이 어느 정도로 참여하는지에 달려 있습니다. 이 세 가지 축선을 통해 선명하게 표시되는 사회적 모양새가 얼마나 훌륭한지에 따라 그 사회의 국제적 영향력이 결정되지 않을까 합니다. 미학적 윤리적 모범이 경제 지표의 경쟁을 대신하게 될지도 모릅니다. 사실 다른 길은 열려 있지 않습니다. 열심히 일하여 작은 규모로 쌓아 올리는 간소하고 소박한 삶의 방식은 상품 판매를 위한 선전에 흔들리지 않습니다. 사상 처음으로 가난한 사회와 부자 사회가 사실상 동등한 조건에 놓이게 됩니다. 그러나 이것이 참이 되려면 개발 측면에서 선·후진국이라는 국제관계로 바라보는 현재의 인식이 먼저 바뀌어야 합니다.

그림자 노동과 자급 노동

이와 관련하여 우리 시대에서 중요한 목표로 꼽고 있는 완전고용 역시 재검토해보아야 합니다. 10년 전에는 개발과 정치를 바라보는 태도가 오늘날 가능한 수준보다 더 단순했습니다. 그리고 노동에 대한 태도는 성차별적이고 고지식했습니다. 노동은 즉 일자리를 갖는 것이라 생각했고, 좋은 일자리는 남성에게만 돌아갔습니다. 일자리 이외의 부분에서 이루어지는 그림자 노동에 대한 분석은 금기였습니다. 좌파는 그림자 노동을 원시 번식행위의 잔재로 보았고 우파는 조직화된 소비로 보았습니다. 다들 개발과 함께 그런 노동은 시들어 없어지리라는 점에 동의했습니다. 더 많은 일자리, 평등한 일자리를 위한 평등한 급료, 그리고 모든 일자리가 더 많은 급료를 받도록 안간힘을 쓰는 사이에 직업 이외의 부분에서 이루어지는 모든 노동은 정치와 경제학이 미치지 않는 그늘진 구석으로 쏠려 들어갔습니다.

최근 여권주의자가 몇몇 경제학자, 사회학자와 함께 이른바 '중계 구조'를 들여다보고 산업 경제에 기여하지만 임금은 없는 부분을 검토하기 시작했는데, 이런 기여는 주로 여성을 통해 이루어집니다. 이런 학자는 '번식'을 생산의 보완으로서 논의합니다. 그러나 이 논의에서 무대를 채우는 사람 대부분은 급진주의자로, 일반적 일자리를 만들어내는 새로운 방식, 있는 일자리를 공유하는 새로운 형태, 그리고 집안일, 교육, 출산, 출퇴근 등을 유급 일자리로 탈바꿈하는 방법을 유급 일자리로 탈바꿈시킬 방법에 대해 논합니다. 이런 요구의 압력에서 보면 완전고용이라는 목표는 개발만큼이나 미심쩍습니다.

이 무대 위에서 노동의 본성 자체를 탐구하는 새로운 참여자가 집중조명을 받기 시작했습니다. 이들은 급여가 있든 없든 산업적으로 구조화된 노동과 고용되지 않거나 전문가의 보호 영역을 넘어 생계를 만드는 활동을 서로 구별합니다. 이들의 논의에서는 수직축선상에 있는 핵심 쟁점을 제기합니다. 성장에 중독된 인간을 택하느냐 반대하느냐에 따라, 무직 즉 임금이나 급료 없이 노동할 수 있도록 사실상 해방된 상태를 슬픈 저주로 볼지 아니면 유용하고 올바른 것으로 볼지가 결정됩니다.

상품집약적 사회에서 기본적 필요는 임금 노동의 결과 만들어지는 상품 및 서비스를 통해 충족됩니다. 주택 건설만큼이나 교육이 그렇고, 교통만큼이나 신생아 출산이 그렇습니다. 그런 사회를 움직이는 노동 윤리는 급료나 임금 노동을 합법화하는 한편 독자적으로 헤쳐 나가는 행위는 격하시킵니다. 그러나 임금 노동이 확산되면 여기에서 그치지 않고 더 나아가서, 급료 없는 노동이 상반되는 두 가지 활동으로 구분되게 됩니다.

임금 노동이 잠식해 들어오면서 무임금 노동이 없어지고 있다는 점은 종종 설명됐지만, 새로운 종류의 노동이 만들어지고 있다는 점은 시종일관 무시되고 있습니다. 산업 노동 및 서비스를 보완하고 있지만 무임금으로 이루어지는 노동이 이에 해당합니다. 이 무임금 노동은 상품집약적 경제에 봉사하는 일종의 강제 노동 내지 산업 노비인데, 산업 체제 바깥에 놓여 있는 자급 지향의 노동과 신중하게 구별해야 합니다. z축 상의 변수를 선택할 때 이 부분을 명확히 구별하여 사용하지 않으면 전문가의 지도에 따라 이루어지는 무임금 노동이 억압적인 생태 복지사회 전체에 퍼질 수도 있습니다. 오늘날 가정이라는 영역에서 이루어지는 여성의 노비화가 가장 명백한 예입니다. 집안일에는 임금이 없습니다.

또한 오늘날의 집안일은 자급 활동도 아닌데, 자급 활동에서는 여성이 하는 노동이 대부분 집안 남성과 협력하며 집안 전체를 환경이자 수단으로 활용하여 거주자의 생계 대부분을 이끌어내는 노동이었다는 점에서 그렇습니다. 오늘날 집안일은 생산을 뒷받침하도록 맞춰진 산업 상품에 의해 표준화되었으며 여성에게 특화된 방법으로 압박하여 임금 노동자를 번식하고 재생성하고 동기를 부여하는 노동을 강요합니다.

여권주의자들이 잘 홍보했듯, 집안일은 모든 산업사회에서 점점 확장되어가는 임금 노동을 보완하기 위해 광범위하게 발달한 그림자 경제의 한 부분에 지나지 않습니다. 이 그림자 경제는 형식경제와 함께 산업적 생산 방식을 구성하는 요소입니다. 양자이론 이전에는 소립자에 파동의 성질이 있다는 사실을 알아차리지 못한 것처럼, 이 점 역시 경제 분석에서 포착하지 못하고 놓쳐버린 부분입니다. 그리고 형식경제 부문을 위해 개발된 개념을 여기에 적용하면 그나마 놓쳐버리지 않은 부분이 왜곡됩니다. 두 가지 무임금 — 임금 노동을 보완하는 그림자 노동, 그리고 임금 노동과 그림자 노동에 대항하여 경쟁하는 자급 노동 — 활동의 진정한 차이를 시종일관 놓쳐버리는 것입니다. 그러고 나면 자급 활동이 갈수록 드물어지면서 무임금 활동은 모두 집안일과 비슷한 구조를 띠게 됩니다. 성장 지향의 노동은 임금이 있든 없든 필연적으로 모든 활동을 표준화하여 관리합니다.

공동체가 자급 지향적 생활방식을 선택하면 이와 반대되는 노동관이 우세해집니다. 이 공동체에서는 개발을 뒤집는 것, 즉 소비재를 개인의 행동으로 대치하고 산업 도구를 공생의 도구로 바꾸는 것이 목표입니다. 이곳에서는 임금 노동과 그림자 노동 모두가 쇠퇴할 것입니다. 그런 노동의 결과물인 상품과 서비스의 가치가 충실한 소비라는 목적이 아니라 창의적 활동을 위한 수단으로서 인정받기 때문입니다. 이곳에서 기타는 녹음기보다, 도서관은 교실보다, 뒤뜰의 텃밭은 슈퍼마켓보다 더 높은 가치를 인정받습니다. 이곳에서는 노동자 각자가 생산 수단을 직접 관리하면서 각 기업의 작은 지평이 결정되는데, 이 지평은 사회적 생산과 노동자 각자의 개성이 표현될 수 있는 필요조건입니다. 이런 생산 방식은 노예 제도나 농노 제도를 비롯하여 여러 형태의 종속 사회에서도 존재합니다. 그러나 자급 지향의 생산 방식은 오로지 노동자가 도구 및 자원을 자유로이 소유할 때에만 번영하고 그 에너지를 발산하면서 적절하고 고전적인 형태를 획득합니다. 그럴 때에만 장인 정신을 발휘할 수 있는 것입니다. 이런 생산 방식은 생산 및 사회의 자연적 한계 내에서만 유지될 수 있습니다. 이곳에서 유용한 무직은 가치를 인정받지만, 임금 노동은 일정한 한도 내에서 그저 용인되기만 할 뿐입니다.

빛을 잃은 '산업 인간'

1949년 1월 10일 어른이었던 사람은 개발이라는 틀을 더 쉽게 거부할 수 있습니다. 우리는 대부분 이날 트루먼 대통령이 발표한 제4항 계획에서 지금과 같은 의미의 '개발'[3]이라는 용어를 처음으로 접했습니다. 그 전까지 이 낱말은 생물종, 부동산, 체스에서 말의 움직임 등을 가리켰지만, 이날 이후로 사람들과 나라와 경제 전략을 가리키게 됐습니다. '성장', '격차 해소', '현대화', '제국주의', '이원성', '의존', '기본적 필요', '기술 이전', '세계 체제', '자생적 산업화', '일시적 단절' 등 이제는 수집가의 호기심거리가 된 각종 개발 이론이 이때부터 범람해 들어왔습니다. 범람해 들어올 때마다 두 번씩 파도처럼 들이닥쳤습니다.

---

3 52쪽의 각주 참조.

자유 기업과 세계 시장을 강조하는 실용주의자가 첫 번째 파도를 타고 왔습니다. 이념과 혁명에 중점을 둔 정치가가 두 번째 파도를 타고 왔습니다. 이론가는 서로 어설프게 베껴 만든 갖가지 처방을 산더미처럼 내놓았습니다. 그 산더미 아래에 그 모든 것에 공통되는 전제가 묻혀 있었습니다. 이제 개발 자체의 관념 속에 숨어 있는 공리를 파낼 때가 됐습니다.

근본적으로 개발이라는 개념은 사람의 대처 능력과 만족스러운 자급 활동을 상품 소비로 대치하고, 임금 노동이 다른 모든 종류의 노동 위에서 독점하며, 전문가가 설계한 대로 대량생산되는 상품 및 서비스 차원에서 필요를 다시 정의합니다. 마침내는 환경을 재편하여 공간과 시간, 재료, 설계가 모두 생산과 소비에는 유리하고 필요를 직접 충족시키는 사용 가치 지향의 활동은 퇴화 또는 마비시키는 것을 의미합니다. 그리고 전 세계적으로 똑같이 일어나는 이런 모든 변화와 과정은 불가피하고 선하다고 규정하며 높은 가치를 부여합니다.

멕시코의 뛰어난 벽화가들은 이 과정이 단계별로 어떤 모양이 될지 이론가들이 설명하기 이전에 그 전형적 모양을 극적 벽화로 그려냈습니다. 이들이 그린 벽화에서 우리는 작업복 차림으로 기계 너머에서 일하거나 실험복 차림으로 현미경을 들여다보는 남성으로 표현된 이상적 유형의 인간을 보게 됩니다. 이 남성은 산을 뚫고, 트랙터를 운전하며 연기를 뿜어내는 굴뚝에 연료를 넣습니다. 여성은 아이를 낳고 키우며 가르칩니다. 아스텍의 자급과는 눈에 띄게 대조되는 부분으로, 리베라와 오로스코는 산업 노동을 삶에서 누릴 수 있는 즐거움에 필요한 모든 재화의 유일한 원천으로 그렸습니다.

그러나 이 같은 산업 인간이라는 이상은 이제 빛을 잃었습니다. 그것을 둘러싸고 있던 금기가 약해지고 있습니다. 임금 노동의 긍지와 기쁨을 외치는 구호는 공허하게 들립니다. 무직은 고정 수입이 없는 사람을 가리키려고 1898년에 처음 도입된 용어인데, 이제는 산업 경기가 최고조의 호황을 누릴 때조차도 어쨌거나 전 세계 사람 대부분이 살아가는 조건으로 인식되는 용어가 됐습니다.

특히 동유럽에서, 그리고 중국에서, 사람들은 이제 1950년 이후로 '노동자 계층'이라는 용어가 주로 신흥 유산계급과 그 자손을 위한 특권을 주장하고 손에 넣기 위한 허울로 사용돼 왔음을 알고 있습니다. 고용을 창출하고 성장을 북돋울 '필요'가 있는지 확실히 미심쩍어 보이는 것입니다. 극빈자를 보호하는 영웅을 자처한 사람들이 지금까지 고용과 성장을 내세우며 개발에 대한 대안을 고려하는 것조차 모조리 짓밟아왔기 때문입니다.

개발에 맞서는 도전은 여러 형태를 띱니다. 독일, 프랑스, 이탈리아 등에서만 나라마다 수천 가지 집단이 저마다 다른 방식으로 산업적 존재에 대한 대안을 실험하고 있습니다. 육체노동자 가정에서 이런 사람들이 갈수록 많아지고 있습니다. 이들 대부분은 임금으로 생계를 꾸리는 데에 어떠한 긍지도 남아있지 않습니다.

이들은 사우스시카고의 빈민가에서 사는 몇몇 사람들의 표현을 빌리자면 '소비로부터 자신을 뽑아내려' 합니다. 미국에서는 적어도 4백만 명이 이렇게 고도로 차별화된 작디작은 공동체의 중심에서 살고 있고, 또 적어도 그 일곱 배에 해당하는 개인이 ─ 산부인과의 대안을 찾는 여성, 학교의 대안을 찾는 부모, 수세식 화장실의 대안을 찾는 주택 건설업자, 통근의 대안을 찾는 동네, 쇼핑센터의 대안을 찾는 사람들 — 자신의 가치를 공유합니다. 인도 남부 트리반드룸에서 저는 한 가지 특별한 종류의 상품 의존에 대한 가장 성공적인 대안 한 가지를 보았습니다. 그것은 교육 과정과 졸업증서를 통해 배움을 특권으로 만드는 방식을 바꾸는 대안입니다. 1,700개 마을에서 도서관을 만들었는데 도서관마다 적어도 1천 권의 장서를 갖추었습니다.

이는 케랄라 샤스트라 사히트야 파리샤드[4]에 정회원으로 가입하기 위한 최소 조건이며, 연간 적어도 3천 권을 대출해 주어야 회원 자격을 유지할 수 있습니다. 다른 곳에서 도서관은 요즘 전문 교사의 지도에 따라 사용되는 교재를 그저 보관하는 장소로 변해버렸지만, 적어도 인도 남부에서라도 마을에서 돈을 들여 세운 도서관이 학교를 도서관의 부속 기관으로 바꿔놓았다는 사실에 저는 크게 고무됐습니다. 또 인도 비하르 주의 메디코 인터내셔널은 중국의 맨발의사[5]와 같은 덫에 빠지지 않으면서 건강을 탈의료화하기 위한 풀뿌리에 기반한 시도에 해당합니다. 중국에서 맨발의사는 의료 통제의 국가적 위계에서 최하위 종복으로 격하됐습니다.

이런 실험적 형태를 띠는 것 말고도, 개발에 대한 도전은 법적인 수단과 정치적 수단을 이용하기도 합니다. 작년에 오스트리아에서는 정치적으로 유권자를 장악한 크라이스키 총리가 완공된 원자력 발전소

---

[4] 인도 케랄라 주에서 1962년에 시작된 민중 과학 운동.
[5] 과거 중국에서 정규 교육을 받은 의사가 정착하려 하지 않는 농촌 지역에서 현지의 농부가 최소한의 기본 의료 및 응급처치 교육을 받은 다음 마을 사람들을 돌보게 했는데 이를 적각의생赤脚医生이라 한다. 농부가 논에서 맨발로 일하는 모습을 본떠 '맨발의 의사'라는 뜻으로 붙인 이름이다. 이 제도는 1981년에 폐지됐다.

의 가동 여부를 놓고 국민투표를 했는데 유권자의 절대 다수가 원전 가동에 반대했습니다. 생산 기술에 대한 최소 설계 기준을 설정할 때 시민이 이익 집단을 통해 압박하는 전통적인 방법 외에도 투표와 법정을 활용하는 경우가 갈수록 많아지고 있습니다. 유럽에서는 '녹색' 후보가 선거에서 승리를 거두기 시작했습니다. 미국에서는 시민이 법적 노력을 기울여 고속도로와 댐 건설을 중단하기 시작했습니다. 10년 전에는 이런 행위가 있으리라고는 예상할 수 없었으며 — 그리고 권력자 중에는 그것이 적법하다는 사실을 여전히 인정하지 않는 사람이 많습니다. 거대도시 안에서 풀뿌리 조직이 이런 갖가지 삶과 행동을 통해 해외 개발이라는 최근 개념뿐 아니라 미국 내에서 진보라는 더 근본적이고도 근원적인 개념에 이의를 제기하고 있습니다.

'우리'와 '저들', 서양의 이분법

이 시점에 이르러, 서양에서 필요의 원천을 규명하고 또 필요라는 결과를 낳은 과정을 풀어내는 일은 역사학자와 철학자가 맡아야 합니다. 이렇게 해야만 우리는 그토록 계몽적으로 보이는 개념에서 어떻게 저렇게 황폐한 착취가 생겨났는지 이해할 수 있습니다. 필요에 대한 믿음 이면에는 2천 년 동안 서양을 특징지었을 뿐 아니라 고전 로마 시대가 쇠퇴한 이후 서양과 외부와의 관계를 결정해 온 '진보'가 자리 잡고 있습니다. 사회는 초월적인 신뿐 아니라 변방 너머 이방인을 바라보는 시선에서도 자신의 모습을 반영합니다. 서양은 '우리'와 '저들'을 나누는 산업사회 특유의 이분법을 전 세계로 퍼뜨렸습니다. 자기 자신과 남을 대하는 이 특이한 태도는 이제 전 세계에 퍼져, 유럽에서 세계로 보편주의를 전파한다는 사명의 승리로 자리 잡았습니다. 개발의 정의를 다시 내린다 해도 국내외의 비공식 부문이 전문가의 식민지로 바뀜으로써 형식경제학의 구체적 형태에 대한 서양 경제의 지배만 강화될 것입니다. 이런 위험을 피하기 위해 먼저 현재 '개발'로 표현되는 개념이 탈바꿈하는 여섯 가지 단계를 이해해야 합니다.

공동체에는 저마다 타인을 대하는 특징적인 방식이 있습니다. 예를 들어 중국인은 이방인이나 노예를 언급할 때 항상 격을 낮추는 표현을 꼬리표처럼 붙입니다. 그리스인에게 이방인은 이웃 도시국가에서 내 집을 찾은 손님이거나, 아니면 완전히 인간으로 볼 수 없는 야만인입니다. 로마에서는 야만인이 로마 시의 시민이 될 수 있었지만, 야만인을 시내로 데려오는 것은 로마인의 의도나 사명이 절대 아니었습니다. 고대 후기에 이르러 서유럽 교회가 생겨나고서야 이방인은 곤궁한 사람, 공동체 안으로 받아들여야 하는 사람이 됐습니다. 이방인을 짐으로 바라보는 이런 시각은 서양 사회의 본질이 됐습니다. 외부 세계에 대한 이런 보편적 사명이 없었다면 오늘날 우리가 서양이라 부르는 것은 존재하지 않았을 것입니다.

외부인을 도움을 주어야 하는 사람으로 보는 인식은 시대에 따라 다른 형태를 취했습니다. 고대 후기에 이르러 야만인은 우상 숭배자로 탈바꿈했습니다. 개발로 나아가는 제2단계는 이렇게 시작됐습니다. 우상 숭배자는 세례를 받지 않았으나 원래부터 그리스도교인이 될 운명인 사람으로 정의됐습니다. 세례를 통해 이 사람을 그리스도교 세계 안으로 편입시키는 것이 교회에 있는 사람의 임무였습니다.

중세기 초에는 유럽에서 사는 사람 대부분이 세례를 받았습니다. 아직 그리스도교로 개종하지 않았다 해도 그랬습니다. 그러다 이슬람교도가 나타났습니다. 고트족이나 색슨족과는 달리 이슬람교인은 유일신을 믿고 기도도 열심히 하는 사람임이 분명했으나 그리스도교로 개종하려 하지 않았습니다. 따라서 세례 말고도 이들을 복속시켜 가르칠 필요를 부여해야 했습니다. 우상 숭배자는 이제 이교도로 탈바꿈합니다. 이것이 제3단계입니다.

중세기 말에 이르러 이방인의 모습은 다시 한 번 탈바꿈합니다. 무어인이 그라나다에서 쫓겨났고 콜럼버스가 대서양을 횡단했습니다. 그리고 스페인 왕은 교회 안에서 많은 역할을 맡았습니다. 신앙을 위협하는 이교도는 야만을 교화하는 인본주의자 역할을 위협하는 미개인의 모습으로 바뀌었습니다. 이 시기에 또 이방인은 처음으로 경제와 관련된 용어로 묘사됐습니다. 괴물, 원숭이, 미개인 등에 대한 수많은 연구를 살펴보면 이 시기의 유럽인은 미개인을 '필요'를 지니지 않은 인간으로 보았다는 사실을 알게 됩니다. 이렇게 자립하고 있으므로 미개인을 훌륭한 존재로 대접해야 마땅하지만 식민주의와 중상주의에 위협이 되었습니다. 미개인에게 필요를 부여하기 위해 원주민으로 고쳐 만들어야 했습니다. 이것이 제5단계입니다.

미개인에서 저개발 지역민으로

스페인 법정은 오랫동안 심사숙고한 끝에 적어도 신세계의 미개인에게는 영혼이 있으며 따라서 인간이라는 결론을 내렸습니다. 미개인과는 반대로 원주민은 필요를 지니고 있지만 문명인의 필요와는 달랐습니다. 원주민의 필요는 기후, 인종, 종교, 섭리에 따라 고정돼 있습니다. 그럼에도 애덤 스미스는 원주민이 지닌 필요의 탄력성에 대해 고찰합니다. 군나르 뮈르달이 지적한 대로, 원주민 고유의 필요라는 구성은 식민주의를 정당화하기 위해서만이 아니라 식민지를 다스리는 데에도 필요했습니다. 원주민을 위해 정부와 교육과 상업을 제공하는 일은 백인이 4백 년 동안 떠맡은 무거운 짐이었습니다.

서양은 이방인에게 새로운 가면을 씌울 때마다 옛 가면은 벗어버렸는데, 자기가 포기했던 모습의 한 단면으로 인식되기 때문이었습니다. 그리스도교인의 영혼을 타고난 우상 숭배자는 이제 완고한 이교도에게 자리를 내주어야 했습니다. 그리스도교 세계가 십자군을 파견할 수 있도록 하기 위해서였습니다. 미개인이라는 구성이 필요했던 것은 교회 외부에서 인본주의 교육이 필요하다는 점을 정당화하기 위해서였습니다. 독선적인 식민 지배를 달성하기 위해서는 원주민이라는 개념이 결정적으로 중요했습니다. 그러나 마셜 플랜과 아울러 다국적 대기업이 세력을 확장하고 초국적 교육자, 치료사, 계획가들의 야심이 끝 간 곳을 모르는 무렵에 이르고 보니, 상품 및 서비스에 대해 원주민이 느끼는 필요가 제한돼 있어 성장과 진보에 방해가 됐습니다. 이에 따라 원주민을 저개발지역민으로 탈바꿈시켜야 했습니다. 이것이 서양이 외부인을 바라보는 관점의 제6단계이자 현재의 관점입니다.

따라서 탈식민지화 또한 개종의 한 과정이었습니다. 즉 상품으로 정의되는 온갖 필요와 아울러, 서양이 자신을 바라보는 호모 오이코노미쿠스라는 모습은 그 가장 극단적인 형태인 호모 인두스트리알리스가 되어 전 세계로 퍼진 것입니다. 20억 명의 사람들이 자신을 저개발지역민으로 정의하기까지 채 20년도 걸리지 않았습니다. 저는 1963년의 리우 카니발을 생생하게 기억합니다. 쿠데타 정부가 들어서기 전에 열린 마지막 축제였습니다. 상을 받은 삼바 춤의 주제는 '개발'이었습니다. 쿵쿵 울리는 북소리에 맞춰 무용수들이 공중으로 뛰어오르면서 '개발'이라 외쳤습니다.

개발에 대한 인류학적 고찰

높은 1인당 에너지 소비와 극도의 전문 서비스를 바탕으로 하는 개발이 서양의 전도사가 끼치는 가장 큰 해악입니다. 개발은 인간이 자연을 지배한다는 생태학적으로 있을 수 없는 개념과, 출생과 사망이 일어나는 문화적 장소를 전문 서비스를 위한 무균 병동으로 대치하려는 인류학적으로 사악한 시도를 길잡이 삼아 벌이는 사업입니다. 한바탕 개발이 할퀴고 간 그 짧은 기간에, 신생아를 토해내고 죽어가는 사람을 다시 빨아들이는 병원, 취업 전·간·후의 무직자가 바삐 지내도록 운영되는 학교, 슈퍼마켓으로 오가지 않는 동안 사람들을 보관하는 고층 아파트, 차고와 차고를 이어주는 고속도로 등이 풍경 속에 문신처럼 새겨졌습니다. 분유세대가 의료원으로부터 학교로, 사무실로, 경기장으로 일평생 내몰려 다니도록 설계된 이런 시설은 이제 대성당만큼이나 ― 대성당처럼 심미적 매력을 덧입히지는 않았지만 ― 이상해 보이기 시작했습니다.

생태학적, 인류학적 현실주의가 이제 필요합니다. 하지만 신중해야 합니다. 무른 기술에 대한 대중의 요구는 모호합니다. 그래서 좌우 모두가 그것을 이용합니다. z축에서 무른 기술은 꿀이 가득한 벌집에서든, 서로 무관한 여러 활동의 다원주의에서든 똑같이 쓸모가 있습니다. 무른 선택은 국내에서는 물질사회를 뜯어고치기 쉽게 해 주는 동시에 해외에서는 전도를 위한 열정이 다시 한 번 탈바꿈을 거칠 수 있도록 해 줍니다. 예를 들면 에이모리 러빈스는 이제 더 이상의 성장 가능성은 신속하게 무른 경로로 갈아타는 데에 달려 있다고 주장합니다. 그는 우리 세대 내에 실질 소득이 부자 나라에서 두 배, 가난한 나라에서 세 배로 늘어나려면 이 길밖에 없다고 주장합니다. 화석연료에서 태양에너지로 전환하는 길만이 생산의 외부효과를 절감하여 현재 폐기물을 만들어내고 처리하는데 드는 자원을 이익으로 전환할 수 있다는 것입니다. 저도 동의합니다. 만일 성장이 있어야 한다면 러빈스가 옳습니다. 그리고 유정탑보다는 풍력발전기에 투자하는 것이 더 안전합니다.

현대의 농노 제도

세계은행도 서비스에 대해 비슷한 주장을 내놓습니다. 때에 따라 효율이 떨어지더라도 노동집약적인 산업 생산을 택해야만 도제를 가르치면서 교육도 병행할 수 있다는 주장입니다. 효율이 높은 공장은 노동자가 교육을 충분히 받았다는 전제로 가동되는 데다 공장에서 노동자를 가르칠 수 없기 때문에 공식 교육 부문에서 막대한 규모의 값비싼 외부 효과를 만들어냅니다.

세계보건기구는 이제 개인이 스스로를 보살필 수 있도록 예방과 교육을 강조합니다. 이 방법만이 주민의 보건 수준을 높이는 한편 값비싼 치료법을 — 주로 그 효과가 입증되지 않았는데도 여전히 의사의 주요 활동인 — 내다버릴 수 있는 것입니다. 자유주의적 인류 평등주의라는 18세기의 이상을 19세기의 사회주의자가 산업사회의 이상으로 받아들였지만, 이제 무른 대안과 자조自助라는 길을 통해서만 실현이 가능해 보입니다. 좌와 우는 이 지점에서 모입니다.

독방에서 8년씩 두 번을 — 한 번은 히틀러 치하에서, 또 한 번은 울브리히트 치하에서 — 갇혀 지내면서 정제되고 단련되어 대단히 세련된 공산주의자인 볼프강 하리히는 동유럽에서 유일하게 무른 길을 주장하는 목소리입니다. 그러나 러빈스의 경우 분산화된 생산으로 갈아타는 것이 시장에 달린 반면, 하리히의 경우에는 스탈린주의 생태학을 지지하는 논리로 갈아탈 필요를 주장합니다. 민주주의자냐 독재주의자냐와는 무관하게, 좌와 우 모두에게 무른 과정 및 에너지는 표준화된 방법으로 상품 및 서비스를 생산하여 점점 늘어나는 '필요'를 충족시키는 수단이 됩니다.

이처럼 무른 경로를 따라가면 공생하는 사회로 이어질 수 있습니다. 이 사회에서는 생존과 기쁨에 필요하다고 판단되는 모든 것을 사람들 스스로 하게 됩니다. 또는 완전고용을 추구하는 새로운 종류의 상품 의존 사회로 이어질 수도 있습니다. 이 사회에서는 임금과는 상관없이 모든 활동이 정치적으로 관리됩니다. '좌' 또는 '무른' 경로가 새로운 형태의 '개발' 및 '완전고용'으로 다가갈지 멀어질지는 제3의 축선 위에서 '소유'와 '존재' 사이의 어떤 위치를 선택하는지에 달렸습니다.

여성의 눈으로 본 노동의 역사

우리는 임금 노동이 확장되는 곳이면 어디서든 그 그림자인 산업 농노 제도 또한 성장한다는 사실을 살펴보았습니다. 생산의 주된 형태인 임금 노동, 그리고 무임금으로 그것을 보완하는 노동의 전형인 가사 노동은 모두 역사나 인류학에서 전례가 없는 형태의 활동입니다. 이런 노동은 처음에는 전제국가가, 나중에는 산업국가가 자급 생활의 사회적 조건을 파괴한 곳에서만 널리 전파됩니다. 소규모의 다양한 토착 공동체가 사회학적으로 또 법적으로 존재할 수 없게 되면서 이런 노동이 널리 퍼집니다. 그러면서 세계는 개인이 일생동안 교육, 보건 서비스, 수송을 비롯하여 다수의 산업 기관이 기계적으로 공급하는 여러 가지 묶음상품에 의존해야만 살아갈 수 있는 곳으로 바뀝니다.

종래의 경제 분석에서는 산업 시대의 이 두 가지 상호 보완적 활동 중 하나에만 초점을 맞추었습니다. 경제 분석에서 임금을 버는 생산자로서 노동자에게만 초점을 맞춘 것입니다. 똑같이 상품 지향적 활동이지만 고용되지 않은 사람이 그 활동 주체인 경우는 경제적 관심사 밖의 그림자 속에 머물러 있었습니다. 여성이나 어린이가 하는 활동, '근로 시간' 이후에 남성이 해야 하는 활동을 통 크게 얕잡아본 것입니다. 하지만 이런 현실은 빠른 속도로 바뀌고 있습니다. 급료가 지불되지 않는 활동이 산업 체제에 기여하는 무게와 성격 모두 주목받기 시작하고 있는 것입니다.

노동의 역사 및 인류학에 대한 여권주의자의 연구 덕분에, 지금까지 알려진 그 어떤 사회에서보다도 깊은 울림으로 산업사회의 노동은 성과 연관돼 있다는 사실을 묵살할 수 없게 됐습니다. 여성은 '선진국'에서 19세기에 임금 노동 시장에 들어갔습니다. 그런 다음 참정권, 제약 없는 학교교육, 일자리에서 평등권을 얻어냈습니다. 이런 모든 '승리'는 통념과는 정반대의 효과를 가져왔습니다.

역설적이게도, '해방'의 결과 임금 노동과 무임금 노동이 더욱 두드러지게 대비됐고, 무임금 노동과 자급 간의 연관관계가 모조리 끊어져버렸습니다. 이처럼 해방의 결과로, 무임금 노동이 필연적으로 여성이 짊어지는 새로운 종류의 농노 제도가 되게 구조적으로 재정의된 것입니다.

성별에 따른 작업은 새로운 게 아닙니다. 우리가 아는 모든 사회가 성에 따라 노동 역할을 부여합니다. 예를 들면 건초용 풀은 남성이 베고, 여성이 갈퀴질을 하고, 남성이 묶고, 여성이 수레에 싣고, 남성이 끌고 가고, 여성이 소에게 먹이고, 남성이 말에게 먹일 수 있습니다. 그러나 다른 어느 문화를 아무리 찾아보아도 오늘날 임금 노동과 무임금 노동, 생산적이라고 간주되는 노동과 재생산 및 소비에 관련됐다고 간주되는 노동, 무겁다고 생각되는 노동과 가볍다고 생각되는 노동, 특별한 자격이 요구되는 노동과 그렇지 않은 노동, 사회적으로 높은 특권이 부여되는 노동과 '사적' 영역으로 분류되는 노동이라는 두 가지 형태로 노동이 나뉘어 있는 예를 찾아낼 수 없습니다.

산업 생산 양식에서는 두 가지 노동 형태가 모두 근본적입니다. 이 두 가지는 임금 노동에서는 발생하는 잉여를 고용주가 직접 가져가는 반면 무임금 노동에서는 부가가치가 임금 노동을 통해 고용주에게 돌아간다는 점이 다릅니다. 이렇게 가족이 잉여를 만들어내고 몰수당하는 두 가지 형태로 노동이 나뉘어 있는 예는 어디서도 찾을 수 없습니다.

일자리 바깥에서 이루어지는 무임금 노동과 고용을 통한 임금 노동으로 구분되는 것은 집안에서 거주자 전체가 삶에 필요한 일을 하고 물건을 만들던 사회에서는 생각할 수 없었을 것입니다. 임금 노동과 거기에 딸린 그림자 노동의 흔적을 찾아낼 수 있는 사회가 많이 있기는 하지만, 어느 한쪽이 사회 속에서 노동의 모범이 되거나 성에 따른 직업을 구분하는 핵심 상징으로 사용되는 사회는 어디에도 없습니다. 그리고 이런 두 가지의 노동이 존재하지 않았으므로 가족은 이런 양극단을 결합하기 위한 존재가 아니어도 됐습니다.

핵가족이든 대가족이든, 한쪽은 원래 남성에게 다른 쪽은 여성에게 할당되는, 상호 보완적이면서 배타적인 두 가지 종류의 노동을 서로 연결하는 수단으로서 가족이 존재하는 사례는 역사상 어디에도 없습니다. 이처럼 반대되는 형태의 활동이 가족을 통해 불가분의 공생 관계로 맺어진 것은 상품집약적 사회 특유의 것입니다. 이제 우리는 이것이 개발과 완전고용을 추구하면서 필연적으로 생겨난 결과임을 압니다. 이런 종류의 노동이 존재하지 않았을 때는 성 역할이 그처럼 확고하게 정의될 수 없었고, 서로 다른 특성을 남성이나 여성의 본성으로 생각할 수 없었으며, 가족을 탈바꿈시켜 그 둘을 접합하는 용접기로 삼을 수 없었습니다.

경제학으로는 호모 오이코노미쿠스가 성적으로 중립인 적이 없었다는 사실을, 호모 인두스트리알리스는 처음부터 비르 라보란스(일하는 남성)와 페미나 도메스티카(집안일 하는 여성)이라는 두 가지의 성을 띠고 등장했다는 사실을 알아보지 못합니다. 하지만 이처럼 산업 노동의 역사를 여권주의자의 시각으로 분석하면 경제학의 이런 맹점이 걷혀나갑니다. 어떠한 사회든 완전고용이라는 목표를 향해 발전하면 그림자 노동은 고용과 똑같은 속도로 성장합니다. 그리고 그림자 노동은 남성에게 특권이 주어지는 활동은 지지하고 여성이 대부분을 차지할 수밖에 없는 활동을 격하하는 데 있어 그 어떤 선례보다 효과적인 장치가 되었습니다.

최근 생산과 소비 기능을 구별하던 전통적 방법이 더 이상 통하지 않게 됐습니다. 이해관계의 대립 때문에 무임금 노동의 중요성이 공론에 오른 것입니다. 경제학자는 '비공식' 부문에서 일어나는 것에 대해 그림자 가격을 붙이고 있습니다. 고객이 케이크를 고르고 값을 지불하고 가져가면서 하는 노동이 그 케이크의 가치를 높인다는 것입니다. 성적 활동에서 한계 선택의 상관관계, 심장 수술에 미치는 조깅의 가치 등을 계산하는 것입니다.

주부는 모텔이나 식당에서 제공하는 서비스의 가격을 기준으로 집안일에 대한 급료를 요구합니다. 교사는 학생의 어머니를 유자격 무임금 지도교사로 탈바꿈시켜 아이의 과제를 챙기게 합니다. 정부 보고서에서는 전문가에 의해 충족되어야 하는 것으로 정의된 기본적 필요에 대한 서비스를 비전문가가 제공할 때에는 그 서비스를 적절하게 제공하되 임금을 받지 않을 때에만 인정할 수 있다고 명시합니다. 만일 성장과 완전고용이라는 목표가 계속 유지된다면, 1980년대에 등장할 '개발'의 첨단 분야는 잘 훈련되었으면서 돈 이외 다른 동기로 움직이는 사람을 관리하는 일이 될 것입니다.

토착 노동과 산업 노동의 균형

저는 z축 꼭대기에 그림자 경제 속의 삶보다 토착 노동이라는 개념을 둘 것을 제안합니다. 이는 생계를 꾸리고 개선하는 활동이지만 형식 경제학에서 개발된 개념을 사용하는 어떠한 분석으로도 다룰 수 없는 무임금 활동을 말합니다. 저는 이런 활동에 '토착'이라는 용어를 붙이는데, 그것은 '비공식 부문', '사용 가치', '사회 재생산' 같은 용어를 동원하여 다루는 영역에서 이런 활동을 구분하여 가리킬 수 있는 개념이 현재로는 없기 때문입니다. '토착vernacular'은 라틴어 용어인데, 영어에서는 직업교사 없이 익힌 언어를 가리킵니다. 서기전 5백 년부터 서기 6백 년까지 로마에서는 '집에서 담근, 집에서 만든, 공용에서 이끌어낸 모든 가치로서 시장에서 사고팔지는 않지만 개인이 자기 것으로 보호하고 지킬 수 있는 가치'를 가리키는 말로 쓰였습니다. 저는 간단한 이 용어 '토착'을 되살려 상품 및 그 그림자에 상대되는 말로 쓰기를 제안합니다. 이 용어를 사용하면 그림자 경제의 확장과 그 반대편에 있는 토착 영역의 확장을 서로 구별할 수 있습니다.

토착 노동과 산업 노동 — 무임금 노동과 임금 노동 — 사이의 긴장과 균형은 사회적 선택의 세 번째 좌표축에서 핵심을 차지하며, 정치의 좌·우나 무른 기술·굳은 기술 차원과는 구별됩니다. 임금이 있든 무임금으로 강요되든 산업 노동은 사라지지 않을 것입니다. 그러나 개발과 임금 노동 및 그 그림자가 토착 노동을 잠식할 때 우선순위를 어디에 둘지는 문제가 됩니다. 한쪽에서는 임금이 있든 없든 스스로 택하든 남이 강요하든 계층적으로 관리되는 표준화된 노동을 택할 수 있습니다. 반대쪽에서는 항상 새로운 형태로 창조되어 관료 체제로는 그 결과를 예측하기가 불가능하고, 계층적으로 관리하기가 불가능하며, 특정 공동체 내에서 공유되는 가치를 지향하는 단순·통합적 자급 행동을 택할 자유를 지킬 수도 있습니다.

무른 선택에서 허용되는 만큼 경제가 확장되면 그림자 경제는 더욱 빠르게 성장할 수밖에 없고 토착 영역은 그만큼 더 쇠퇴하게 됩니다. 이 경우 일자리는 희소성이 높아지면서 무직자는 비공식 부문 내에서 새로 조직되는 유용한 활동 속에 통합되게 됩니다. 무직인 남자는 19세기에 집안일이라는 이름으로 등장한 뒤로 친절하게도 '약한 성'이 하는 일이라는 꼬리표가 달린, 생산을 촉진하는 무임금 활동에 관여할 수 있는 소위 특권을 받습니다. '약한 성'이라는 말 역시 자급이 아니라 산업 농노가 여성의 일로 정의된 그때 처음으로 사용된 호칭입니다. 사랑을 위해 강요된 '보살핌'은 성과 연관된 특징을 잃게 될 것이며, 그러는 과정에 국가가 관리할 수 있게끔 변할 것입니다.

이 선택에서는 국제 개발이 우리 안에 자리 잡고 눌러 앉습니다. 해외의 비공식 부문을 개발하기 위한 기술 원조에는 이렇게 무직자가 가정에서 새로운 무성無性 무임금 노동자로 길들여지는 현상이 반영될 것입니다. 독일식이 아닌 프랑스식 자조 방법을 선전하는 새로운 전문가들이 이미 공항과 협의회장을 가득 메우고 있습니다. 개발 관료의 마지막 희망은 그림자 경제의 개발에 달려 있습니다.

호모 오이코노미쿠스에서 호모 하빌리스로

제가 언급한 반대자 중에는 이 모든 것에 대해 — 무른 기술을 사용하여 토착 영역을 축소하고 비공식 부문 활동에 대한 전문가의 지배력을 높이는 것에 대해 — 반대한다는 견해를 표명한 사람이 많습니다. 이 새로운 선구자들은 기술 진보를 새로운 유형의 — 전통적이지도 산업적이지도 않으나 자급 지향적인 동시에 합리적으로 선택되는 — 가치를 뒷받침할 수 있는 하나의 수단으로 이해합니다. 어느 정도 성공을 보이고 있는 이들의 삶에서는 아름다움에 대한 감식안, 각자가 나름으로 경험하는 즐거움, 그리고 한 집단에서는 높이 치지만 다른 집단에서는 이해는 하면서도 반드시 동조하지는 않는 인생관이 표출됩니다. 이들은 오늘날의 도구를 활용하면 옛 시대의 자급에 따른 고단함을 상당히 더는 동시에 다양하게 진화하는 갖가지 생활방식이 가능한 자급 활동을 누릴 수 있다는 사실을 알아냈습니다. 이들은 삶의 토착 영역을 확장할 자유를 위해 투쟁합니다.

최근 현대의 '시범용 견본품'이 가져다주는 풍족함에 빠져들면 결국 얼이 빠지고 병들어 마비가 되는 데도 대다수가 거기 현혹됐는데, 이들은 인도의 트라방코르에서 영국의 웨일스에 이르는 갖가지 모범 사례 덕분에 곧 정신이 들 것입니다. 그러기 위해서는 두 가지 조건이 선행되어야 합니다. 첫째, 사람과 도구 사이의 새로운 관계에 따라 생겨나는 생활양식은 사람을 호모 인두스트리알리스가 아니라 호모 하빌리스로 바라보는 인식에 바탕을 두어야 합니다. 둘째, 소규모 공동체마다 상품에 의존하지 않는 생활방식을 새로이 형성하되, 강요되어서는 안 됩니다. 토착 가치 위주로 생활하는 공동체는 매력적인 본보기가 된다는 점 말고는 다른 공동체에 그다지 제공할 것이 없습니다. 그러나 토착 노동을 통해 현대적 자급을 향상시키는 가난한 사회의 본보기는 부유한 사회에서 그림자 경제가 확장되면서 여성과 마찬가지로 사회적 재생산이라는 역할을 떠맡을 운명인 무직의 남성에게 오히려 매력적으로 다가올 것입니다. 하지만 새로운 방식으로 살아갈 뿐 아니라 그 자유를 추구할 능력을 갖추기 위해서는 **호모 오이코노미쿠스의 세계관과 다른 모든 인간의 세계관이 어떻게 다른지를 뚜렷하게 인식해야 합니다.** 이를 위해 저는 특권이 주어진 길로서 역사 연구를 택합니다.

II

중세의 우주에 갇힌 현대의 교육학

호 모 에 두 칸 두 스 의   역 사

언어는 언제부터 상품이 되었나?

중세의 우주에 갇힌 현대의 교육학

콜롬비아 대학교 교육대학 강연을 위한 메모 일부
미국 뉴욕
1979년 봄

저는 교습되는 모어 및 모어를 익히는 과정, 그리고 토착어 및 토착어를 점점 더 잘 사용하게 되는 과정을 서로 구별합니다. 모어는 공식 및 비공식 교육 활동의 결과물인 반면 후자인 토착어 분야에 대해서는 16세기 이후 발전한 교육학 개념을 비유적으로만 적용할 수 있습니다. 원시 문화 속의 배움, 산업사회 이전의 배움, 그리고 특히 현대의 상품집약적 경제 속에서 특정 능력을 배우는 것에 교육학 개념을 적용할 때의 한계를 일반용어로 설명하기 위해 저는 현대 경제사와 인류학에서 얻은 통찰을 활용하고자 합니다. 토착어를 배우는 것에 대해서는 교육학 개념을 적용하기가 불가능하다는 사실을 배움의 다른 영역으로 확장할 수 있고, 그러고 나면 모든 교육에서 은연중에 작용하고 있는 한계를 이해할 수 있습니다.

교육 안에서 이루어지는 연구와는 구별되는, 교육에 대한 연구를 하게끔 여러분을 설득할 수 있기를 바랍니다. 교육에 대한 연구란 교육이 사회로부터 '뿌리뽑혀나가' 형식적 맥락 내지 형식적 영역으로 별개의 활동이 된 모든 사회에서 공통적으로 나타나는 갖가지 신화, 행위, 구조 및 전제를 고찰하는 연구를 말합니다.

존재하지 않는 천구

중세기에는 천구天球[1]의 존재를 확고한 지식으로 받아들였습니다. 오늘날에는 중세기처럼 확고하게 사회 속에 천구와 같은 영역이 존재한다고 받아들이고 있습니다. 저의 연구는 특히 교육 영역에 초점을 맞추고 있지만 현대의 다른 영역으로 일반화할 수 있습니다. 이런 영역 각각에 대해 두 가지 유형의 연구가 가능합니다. 하나는 코페르니쿠스 모형을 넘어서지 않는 것이고, 다른 하나는 케플러의 연구와 닮은 면이 있습니다. 코페르니쿠스 모형에서는 교육 (또는 다른) 영역의 핵심을 재정의하고 그 폭을 다시 계산하며 교과 과정 속에 작은 주전원周轉圓을 더 많이 통합해 넣거나 기존 주전원을 사회 영역의 위계 내에서 새로운 장소나 위치로 옮김으로써 교육 영역을 재구성할 수 있을지를 다룹니다. 케플러식 연구는 그 사고의 틀 자체의 기원을 탐구하며, 따라서 천구가 없어진 것과 마찬가지로 현대의 사회적 영역 또한 어느 날 사라질 수 있음을 암묵적으로 인정합니다.

---

[1] 오늘날 천문학에서 천구는 가상의 구면이지만, 고대 서양에서는 수정 같은 투명한 물질로 이루어진 물리적 실체로 생각했다. 행성은 천구에 고정되어 있고, 행성의 움직임은 사실은 천구의 움직임이라고 보았다. 그리고 제일 바깥의 천구에는 항성이 고정돼 있는 것으로 생각했다. 이 글에서 일리치는 사회의 각 영역sphere을 고대 천문학의 천구sphere와 대비시킨다.

천문학자는 이전과 이후를 다룹니다. 이들은 인간이 어느 날 코페르니쿠스적 하늘을 가지고 생각하다가 나중에는 상대론적 하늘을 가지고 생각했다는 사실을 알고 있습니다. 이들은 행성을 태양 주위를 도는 물체로 처음 인식했을 때의 변화를 기억합니다. 천문학자는 인정된 시작점이 있는, 따라서 끝점이 있을 수 있는 틀 내에서 연구합니다. 교육자는 자신이 하는 일을 바라볼 때 그런 역사적 관점이 여전히 결여돼 있습니다. 이들은 자신의 능력 영역에 시작점이 없었던 것처럼 바라봅니다.

이제 교육자는 코페르니쿠스에 못지않은 프톨레마이오스도, 토마스 아퀴나스에 못지않은 아리스토텔레스도 모두 행성은 수정으로 된 천구 — 속이 비고 투명한 완전 구체로서 모두 똑같은 방식으로 움직이는 — 안에 들어있다고 확신했다는 사실을 떠올릴 필요가 있습니다. 아퀴나스에 따르면 과학은 첫째, 천구가 영혼의 힘으로 움직이는지, 둘째, 천구는 정확히 몇 개나 있는지, 셋째, 천구에 딸린 주전원이 중심으로부터 몇 도나 벗어나 있는지는 자유로이 연구할 수 있었습니다. 그러나 천구의 존재에 대해, 천구의 실제적이고 3차원적 본성에 대해, 이들의 획일적 원운동에 대해서는 확고해진 철학적 진리를 뒤엎지 않고서는 의문을 제기할 수 없었습니다. 그리고 그리스도교 교리를 설명하기 위해서는 이 철학적 진리가 필요했습니다.

오늘날에는 이런 인물들이 천구의 존재를 그토록 결정적으로 확신했다는 사실이 믿기 어려울 정도입니다. 그런데도 케인스주의자도 마르크스주의자도, 교육 과정 계획자도 자유학교주의자도, 중국인도 미국인도 모두 호모는 에두칸두스이며, 그의 안녕은 — 아니, 존재는 —

교육 영역에서 제공되는 서비스에 달려 있다고 확신하고 있습니다.

이처럼 잘 짜인 교육 영역의 전제가 바로 제가 권장하고 싶은 교육에 관한 연구 주제이지만 경제학, 정치학, 임금 노동, 가정 농노 제도가 존재하게 된 과정을 폭넓게 조사하면서 연구하기를 권합니다. 그리고 지금이 그런 연구가 필요한 때입니다. 지금 교육계에서 정통파는 확신의 순수성을 잃어버린 반면 비정통파는 그 바깥에서 아직 새로운 사고의 틀을 찾아내지 못했기 때문입니다. 다가오는 틀의 변화가 어떤 성격을 띨지는 아직 분명하지 않은데, 지금의 교육 공동체가 르네상스 시대에 천문학이 겪던 변화와 비슷한 지점에 와있기 때문입니다.

코페르니쿠스의 위험한 신화

당시 천문학에서 벌어진 변화에서 중요한 역할을 한 사람으로는 먼저 코페르니쿠스(1473~1543)를 들 수 있습니다. 그는 세계관에서 사고의 틀 변화에 대한 글을 쓸 때 가장 널리 인용되는 사람으로 꼽을 수 있습니다. 문헌을 보면 그가 쓴 『천구의 회전에 관하여』가 지니는 중요성이 얼마나 어마어마하게 인정되고 있었는지 알 수 있습니다. 모두 수리천문학자로서 그의 가치를 의심하지 않는다고 증언합니다. 그러나 디 솔라 프라이스는 의문을 제기했습니다. 실제로 그는 이 책을 위험한 신화라 믿었습니다. 지금 일부 학교 반대론자가 비슷한 신화에 둘러싸여 있으므로, 이 자리에서 코페르니쿠스가 끼친 영향에 대해 이야기하고자 합니다.

중요한 것은 코페르니쿠스가 지구의 운동 문제를 다시 전면으로 꺼냈다는 사실입니다. 그리고 그는 지구가 축을 중심으로 회전한다고 가정해도 수학적으로 아무런 문제가 없음을 증명했습니다. 어떻게 보면 태양이 행성들의 중심에 있다는 피타고라스의 견해로 되돌아간 셈이었습니다. 수학적으로 그는 행성계를 만들어낸 최초의 인물입니다. 그 이전의 사람들은 모두 별개로 다루었던 여러 행성을 통합했습니다. 그러나 연구 방법이나 기본 가정에서는 케플러는 프톨레마이오스와 다르지 않았습니다. 그는 프톨레마이오스의 『알마게스트』에서 논증을 가져왔고 또 천구가 존재한다는 관념을 받아들였고, 지식으로 받아들인 것은 더욱 많습니다. 그는 천체에 철학적으로 엄격한 등속 원운동을 되찾아주었다는 자부심이 있었습니다. 하지만 편심원을 사용하지 않기 위해 프톨레마이오스보다 더 많은 원을 가정할 필요가 있었습니다.

코페르니쿠스는 행성이 단조로운 구의 단면을 따라 움직이도록 함으로써 단테가 — 또는 그 이전에 사다리책의 무함마드[2]가 — 들렀던 비회전의 수정 천구를 대치한 것은 분명하다 할 수 있습니다. 그러나 코페르니쿠스도 젊은 케플러도 신앙을 거부할 마음은 없었습니다. 이들은 천체의 완벽한 움직임과 달밑세계 즉 죄 있는 세계의 움직임 사이에 원래 아무런 차이점이 없다고는 믿을 수 없었습니다. 어쩌면 이 때문에 이단심문소도 이들을 전혀 건드리지 않았는지도 모릅니다. 그러나 1600년, 조르다노 브루노는 말뚝에 묶여 화형을 당했습니다. 젊은 케플러처럼 브루노도 코페르니쿠스의 영향을 받았습니다. 그러나 케

---

[2] Mohammed of the Ladder-Book: 쿠란에는 무함마드의 승천이 기록되어 있는데 이를 가리키는 것 같다.

플러와는 달리 그는 자연을 관찰하는 사람도 아니었고 수학에 대해 아는 것도 없었습니다. 분명 잘못 알아서이겠지만, 그가 생각하기에 코페르니쿠스라면 우주가 무한하고, 별이 무수히 많이 있으며, 우주 전체에 걸쳐 성질이 똑같다는 것을 증명할 거라고 보았습니다. 이 의견을 내놓음으로써 그는 천구가 없는 우주를 암시한 것이며 — 그 때문에 말뚝에서 화형을 당했습니다.

그러나 브루노와 천문학의 관계는 오늘날 교육 관련 논의에서 국외자의 처지와 비슷한 면이 있습니다. 따라서 교육에 대한 연구를 말할 때 브루노는 직접적 관심사가 되지 못합니다. 브루노라는 예외가 있지만 케플러 이전에 상식의 하늘은 곧 철학의 우주론과 수리천문학의 하늘이기도 했습니다. 그러나 주로 다룬 대상은 별 자체가 아니라 행성과 최고천最高天을 담고 움직이는 천구였습니다. 투명하고 중심이 동일한, 특별한 종류의 저 물적 현실이 보여주는 완전한 원운동이 주된 관심사였습니다. 이런 천구는 각기 행성 한 개를 담고 있었고, 그 행성에 의해 생성됐으며, 그 별의 이름을 땄습니다. 또 그 속의 별은 해당 천구가 세계에 미치는 영향력을 나타냈습니다. 코페르니쿠스는 천문을 개혁한 사람이었고 이런 천구를 재배치한 사람이었습니다. 하지만 그는 교육자에게 모범이 될 수 없습니다.

케플러가 깬 금기

튀코 브라헤(1546~1601)는 당대 최고의 천문 관측자였습니다. 코페르니쿠스가 죽은 몇년 뒤 덴마크의 세력가 집안에서 태어났고, 1601

년에 죽기 전에 젊은 케플러를 도제로 받아들였습니다. 일생 동안 브라헤는 일반에게 인정된 천문학 수치의 거의 대부분을 바로잡았습니다. 처음으로 대기의 굴절을 고려했고, 기구의 오차를 수정할 방법을 도입했으며, 신성新星의 성질을 올바르게 추측했고, 7천 개가 넘는 항성의 위치를 기록했습니다. 실지천문학자로서 그는 전대의 모든 학자를 뛰어넘었고, 그들과 마찬가지로 그 또한 하늘을 맨눈으로만 관찰했습니다.

케플러가 브라헤를 찾아간 것은 코페르니쿠스의 이론을 올바르게 증명하는 데에 필요한 관측 기술을 가르쳐줄 수 있는 사람은 브라헤뿐이라고 생각했기 때문입니다. 그러나 도제 생활을 시작할 때부터 브라헤는 그런 바보 같은 연구는 단념하라고 강하게 설득했습니다. 이번에도 브라헤는 코페르니쿠스가 수식을 바꿨기 때문에 전체적으로 계산과 천체 구조가 모두 어마어마하게 복잡해졌지만 별의 위치를 계산하는 정확도는 높이지 못했다고 처음으로 지적한 사람이었습니다.

프톨레마이오스도 코페르니쿠스도 똑같이 마음에 차지 않은 브라헤는 두 사람이 내세운 가정의 중간 지점에서 제3의 체계를 구상했습니다. 지구가 움직이지 않는다는 가정은 유지하되 그 나머지 행성은 태양 주위를 돌게 했습니다. 태양은 다른 행성과 함께 1년을 주기로 지구를 돌았습니다. 또 모든 행성은 별이 고정되어 있는 천구와 함께 1일을 주기로 자전했습니다. 코페르니쿠스에 비해 수학적으로 더 세련되고 간단하다는 그의 주장이 옳다는 것을 보아도 코페르니쿠스 체계가 얼마나 터무니없이 복잡한지 알 수 있습니다. 이 세 가지 체계를 실험을 통해 증명할 길은 없었습니다. 꾸준히 보완이 이루어졌다는 점에서 프톨레마이오스의 예측이 유리했습니다. 우주론에 대한 선입견이 없으면 셋 중 하나를 고를 길이 없다고 믿었던 파스칼은 옳았습니다. 항성의 시차視差를 관측할 수 있는 도구는 그로부터 3세기나 지나서야 이용이 가능했으니까요.

브라헤가 죽자 케플러는 그가 별에 대해 남긴 방대한 기록을 편집했습니다. 그러다가 세 사람의 위대한 선배 — 프톨레마이오스, 코페르니쿠스, 브라헤 — 가 모두 어디에서 잘못됐는지 알아차리기 시작했습니다. 세 사람 모두 천체의 움직임을 천구와 떼어 생각하지 못했다는 것을 깨달았습니다. 케플러는 천구를 다른 것으로 바꿀 생각을 하지 않았습니다. 그저 없애버리기만 했습니다.

요하네스 케플러(1571~1630)는 풍부한 상상력과 비판적 견해를 지니고 있었습니다. 1593년(콜럼버스가 1차 항해를 마치고 돌아온 지 1백 년 뒤), 학생일 때 이미 튀빙겐에서 달의 그림자를 측정하여 월면의 고도를 추정하려 했던 — 고대 그리스인이 이미 이용하고자 했던 방법 — 매스틀린의 연구를 바탕으로 일련의 추론을 이끌어낸 바 있습니다. 1606년 여름에는 하늘에서 지구와 가장 가까운 이웃인 달에 착륙하기 위한 계획을 작성했습니다. 그때까지 과학 문헌에서 기술된 적이 없었던 이 계획을 케플러는 갈릴레오 갈릴레이에게 보낸 편지에서 언급했습니다(1610년 4월 19일). 이탈리아에 있는 친구 갈릴레이에게 이렇게 털어놓았습니다.

> 1593년부터 쓰기 시작한 원고가 모여 작년 여름에 완전한 달의 지리학서가 되었습니다. …… 드넓은 바다를 건너가기가 좁은 아

드리아 해나 발트 해를 지날 때보다, 영국해협을 건널 때보다 더 평화로울 줄 누가 믿었겠습니까? …… 천상의 바람을 이용할 수 있는 배와 돛이 있고 또 저 텅 빈 곳마저도 두려워하지 않는 사람이 있다면 말이지요. …… 그러니 머지않아 이 여행을 하겠노라고 나설 사람들을 위해 우리가 천문학을 확립합시다. 갈릴레오 당신은 목성에 대해, 저는 달에 대해.

브루노가 일반 원리를 바탕으로 추론한 것처럼 케플러 역시 관측을 정리하면서 천구로 이루어진 우주의 장치를 궤도를 따라 움직이는 천체로 바꾸었습니다. 이리하여 1609년에 지구에서 태양의 나머지 행성을 향한 항해가 지적 추론의 타당한 주제가 된 것입니다. 문두스[3]는 일련의 새로운 신화로 해석한 새로운 코스모스가 됐습니다. 케플러는 '천구 금기'를 어긴 사실을 꿈이라는 형식으로 일기장에 털어놓았습니다. 부주의 탓에 이 원고 몇쪽이 알려졌고, 케플러의 어머니가 체포되어 고문 기구 앞에서 자백을 강요받았습니다. 케플러의 어머니는 이 일로 얼마 뒤 죽었습니다. 케플러의 『꿈』은 그가 죽고 나서 2년 뒤에 출간됐습니다.

중세의 천구에 갇힌 교육

교육에 관한 논의를 보면, 아무리 근본적이라 해도 여전히 케플러 이전의 천문 관측 모형을 가지고 사회의 여러 천구를 재배치하는 일에

---

[3] mundus: '세계'라는 뜻의 라틴어이다.

만 관심을 기울이고 있다는 느낌을 받습니다. 모두의 심상과 능력을 정확하게 관측하기는 하지만, 브라헤의 관측과 마찬가지로 여전히 낡은 틀에 끼워 맞추고 있습니다. 토론의 범위와 연구는 이 단일 천구 내에서 주전원을 재정의하고, 연관 짓고, 전개하거나 혹은 새 주전원을 적당히 추가하면 편리하다거나 추가할 필요가 있다는 식으로 논의가 이뤄지고 있습니다.

그리고 그런 교육 정책 대안이 근본적이라고 자처하면 교육과 다른 천구 영역 간의 관계가 하나의 쟁점으로 부각됩니다. 사회 체계의 중심에는 생산이 있어야 하는가, 정치가 있어야 하는가? 아니면 생산과 정치가 티코 브라헤의 모형처럼 좀 더 복잡한 방식으로 연관되어야 할까? 코페르니쿠스 모형처럼 모든 것을 아우르는 천구 체계를 택해야 할까? 아니면 프톨레마이오스의 행성을 한 번에 하나씩만 다루는 이론이기는 하지만 정확도가 증명된 어림셈법인 알 샤티르의 편심원 및 주전원에 의지해 전체적 체계 없이 그때그때 헤쳐나가는 게 더 나을까? 학교 체계는 중심에 머물러 있어야 하는가? 아니면 예를 들어 학교는 중국처럼 집단 농장에서 이루어지는 교육에 종속되어야 하는가? 교육의 여러 가지 도구에 어떤 방식으로 등급을 매길 것인가? 또는 교육, 보건, 복지, 연구, 금융, 경제, 정치 등의 천구 영역을 어떻게 연관 지을 것인가? 제가 볼 때 코페르니쿠스 모형에 대한 연구는 교육에서 우리에게 필요한 것이 아닙니다.

케플러의 예에서 보듯 우리는 지금 교육 영역이라는 것은 수성의 천구와 비슷하게 하나의 구성이며, 인간은 교육받을 필요가 있다는 관념은 인간이 우주의 정지된 중심에서 살 필요가 있다는 관념에 비길 수 있다는 사실을 인식할 필요가 있습니다. 교육의 이런 구성은 호모 에두칸두스에 관한 확신이 생겨나게 한 이념에 의해 좌표가 매겨집니다. 이 구성은 일련의 구체적 제도에 의해 사회적으로 형태를 잡으며, 이런 제도의 원형은 알마 마터 에클레시아[4]입니다. 이는 다음과 같은 두 가지 경험을 통해 개인의 세계관에 주입됩니다.

첫째는 모든 교육 프로그램 속에 잠재된 교과 과정인데, 이를 통해 토착에 기반을 두는 배움이 필연적으로 격하됩니다. 둘째는 필요의 정의와 충족을 전문가가 지배하면서 필연적으로 조장되는 생활방식대로 모호하고 수동적이며 마비되는 생활을 하면서입니다. 끝으로, 교육 영역이라는 구성은 다양한 교육자 단체가 열렬히 옹호하는데, 이들은 교육적 필요를 문제와 동일한 차원에서 바라보면서 그 문제에 대한 제도적 해법을 학교 안팎에서 찾아낼 사회적 사명을 자기들만이 지니고 있다고 주장합니다.

교육 영역이라는 이 구성은 그와 비슷한 다른 구성, 특히 경제와 정치 영역이라는 구성과 철두철미하게 일맥상통합니다. 이런 여러 영역이 뿌리뽑혀나가 별도로 존재하게 되면서 그 영역에 상응하는 토착 부문을 마비시키고 철저한 독점에 이르기까지 과정은 영역마다 별도로 살펴볼 수 있습니다. 그러나 그 중에서도 교육 영역에 대한 연구는 일정한 우선권을 주장할 수 있습니다. 교육 영역의 이념적 구성을 연구하고, 또 확성기가 발명된 뒤로 이 영역에서 토착 언어가 퇴화되어 교습을 통해 전달되는 모어로 대치되는 과정을 연구하면 사회의 다른

---

[4] Alma Mater Ecclesia: '(우리를) 길러주는 어머니 교회'라는 뜻의 라틴어이다.

영역이 구성되는 과정을 볼 때도 비슷한 점을 알아볼 수 있는 뛰어난 관점을 얻게 됩니다. 현재까지 하나의 주제로서 또 학문 분야로서 교육은 이 구성에 의해 정의됐고 그 기본 전제에 의해 제약을 받습니다. 교육 안에서 이루어지는 연구에서는 이것이 다르게 될 수가 없습니다. 그러나 교육 분야와 사회 전체 이념 간의 관계 및 이런 관계의 역사에 대한 연구는 교육에 대한 연구라 부르기에 합당한 연구가 됩니다.

호모 에두칸두스의 역사

세계비교교육학회 제5차 국제대회 총회 개회사
프랑스 파리 소르본
1984년 7월

총회에서 강연하도록 불러주신 드보베 회장님께 고맙게 생각합니다. 저의 강연은 여러분께 드리는 호소입니다. 저는 여러분께 호모 에두칸두스의 역사에 대해 연구하기를 간청합니다. 이 연구는 호모 에두칸두스라는 인간이 사회적으로 어떻게 형성됐는지, 그리고 희소하다고 여기는 갖가지 가치로 이 인간을 살찌우는 과정을 배움이라 규정하는 사회적 맥락이 어떻게 형성됐는지 연구하는 것입니다. 정보와 프로그래밍을 필요로 하는 인간이라는 관점에서 바라보는 사회 조직은 호모 오이코노미쿠스의 역사에서 소홀히 다룬 부분이었습니다.

저는 호모 에두칸두스의 사회적 역사를 교육의 역사와 반대되는 개념으로 봅니다. 호모 에두칸두스의 역사는 '교육'이 인간의 기본적 필요에 해당한다고 인식하는 사회 현실이 어떻게 등장했는지를 다룹니다. 그 중 일부 요소는 완전한 알파벳이 만들어지면서 지식과 그것을 말하는 사람이 처음으로 분리될 수 있었던 고대 그리스 시대에 형성됩니다. 글월[1]을 고착하여 원본 그대로 전달하는 이 알파벳 기술이 없다면 교육이 다루는 문학도 과학도 상상할 수 없습니다. 교육을 위한 전제가 되는 여타 핵심 요소는 앨퀸과 알베르투스 마그누스 사이에 형성됩니다. 앨퀸 시대에 와서야 처음으로 낱말과 낱말을 띄어 쓰기 시작했고 글월이 눈에 가시적으로 나타났기 때문입니다.

그때부터 낱말을 발음하여 귀로 이해하는 방식이 아니라 글월을 쳐다봄으로써 그 뜻을 이해할 수 있게 됐습니다. 글월이 이처럼 시각적으로 표현되지 않는다면 글로 적어 책 속에 갈무리한 '지식'이라는 개념, 되살려 전달할 수 있는 지식이라는 개념은 없습니다. 60년 전 밀먼 패리는 구전 서사시와 문학 연구에 구술문화와 문자문화 간의 구별을 도입했습니다. 그의 제자들은 개개인이 하는 말과 언어가 서로 이렇게 분리되는 것이 새로운 종류의 진리가 성립될 때 얼마나 중요하게 작용했는지를 자세하게 설명하고 있습니다. 그런데 월터 옹과 잭 구디가 그토록 노력했지만, 그런 통찰에도 불구하고 교육 이론의 핵심을 건드리지는 않았습니다.

중세기 초에 낱말을 띄어 쓰기 시작한 것이 교육 전문가가 전제로 내세우는 '진리'에 중요하게 작용했다는 사실에 대해서는 말과 언어의 분리만큼의 중요성도 인정되지 않았습니다. 낱말이 띄어 지면서 눈으로 보고 글을 베낄 수 있게 되었고 그보다 중요한 것은 책 두 권의 글월이 동일한지 확인할 수 있게 되면서 같은 책 두 권의 이면 어딘가

---

[1] text: 233~234쪽 본문 참조.

에 절대적으로 동일한 지식이 존재한다는 관념이 생겨난 것은 오로지 낱말을 떼어 쓰면서 일어난 변화입니다. 이 사실이 교육에 미친 영향은 밀먼 패리의 통찰만큼도 되지 않습니다. 간접적으로나마 건드릴 수 있었던 것은 마셜 매클루언이 되짚어준 덕분입니다.

모두에게 모든 것을 가르쳐라

역사적으로 글월 이면에서 이런 지식의 진화가 일어나지 않았다면 요한 아모스 코메니우스(1592~1670)는 생각할 수 없었을 것입니다. 코메니우스에게서 그 역사가 시작된 호모 에두칸두스가 필요로 하는 것은 이런 종류의 진리입니다. 호모 에두칸두스의 역사는 — 적어도 옴니부스, 옴니아 옴니노 도켄니라는 하나의 사업이자 프로그램으로서 — 그렇게 코메니우스 시대에 시작됩니다. 이와 같이 '모두에게 모든 것을 철저하게 가르친다'는 의도로써 호모 에두칸두스라는 관념이 정의됩니다. 이 새로운 인간은 알고 행하는 모든 것을 교육받아야만 하는 존재입니다.

교육의 역사는 호모 에두칸두스의 역사와 극명하게 대비됩니다. 교육사학자는 교육의 필요를 역사와 무관하게 주어진 조건으로 간주합니다. 교육사학자는 인간의 문화가 있는 곳이면 어디든 세대에서 세대로 전달해야 하는 지식이 비축돼 있는 것처럼 말합니다. 이런 필요가 역사적으로 존재하게 된 여러 단계는 살펴보지 않습니다. 그저 여러 시대, 여러 사회에서 이 필요가 어떤 방식으로 충족되었는지만 살펴볼 뿐입니다.

호모 에두칸두스의 역사는 교육의 역사와는 구별해야 합니다. 그러나 또한 과거 사회가 자신의 세계 속에서 학생-교사의 관계라고 인식하는 것에 부여한 해석의 역사로 격하되어서도 안 됩니다. 마이모니데스와 알 라지는 젊은 사람을 가르치는 일에 어떤 의미를 두었을까? 글쓰기는 플라톤이 어린아이였을 무렵 글쓰기가 무지케의 한 가지 주제가 됐는데, 그 전과 그 후 그리스인에게 무지케는 무슨 뜻이었을까? 브라만에게 샤스트라는 무슨 뜻이고 생빅토르의 위그에게 아르테스[2]는 무슨 뜻이었을까? 이런 것들에 대해서는 관념의 역사, 정신사, 역사의미론, 철학 등 여러 분야에서 일하는 우리 동료들이 많이 연구했습니다.

그러나 이 모든 것들과 호모 에두칸두스의 역사는 서로 구별해야 합니다. 첫째, 서양 전통을 제외한 어떠한 사회 현실에서도 이 역사의 연구 목표와 비교할 만한 것이 없기 때문이고, 둘째, 현재 이 연구 목표가 역사적으로 문제가 없는 하나의 사실로 간주되고 있기 때문입니다. 그 결과 호모 에두칸두스의 역사는 이제까지 소홀히 다뤄졌습니다. 우리 동료들은 교육은 다른 사회에서는 생각할 수 없는 독특한 개념이며 따라서 그런 사회의 과거에 대한 역사적 묘사로는 부적당하다는 사실을 인정하려 하지 않습니다.

현재 통용되는 의미의 교육은 인간의 모든 활동에서 배움이 반드시 필요하며 배움을 위한 기회는 그 본질상 희소하게 공급될 수밖에 없다는 전제에서 배우는 것을 말합니다. 이렇게 이해할 경우 배움은 삶의 다른 부분과 적절하게 구별할 수 있는 별개의 부분이 됩니다. 시간

---

2 무지케musiké는 고대 그리스어, 샤스트라shastra는 산스크리트어, 아르테스artes는 라틴어로서 '술術', '지식', '론論' 등을 가리키는 말이다.

적으로는 아닐지언정 적어도 논리적으로는 배움이 먼저 이루어진 다음이라야 사회적으로 기대되는 과업을 적절하게 실행할 수 있게 됩니다. 교육과 잘 맞는 이 관념에서 출발하면 다른 사회의 수많은 사회적 특징을 '배움'의 상황으로 분류하게 됩니다. 교육사학자는 시 낭송, 의례 행위, 도제 제도, 조직적인 경기 등을 발견할 때마다 거기서 교육 활동의 냄새를 맡아내는 것입니다.

희소성의 권력에 지배당한 교육학

제가 살펴본 교육사 교재는 모두 교육의 희소성은 모양과 형태만 다를 뿐 항상 존재해 왔다는 전제를 바탕에 깔고 교육사를 다루고 있었습니다. 이 전제를 통하면 네안데르탈인마저도 호모 에두칸두스의 하위 종種에 포함되며, 신석기 문화로 바뀐 것 또한 돌을 쪼개는 법을 좀 더 제대로 가르친 덕분으로 봅니다. 교육자는 자신이 소크라테스와 바로와 붓다의 적통 후계자고 또 호모 에두칸두스의 역사는 교육자에게 금기가 됐다고 증명하기 위해 안달입니다.

경제학자 역시 비슷한 금기에 직면했지만, 교육 이론가들과는 달리 정면으로 해결을 시도했습니다. 18세기 말에 이들은 경제학이 희소성이라는 전제를 바탕으로 가치를 연구하는 학문으로 정의했습니다. 경제학은 서로 대안 관계에 있는 목적을 위해 희소한 수단을 어떻게 적용할지를 다루는 학문 분야가 됐습니다. 이 학문 분야에서 사용하는 개념이 신망을 얻으면서 경제학자 역시 이 개념을 오랜 과거의 시대와 머나먼 사회에도 적용하려 했습니다.

그러나 경제학에서는 과거를 현재의 범주에 맞춰 균질하게 만드는 이런 관행에 처음부터 의문을 제기해 왔습니다. 1910년대에 엘리 알레비는 실용주의적 전제로 규제되는 사회적 행동은 사회적 관계에 관한 그 이전의 모든 전제로부터 철저한 단절이 일어났음을 의미한다는 것을 보여주었습니다. 그로부터 30년 뒤, 칼 폴라니는 그리스, 인도, 메소포타미아에서 시장이 어떻게 발생했는지에 초점을 맞추었습니다. 그는 형식경제가 천천히 뿌리뽑혀나가는 과정을 자세히 보여주었는데, 유독 특정 사회에서는 그런 다음 희소성이라는 전제를 바탕으로 하는 사회적 상호작용이 등장하여, 오랫동안 아주 좁고 엄밀한 영역에 국한된 상태로 유지됩니다. 이런 가르침을 통해 폴라니는 희소성의 역사를 연구하기 위한 기초를 마련했습니다. 더 근래에 이르러 루이 뒤몽은 맨더빌에서 마르크스에 이르기까지 희소성의 인식에 맞는 인간성의 인식이 존재하게 된 과정을 꼼꼼히 설명했습니다. 그는 인간을 바라보는 이 구성, 즉 희소한 수단의 이용과 획득에 의존하는 인간이라는 구성을 호모 오이코노미쿠스라 부릅니다. 저는 호모 에두칸두스의 등장에 대해 이와 비슷한 연구가 이루어지기를 간청합니다.

저는 호모 오이코노미쿠스를 현대의 사회적 구성물로 인식하면서 전통문화가 무엇인지 더 잘 이해할 수 있게 됐습니다. 우리가 알고 있는 모든 전통문화는 희소성이 사회관계를 지배하지 못하도록 억제하는 것을 최우선 목적으로 삼는 뜻깊은 통합체로 생각할 수 있습니다. 이런 문화에서는 희소성의 등장을 미리 막는 행동규범을 시행하여 시기심과 두려움을 꺾어버립니다. 이에 대해 뮈샹블레와 뒤피는 분명하고도 간단한 해설을 내놓았습니다. 일부 문화의 경우 한정된 작은 구역에서는 희소성이라는 전제가 새로운 사회 구조를 결정하도록 조직된 것이 분명합니다. 이런 사회에서는 행상, 도붓장수, 특정 시크교도나 유대인, 중국인, 철학자, 약장수 등이 시중 가격에 자신의 기술을 팔 수 있는 공간을 허용합니다. 그러나 외지인에게 그런 행동을 허용함으로써 문화의 내부인이 똑같은 행동을 하면 부도덕하다는 인식이 강조됩니다. 희소성의 권력이 확산되지 않도록 사회 전반에 걸쳐 저항하는 모습은 이 자리에 계신 드보베 회장님이 너무나 적절하게 '집중된 세계'[3]라 이름 붙인 저 희소성의 지배로부터 인간의 조건을 구별해 주는 공통된 특징입니다.

누구도 걷기나 숨쉬기를 배운 적이 없다

저는 경제사학자와 인류학자가 희소성을 하나의 사회적 구성물로 인식함으로써 산업사회가 형성됐다거나 그 때문에 경제적 사고가 깊이 영향을 받았다고 말하는 게 아닙니다. 대안 경제학은 거기에서 거의 아무런 영향을 받지 않았습니다. 그러나 전통문화를 희소성과 시샘의 전파에 대한 구제책으로 인식하면서 문화사와 정신사에서 새로운 이론적 갈래와 새로운 현실주의를 위한 기반이 마련됐습니다. 제가 탄원하는 내용은 교육으로 먹고 사는 우리들이 이와 비슷한 시도를 하자는 것입니다. 우리 활동의 근본이 되는 여러 가지 개념, 예컨대 교육의 필요, 배움, 희소한 자원 등이 자연스러움과는 거리가 아주 먼

---

[3] 프랑스어 원문은 "L'univers concentrationnaire"

사고의 틀에 해당된다는 사실을 일단 인식하면 호모 에두칸두스의 역사를 위한 길이 열릴 것입니다.

비교교육학을 연구하는 사람이 '희소한 기회를 전제로 하는 배움'은 우리 세계에만 있는, 다른 세계와는 비교할 수 없는 독특한 특징이라는 사실을 인식하는 것은 두 가지 이유에서 중요합니다. 첫째, 그러면 비교론자는 현상학적으로 정말 공통되는 특징이 있는 현상에 연구를 한정할 수 있을 것입니다. 이처럼 영역을 설정하면 이 분야는 더욱 합리적인 학문이 될 것입니다. 둘째, 교육 분야가 현대의 이상한 사회 현상을 다룬다는 점을 인식할 경우, 교육과는 이질적이기 때문에 교육으로 귀결될 수 없는 다른 사회적 특징에 대해서도 학문적으로 비교연구할 수 있게 됩니다.

이 두 가지를 인식하면 비교교육학은 우리 시대에서 가장 특징적이면서 가장 덜 인식되는 측면 한 가지를 명확히 밝혀내는 보기 드문 분야가 될 수 있습니다. 그 측면이란 환상과 행위 규칙과 행동 양식이 ― 그것도 고도의 개발이 이루어진 사회의 심장부에서도 ― 희소성 권력의 식민지화에 저항하여 살아남는 데 성공했다는 사실입니다. 여러분 대부분이 교육 관련자이지만, 여러분 중에는 걷기나 숨쉬기를 배운 적이 없다는 것을 지금도 알고 있는 분이 많을 것으로 기대합니다.

언어는 언제부터 상품이 되었나?

> 인도어 중앙연구소에서 열린
> "'모어'를 나타내는 새로운 용어의 필요성"
> D. P. 파타나야크 교수를 기리는 강연
> 인도 마이소르 주
> 1978년

 언어는 비싸졌습니다. 언어 교습이 하나의 직업이 되면서 언어 교습에 쓰는 돈이 많아졌습니다. 국민총생산에 포함되는 시장 거래 가치 가운데 가장 규모가 큰 두 가지 부문 중 하나가 말입니다. 무엇을 말하고 누가 언제 어떻게 말하며 그 말을 어떤 종류의 사람이 들을지 결정하기 위해 돈을 들입니다. 입에 올리는 낱말 하나하나에 들어가는 비용이 높을수록 그 낱말이 울려 퍼지게 하는 데에 노력이 많이 들어간 것입니다.
 사람들은 학교에서 마땅히 말해야 하는 대로 말하도록 배웁니다. 가난한 사람이 좀 더 부자처럼, 병든 사람이 좀 더 건강한 사람처럼, 흑인이 좀 더 백인처럼 말하도록 하기 위해 돈을 들입니다. 돈을 들여 아이의 언어와 교사의 언어를 향상시키고 바로 잡고 풍부하게 하고 최신 언어로 바꿔줍니다. 대학에서 가르치는 전문 특수용어에는 돈을 더 들이고, 고등학교에서는 그보다 더 많은 돈을 들여 10대 아이가 제각기 그런 용어를 찔끔찔끔 익히게 합니다. 심리학자, 약제사, 사서 같은 어떤 특별한 종류의 언어에 유창한 사람들에게 의존하고 있는 느낌이 들 만큼만 가르치는 것입니다. 우리는 돈을 들여 사람들이 먼저 오로지 교양 있는 회화체 표준 언어 한 가지만을 사용하게 만들고, 그 다음 — 대개는 그다지 성공을 거두지 못하지만 — 소수가 쓰는 방언이나 외국어를 가르치려 애씁니다.

부자의 언어, 빈자의 언어

교육이라는 이름으로 이루어지는 대부분이 실은 언어를 가르치는 것이지만, 귀와 혀를 길들이는 공공사업이 교육만 있는 것은 절대 아닙니다. 행정, 연예, 광고, 뉴스 종사자가 거대한 이익 집단을 이루어 제각기 언어라는 파이에서 큰 조각을 차지하기 위한 싸움을 벌이고 있습니다. 미국에서 낱말을 만드는 데에 쓰이는 액수가 얼마인지 사실 저는 모릅니다.

  10년 전만 해도 에너지 집계는 거의 생각할 수 없었지만 이제는 확실한 기법으로 자리 잡았습니다. 오늘날에는 — 사실은 2년 전에 와서부터 — 1칼로리의 빵을 얻기 위해 밀을 기르고 수확하고 포장하고 수송하고 상품화하는 데에 영국열량단위라든가 그 밖의 에너지 단위로 얼마나 많은 단위 에너지가 들어갔는지 쉽게 찾아볼 수 있습니다. 그리스의 어느 마을에서 곡식을 길러 먹는 빵과 에이엔피 슈퍼마켓에서 파는 빵의 차이는 어마어마합니다. 후자에는 40배 이상의 에너지가 들어갑니다. 1960년대에 지은 옥스퍼드의 세인트캐서린 칼리지의 건물 1세제곱미터를 짓는 데에 들어간 에너지 단위는 그 옆에 서 있는, 제가 훨씬 더 좋아하는 보들레이언 도서관보다 약 5백 배 많습니다. 이런 종류의 정보는 10년 전에도 있었지만 아무도 일목요연하게 만들 생각을 하지 않았고, 그래서 소수의 사람들만 생각했을 뿐입니다. 오늘날에는 잘 정리가 되어 있어서 아주 가까운 장래에 연료의 필요에 대한 사람들의 시각을 바꿔놓을 것입니다.

이제 언어 집계가 어떤 모양일지 안다면 흥미로울 것입니다. 오늘날의 언어를 언어학적으로 분석할 때 각각의 발언자 집단에서 각 사람의 발언에 들어가는 돈의 액수를 알지 못한다면 그 분석은 분명 완전치 않을 것입니다. 사회적 에너지 집계가 어림에 지나지 않아 기껏해야 상대적 수치밖에 언어내지 못하는 등급 판별 수준에 그치는 것과 마찬가지로, 언어 집계 역시 인구 중 교습되는 언어의 상대적 비율에 대한 자료밖에는 제공해 주지 못할 것입니다. 그렇지만 이 정도면 제가 주장하고자 하는 논지에는 충분합니다.

물론 단순히 한 발언자 집단에서 언어에 지출하는 1인당 비용만으로는 충분한 만큼 알아낼 수 없을 것입니다. 교습되는 언어는 성질의 편차가 대단히 큽니다. 예를 들면 개인교습도 구매할 수 있고 또 그보다 더 귀중한 정적까지 구매할 수 있는 부자보다 가난한 사람에게 들리는 말이 훨씬 더 많고 시끄럽습니다. 부자가 듣는 낱말 한 개에 들어가는 1인당 비용은 가난한 사람이 듣는 낱말 한 개보다 훨씬 더 많습니다. 와트가 낱말보다 더 민주적입니다. 그런데 제가 근거로 삼고자 하는 자세한 언어경제학이 아니더라도, 미국에서 말에 들어가는 돈의 액수에 비하면 미국이 연료 수입에 들이는 액수는 별것이 아닐 거라고 짐작할 수 있습니다.

부자 나라의 언어는 믿을 수 없으리만치 흡수성이 좋아서 막대한 투자를 빨아들입니다. 예부터 징세, 행정, 극장을 비롯한 여타 값비싼 형태의 언어에 쏟는 지출이 점점 늘어나는 현상은 문명이 발달한 사회, 특히 도시 생활의 한결같은 특징이었습니다. 그러나 언어(또는 연료)를 위한 그런 지출 변동은 전통적으로 다른 종류에 속하기 때문에 오늘날의 언어 자본화와는 비교가 불가능합니다. 오늘날이라 해도 언어가 자본화된 적이 없는 — 극소수의 지배 계층 사이에서는 자본화됐을 수 있겠지만 — 가난한 나라에서도 사람들은 여전히 서로 말을 주고받습니다. 막대한 투자를 받아들인 — 빨아들인? 저항한? 대응한? 겪은? 누린? — 언어를 일상적으로 쓰는 집단과 시장 밖에 머물러 있는 언어를 쓰는 집단의 차이는 무엇일까요?

저는 이 두 가지 언어 세계를 비교해보고 싶지만, 다음과 같은 맥락에서 떠오르는 한 가지 문제에만 제 호기심의 초점을 맞추려고 합니다 — 언어는 투자 비율에 따라 구조 자체가 달라지는가? 만일 그렇다면 자금을 빨아들이는 언어는 모두 똑같은 방향으로 구조의 변화가 진행되는가? 오늘 이 주제에 대한 저의 강연이 개론 수준이라, 두 가지 주장 모두 개연성이 높다는 충분한 근거를 제시하고 구조적 측면의 언어경제학이 탐구 가치가 있다고 여러분을 설득하기에는 부족할지 모릅니다.

교습되는 일상 언어는 산업 시대 이전 문화에서는 선례가 없습니다. 직업교사와 평범한 언어 모형에 의존하는 우리의 현재 모습은 화석연료에 의존하는 것만큼이나 산업 경제의 독특한 특징에 해당됩니다. 언어와 에너지 모두 — 모든 사람에게 — 계획적이고 주도면밀한 개입으로 충족되어야 하는 전 세계적 필요로 인식된 것은 우리 세대에 와서야 일어난 일입니다.

태양과 토착 언어로 자급하던 시대

전통문화는 주로 농업을 통해 갈무리되는 햇빛으로 자급을 유지했습니다. 괭이, 도랑, 멍에가 널리 쓰였고, 커다란 풍차나 물레방아는 알려져 있기는 해도 드물었습니다. 주로 태양에 의존하여 생활하는 문화는 기본적으로 각 집단이 나름의 뿌리로 흡수하는 토착 언어를 바탕으로 자급을 유지했습니다. 팔다리 힘이 좋아지는 도구와 손재주를 주로 사용하여 자연으로부터 동력을 가져온 것처럼 언어는 한 사람 한 사람 냄새를 맡고 만지고 사랑하고 미워할 수 있는 사람들과 만나는 문화 환경에서 가져온 것이었습니다. 교습되는 언어는 풍차나 물레방아와 마찬가지로 드물었습니다. 우리가 알고 있는 대부분의 문화에서는 말이 사람을 이겨냈습니다.

  오늘날에도 가난한 나라에서는 대다수가 돈을 들여 따로 배우지 않고서도 말을 배웁니다. 그것도 자의식과 잘난 척이 배어 있는, 맛깔도 없는 웅얼거림과는 전혀 비교할 수 없는 방식으로 말하는 법을 배웁니다. 남아메리카와 동남아시아 마을에서 오랫동안 지내다가 저번에 미국의 여러 대학교를 방문했을 때 저는 사람들이 말하는 방식에 새삼 놀랐습니다. 그 차이를 느끼지 못하는 사람에게 제가 느끼는 것은 경멸밖에 없지만, 그 차이를 알아듣지 못하는 슬픔으로 바꾸기 위해 열심히 노력하고 있습니다. 그렇지만 어머니의 가슴이 아니라 유아식으로 — 가난한 집안에서 태어났다면 네슬레로, 생각이 트인 부자 집안에서 태어났거나 지배 계층의 기관에서 보호하는 버려진 아이라면 랠프 네이더[1]의 코밑에서 조제된 유아식으로 — 자란 사람들에게서 달리 무엇을 바랄 수 있을까요? 여러 가지 포장 유아식 중에서 고르도록 훈련된 사람이 볼 때 모유는 유아식의 하나에 지나지 않습니다. 마찬가지로, 알고 있는 언어를 모두 교사라고 믿는 사람에게서 배운 사람이 볼 때 교습을 통해 배우지 않는 토착어는 그저 개발이 덜 된 여러 가지 제품 중 하나에 지나지 않습니다.

그러나 실제는 그렇지 않습니다. 합리적 교습에서 제외되는 언어는 교습되는 언어와는 다른 종류의 사회 현상입니다. 비교습 언어가 주된 표식으로 작용하는 공유된 세계에서는 권력을 공유하고 있다는 감각이 집단 내에 존재하는데, 이 감각은 교습으로 전달되는 언어로는 복제하지 못합니다. 이런 차이가 가장 먼저 드러나는 부분으로는 언어 자체에 대한 — 그 언어를 습득하는 데에 대한 — 권력 감각을 꼽을 수 있습니다.

세계 곳곳에서 산업화되지 않은 나라의 가난한 사람들은 오늘날에도 여러 언어를 사용합니다. 말리의 통북투에서 은장이 일을 하는 저의 친구는 집에서는 송가이 말을 쓰고, 밤바라 말로 라디오를 듣고, 어느 정도 이해하는 아랍 말로 매일 다섯 차례씩 열성적으로 기도를

---

[1] 이 강연이 있었던 당시 랠프 네이더는 미국에서 반핵운동가로 또 소비자운동가로 널리 알려져 있었다.

올리고, 시장에서 두 가지 말로 사람들과 어울리고, 군대에 있을 때 배운 쓸만한 프랑스어로 대화합니다. 그런데 이 중 그가 정식으로 배운 언어는 하나도 없습니다. 구성원 대다수가 한 가지 언어만을 쓰는 공동체는 후기 신석기 시대를 제대로 거치지 않은 부족 공동체이거나, 극심한 형태의 차별을 경험한 공동체, 또는 여러 세대에 걸쳐 의무 학교교육의 이점을 누린 국민국가의 시민 등 세 가지 환경 이외에서는 드뭅니다. 중산층에서는 일반적으로 사람은 대부분 한 가지 언어만을 쓴다는 생각을 당연하게 받아들입니다. 중산층에서 여러 언어를 원할 때는 항상 계층 상승에 대한 야심이 그 이면에 자리 잡고 있습니다.

역사를 통틀어 교습을 통하지 않는 언어가 널리 사용됐지만, 알려진 모든 언어가 그랬던 것은 결코 아닙니다. 전통문화에서도 풍차나 운하에서 얼마간 에너지를 가져와 활용했듯이, 그리고 큰 배를 소유하거나 시냇가의 좋은 자리에 대한 권리를 확보한 사람이 도구를 이용하여 동력을 자신에게 유리하게 활용했듯이, 일부 사람이 교습으로 전달되는 언어를 이용하여 얼마간의 특권을 차지하는 일은 언제나 있었습니다. 그러나 이런 부수적 부호 체계는 드물고도 특별한 수준에 머무르거나 아주 좁은 용도로만 쓰였습니다.

일상 언어, 토착 언어, 나아가 거래 통용어, 기도용 언어, 직업에 따른 특수 용어, 기본 회계 언어 등은 일상생활의 한 부분으로서 곁들이로 익혔습니다. 물론 이따금 사제에게 라틴어나 산스크리트어를 공식적으로 가르치기도 했습니다. 필경사가 되려는 사람에게는 프랑크어, 페르시아어, 터키어 같은 법정 언어를 가르쳤습니다. 수련 수도사에게는 천문학이나 연금술, 최신 석공 기술 같은 언어의 기초를 공식적으로 가르쳤습니다. 그리고 물론 그렇게 공식적으로 교습되는 언어를 알고 있으면 말에 안장을 얹은 것처럼 그 사람의 지위가 다른 사람보다 높아졌습니다. 특정 언어의 공식 입문 과정이 새로운 언어 기술을 가르치는 수단이 아니라 특정 낱말에 대한 금기로부터 입문자를 면제해주는 수단으로 작용하는 경우가 실제로 꽤 흔했습니다.

땅에서 기른 언어

이와 같은 언어의 선택적 '금기 해제' 의식 중 가장 널리 퍼진 예는 아마도 남성이 사냥이나 제의 성교 언어에 입문하는 과정일 것입니다. 그러나 언어가 얼마나 많이 또는 적게 교습되든, 교습되는 언어가 토착 언어 속으로 스며드는 일은 아주 드물었습니다. 어느 시대에나 얼마간의 언어 교육이 존재하고 있었고 또 어떤 언어는 전문 설교자나 코미디언을 통해 퍼진다는 사실 역시 제 주장의 핵심에 어긋나지 않습니다. 오늘날 우리가 '현대 유럽'이라는 이름으로 지칭하는 사회 밖에서는 유급 교사나 방송인이 지배하는 획일적 일상 언어를 인구 전체에 강요하는 어떠한 시도도 없었습니다. 일상 언어가 설계의 결과물인 곳은 최근까지 어디에도 없었습니다. 하나의 상품처럼 값을 지불하고 배달받는 곳은 어디에도 없었습니다. 그런데 국민국가의 기원을 다루는 역사학자는 하나같이 상품에 관심을 기울이는 반면, 경제학자는 대부분 언어를 소홀히 다루고 있습니다.

 저는 교습되는 일상 구어와 토착 언어를, 값비싼 언어와 값을 전혀

들이지 않고도 얻는 언어를 서로 대비하고자 합니다. 제가 전자를 '교습되는 일상 구어'라 지칭하는 이유는 — 이제 살펴보겠지만 — '모어'라는 이름에는 은연중 교묘한 의미가 함축되어 있기 때문입니다. '일상 언어'도 괜찮겠지만 그보다 정확성이 떨어지고, 그밖에 제가 가끔씩 쓰는 용어는 모두 교습되는 언어의 측면을 하나씩 단적으로 보여줍니다. 그 반대쪽을 가리키는 말로는 '토착'을 쓰는데 그보다 더 나은 표현을 찾을 수 없기 때문입니다. 토착은 '뿌리를 내린 상태'나 '머물러 살기'라는 뜻을 함축하는 인도게르만어 어원에서 온 말입니다. 고전 시대에 집에서 담그고 짜고 기르고 만든 것을 가리킨 라틴어 낱말입니다. 노예, 아이, 음식, 옷, 동물, 의견, 우스개 등 무엇에든 쓰던 말입니다.

  이 용어를 가져와 언어를 구별하는 용도로 쓴 사람은 바로입니다. 바로는 '토착'이라는 말을 가져와, 발언자의 땅에 다른 사람이 심은 언어와 반대되는 개념으로서 발언자가 자기 땅에서 기른 언어를 나타내는 뜻으로 썼습니다. 바로는 박식한 사람이었고 — 뛰어난 교육자였던 퀸틸리아누스에 따르면 가장 박식한 로마인 — 카이사르와 그 뒤를 이은 아우구스투스의 사서였으며, 중세 시대에 상당한 영향을 미친 사람입니다. 그러므로 영어 속으로 들어온 '토착'이라는 말은 바로가 가져왔던 그 한 가지 한정된 의미로 들어온 것입니다.

  지금 저는 이 낱말에 남은 옛 숨결을 되살리고 싶습니다. 이 순간 우리에게는 교환과 무관한 동기에서 비롯된 활동의 결실을 가리키는 단순하고 직설적인 낱말이 필요합니다. 사람들이 뭔가를 하고 해결하는, 시장과 관련이 없는 활동을 가리킬 낱말, 욕망을 만족시키는 과정에서 그 욕망에 구체적 형태까지 부여하는 활동을 가리킬 낱말 말입니다. '토착'은 이런 용법으로 오늘날 많은 사람들이 받아들일 수 있는 좋은 낱말 같아 보입니다. 저는 전문용어 중에도 경제학자가 측정하지도 않고 측정할 수도 없는 필요의 만족을 가리키는 언어가 있다는 것을 알고 있습니다. 예를 들어 '경제적 생산'에 반대되는 '사회적 생산', '상품' 생산에 반대되는 '사용 가치' 내지 '단순 사용 가치'의 생성, '시장'경제학에 반대되는 '가정경제학' 등이 있습니다.

그러나 이런 용어는 모두 전문적이고 이념적 선입견에 물들어 있는데다 어울리지 않는 때도 많습니다. 우리가 시카고 보이[2]나 사회주의 인민위원회가 측정하지도 조작하지도 못하도록 지켜내려는 그런 가치를 지칭하는 단순한 형용사가 필요합니다. 이 형용사는 음식과 언어, 출산과 육아에도 어울릴 만큼 포괄적이어야 하며, '사적' 활동도 퇴행적 절차도 암시하지 않아야 합니다. 토착 언어에 대해 말할 때 저는 삶의 모든 측면에 걸쳐 토착 양식의 존재와 행동이 존재한다는 사실을 토론 속으로 가져오고자 하는 것입니다.

논의를 더 진행하기 전에 한 가지 더 분명히 구별해 두고자 합니다. 교습 언어와 토착 언어를 대립시킬 때 제가 경계선을 긋는 곳은 언어학자가 지배 계층의 고귀한 언어와 하위 계층에서 쓰는 방언을 구별할 때와는 다른, 지역 언어와 지역을 초월한 언어를 구별할 수 있는 저

---

[2] 1950년대에 미국이 칠레의 경제관을 바꿔놓기 위해 '칠레 사업'을 실행하면서 시카고 대학교에서 칠레의 학생들에게 경제학을 가르쳤는데 실제 칠레의 경제정책에는 이들의 경제관이 그다지 반영되지 않았다. 그러다가 1973년에 피노체트가 쿠데타로 집권하면서 이들의 신자유주의 경제관을 경제정책 전면에 내세웠는데 이때 이들에게 시카고 보이Chicago Boys라는 별명이 붙었다.

경계선이 아닌, 문맹자의 언어와 글을 깨우친 자의 언어 사이가 아닌 다른 곳입니다. 언어가 지리적 범위로 얼마나 제한되어 있든, 하나의 사회 계층에게 얼마나 독특하게 나타나든, 하나의 성 내지 계급에 얼마나 특화되어 있든, 언어는 모두 '토착'(제가 말하는 그 용어의 그 뜻대로) 언어이거나 '교습' 언어입니다.

표준어가 토착어를 식민지로 만들다

지배 계층의 언어, 제2의 언어, 거래에서 쓰이는 언어, 지역 언어 등은 전혀 새로운 게 아니지만, 상품으로서 교습되는 언어는 지금까지의 어떤 언어와도 완전히 다른 새로운 언어입니다. 지금 저는 교습 언어의 여러 종류에 대해 자세히 설명하고 있는 게 아니라, 교습 일상 언어, 주로 표준어로 교습되는 일상 구어에 초점을 맞추고 있는 것입니다.

역사를 통틀어 한 지역에서 여러 개의 방언이 서로 뜻이 통하다가 하나가 우세해지는 경향이 있습니다. 우세해진 방언은 표준 형태로, 기록 형태로, 보급되면서 다른 방언보다 먼저 배우는 언어가 되었습니다. 이 방언이 우세해지는 이유는 주로 그 방언을 쓰는 사람의 특권 때문이었습니다. 대부분의 경우 교습되기 때문에 퍼진 것이 아니었습니다. 그보다 훨씬 더 복잡하고 미묘한 과정을 통해 확산됐습니다.

영국에서는 중부지방 영어가 영국의 어떤 방언 지역에서 태어난 사람이라도 말할 수 있는 제2의 언어이자 공용 어투가 됐습니다. 마찬가지 방식으로 바하사 멜라유가 인도네시아의 국어가 됐습니다. 이 두 가지 언어가 확산된 것이 모두 비교적 현대기의 일이므로 그 과정에 의도적 교습이 관련되어 있지 않을까 짐작해 볼 수 있을 것입니다. 무굴 제국 군대가 인도 아대륙에 퍼뜨린 언어인 우르두어는 갑자기 퍼지기는 했지만 교습과는 아무런 관련이 없습니다.

확실히 어떤 지역에서든 지배적이고 표준적 언어가 누리는 우월한 지위는 글쓰기를 통해 더 강화됐고, 인쇄를 통해서는 더더욱 확고해졌습니다. 지배 언어가 다른 언어를 식민지화하는 힘은 인쇄술에 힘입어 막강해졌습니다. 그러나 인쇄술이 발명됐기 때문에 지배 언어가 모든 종류의 토착 언어를 밀어낼 것이 뻔하다고 말한다면 수레를 말 앞에다 다는 것과 마찬가지입니다. 원자폭탄이 발명된 뒤로 초강대국만 주권국이 될 거라고 말하는 것과 같습니다.

토착어 형태가 인쇄된 표준어 형태의 식민지가 되면서 표준어가 중심적 지위를 차지하는 데에 유리한 기술 절차가 인쇄물을 편집, 인쇄, 출판, 배포하는 과정에 점점 더 많이 반영된 것은 사실입니다. 그러나 이처럼 중앙집권적 절차가 기술 혁신을 독점한다고 해서, 인쇄술이 글로 적는 표현에 새로운 생명력을 주고 수천 가지의 토착어 형태에 새로운 문학적 기회를 부여하는 데에 쓰일 수 없다는 논리는 이치에 닿지 않습니다. 인쇄술이 표준 일상 구어를 강요하는 데에 이용되었다는 사실이 곧 글로 적는 언어가 반드시 교습되는 언어가 되리라는 뜻은 아닙니다.

기계처럼 말하는 사람들

토착어는 현실에서 쓰이면서 퍼집니다. 토착어는 말 그대로 뜻하는 사람과 뜻 그대로 말하는 사람에게서 배웁니다. 교습 언어는 그렇지 않습니다. 교습 언어에서 모범이 되는 사람은 내가 좋아하거나 싫어하는 사람이 아니라 전문 발언자입니다. 교습 일상 구어는 뜻하는 대로 말하는 어떤 사람이 아니라 다른 사람이 짜놓은 것을 그대로 읊어주는 사람이 모범이 됩니다. 교습 일상 구어는 이렇게 말해야 한다는 위원회의 결정에 따라 발행인이 시키는 대로 편집자가 마련한 대본을 따르는 방송인의 언어입니다. 교습 언어는 다른 사람이 작성한 엉터리 신념을 적은 글월을 낭독하고 대가를 받는 사람들의 생명 없는 비인격적 수사입니다. 교습 언어를 말하는 사람은 뉴스 아나운서, 개그 연기자, 교재를 따르는 강사, 조작된 운율을 노래하는 가수, 원고를 대필시키는 대통령을 모방합니다. 이 언어는 제가 여러분의 얼굴에 대고 무엇을 말할 때 쓸 언어가 아닙니다. 매체의 언어는 그 프로그램의 우두머리가 선택한 알맞은 시청자층을 추구합니다. 토착 언어는 서로 얼굴을 마주 보며 말하는 사람들이 교류하는 현장에 있으면서 배우는 사람 안에서 발생하는 반면, 교습 언어는 말을 늘어놓는 일을 맡은 발언자로부터 배웁니다.

물론 언어는 전적으로 교습되면 전적으로 비인간적이 됩니다. 훔볼트가 참된 언어란 절대로 수학처럼 교습될 수 없는, 북돋아주는 외에는 달리 방법이 없는 그 말이라고 한 것은 바로 이런 뜻입니다. 토착된 뿌리를 전혀 참조하지 않고서도 소통할 수 있는 것은 기계뿐입니다. 뉴욕에서는 전화 회사가 사람들에게 자유로운 교류를 보장한다며 독점적으로 운영하는 회선의 거의 4분의 3을 기계의 잡담이 차지합니다. 이는 확실히 공공 통신망이 전도된 것입니다. 그러나 표현의 자유를 위한 광장을 이렇게 로봇이 남용하고 있는 현실보다 더 난감한 것은 그 나머지 4분의 1에서 사람들이 로봇처럼 틀에 박힌 말을 서로 주고받는다는 사실입니다.

 개인이 입에 올리는 말은 예측할 수 있는 정도가 점점 높아지고 있습니다. 내용만 그런 게 아니라 표현법까지도 그렇습니다. 언어는 '교신'으로 전락했습니다. 인간이 사용한다는 점 외에는 벌이나 고래, 컴퓨터 사이에 오가는 의사전달과 별로 다를 게 없다는 듯이 말입니다. 토착 요소는 어떤 일이 있어도 살아남습니다. 다만 저의 말은 그것이 시들고 있다는 것입니다. 미국의 일상 구어는 두 가지 종류의 언어로 된 혼성물입니다. 하나는 상품처럼 교습되는 꽥꽥일률이고, 다른 하나는 빈약해졌으나 살아남으려 애쓰는 토착 언어입니다. 현대 프랑스어와 독일어도 영어와 같은 길을 걸었지만, 한 가지 다른 점은 영어 어구를 흡수했다는 사실입니다. 유럽의 약국과 사무실에서 사람들이 프랑스어나 독일어로 주고받는 표준적인 대화를 들었는데, 혼성어의 형식적 특징을 모두 갖추고 있을 정도였습니다.

세계를 현대적으로 만드는 원인

종교적 금기에 버금가는 저항 때문에 우리가 지금 다루고 있는 것의 차이, 즉 자본화된 언어와 경제적으로 측정 불가능한 비용으로 습득하는 토착 언어 간의 차이를 인정하지 못하기도 합니다. 이것은 산업 체제에서 길러진 사람들이 어머니 가슴에서 젖을 먹고 자라는 것과 병에 든 분유를 먹고 자라는 것 간의 차이, 학생과 독학생의 차이, 내

힘으로 이동하는 1킬로미터와 승객이 되어 이동하는 1킬로미터의 차이, 하나의 활동으로서 집짓기와 상품으로서 집짓기의 차이 등 제가 과거에 말한 모든 것들의 근본적 차이를 구분하기 어렵게 만드는 것과 똑같은 종류의 억제입니다.

집에서 지은 음식과 가열만 하면 되는 완제품 음식 간에는 맛과 의미, 가치에서 어마어마한 차이가 있다는 사실은 누구라도 인정하겠지만, 우리 같은 사람들이 그 차이에 대해 논하는 것은 쉽게 봉쇄될 수 있습니다. 이 자리와 같은 모임에 나오는 사람은 모두 평등권, 형평, 빈민 봉사 등에 헌신하는 사람입니다. 이들은 젖이 나오지 않는 어머니가 몇 명이고, 뉴욕 사우스브롱크스에서 단백질 결핍증을 겪는 아이가 몇 명이며, 최소한의 먹을거리도 없이 기형이 되는 멕시코 사람이 몇 명인지 알고 있습니다. 제가 토착 가치, 그리고 경제적으로 측정할 수 있고 따라서 경제적으로 관리 가능한 가치 간의 차이를 언급하면 빈민 보호에 앞장서는 누군가가 벌떡 일어나 제가 고상한 것만 중요시하고 결정적인 문제는 피한다고 말할 것입니다. 저는 교통기관에 의한 수송과 신진대사 동력에 의한 이동을, 토착어와 교습 일상 구어를, 집에서 한 음식과 포장된 영양분을 서로 구분합니다. 그런데 걸어 움직인 거리와 바퀴를 타고 움직인 거리, 배워 익힌 언어와 교습된 언어에서 쓰이는 용어, 두 가지 음식으로 섭취한 칼로리는 같지 않습니까? 물론 같습니다.

하지만 그 때문에 두 가지 활동이 사회적이지 않은 좁은 의미에서만 비교가 가능합니다. 토착에 속하는 이동과 언어, 음식, 그리고 압도적으로 상품에 속하는 이동과 언어, 음식 간의 차이는 그보다 훨씬 더 깊습니다. 토착 가치는 대부분 그 가치를 생성하는 사람이 결정합니다. 반면에 상품에 대한 필요는 그 가치를 정의하는 생산자에 의해 결정되고 형성되어 소비자에게 제시됩니다. 세계를 현대적으로 만드는 원인은 토착 가치가 상품으로 대치되기 때문이며, 상품은 그 과정에서 잃어버리는 부분의 본질적인 가치를 부정해야만 매력이 있어 보입니다.

자신이 현대인이라 느끼는 사람이 경험하는 기본적 필요는 토착 활동이 아니라 상품과 상관관계가 있습니다. 이런 종류의 세계에 어울리는 기술은 과학 발전을 토착 능력의 확대보다는 상품 생산에 적용하는 기술입니다. 글쓰기와 인쇄술을 토착어보다 표준 일상 구어를 확장하는데 활용한다는 사실이 이처럼 깊이 스며든 편견을 반영하고 있습니다. 노동 과정이 현대적이게 되는 원인은 사람의 활동이 관리, 계획되는 강도가 높아지기 때문이고 또 사람의 활동이 시장의 교환으로가 아니라 그 자체로 주장할 수 있는 중요성이 낮아지기 때문입니다.

필요·상품·만족의 상관관계

윌리엄 레이스는 『만족의 한계』라는 책에서 이런 점을 논합니다. 유럽이 하나의 이상으로 떠오른 뒤로 레이스가 말하는 그 과정이 언어에 어떻게 영향을 주었는지를 여러분에게 설명할 생각인 만큼, 그의 논거를 조금 소개하겠습니다. 레이스는 자연을 지배하려는 시도 이면에는 산업화 과정에서 개개인이 느끼는 부족함을 채우려는 욕망을 철저하게 탈바꿈시키려는 의도가 숨어 있다고 주장합니다. 17세기 이후 서양 사회에서는 자연을 지배하려는 이런 시도가 공공 추구의 모든 측면에 점점 더 속속들이 배어들었습니다. 자연은 갈수록 사회적 생산 과정을 뒷받침하는 원천으로 해석됐는데, 이것은 사람에 의해서라기보다 사람을 위해 실시되는 사업이었습니다. '필요'는 갈수록 생존의 자유와 권리에 대한 주장이 아니라 이 과정의 산출물에 대한 권리를 가리키게 됐습니다. 환경(예전에는 '자연'이라 부르던)이 자원으로서 또 필요를 충족하기 위해 생산되는 상품을 위한 쓰레기통으로서 무자비하게 착취되는 사이에 인간의 본성(오늘날 인간의 심리라 부르는)은 스스로에게 앙갚음을 했습니다. 인간은 뭔가를 필요로 하는 존재가 된 것입니다.

오늘날 개인이 필요에 대해 가장 먼저 느끼는 것은 무력감과 연관돼 있습니다. 상품이 지배하는 환경 속에서, 가게와 시장에 의지하지 않고서는 더 이상 필요가 충족되지 않는 것입니다. 상품으로 결정되는 인간이 경험하는 만족 속에는 자립의 좌절이 함축되어 있습니다. 또한 고립의 경험과 가까운 사람들에 대한 실망감도 함축되어 있습니다. 내 손이 닿고 내게 소중한 사람이 내게 필요한 것을 줄 수 없고, 그것을 만드는 방법을 내게 가르쳐주지 못하며, 그것 없이 지내는 법을 내게 보여주지 못하는 것입니다. 상품을 통해 형성된 필요가 충족될 때마다 이처럼 모든 전통문화의 씨줄과 날줄인 자립 경험과 타인을 신뢰하는 경험이 더욱 잠식당합니다.

레이스는 상품·서비스의 — 개개인에게 제공되고 저마다 하나의 필요로 해석되며 저마다 상징적으로 하나의 쓸모를 이루는 — 종류가 더 많아지고 더 다양해지면 어떤 일이 벌어지는지 분석합니다. 개인은 필요를 갖는 법을 배울 수밖에 없게 됩니다. 개인의 욕망은 점점 더 잘게 쪼개집니다. 개인의 욕망은 주체로서 일관성을 잃습니다. 개인은 필요의 조각을 자신에게 의미 있는 하나의 전체 속에 맞춰 넣을 능력을 잃어버립니다. 필요는 창의적 행동을 유발하며 방향 감각을 잡아주는 충동이었으나, 이제는 수요를 합성하기 위해 전문적 서비스를 동원해야 하는, 방향 감각 없는 결핍으로 탈바꿈합니다.

이런 고도의 상품 환경에서는 상품이 결정하는 필요에 적절히 반응한다 해도 더 이상 그 사람의 만족을 함축하지는 않습니다. 사람은 영영 뭔가가 '필요한' 상태로 이해됩니다. 필요가 무제한이 되면서 사람은 갈수록 더 궁핍해집니다. 역설적이게도, 필요의 만족을 위한다는 상품을 만드는 데에 시간과 자원을 소비할수록 사람의 욕망은 더 얕아지고 그것이 충족되는 구체적 형식에 더 무관심해집니다. 사람이 갈수록 더 궁핍해지고 가르치기 쉬워지고 욕구불만 상태로 넘어가는 문턱은 아주 낮습니다.

그래서 토착 형태의 자급을 밀어내고 그 자리에 상품으로 형성되는 필요와 그에 맞는 상품 또는 서비스를 앉히기만 하면 됩니다. 필요·상품·만족 간의 상관관계를 이와 같이 분석하면 오늘날 경제학자와 철학자가 자명하다고 내세우는 경향이 있고 그 경험적 증거가 없어 보이지 않는 무제한의 수요가 왜 생기는지 설명됩니다. 토착 활동을 상품으로 대치하는 일에 온 사회가 몰두하는 현상이 실제로 오늘날 세계의 핵심에 자리 잡고 있습니다. 이 근거만으로도 우리 세계는 다른 어떤 세계와도 비교할 수 없는 새로운 종류의 세계임이 드러납니다. 그러나 이런 경향이 존속하는 한, 우리 세계는 또한 교사나 송유관이 만드는 저런 종류의 것이 더 많이 공급되면 욕구불만도 그만큼 늘어나는 세계이기도 합니다. 자연이 매립장이나 쓰레기통 역할을 더 이상 할 수 없을 때가 돼서야 '됐어' 하고 말할 수 있는 세계에서 인간은 만족이 아니라 마지못해 받아들이는 수준을 목표로 삼습니다.

서비스 전문직의 기원, 교회

이와 같은 가치 전도의 뿌리를 어디에서 찾아야 할까요? 자연에 대한 지배를 추구하다 이렇게 인간 심리가 탈바꿈하게 된 근원은 어디에 있을까요? 이렇게 뒤집힌 원인이 '자본주의의 대두'에 있다고 말한다면 병의 증상을 병의 원인으로 받아들이는 셈입니다. 개개인의 필요에 따라 상품·서비스를 공급한다는 이상을 그 핵심에 품고 있는 사회주의 역시 사회주의자가 '자본주의적'이라 부르는 그런 모든 주의와 마찬가지로 필요는 상품과 상관관계를 이룬다는 믿음에 의존합니다. 이 전도의 뿌리는 훨씬 깊습니다. 물론 그것은 상징적, 종교적 성격을 띠며, 오늘 우리가 이 자리에 모이게 된 주제인 '교육'의 과거와 미래를 이해해야만 찾아낼 수 있습니다. 일상에서 매일매일 쓰이는 언어가 언제 어떻게 교습의 대상이 되었는지 살펴보면 이 사건을 단편적으로나마 이해하게 될지도 모릅니다.

이제까지 토착을 가르치자고 제안한 사람은 아무도 없습니다. 적어도 제가 쓰는 의미의 토착을 가르친다는 건 불가능하며 바보 같은 일입니다. 하지만 어떻게든 일상 구어를 가르칠 수 있다는 생각은 카롤링거 왕조 시대로 거슬러 올라갈 수 있습니다. 기본적 필요, 즉 토착 방식으로는 충족할 수 없으며 표준적 방식으로 충족해 주어야 하는 인류 보편적 필요가 그때 사상 처음으로 발견했습니다.

이 발견은 8세기에 있었던 교회 개혁과 연관 지을 때 가장 이해하기 쉬운데, 이 개혁에서 스코틀랜드의 수도사 앨퀸이 생애의 상당 부분을 카롤루스의 궁정 철학자로 지내면서 두드러진 역할을 했습니다. 그때까지 교회는 성직자를 기본적으로 사제로 생각했습니다. 즉 공동체의 공공 필요를 충족하기 위해 선별되어 특별한 권한을 부여받은 사람으로 본 것입니다. 설교를 위해 또 예식을 관장하기 위해 사제가 필요했습니다. 이들은 적이나 기근에 맞서 공익을 보호하고 정의와 공공질서를 세우며 공공사업을 시행하도록 국가에서 파견하는 여타 사람들과 비슷한 공무원이었습니다.

이런 종류의 공복을 '서비스 전문직 종사자'라 부른다면 바보 같은 시대착오까지 더한 곱절의 실수가 될 것입니다. 하지만 서비스 전문직의 전신은 8세기부터 등장하기 시작했습니다. 바로 교구 신자의 개인적 필요를 담당하는 교회 성직자인데, 이들은 그런 필요를 정의하고 확립하는 신학을 갖추고 있었습니다. 사제는 점점 목사로 변했습니다. 개인과 가족과 공동체를 대상으로 제도적으로 정의된 보살핌을 제공하는 것이 전례를 찾을 수 없을 정도로 중요해졌습니다. 이로써 상품 생산이 산업화되기 훨씬 이전에 인류의 모든 구성원이 '자연적으로' 지니는 필요로 간주되는 서비스를 관료적으로 제공하는 행위가 그 형태를 갖춥니다. 35년 전 루이스 멈포드가 이 점을 지적하고자 했습니다. 9세기에 수도원이 개혁되면서 산업 체제의 기반이 되는 기본 전제

몇 가지가 만들어졌다는 그의 설명을 처음 읽었을 때 저에게는 그의 견해를 거부할 만한 여러 가지 이유가 있었습니다.

하지만 저는 그 뒤로 산업 시대 이념의 뿌리를 카롤링거 르네상스에 두는 수많은 논의를 ― 대부분 멈포드는 의심조차 하지 않는 것 같은데 ― 찾아냈습니다. 교회라는 기관이 제공하는 개인적 서비스를 받지 않고서는 구원이 없다는 관념은 그 전에는 생각할 수 없었던, 그리고 우리 시대의 성립에 필수 요소로 작용한 여러 가지 발견 중 하나입니다. 중세기 신학이 이 개념을 다듬는 데에는 5백 년이 걸렸습니다. 교회가 자신을 목사로 바라보는 관점은 중세기 말에 이르러서야 완전히 모습을 갖추었습니다. 세속의 서비스 기구가 발달하면서 최고의 모범으로 삼고 본받았던 바로 그 교회는 우리 세대 동안 열린 제2차 바티칸 공의회[3]에 와서야 자신을 모방하는 기구와 자신의 모습을 명시적으로 일치시키게 됩니다.

그러나 여기서 중요한 것은 성직자가 자신의 서비스를 인성에 대한 필요로 정의할 수 있다는 개념, 영생을 놓칠 위험을 감수하지 않고서는 그 누구도 거부할 수 없는 필수 서비스 상품으로 만들 수 있다는 개념입니다. 이 개념의 기원은 중세기에 있습니다. 이는 오늘날의 서비스 내지 복지국가가 성립되는 기초이며, 이 개념이 없다면 복지국가는 생각할 수 없습니다. 산업 시대를 다른 모든 사회와 근본적으로 구별되게 만드는 종교적 핵심 개념에 대한 연구는 놀랍게도 이제까지 거의 이루어지지 않았습니다. 그리스도교인의 삶이라는 토착 개념이 밀

---

[3] 1962~1965년에 열렸다.

려나고 그 자리에 목사의 보살핌을 중심으로 조직되는 삶이 들어앉는 과정은 복잡하고도 깁니다. 이에 대해 지금 언급하는 이유는 오로지 언어 이해에서 일어난 이와 비슷한 변화를 이해하기 위한 배경으로서 반드시 알아야 하기 때문입니다.

토착어가 '모어'로 변신하다

토착이 산업의 꽥꽥일률로 ― 유니백[4] 말고는 시판용 컴퓨터가 없던 때에 제임스 레스턴이 처음 사용한 용어 ― 변천한 과정은 세 가지로 나눌 수 있습니다. 제1단계에서는 '모어'라는 용어가 등장하고 수도사가 토착 언어를 가르칩니다. 제2단계에서는 문법학자의 뒷받침으로 모어가 국어로 바뀝니다. 제3단계에서는 기록된 글월을 바탕으로 학교에서 가르치던 교양 있는 표준 언어가 현 시대의 매체가 공급하는 고비용의 통용어로 바뀝니다.

  중세 중기 이전에는 모어도 모국도 그 용어와 개념이 알려져 있지 않았습니다. 고전 시대에 자신의 땅을 '어머니'와 연관하여 생각한 사람으로는 초기 크레타 사람들이 유일했습니다. 이들의 문화 속에는 모계사회에 대한 기억이 아직 남아있었습니다. 유럽이 하나의 정치적 실체로 또 관념으로 형태를 갖추었을 때 사람들은 '민중의 언어' 즉 세르모 불가리스를 말했습니다. '다위츠'가 바로 그 뜻입니다. 부계사회

---

[4] 유니백UNIVAC은 미국 최초의 시판용 컴퓨터인 유니백 I 을 가리킨다. 유니꽥uniquack은 유니백의 발음을 이용해 만든 낱말로, '하나', '단일'이라는 뜻의 uni와 오리 울음소리를 흉내 내는 quack을 붙인 것이다.

사고방식인 로마법에서 개인의 토착어는 파트리우스 세르모, 즉 가부장이 쓰는 말로 간주했습니다. 각각의 세르모, 즉 말은 또 언어로도 인식했습니다. 우리는 서로 이해가 가능한 '방언'과 그에 대비되는 '언어'를 구별하지만, 초기 그리스인이나 초기 중세 사람은 둘을 구별하지 않았고 인도의 풀뿌리 계층 사람은 아직도 구별하지 않습니다.

저는 지난 30년 동안 높은 열정과 지성을 지닌 해외 학자 수백 명이 처음에는 남아메리카에서 다음에는 동남아시아에서 시골 마을에 들어가 어울려 생활할 방법을 찾는 모습을 지켜볼 수 있었습니다. 토착어를 쓰는 사람이 한 가지 — 또는 여러 가지 — 형태의 토착어와 일체감을 느끼는 정도는 그 언어를 온몸의 모든 세포로 살아갈 수 있는 수준입니다. 교습 언어에서는 오직 특출한 시인만이 그 수준에 다다를 수 있습니다. 그런데 그 단순한 사실을 사회과학자로 훈련 받은 사람조차도 이해하는 데에 어려움을 겪는 사례를 자꾸자꾸 보면서 충격을 받았습니다.

이런 의미의 토착어는 11세기까지 아무 문제가 되지 않았습니다. 11세기에 문득 '모어'라는 용어가 등장합니다. 고르즈 수도원 소속 여러 수도사의 설교에 등장하는데 이것이 토착어의 선택을 도덕 문제로 삼으려 한 최초의 시도에 해당됩니다. 고르즈 수도원은 베르댕에서 멀지 않은 로렌에 있는데 8세기에 베네딕투스 수도회가 성 고르고니우스를 기리는 교회 위에 설립했습니다. 9세기 동안 이 수도원은 수치스러울 정도로 쇠락했습니다. 그리고 그로부터 3세대가 지난 10세기에 이르러 고르즈 수도원은 독일 수도원 개혁의 중심이 됐습니다. 아울러 라인 강 동쪽의 클뤼니 수도원에서는 시토 수도회 개혁이 일어났습니다. 두 세대 만에 신성로마제국의 독일 지역 전체에 걸쳐 고르즈가 설립한 (또는 고르즈의 영향으로 생겨난) 수도원이 160개가 됐습니다. 고르즈 수도원은 토착어인 로망스어와 프랑크어가 나뉘는 경계 가까이에 자리 잡고 있었고, 그래서 고르즈의 수도사는 경쟁자인 클뤼니 소속 수도사의 도전 내지 진출을 막고 싶어 했습니다. 이들은 언어를 하나의 쟁점으로 삼는 동시에 자신의 주장을 뒷받침하기 위한 도구로 삼았습니다.

고르즈의 수도사는 '언어'라는 용어에 '어머니'라는 희한한 수식어를 붙임으로써 언어 정치에 뛰어들었습니다. 당시 어머니라는 말에는 이념적 함축이 가득했는데 이 역시 우리로서는 어떤 식이었는지 제대로 이해하기가 어렵습니다. 교회의 상징적 모성, 동정녀 마리아의 만인에 대한 모성이 개인의 삶과 우주적 현실 경험의 중심에 있었는데, 그것이 어느 정도였는지는 당시에 쓰인 창작시를 읽거나 로마네스크 예술을 대표하는 위대한 조각품을 하나하나 차분히 감상하는 방법으로만 겨우 알아낼 수 있습니다. 고르즈의 수도사는 '모어'라는 용어를 만듦으로써, 글로 적지 않는 통속 토착어 '다위츠'를 어머니처럼 대접할 수 있는 대상으로 그 격을 높여, 뭔가 기리고 소중히 간직하며 모독으로부터 지켜낼 대상으로 만들었습니다.

언어는 모성과 연관됨으로써 성화됐고, 그와 동시에 모성은 신조라는 ― 남성 성직자가 권한을 주장할 수 있는 ― 영역 속으로 한 걸음 더 들어가면서 사람들과의 거리가 그만큼 더 멀어졌습니다. 이제 어머니는 존경받는 동시에 관리되고, 기리는 동시에 이용하며, 순수한 그대로 보호하는 동시에 벼리어 무기를 만들고, 모독으로부터 방어하는 동시에 방패로 이용됐습니다. 이로써 오늘날이라면 서비스 직종으로 이해할 전문 목사직에 어머니의 기능을 수행할 책임이 부여되는 중요한 한 걸음을 내딛은 것입니다.

모어라는 용어는 11세기의 프랑크어로부터 마터나 링구아라는 라틴어로 번역됐고 이렇게 번역된 이름으로 유럽 전역에 퍼졌으나, 결국 15세기 초에 여러 가지 형태의 통속 언어로 재발견되고 재번역됐습니다. 사용자층이 넓고 감정적 가치가 강하게 함축되어 있으면서 지역을 초월하는 일상 구어라는 '모어' 개념이 생겨나면서 활자와 인쇄술이 발명될 수 있는 조건이 만들어졌습니다. 구텐베르크는 활판 인쇄술이 받아들여지기 위해 필요한 언어가 무르익었을 때 그 기술을 발명했습니다.

문법의 발명

토착어 변천의 다음 단계는 남성이 모어의 교습을 독차지할 수 있는 장치가 발달한 시기와 일치합니다. 중세기의 설교자와 시인, 성경 번역자는 사람들 사이에서 듣는 그 언어를 성화하고 드높이며 거기에 신비한 모성이라는 후광을 부여하려고만 했습니다. 이제 인본주의가 낳은 새로운 종족의 세속 성직자가 통속 언어를 원재료로 삼아 인위적 공작에 나섰습니다. 토착어로 올바른 문장을 만드는 명세를 적은 교범을 내놓은 것입니다.

현대 유럽 언어를 통틀어 최초의 문법책이 출판된 것은 중대한 사건으로, 1492년 말에 일어난 일입니다. 그 해에 무어인이 그라나다에서 쫓겨났고, 유대인이 톨레도에서 추방됐으며, 당장 오늘이라도 콜럼버스가 첫 항해를 마치고 귀항할 수도 있는 때였습니다. 그 해에 스페인의 돈 엘리오 안토니오 데 네브리하가 『카스티야어 문법』 제1판을 이사벨 여왕에게 헌정했습니다. 네브리하는 19세 때 라틴어가 가장 덜 쇠퇴하고 가장 세련된 곳인 이탈리아로 건너갔습니다. 젊은 그가 훌륭하다고 여긴 유일한 언어, 그리고 그의 나라 스페인에서는 미개하게도 소홀하게 다루어 죽었다고 생각한 그 언어를 되살려내기 위해서였습니다. 네브리하와 같은 시대 사람인 에르난 누네스는 그를 저승에서 에우리디케를 데리고 돌아온 오르페우스에 비유했습니다.

스페인으로 돌아온 그는 거의 한 세대 동안 고전 문법 및 수사학 부흥의 중심지인 살라망카에서 지냈습니다. 그리고 52살이 된 해에 구어 문법서를 탈고했고, 곧바로 외래어 낱말을 포함하는 최초의 사전 집필을 마쳤습니다. 그 외래어 낱말은 '카노아―카노에'로서, 그 사이에 콜럼버스가 최초의 인디언 표본과 함께 가지고 돌아온 것이었습니다.

앞에서 말했듯 네브리하는 문법책을 이사벨 여왕에게 헌정했는데, 여왕 또한 보통 인물이 아니었습니다. 전투에 나가면 기사 복장을 했고, 궁정에서는 인문학자에 둘러싸여 있었는데 이들은 여왕을 학문 수준이 대등한 사람으로 대했습니다. 네브리하는 그 여섯 달 전에 여왕에게 책의 초고를 보낸 바 있습니다. 그때 여왕은 이 초고를 받고 그때까지 로마나 그리스의 언어에서 이루어진 일을 카스티야어에서 성취해낸 저자에게 고마움과 칭찬을 표했습니다.

그러나 고마움과 함께 당혹감도 표했습니다. 여왕은 그런 문법을 어디에 써먹을 수 있을지 도무지 이해가 가지 않았습니다. 문법은 교습을 위한 도구인 반면, 토착어는 누구에게 교습할 수 있는 게 아니기 때문이었습니다. 여왕은 자신의 왕국에서 신민은 누구나 자신의 혀를 완전히 지배할 몸으로 태어난다고 강조했습니다. 여왕의 이 문장은 정치언어학의 커다란 원리를 표현하는 것입니다. 한편 이런 토착어 주권은 대체로 행정의 뒷전으로 사라져가고 있습니다.

1942년 말에 간행된 제1판 서문에서 네브리하는 여왕에게 답변하면서 자신의 작업을 옹호합니다. 다른 말로는 어떻게 설명한다 해도 원래의 논거가 희석되기 때문에, 세 쪽에 이르는 반론 일부를 번역하여 이 자리에서 소개합니다.

> 영명하신 여왕폐하, 글로 남겨 보존된 덕분에 우리에게 전해진 과거의 조각을 생각할 때마다 저는 똑같은 결론으로 되돌아갑니다. 언어는 언제나 제국의 반려자였으며 영원히 제국의 동지로 남을 거라는 결론입니다. 언어와 제국은 함께 출발하고, 함께 자라 꽃피우며, 함께 쇠퇴합니다.

'어머니'가 '반려자'로 바뀐 것을 눈여겨보아주기 바랍니다. 네브리하는 '아르마스 이 레트라스', 즉 군대와 학문의 새로운 혼약을 선언했습니다. 토착 말의 양식은 항상 변화하는 것인데 이제 표준 언어에 비추어 좋아졌는지 나빠졌는지를 측정할 수 있게 됐다는 점에 주목하기 바랍니다.

카스티야어는 판관 시대에 유아기를 거쳤고 …… 법과 역사를 집대성하고 아라비아어와 라틴어 작품을 많이 번역한 현명왕 알폰소 치하에서 번영했습니다.

실제로 알폰소 10세는 자신은 더 이상 라틴의 왕이 아니라는 점을 강조하기 위해 자기 나라 말을 쓴 유럽 최초의 군주였습니다. 그가 번역을 맡긴 사람은 대부분 유대인이었는데 이들은 교회의 라틴어보다 통속 언어를 더 좋아했습니다. 역사 기록으로 쓰이거나, 번역의 매체로, 또 법률을 구체적으로 표현하는 매체로 쓰일 때 표준 언어가 강화된다는 점을 네브리하가 의식하고 있었음을 주목하기 바랍니다.

이처럼 우리 언어는 우리가 나라 밖을 지배하려 내보낸 우리 병사들을 따라갔습니다. 아라곤으로, 나바라로 퍼졌고 거기서 다시 이탈리아까지도 퍼져갔습니다. …… 조각조각 흩어져 있던 스페인이 이처럼 모여 하나의 왕국으로 합쳐진 것입니다.

새로운 세계를 빚어 세속 성직자, 즉 목사 교육자에게 새로운 역할을 만들어주는 군인의 역할을 주목하기 바랍니다.

이제까지 카스티야의 이 언어는 엉성하고 제멋대로였으며 그런 까닭에 겨우 몇세기만에 알아볼 수 없을 정도로 달라졌습니다. 오늘날 우리가 쓰는 언어와 5백 년 전의 언어를 비교해 보면 서로 외국의 말이었다 해도 더하지 않을 정도로 다양한 차이가 눈에 띕니다.

이 문장에서 언어와 삶이 어떻게 둘로 찢어졌는지에 주목하기 바랍니다. 카스티야의 언어는 마치 라틴어와 그리스어처럼 이미 죽은 언어로 취급됐습니다. 네브리하는 끊임없이 진화하는 토착어가 아니라 뭔가 완전히 다른, 영원불변한 일상 구어에 대해 언급합니다. 그는 서양의 시간 인식에 일어난 단절을 뚜렷이 반영하고 있습니다. 시계가 도시 안으로 들어와, 좌대 위에 자리를 잡고, 도시를 다스리는 지위에 올랐습니다. 여름이든 겨울이든 똑같은 길이와 똑같은 조각으로 이루어진 실제 시간이 처음에는 수도원의 생활 주기를 지배하다가 이제는 도회의 삶을 규제하기 시작했습니다. 기계가 시간을 다스리게 된 것과 마찬가지로 문법이 말을 다스리게 됩니다.

다시 네브리하에게 다시 돌아가 봅시다.

> 이처럼 다양한 변화를 피하기 위해 저는 …… 이제부터 카스티야어로 무엇을 적든 시간이 가도 변치 않을 하나의 표준 완성품이 되도록 카스티야어를 하나의 인공물로 바꾸기로 했습니다. 그리스어와 라틴어는 예술의 지배를 받았고 그래서 오랜 세월이 흘러도 통일성을 유지했습니다. 우리 언어에 대해서도 이와 비슷한 일을 하지 않으면 폐하의 사관들이 …… 폐하의 업적을 칭송해도 헛될 것입니다. 폐하의 노고는 몇년을 넘기지 못할 것이고, 우리는 앞으로도 카스티야어로 번역한 (우리 자신의 왕에 대한) 이질적이고 낯선 이야기를 듣고 지내게 될 것입니다. 폐하의 위업은 언어와 함께 사라져가거나, 아니면 안정된 거처에서 자리를 잡지 못하고 외지의 이방인 사이에서 정처 없이 떠돌게 될 것입니다.

네브리하가 어떻게 토착어를 '장치'로, '인공물'로 대치하자고 제안하고 있는지 주목하기 바랍니다. 제멋대로인 말이 이제부터 표준 완성품으로 대치되게 됩니다. 겨우 2백 년 전만 해도 단테는 문법에 따라 교습하여 말하는 어떠한 언어도 살아날 수 없다고 생각했습니다. 단테가 보기에 그런 언어는 학자나 '문법 기술 발명가'의 장치로 남을 수밖에 없습니다. 네브리하는 권력과 지배에 대해 그와는 다른 관점을 지니고 있었습니다. 그는 사람들에게 성직자의 언어를 가르치고 싶었고, 사람들의 말을 엄하게 규제하고자 했으며, 사람들이 입에 올리는 것을 지배 대상으로 삼고자 했습니다.

이사벨라 여왕은 언어를 하나의 영역으로 인식했습니다. 여왕이 볼 때 토착어는 현재의 영역에 속하는 것, 입에 올리는 순간에 속하는 것으로서 그 영역에서는 말하는 사람 누구나 주권자입니다. 문법학자 네브리하가 볼 때 언어는 무엇보다도 필경사를 위한 도구입니다. 그는 단 몇마디 말로 자기가 품은 '이성의 꿈'을 괴물 같은 이념으로 옮겨놓았고, 먼 훗날 산업 체제가 이 가정을 바탕으로 대두되게 됩니다. 자율적 자급이 인공물로 바뀌고, 제멋대로인 것들이 표준으로 대치됩니다. 결과물을 예측 가능하게 하여 뜻밖의 결과물을 대할 위험을 없앱니다. 그는 언어를 틀에 넣고 눌러 명성을 위한 도구로, 더 정확히 말하면 '선전'이라는 말이 가장 어울리는 새로운 종류의 명성을 위한 도구로 찍어냅니다.

저는 폐하의 명성이 자리를 잡을 수 있는 그 거처를 위한 기초를 다지고 싶습니다. 제노도투스가 그리스어를 위해 한 것처럼 크라테스가 라틴어를 위해 한 것처럼 저도 저의 언어를 위해 그렇게 하고 싶습니다. 물론 저들보다 더 나은 사람들이 저들의 뒤를 이었습니다. 그러나 제자들이 더 향상시켰다 해도 때가 무르익은 바로 그때 꼭 필요한 기예를 창시한 저들의, 아니 우리의 영광이 줄어들지는 않습니다. 그리고 단언컨대, 카스티야 말을 위한 문법보다도 더 때맞춰 나타난 기예는 여태껏 없었습니다.

그리고 단 몇줄로 네브리하는 여왕에게 나중에 표준이 된 그것을 팔기 위해 전문가의 장삿속이 담긴 권유를 늘어놓습니다.

폐하, 폐하께서는 백성의 말을 가지고, 백성의 삶을 가지고 정부와 정부가 도모하는 일에 맞는 도구를 만들 줄 아는 전문가와 발명가가 필요합니다. 물론 진보를 믿는 저인만큼 저보다 더 나은 사람들이 나타나리라는 사실을 알고 있습니다. 그들은 제가 다진 기초를 바탕으로 쌓아올리겠지요. 그러나 명심하십시오. 폐하께서는 저의 조언을 더 이상 미루실 수 없습니다. '지금이 그때입니다. 우리 언어는 이제 막 최고조에 이르렀습니다. 여기서 더 위로 올라가기를 기대하기보다는 더 아래로 내려갈 것을 두려워해야 하기 때문입니다.'

벌써 이 전문가는 서두르고 있습니다. 벌써 그는 오늘날 수많은 정치적 결정이 이루어지는 바로 그 방식인 '지금 아니면 끝'이라는 말로 자신의 군주를 협박합니다. 네브리하에 따르면 여왕에게는 문법이 지금 필요한데, 그 이유는 콜럼버스가 곧 돌아오기 때문입니다.

폐하께서 이상한 언어로 말하는 수많은 야만인을 굴복시키시고 나면 폐하의 승리에 따라 다음과 같은 것들이 새로 필요해질 것입니다. 바로 승자가 패자에게 마땅히 내려야 하는 법률, 그리고 우리가 가지고 갈 언어입니다. 우리의 젊은이에게 우리가 라틴어를 가르쳤듯, 저의 문법은 저들에게 카스티야어를 가르치는 데에 소용이 될 것입니다.

 최종적으로 누구의 언어 개념이 승리했는지 우리는 잘 알고 있습니다. 언어는 권력에 빌붙는 전문가가 관리하는 또 하나의 도구가 됐습니다. 백성을 좋게 만들고 좋은 백성을 만드는 기구가 됐습니다. 언어는 연금술사가 새로운 세계에 맞는 새로운 인간을 만들 처방약에 넣는 한 가지 주재료가 됐습니다. 어머니가 말하는 토착어 대신 교회와 교실에서 교습하는 모어가 들어앉았습니다. 모어는 모유보다 몇세기나 앞서 상품으로 만들어졌습니다. 에두카시오 프롤리스, 즉 자녀교육을 목사인 남성이 떠맡고 어머니 교회를 사회의 자궁이자 젖가슴으로서 만들었습니다. 그러는 과정에서 자주적 주체가 시민 수혜자로 바뀌었습니다. 자연을 지배하고 그에 맞춰 백성을 향상시키는 일이 공공의 ― 세속이라고 하는 ― 핵심 목표가 됐습니다. 요한 아모스 코메니우스가 책을 펴내면서 제목에 명시한 그대로 '옴니부스, 옴니아, 옴니노 도켄디 아르스', 즉 모두에게 모든 것을 모조리 가르치는 것이 교육자의 과업이 됐습니다. 자주적 주체는 국가에 연금된 사람이 됐습니다. 시민권을 행사할 수 있으려면 일차 교육이 필요하다는 이념 때문에 이사벨라 여왕의 신민은 자율성을 잃었습니다. 여왕은 신민에게 세금을 거두고 부역을 과하고 군대로 징집할 수 있겠지만, 신민이 쓰는 언어에 대한 주권은 손에 넣지 못하고 학교 교사에게 넘겨주었습니다.

상품이 되어버린 언어

토착어 변천의 제3단계는 바로 우리 눈앞에서 일어났습니다. 제2차 세계대전 이전에 태어난 사람은 대부분 빈부에 관계없이 자기에게 말을 걸어주는 사람이나 곁에서 말을 주고받는 다른 사람에게서 첫 언어를 배웠습니다. 연기자나 설교자, 교사에게서 배운 사람은 거의 없었습니다. 부모의 직업이 그렇다면 몰라도 말입니다. 오늘날에는 그 반대가 됐습니다. 어린이가 코를 꿰여 있는 경로를 통해 언어가 공급되는 것입니다. 아이들이 배우는 말은 원천적으로 우리가 뿌리에서 빨아들이거나, 우리가 뿌리내리고 있는 맥락 속으로 내보내는 토착어가 더 이상 아닙니다. 이런 역할을 하는 뿌리는 학교교육 시대 동안 약하게 말라들어 앙상해졌고, 평생교육 시대가 된 지금은 마치 물가 꾸기한 식물처럼 대부분 썩어나갔습니다. 어린이와 이들을 가르치는 언어학자는 '강한 울림이 있다'고 느껴지는 세련된 속어와 토착어를 더 이상 구별조차 하지 못합니다. 이제 언어 능력은 대체로 교습을 얼마나 충분히 공급받느냐에 달려 있습니다.

개인의 주권과 자율이 결여돼 있다는 사실은 사람들이 교습을 말하는 방식에서 분명히 드러납니다. 지금 이 순간 저는 여러분에게 말을 하고 있고, 앞으로 4분 뒤에는 토론 시간에 여러분과 대화를 나눌 것입니다. 그러나 지금도 그렇고 나중에도 저는 여러분에게 교습하지 않습니다. 저는 하나의 논지를 주장하고 제 의견을 여러분께 제시하고 있습니다. 심지어 어쩌면 지금 저는 여러분을 즐겁게 하고 있는지도 모릅니다. 그러나 저는 여러분의 틀에 찍혀 여러분을 위한 교사로 만들어져 나오기를 거부합니다. 제가 여러분을 교육하고 있는 것은 더더욱 아닙니다. 저는 교육이라는 작업에 대해 전혀 관여하고 싶지 않으며 거기에 필요한 신체 기관을 타고나지도 않았습니다.

고르즈 수도원이나 천주교 왕의 궁정에 대해 아마 여러분이 미처 알지 못했을 몇 가지 사실을 이 자리에서 들려주었지만, 정말이지 교육을 위해 여러분을 변형하거나 가두려는 의도는 전혀 없다는 사실을 믿어주기 바랍니다. 그리고 교습이란 아주 특이하면서 언제나 계층적인 형태를 띠는 대화로서, 토착어로 나누는 대화가 가끔씩 그런 형태를 띠기도 한다는 저의 주장이 그저 고상한 용어에서 그치지는 않는다는 사실을 똑똑히 알아주었으면 합니다. 애석하게도 우리 시대의 수많은 사람이 이 사실을 더 이상 이해하지 못합니다. 그들에게 언어는 하나의 상품이 되었고, 교육이라는 작업은 언어 생산자에게 언어라는 재고를 갖춰주는 훈련 과정이 됐습니다.

교육으로부터 보호받을 권리

얼마 전에 뉴욕에 갔을 때 20년 전에 아주 잘 알던 지역인 사우스브롱크스에서 지냈습니다. 뉴욕에 간 것은 저의 동료와 결혼한 젊은 대학 교수의 요청 때문이었습니다. 이 사람은 빈민가 주민을 위해 유치원에 들어가기 이전의 어린이에게 언어 보충 훈련을 하자는 청원에 제가 서명해 주기를 바랐습니다. 교육 서비스를 이렇게 확장하려는 데에 반대하는 저를 설득하기 위해 하루 종일 저를 데리고 백인, 흑인, 황인 등의 '가정'이라는 곳을 방문했습니다. 고층건물 빈민가의 열악한 환경에서 아이들이 하루 종일 텔레비전과 라디오에 노출된 채, 똑같은 경치와 언어에 빠져 지내는 것을 보았습니다. 그 교수는 청원에 서명해야 한다며 저를 설득했고, 저는 이 아이들이 교육으로부터 보호받을 권리에 대해 논하고자 했습니다. 우리는 의견 차이를 도무지 좁힐 수 없었습니다.

그리고 저녁 때 그 동료의 집에서 저녁을 먹다가 문득 그 이유를 알게 되었습니다. 이 교수는 더 이상 사람이 아니라 완전한 교사가 되어 있었던 것입니다. 자식들 앞에서 이들 부부는 '교사의 자격으로' 임했습니다. 따라서 이들 부부의 아이들은 부모 없이 자라야 했습니다. 이 두 어른이 아들 둘과 딸 하나에게 하는 말 한 마디 한 마디에서 아이들을 '교육'하고 있었기 때문입니다. 그리고 이들은 스스로 아주 급진적이라고 생각하기 때문에 이따금씩 아이들의 '의식 수준을 높이기' 위해 노력했습니다. 이들에게 대화는 시장 거래의 한 형태로서, 취득과 생산, 판매의 형태로 변했습니다. 이들의 대화에는 낱말과 관념과 문장이 있었지만, 더 이상 호소력은 없었습니다.

III

물의 신화: 망각의 강과 H_2O

정신 공간의 분수령: 구술, 문자, 컴퓨터

기억의 틀: 중세의 책과 현대의 책

컴퓨터, 인공두뇌의 꿈에서 깨어나기

물의 신화: 망각의 강과 H_2O

댈러스 인문 문화 연구소 초청 강연
미국 댈러스
1984년 5월

댈러스에서는 시민들이 70년 전부터 시내 한복판에 호수를 만들자고 주장한다고 들었습니다. 이곳 지역사회에서는 호수가 시의 재정과 인간의 상상력에, 상업과 보건에 보탬이 될 것으로 기대합니다. 위원회가 구성되어 시내에서 인공 호수가 가능할지 연구하고 있습니다. 이 연구를 위해 댈러스 인문 문화 연구소는 '도시를 움직이는 것'의 한 부분으로서 물과 꿈 사이의 관계에 대해 생각해 봄으로써 특별한 기여를 하고자 합니다.

  꿈은 언제나 도시의 모습을 형성해왔고, 도시는 언제나 꿈을 키워주었으며, 전통적으로 물은 꿈과 도시 모두에 생기를 주었습니다. 저는 도시와 꿈을 연결지을 수 있는 물이 과연 남아있는지에 대해 깊이 회의적입니다. 산업사회 때문에 H_2O가 물이라는 원형의 원소와 섞이지 않는 물질로 바뀌어버렸기 때문입니다. 저의 강연은 따라서 두 부분으로 나뉩니다. 첫 부분에서는 레테 강을 흐르는 꿈의 물을 살펴보고, 두 번째 부분에서는 수세水洗, 즉 '물로 씻어 내림'의 역사를 소개합니다. 결론 부분에서는 원래의 질문으로 돌아와, 깊이를 가늠할 수 없는 저 꿈의 물을 비춰줄 기본 능력을 잃어버린 가공물에 에워싸인 환상의 삶에 대해 생각합니다.

꿈을 비추는 물

독일의 카셀 시에서는 바로크 시대에 어느 제후가 영국식 정원으로 둘러싸 성을 지었는데, 물을 다스려 보여줄 수 있는 모든 것을 보여주고자 했습니다. 물을 보고 만질 수 있도록 하는 데 그치지 않고 17가지 음높이로 노래하고 말하도록 했습니다. 이처럼 꿈의 물은 웅얼웅얼 잦아들다가도 불어나 와르르 소리치고 졸졸 쏴 살랑살랑 흐르기도 하며, 우리를 씻어주고 멀리 데려가기도 합니다. 비가 되어 내리다가 깊은 곳에서 샘솟기도 하며, 땅을 촉촉하게 하다가 흠뻑 적시기도 합니다. 이와 같은 물의 갖가지 놀라운 성질 가운데 저는 물의 세정력에 대해 말하고자 합니다. 기억을 씻어 내는 레테 강물의 능력과 노폐물을 제거하는 H_2O의 기능 말입니다.

 꿈은 정화 작용, 즉 깨끗이 하는 작용이 있으며, 꿈의 물은 여러 가지 방식으로 정화 작용을 수행합니다. 성수, 정화수를 뿌리면 땅에서 피어오르는 장기瘴氣, 즉 사악한 기운이 사라집니다. 저주를 풀고, 특정 장소에 머무는 오염을 몰아내며, 손이나 머리, 발에 부으면 부정이나 피, 죄가 씻겨 나갑니다. 그런데 레테의 검은 물만 수행할 수 있는 정화 작용이 한 가지 더 있습니다. 강을 건너는 사람에게서 기억을 걷어내 잊게 해주는 것입니다.

제게 주어진 강연 시간이 30분밖에 되지 않기 때문에 제가 다룰 수 있는 것은 레테의 정화 작용뿐입니다. 이 때문에 도심에 인공 호수를 만들자는 제안에 대한 저의 질문은 다음과 같이 범위가 대단히 좁아집니다. 즉 영혼을 싣고 회상[1]이라는 사회적 못으로 흘러드는 망각의 강은 계량기를 지나 수도꼭지를 나온 다음 하수구로 내려가 관을 타고 시내의 저수지로 쏟아져 들어가는 저 정제된 소독제에 자신의 모습을 비출 수 있는가? 수도꼭지와 샤워기와 변기에서 나오는 액체가 이 도시의 아이가 꾸는 '마음을 정리하고 잊어버리는' 꿈에 물을 대줄 수 있는가? 정제된 폐수는 꿈을 비춰주는 분수나 호수에서 '순환'[2] 할 수 있는가?

신체·경제·도시의 공통점

레테의 정화수는 흐릅니다. 혈액이나 화폐 그리고 초기 산업 시대에 사회적 상상을 부풀리던 수세 배출수처럼 순환하는 것이 아닙니다. 일찍이 1616년 윌리엄 하비는 영국 왕립의학회에서 혈액이 인체 속에서 순환한다고 발표했습니다. 하비의 생각이 임상 의사들 사이에 널리 받아들여지기까지는 한 세기가 훨씬 넘는 기간이 걸렸습니다. 1750년, 여덟 권짜리 부인과 의학서를 펴낸 독일의 요하네스 펠라르기우

---

1 회상remembrance은 기억memory과 다르다. 204쪽 각주 참조.
2 circulation: 돈이나 피, 공기 같은 것이 돌고 돈다는 뜻이다. 한글로 '순환' 또는 '유통'으로 옮긴다.

스 스토르흐 박사는 하비의 이론이 전반적으로 타당하다는 사실을 여전히 받아들일 수 없었습니다. 그는 영국인의 신체 속에서는 피가 흐르면서 노폐물을 씻어낼지도 모르지만, 자신의 환자인 독일 작센 남부의 여인네들에게서는 피가 살 속으로 밀물썰물처럼 오가는 것으로 보았습니다. 스토르흐는 지금 우리가 이해하려 애쓰는 사실을 이미 알고 있었습니다.

즉 피를 순환 매체[3]로 재정의하려면 신체를 사회적으로 재구성해야 한다는 점입니다. 전통적으로 살과 피는 상징으로 가득 차 떨리는 것이었지만, 이제는 관과 거르개로 구성된 기능 체계로 고쳐 만들어야 한다는 말입니다. 18세기 말에 이르러 하비의 이론은 의학계에서 널리 받아들여졌습니다. 피가 활발히 순환해야 건강하다는 관념은 돈이 맹렬히 순환해야 부가 쌓인다는 — 애덤 스미스 직전 — 중상주의자의 모형과 맞아떨어졌습니다.

19세기 중반에 이르러 영국 건축가들은 이 이론을 런던이라는 도시에 적용하기 시작했고, '불멸의 하비' 덕분이라며 그에게 거듭 공을 돌렸습니다. 이들은 도시를 사회적 신체로 보고, 물이 끊임없이 순환하면서 오물을 곧장 도시 밖으로 운반해 나가야 하는 것으로 보았습니다. 물이 도시 속으로 끊임없이 흘러들어와 인간의 몸처럼 노폐물과 땀을 씻어 내야 하는 것입니다. 이 흐름이 빠르면 빠를수록, '전염성 역병'이 번식하는 저수지가 적으면 적을수록 도시는 더 건강합니다. 물이 지속적으로 흘러들어오고 하수도를 통해 지속적으로 빠져

---

[3] '순환 매체'는 주로 화폐를 묘사하는 데에 쓰이는 표현이다.

나가지 않으면 상상 속에 만들어진 이 새 도시는 탁해지고 썩게 될 수밖에 없습니다. 일찍이 상상하지 못한 것, 즉 하비가 피를 순환의 매개물로 만들어 현대 의학의 신체를 창조한 것처럼 채드윅과 워드는 동료들과 함께 수세를 창조하여 도시를 끊임없이 찌꺼기를 제거할 필요가 있는 장소로 만들어냈습니다. 이로써 신체나 경제처럼 도시 역시 도관으로 이루어진 하나의 체계로 구상할 수 있게 됐습니다.

이 세상과 저세상을 가르는 '망각의 강'

원형의 물이 구체화된 것으로서 H_2O의 역사는 여러 가지 방법으로 기술할 수 있습니다. 여기서 저는 이 물질이 날라주었으면 하는 그런 은유를 담기에 부적합한 물질로, 반응성이 없는 물질로 만드는 의도된 타락에 대해 다루겠습니다. 이 자리에서 제가 할 수 있는 일은 'H_2O'와 달리 '물'은 영혼이라는 유동적 요소를 — 좋게든 나쁘게든 — 비춰주는 역사적 구성이며, 또 사회적 상상에서 H_2O와 엮인 물은 우리가 꿈속에서 그리워하는 그 물과는 전혀 가락이 맞지 않다고 주장하는 것뿐입니다. 오늘날 물은 도시의 경계를 끊임없이 넘나드는데, 들어올 때에는 상품으로, 나갈 때에는 폐기물이 되어 경계를 넘습니다.

이와는 대조적으로 모든 인도게르만 신화에서는 물이 곧 도시의 경계입니다. 물은 이 세계를 그 너머의 세계와 분리합니다. 지금 살아 있는 사람들의 세계를 그 이전 또는 그 이후 세계로부터 격리합니다. 인도게르만 신화라는 넓은 범주 속에서 저세상은 마음의 지도에서 일정한 장소를 차지하지 않습니다. 저세상은 땅 아래에도 있을 수 있고,

산꼭대기나 섬에 있을 수도 있으며 하늘이나 동굴 속에 있을 수도 있습니다. 하지만 저세상은 모두 물 건너에 있는 곳입니다. 바다 건너 피안의 장소입니다. 그곳에 다다르려면 강을 건너가야 합니다. 어떤 곳에서는 배를 타고 또 어떤 곳에서는 걸어서 건너갑니다. 하지만 모든 신화에서 물을 건너가는 이 길이 건너편에서는 샘으로 이어지고, 우리가 건넌 그 강이 저세상의 그 우물로도 흘러듭니다.

브루스 링컨은 그리스, 인도, 북유럽 및 켈트 지역신화에서 저 건너편을 향해 떠나는 순례자는 모두가 똑같은 수문학으로 설계된 똑같은 풍경을 따라 저세상으로 건너간다는 것을 보여주었습니다. 여행자가 건너가는 물은 느릿느릿 흐르는 망각의 강입니다. 이 강은 건너는 사람의 기억을 씻어 내는 능력이 있습니다. 아이스킬로스는 여인들이 테베의 영웅들을 영면으로 인도하기 위해 애통하게 스레노스, 즉 만가를 부르며 나른하게 머리를 치는 동작에서 아케론 강을 건너가는 단조로운 노 소리를 떠올립니다.

하지만 피안으로 가는 사람에게서 이 강물이 씻어 내는 내용은 파괴되지 않습니다. 그 나그네의 것으로 회상될 행위를 벗겨낼 뿐입니다. 그렇게 벗겨진 행위는 강물을 타고 샘으로 흘러가 우주의 우물 바닥에서 요동치며 모래처럼 솟아올라 시인이나 몽상가, 선각자, 현자 등 선택된 사람들이 마시게 됩니다. 이 물을 마시면 '소브리암 에브리에타템', 즉 맑은 정신의 만취상태가 됩니다. 이 선택된 사람들이 꿈이나 여행에서 돌아오면서 살아 있는 물이 죽은 자의 세계로부터 방울방울 흘러와, 죽은 자에게는 더 이상 아무 소용도 없지만 살아 있는 자에게는 어마어마한 가치가 있는 저들의 기억을 되새겨냅니다. 이처럼 죽은 자가 산 자에게 의존하는 것보다 산 자가 죽은 자에게 훨씬 더 의존합니다.

므네모시네의 샘물

레테 강이 죽은 자의 발에서 씻어낸 것을 므네모시네의 요동치는 샘물이 살려냅니다. 하늘이 아직 땅의 품 안에 누워 있을 때, '엉덩이가 펑퍼짐한' 가이아와 우라노스가 여전히 같은 침대에 누워 있을 때 티탄족이 생겨났습니다. 갖가지 신이 나타나기 이전에 생겨난 이 티탄족의 첫 세대 중에 므네모시네가 있었습니다. 그녀는 너무 옛 시대에 속했으므로 아폴론의 어머니가 되지는 못하지만, 마이아의 아들인 아폴론이 언제든 원천으로 돌아가는 길을 찾을 수 있도록 기억이 절대 없어지지 않는 영혼을 넣어줍니다. 이처럼 헤르메스-아폴론은 어머니가 둘이며, 그 덕분에 그가 신-안내자가 된 것 같습니다.

헤르메스에게 바치는 찬가에서는 므네모시네를 뮤즈의 어머니라 부릅니다. 헤시오도스는 므네모시네가 제우스와 함께 잠자리에 들어 딸들을 낳을 때 아름답게 늘어진 그녀의 머리칼을 뚜렷이 떠올립니다. 므네모시네 자신은 열정의 뮤즈가 또 다른 딸인 망각을 목욕시키는 물웅덩이입니다. 므네모시네가 이처럼 갖가지 신 이전에 세상을 다스린 티탄족의 하나로 등장한다는 사실은 우리가 지금 다루는 물의 역사에서 결정적으로 중요합니다. 티탄족의 하나가 됨으로써 우주의 원소 하나가 기억의 원천이 됩니다. 문화의 우물, 초기 도시의 샘 — 그리고 회상의 원천으로서 물이 여자의 모습을 갖추게 된 것입니다.

하지만 구비 전승 속의 이 고대 우물은 고전 시대 도시에서는 설 자리를 잃습니다. 그리스, 그리고 특히 로마의 고전 시대 도시는 물을 분수로 흘려보내는 도관을 중심으로 건설됐습니다. 연못으로 흘러드는 우물이 아닌, 서사시를 노래하는 가수가 아닌, 가공된 물줄기와 책에 쓰인 글월이 물과 낱말의 흐름을 형성하는 것입니다. 그리스의 어느 도시도 므네모시네에게 바친 제단이나 우물을 보존하고 있지 않습니다. 호머와 어깨를 나란히 하고자 하는 시인들이 지금도 그녀를 불러냅니다. 하지만 므네모시네는 더 이상 맑은 정신의 만취상태를 가져다주지 않습니다. 그녀의 이름은 이제 의인화된 기억의 저장소로 취급되며, 플라톤은 그것이 망각의 강 너머에서 샘솟는 원천으로서의 회상, 종국의 강이 흘러드는 못으로서의 회상[4]을 고갈시켜버리리라는 사실을 이미 알고 있었습니다. 이제까지 회상은 마이아와 함께 헤르메스를 낳은 티탄족의 어머니였으나, 이제 구전 문화가 기록 문화로 대치되고 옛날의 관습적 질서가 법질서로 대치되면서 새로운 종류의 기억으로 대치됩니다.

고이는 우물에서 뿜어나오는 물줄기로, 회상의 연못에서 조각된 분수로, 서사의 노래에서 참조되는 기억으로 — 사회적 은유로서의 물은 처음으로 깊디깊은 변형을 거칩니다. 피안의 세계 너머에서 흘렀던 구전 문화의 물은 정부가 도시에 공급할 수 있는 가장 귀중한 공급품

---

[4] 플라톤이 말하는 기억memory과 회상remembrance을 일리치는 이렇게 구별한다. "기억은 뭔가가 기록돼 있는 명판이다. 다시 끄집어낼 수 있도록 저 죽은 새들이 보관되어 있는 창고이다. …… 회상은 한 때 내 가슴속에 있었던 뭔가에 대한 감각이다. 그 오솔길을 따라 회상의 강에 가서 물에 떠 있는 나뭇조각을 찾는다. 내 가슴속에 있었다고 느끼는 것이 남긴 빈자리에 대충 맞는 조각을 찾아낸다. 똑같은 조각이 아니라는 사실을 알지만 똑같은 조각으로 취급한다."『이반 일리치와 나눈 대화』(물레, 2010)

으로 변합니다.

도시의 역사 속으로

강연의 취지대로, 물에 대한 인식이 변화하면서 도시의 형태와 의미가 어떻게 변하는지 역사적으로 살펴보겠습니다. 이 역사에서 로마의 분수, 이스파한의 수도 시설, 베니스와 테노치티틀란의 수로 등은 극단적이면서도 빼어난 작품으로 보일 것입니다. 강을 따라 건설된 도시, 마치 배꼽인 양 우물을 중심으로 세워진 도시, 지붕에서 받는 빗물에 의존하는 도시 등은 여타의 수많은 도시와 함께 이상적인 유형이 될 것입니다.

하지만 소수의 예외를 빼면 먼 곳에서 의도적으로 물을 끌어들이는 모든 도시는 최근까지도 한 가지 공통점이 있었습니다. 그것은 수로를 통해 도시의 경계를 넘어 끌어온 물은 그 도시의 흙 속으로 흡수된다는 점입니다. 관을 타고 도시로 들여온 물을 하수도를 통해 다시 도시 밖으로 내보내야 한다는 생각이 도시 설계의 기본 원칙이 된 것은 증기기관이 흔히 볼 수 있는 물건이 되고 나서였습니다. 시간이 가면서 이러한 생각이 당연하게 되었습니다. 하수도가 종말처리장으로 이어지는 경우가 많은 지금도 그렇습니다. 이런 처리장이 생산하고 쏟아내는 것은 꿈의 물과는 그 어느 때보다도 거리가 멉니다. 도시에는 변함없이 화장실이 필요하다는 생각이 계획자의 상상을 더욱 단단히 옭아맬 뿐입니다. 우리의 상상을 옭아매는 이러한 사회적 구성의 저주를 풀기 위해 저는 이 저주가 어떻게 내려졌는지 연구하기를 여러분에게 제안합니다.

도시는 더러운 곳이라는 불만은 고대로 거슬러 올라갑니다. 분수가 9백 개나 있었던 로마조차 걷기에 위험한 곳이었습니다. 광장 한쪽 모퉁이에는 특별한 종류의 치안관이 양산을 받치고 앉아 있었습니다. 이들은 창밖으로 내던지는 배설물 때문에 다친 사람들의 호소를 듣고 판결을 내렸습니다. 중세의 도시는 돼지가 청소했습니다. 공민이 돼지를 소유하며 공공 폐기물을 먹일 권리를 규정하는 법령 수십 개가 지금도 남아있습니다. 무두질 작업장 냄새는 지옥의 상징이었습니다.

그렇지만 도시를 끊임없이 씻어내 냄새를 제거해야 하는 곳으로 바라보는 인식은 역사 속에서 명확한 시작이 있었습니다. 계몽운동 시대 초기에 등장한 것입니다. 청소에 대한 관심이 새로이 대두됐을 때 시각적으로 흉한 것보다는 후각적으로 불쾌한 것을 제거하는 쪽으로 방향을 잡고 있었습니다. 이제 사상 처음으로 도시 전체를 지독한 냄새가 나는 곳으로 인식하게 됐습니다. 이때 악취 없는 이상적인 도시가 처음으로 제안됐습니다. 그리고 제가 판단하기에 도시의 악취에 대한 관심이 이렇게 새로워진 것은 일차적으로 감각 지각에 변화가 생겼기 때문이지, 공기에서 특정 냄새를 풍기는 기체의 농도가 높아졌기 때문이 아닙니다.

후각의 변천

감각 지각의 역사는 완전히 새로운 것이 아니지만, 최근에 들어서야 몇몇 역사학자가 후각의 변천에 관심을 보이기 시작했습니다. 현대기 이전 유럽 문화에서는 촉각과 후각, 청각이 우위를 차지했다는 사실에 처음으로 주목한 사람은 1961년 로베르 망드루였습니다. 이처럼 복잡 모호한 감각 지각에서 '계몽된 눈'이 서서히 우위를 차지하게 됐고, 이제는 그것을 당연하게 받아들이고 있습니다. 롱사르나 라블레[5]는 연인과 입 맞출 때 그 즐거움이 맛과 냄새에서 온다고 주장합니다. 과거에 냄새를 어떻게 지각했을까에 관한 글을 쓴다면 역사적으로 궁극의 업적이 될 것입니다. 냄새는 '객관적' 흔적을 남기지 않기에 역사학자는 사물이 어떻게 지각되었는지만 알 수 있기 때문입니다. 작년에 알랭 코르뱅이 논문에서 처음으로 앙시앵레짐 말기의 냄새 지각 변화를 묘사하고자 했습니다.

제 자신의 경험을 말하자면 저는 지금도 도시의 전통적 냄새를 알고 있습니다. 于모 디우데자네이루와 리마, 카라시와 바라나시[6] 등의 도시 빈민가에서 20년이라는 시간을 보냈기 때문입니다. 사람 똥오줌 냄새에 대한 저의 타고난 혐오감을 극복하기까지는 오랜 시간이 걸렸습니다. 나라마다 약간씩 다르기는 하지만, 하수 시설이 없는 산업 지대 판자촌은 이 냄새 때문에 다 비슷한 냄새가 납니다. 거기에 익숙해지느라 고생했지만, 루이 14세와 루이 15세가 다스리던 파리의 짙은 공기에 비하면 얼핏 지나가는 한 줄기의 냄새에 지나지 않습니다.

루이 14세가 다스린 마지막 해에 이르러서야 베르사유 궁전 복도의 배설물을 매주 치우도록 하는 법령이 통과됐습니다. 재무부 창 아래에서 수십 년 동안 돼지를 도살했고 궁전 벽에는 피가 겹겹이 스며들

---

[5] 롱사르는 프랑스의 시인, 라블레는 프랑스의 소설가이다. 두 사람 모두 16세기에 활동했다.
[6] 리우데자네이루는 브라질, 리마는 페루, 카라치는 파키스탄, 바라나시는 인도의 도시다.

었습니다. 무두질 작업장까지도 — 센 강변이기는 하지만 — 여전히 시내에서 가동하고 있었습니다. 사람들은 주택이건 교회건 벽만 있으면 거리낌 없이 변을 보았습니다. 야트막하게 묻힌 무덤에서 피어오르는 냄새를 성안 사람들은 죽은 자들의 존재감으로 여겼습니다. 이런 분위기를 대부분 당연하게 받아들였기 때문에 거기에 대해 언급하는 문헌은 지금 거의 찾을 수 없습니다.

냄새에 대한 이런 무관심은 소수의 시민이 교회 내 묘지에서 풍기는 악취를 더 이상 견딜 수 없게 되면서 끝났습니다. 중세 이래로 교회의 제단 가까이 시신을 매장하는 물리적 절차가 바뀌었다는 점에는 아랑곳없이 파리 의회는 1737년에 위원회를 임명하여 교회 내 묘지가 공중보건에 미치는 위험성을 연구하게 했습니다. 무덤에서 피어오르는 장기가 사람에게 위험하다는 결론이 났습니다. 페늘롱의 사서였던 신학자 샤를 가브리엘 포레 수도원장이 쓴 어느 논문은 1780년 이전까지 여러 차례 편집을 거쳤는데, 이 책에서 그는 철학과 법으로 고려해 볼 때 죽은 자들은 도시 밖에 매장해야 한다고 주장했습니다.

필립 아리에스에 따르면 시신의 존재를 후각으로 새삼 예민하게 느끼게 된 것은 죽음에 대한 새로운 종류의 두려움이 생겨났기 때문입니다. 이 세기의 3/4분기 동안 순전히 악취 때문에 사람이 죽었다는 이야기를 일상적으로 듣게 됐습니다. 스코틀랜드에서 폴란드에 이르기까지, 사람들은 썩어가는 시신의 악취를 불쾌하게 여겼을 뿐 아니라 두려워했습니다. 교회 신도 중 장례식을 위해 파놓은 무덤에서 스며 나온 장기에 노출된 뒤 한 시간이 지나지 않아 집단으로 사망하는 사례를 목격했다는 사람들의 진술도 있습니다. 1760년대에 파리의 죄 없는 사람들의 무덤[7]은 오후에는 파티 장소로 밤에는 혼외정사 장소로 애용되었으나, 1780년에 이르러 시신이 썩는 냄새를 견딜 수 없게 된 대중의 요청에 따라 폐쇄됐습니다.

배설물 냄새를 용납하지 않는 태도가 생겨나기까지는 훨씬 오래 걸렸지만, 지독한 배설물 냄새에 대한 최초의 민원은 이미 1740년대에 있었습니다. 처음에는 봉사정신에 입각하여 '공기'를 — 오늘날 우리라면 기체라 하겠지만 — 연구한 과학자만 이 문제에 관심을 품었습니다. 휘발성 물질을 연구하는 실험 기구는 그 시대에도 여전히 초보적인 단계에 머물러 있었습니다. 산소가 존재한다는 사실도, 산소가 연소에서 어떤 역할을 차지하는지도 아직 이해하지 못하던 시대입니다. 학자들은 오로지 코에 의존하여 분석했습니다. 그렇다고 해서 도시의 '발산물'에 대한 논문을 펴내지 않은 것은 아닙니다. 세기 중반부터 나폴레옹 시대까지 그런 주제로 출판된 소논문과 책자 중 열여덟 편이 알려져 있습니다.

논문에서는 머리 꼭대기에서부터 발가락 사이까지 인체에서 냄새가 나는 일곱 지점을 지적하고, 죽은 동물이 시간이 지나 부패하면서 차례차례 발생하는 냄새를 일곱 가지로 분류하며, 불쾌한 냄새를 똥이나 배설물 같이 건강한 것과 더럽고 해로운 것으로 분류했습니다. 나중에 냄새를 서로 비교하고 변화 양상을 연구하기 위해 냄새를 병에 담는 법을 가르치며, 도시 거주자의 1인당 분비물을 무게로 산정

---

[7] Cimetière des Innocents: 파리의 공동묘지. 성경에 기록된 어린아이의 학살을 (마태복음 2:16~18) 추모하는 뜻에서 붙인 이름이다. 주로 무연고 시신을 집단 매장하는 용도로 쓰였으나 18세기에 시신을 모두 파내 다른 곳으로 이장하고 더 이상 사용하지 않았다. 원래 이곳은 1424~1425년으로 거슬러 올라가는 '죽음의 춤' 연작 그림이 벽화로 그려져 있던 곳이다.

해 그것이 공기를 타고 도시 주변에 누적될 때 발생하는 효과를 추정했습니다. 악취가 나는 장기는 소수의 의사, 철학자, 정치 평론가 집단 사이에서 새삼 관심사로 떠올랐습니다. 거의 모든 논문에서 일반 대중이 이런 '나쁜 공기'를 도시 밖으로 몰아내야 한다는 것에 무관심하다고 불만을 호소했습니다.

냄새에도 계급이 있다

세기 말에 이르러 악취 제거의 첨병으로 나선 이 선구자들은 도시 내의 작지만 중요한 소수의 지지에 기대를 걸기 시작했습니다. 여러 가지 계기를 통해 신체의 배설물을 바라보는 사회적 태도가 바뀌기 시작했습니다. 왕이 변기에 앉아 (올라타고) 신하들을 접견하는 행사는 두 세대 전에 폐지됐습니다. 세기 중반에 이르러 우리는 커다란 무도회에서 여성 전용 변소가 별도로 제공됐다는 기록을 보게 됩니다. 마침내, 마리 앙투아네트가 자신의 배변 행위가 사람들의 눈에 띄지 않도록 문을 설치함으로써 배변을 은밀한 행동으로 바꿔놓았습니다.

먼저 배변 절차를, 그 다음에는 그 결과물을 사람들의 눈과 코가 닿지 않는 곳으로 치워놓았습니다. 자주 빨 수 있는 속옷이 비데와 함께 유행하게 됐습니다. 자기만의 침대에서 깔고 덮고 잠자는 행위에 이제 도덕적, 의학적 의미가 함축됐습니다. 오래지 않아 두꺼운 담요가 추방됐는데, 인체의 기운이 그 속에 누적되어 몽정의 원인이 되었기 때문입니다. 의료인은 건강한 사람이 환자의 냄새 때문에 감염될 수 있다는 사실을 알게 됐고, 그래서 1인용 병상이 곧바로 실현되지는 못했지만 시급한 위생 과제로 떠올랐습니다. 그러다가 1793년 11월 15일, 프랑스 혁명 당시 국민공회는 개인용 침대를 가질 권리가 인권에 포함된다고 엄숙히 선언했습니다. 침대 속, 변기 위, 무덤 속에 있는 사람을 에워싸는 사사로운 완충 공간이 시민의 존엄성을 구성하는 절박한 부분이 됐습니다. 이런 공간을 갖지 못하는 상황이 끔찍한 것으로 규정되면서, 가난한 사람이 그 중 하나만이라도 겪지 않도록 자선단체가 구성됐습니다. 그 한 가지는 집단 매장이었습니다.

한편에서는 부르주아가 새로이 배변 훈련을 하는 사이에 도시 자체의 사회적 배설 장소가 주요 도시 문제로 떠올랐습니다. 18세기 초 이래로 특히 감옥과 정신병원의 환경이 청결하지 못해 세계적으로 이목을 끌었습니다. 그런 시설에서는 오물이 무릎까지 빠질 정도여서 더러운 시가지가 상대적으로 깨끗해 보일 지경이었습니다. 이제 감옥의 사망률이 높은 원인은 멀리서도 맡을 수 있는 지독한 냄새와 연관됐습니다. 환기장치가 발명됐고, 최초의 환기장치는 죄 없는 죄수를 가둬둔 공간만이라도 한 줄기 맑은 공기를 공급하기 위해 설치됐습니다. 죄수에게 '바람 쐬기'도 필요해 보였지만 시행하기가 쉽지 않았습니다. 그래서 배설물도 제거하고 죄수에게 바람도 쐬어줄 수 있는 새로운 기계를 도입한 베른 시의 묘안이 스위스에서 벨기에에 이르기까지 여러 도시로 퍼져나갔습니다. 이 기계는 쇠사슬에 묶인 남자 여러 명이 끄는 손수레였습니다. 여자는 좀 더 가느다란 사슬로 묶었습니다. 이들이 포장된 인도를 따라 비교적 자유로운 상태로 손수레를 끌고 다니며 쓰레기와 죽은 짐승과 밤새 사람이 내다 버린 분뇨를 치우는 것입니다. 도시는 유기체에 비유되게 됐지만, 유기체와 마찬가지로 냄새나는 부분이 있었습니다.

냄새는 특정 계층의 것이 되기 시작했습니다. 가난한 사람은 냄새가 나는 사람이며, 냄새가 난다는 사실을 본인은 모릅니다. 냄새를 연구하는 후각학을 별개의 학문으로 성립시키려는 노력도 있었습니다. 야만인은 유럽인과는 냄새가 다르다는 것을 증명하는 실험도 있었다고 합니다. 사모예드, 니그로, 호텐토트 등은 각기 독특한 냄새로 종족을 구별할 수 있으며, 그 냄새는 주식으로 먹는 음식이나 씻는 빈도와는 무관하다고 주장합니다.

교양 있게 자랐다는 말은 깨끗하다는 뜻이 됐습니다. 몸에서도 집에서도 악취가 나지 않는다는 뜻이었습니다. 19세기 초에 이르러 여성은 자기만의 향기를 가져야 한다고 교육받으며 자라게 됐습니다. 이런 이상은 앙시앵레짐 말기에 나타났는데, 당시는 용연향, 사향노루, 사향고양이 등 향이 짙은 동물성 향을 버리고 화장수와 식물 오일을 선호하게 된 시대였습니다. 나폴레옹이 갑자기 옛 전통을 선호하면서 설치류의 성기에서 뽑아낸 값비싼 동물 지방이 잠깐 동안 방향제로 사용되기도 했지만, 나폴레옹 3세 시대에 와서는 방탕의 표식이 되어 있었습니다. 부유한 여인은 이제 식물성 향으로 자신의 냄새를 가꾸었습니다.

그런데 이런 향은 금세 날아가 버리기 때문에 자주 뿌려주어야 하는 데다 집안에 오래도록 은은하게 남아있어 과시적 소비의 표식이 됐습니다. 루소의 에밀은 이제 '향기는 기대한 만큼의 효과를 주지 않는다'는 사실을 알게 됩니다. 1750년에 오페라 가수 마드무아젤 데샹이 안에 거울을 둘러 만든 작은 방을 하나는 수도꼭지용으로 또 하나는 변기용으로 영국에서 들여와 프랑스 사람들을 당황하게 했지만, 그로부터 두 세대 뒤에는 고상한 예법으로 자리 잡았습니다. 부자가 식물성 오일로 은은하게 향기를 풍기는 한편, 또 그다지 부유하지 않은 사람은 몸을 더 자주 씻고 신을 벗어 문밖에 두도록 배웠습니다. 그리고 가난한 대다수에게서 악취를 없애는 일이 위생경찰[8]의 주요 활동 목표가 됐습니다.

현대 문명의 상징, 하수도와 수세 화장실

일찍이 19세기 전반기에 영국인은 도시를 씻어내 템스 강을 오염시키기 시작했습니다. 프랑스를 비롯한 유럽 대륙에서는 여론상 아직 그런 낭비를 받아들일 준비가 되어 있지 않았습니다. 1835년에 제출한 보고서에서 프랑스 학술원은 파리의 배설물을 센 강으로 흘려보내자는 제안을 거부합니다. 이렇게 결정한 이유는 강을 위한 배려나 단순히 영국에 대한 반감이 아니라, 그로 인해 잃게 될 막대한 경제적 가치였습니다. 그로부터 20년이 지난 뒤 『의약화학 저널』 편집진은 맬서스와 사회생리학의 논거를 들어, 배설물을 수로로 흘려보내는 행위는 공공이 저지르는 범죄임을 논증했습니다. 이들의 연구가 있기 전 몇 년 동안에는 노인이 날마다 질 좋은 거름을 수집하고 납품하는 실적에 따라 노인연금을 지급하자는 제안이 있었습니다. 이제 철로가 시내로 들어오니 이를 이용하여 도시에서 시골로 거름을 공급하여 시

---

[8] 경찰이 위생을 담당하는 제도. 오스트리아의 의사 볼프강 토마스 라우(1721~1772)가 처음 창안했다.

골을 정원으로 바꿔놓을 수 있지 않겠느냐는 주장이었습니다.

1860년대에 이르러 하수도의 가치에 대한 두 가지 이념이 영국 해협을 사이에 두고 쌍벽을 이루었습니다. 빅토르 위고는 프랑스의 이념에 최고의 문학적 표현을 부여했습니다. 그는 캉브론이 '똥이다!'[9] 하고 외친 뒤로 똥은 대단히 프랑스적인 동시에 상업성이 뛰어난 것으로 보아야 한다고 했습니다. 『레미제라블』에서는 똥이 '레비아단[10]의 창자'를 통과합니다. 그는 파리의 하수도는 지난 10세기 동안 분명 파리의 환부였으나, '그 하수도는 파리가 뱃속에 간직하고 있는 결함'이라고 말했습니다. 어떤 방식으로든 거기에 분뇨를 더 많이 흘려보내면 이미 상상할 수 없으리만치 끔찍하게 변한 파리의 배설강이 더욱 악화될 수밖에 없습니다. 도시에서 살려면 그 냄새를 받아들여야만 합니다.

영국에서 하수도의 가치와 똥의 부정가치에 대한 그 반대의 관점은 1871년 웨일스 공이 에드워드 7세 왕으로 등극하기 전에 내놓았습니다. 그는 왕세자가 되지 않았다면 가장 하고 싶은 일은 배관공이라고 말했습니다. 그 무렵 왕립예술원에서 헬린저는 동료들에게 이렇게 훈계했습니다. '이처럼 억센 그대의 팔에 안겨 누워 있는 것, 그 단단한 근육에 안겨 평온하게 잠에 빠져들고 있는 것, 그 노련한 손가락과 숙련된 손에 놓여 있는 것은 이 레비아단 도시의 보건이라네!' 이와 같은 영국의 관점을 쥘 베른은 소설에서 프랑스어로 이렇게 표현했습니

---

9 워털루 전투에서 프랑스 군이 격파당한 뒤 연합군 측에서 항복을 권했을 때 프랑스 군의 캉브론 장군이 '똥이다Merde!' 하고 대꾸했다는 말이 있다.
10 성경에 나오는 바다의 괴물. 욥기 41장에 자세히 묘사돼 있다.

다. '깨끗이 씻어 내는 것, 끊임없이 씻어 내는 것, 인간이 모여든 곳에서 장기가 피어오르자마자 소멸시키는 것, 그것이 중앙 정부가 가장 먼저 최우선으로 해야 할 임무이다.' 노동자 계층의 땀은 냄새를 풍기는 한 위험했습니다.

도시의 냄새를 없애기 위해 영국 건축가들은 물을 사용하자고 제안했습니다. 엘리자베스 1세 여왕의 대자代子인 존 해링턴 경이 일찍이 1596년에 수세식 변기를 발명하고 '어제이크스'[11]에 대한 논문을 펴냈지만, 이 장치는 사람들의 호기심을 불러일으키는 수준을 넘어서지 못했습니다. 그러다가 1851년 조지 제닝스가 런던에서 열린 만국박람회를 위해 수정궁에 수세식 공중화장실을 설치했고, 방문객의 14퍼센트인 827,280명이 돈을 내고 이 화장실을 사용해보았습니다. '인숙기에 접어든 문명에 걸맞은' 이 '편의시설'을 완벽의 경지로 끌어올린 사람은 주물 공장을 소유하고 있던 크래퍼라는 사람입니다. '아누스 미라빌리스' 수세 밸브는 영국에서 특허를 얻었고, 영어 낱말 'W.C.'가 모든 문명 언어에서 핵심 위치를 차지하게 됐습니다. 미국 정부 보고에 따르면 동부의 도시 중 볼티모어가 가장 나중까지 '천연의 방법'으로 거름을 생산하다가 1912년에 의무적으로 수세식으로 전환했다고 합니다.

19세기 말에 이르러 배설물로 인한 병원균이 수돗물에 스며들기 시작했습니다. 경제적으로, 제도적으로 자원이 한정되었기 때문에 기술자들은 배출된 하수를 처리하느냐, 아니면 공급하는 수돗물을 처리

---

[11] Ajax: 화장실을 가리키는 옛 속어 제이크스 'jakes'에 관사 a를 붙인 이름이다.

하느냐 양자택일의 기로에 놓였습니다. 20세기 전반부 동안 중점을 둔 쪽은 공급하는 수돗물을 소독하는 방법이었습니다. 몸속이 부정해진 결과 질병이 온다고 설명하는 불결 이론 대신 세균학이 자리 잡고 또 미생물의 침입으로 인체가 끊임없이 위협받는다는 질병의 세균 이론이 받아들여진 것은 최근의 일입니다.

시민이 수도꼭지를 통해 공급받기를 원한 것은 무엇보다도 '세균이 없는 음용수'였습니다. 그러다가 20세기 중반에 와서 수도꼭지에서 흘러나오는 것이 더 이상 무취의 물질이 아니게 됐고, 사람들이 더 이상 감히 마시려 하지 않는 액체가 되어버렸습니다. H_2O가 세정액으로 탈바꿈하는 과정이 완성된 것입니다. 이로써 하수를 '정화'하여 호수를 살리는 쪽에 중점을 두게 됐습니다. 1980년에 이르러 미국에서 하수를 모아 처리하는 비용은 지방정부의 지출 가운데 가장 큰 부분을 차지하게 됐습니다. 그보다 비용이 더 많이 드는 곳은 학교뿐입니다.

환상 속의 삶

고대 그리스인은 아마도 세정 예식을 통해 장기를 몰아낸 때가 몰아내지 못한 때보다 더 많았을 것입니다. 현대의 도시가 사악한 냄새를 씻어 내려는 시도는 실패한 것이 분명합니다. 제가 묵었던 댈러스의 플러시 클럽에서는 비싼 돈을 들여 설치한 하수 설비가 결국 실패했음을 감추려고, 면 심지를 박은 작은 병으로 강력한 마취제를 퍼뜨려 코의 점막을 마비시켰습니다. 이 탈취제는 코에 얼핏 화려한 냄새를 풍김으로써 감각 지각 작용을 마비시킵니다. 우리의 도시는 역사상

유례를 찾아볼 수 없이 산업의 악취를 풍기는 곳이 됐습니다. 그리고 18세기 초에 파리 시민이 자기네의 시신과 자기네의 배설물을 느끼지 못했던 것처럼 우리 역시 이 오염에 무감각해졌습니다.

지금까지 우리는 고대 그리스로부터 생태학적 수도꼭지까지 물의 역사를 살펴보았습니다. 교양 있는 도시 로마의 마음속에서 티탄족 므네모시네를 씻어 내고 거기에 고전 시대의 님프를 가득 채운 분수를 들여다보았습니다. 그리고 H_2O를 눈에 띄지 않는 곳으로 치워놓는 수도 시설을 살펴보았습니다. 우리는 부글부글 샘에서 솟는 즉흥곡을, 트레비 분수의 계획된 교향곡을, 그리고는 수도꼭지에서 나는 쏴 소리와 싱크대에 똑똑 떨어지는 물방울 소리와 변기를 씻어내리는 물소리를 들어보았습니다.

우리는 서양 문화에서 도시의 물에는 시작이 있고 따라서 끝이 있으리라는 사실을 이해했습니다. 그것은 로마의 예술가가 분수마다 물을 적당히 길들여 시민의 꿈에 나름의 독특한 이야기를 들려줄 때 태어났고, 하수 시설의 흡입 회전판이 물을 세척액과 냉각액으로 만들고 그 일부는 호수로 흘려보낼 때 위협받습니다. 우리는 부富와 꿈의 공존이 가능한지를 생각하게 됐습니다.

수많은 도시 속으로 흘러온 물을 돌이켜보면서 우리는 이제 물이 꿈에 얼마나 중요한지 알아차릴 수 있습니다. 꿈이 공용의 물에 비치는 곳에서만 도시가 자신의 질료를 가지고 도시를 자아낼 수 있었습니다. 님프와 기억으로 살아 있는 물이라야 꿈의 원형적, 역사적 측면을 융합할 수 있습니다. 이런 의미에서 H_2O는 물이 아닙니다. H_2O는 우주적 의미도 떨어져 나가고 땅의 수호신도 모두 떨어져 나가버린 액체입니다. H_2O는 꿈을 비추지 못합니다. 도시의 물은 꿈이라는 공용을 탕진해버린 것입니다.

정신 공간의 분수령: 구술, 문자, 컴퓨터

미국 교육조사협회 총회 특별 초청 강연
미국 샌프란시스코
1986년 8월

제가 말하는 평민 문자문화란 서양 문화에서 알파벳이 사용되면서 생겨난 상상적 부산물이며, 읽고 쓰는 능력을 가리키는 성직자형 문자 능력과는 아주 다른 것입니다. 제가 말하는 평민 문자문화란 우리가 자아와 그 자리를 이해할 때 책을 결정적 은유로 삼는 지각 방식입니다.

 제가 말하는 평민 문자문화는 글로 적힌 내용이 성직자의 영역을 넘어, 예전에는 읽어주는 것을 듣기만 했던 사람들에게 전파되는 것을 가리키지 않습니다. 평민 문자문화라는 용어로 제가 가리키는 것은 중세 후기 이후로 알파벳 세계에 퍼진 일련의 확실성으로 정의되는 생각의 틀입니다. 평민 문자문화에 속하는 사람은 말을 고정할 수 있고, 기억을 저장하고 불러낼 수 있으며, 비밀을 양심에 새길 수 있고 따라서 심문이 가능하고, 또 경험을 글로 묘사할 수 있다고 확신합니다. 평민 문자문화라는 말로 제가 의미하는 바는 따라서 '읽고 쓸 수 있는' 성직자의 정신 공간을 형성한 만큼이나 '문맹인' 평민의 정신 공간을 형성한 여러 범주를 한 데 엮은 것입니다. 그것은 새로운 유형의 공간으로 이루어지며 그 안에서 사회 현실이 재구성됩니다. 이 공간은 눈으로 보거나 머리로 알 수 있는 모든 것의 근본 전제가 얽혀 만들어집니다. 저는 중세기 이후로 이 사고방식이 어떻게 진화했는지를 추적해 보았으며, 그와 함께 오로지 그 안에서만 존재할 수 있는 수많은 확실성이 어떤 변형을 거쳤는지도 함께 살펴보았습니다. 그런 변형이 어떻게 일어났는지를 '글월'에 대한 이야기를 통해 설명하고자 합니다.

글을 모르는 사람의 문자문화 사고

교육 연구, 교육 안에서만이 아니라 교육에 대한 연구에 종사하는 사람에게 평민 문자문화의 역사에 관심을 가지도록 권유하는 것은 두 가지 이유에서입니다. 첫째는 2000년 이전에 문맹 퇴치를 이루겠다는 목표가 교육계에서 전에 없는 관심을 불러 모으고 있기 때문입니다. 두 번째는 자아 인식의 근본 은유를 책에서 컴퓨터로 바꾸려는 강력한 유혹이 생겨났기 때문입니다.

  첫째의 경우 심리학, 경영학, 전자공학 신기술을 이용해 읽고 쓰는 기술을 다시금 확장하려 한다는 것을 우리는 다들 알고 있습니다. 우리는 이런 문맹 퇴치 운동이 평민 문자문화와 상호작용을 이루는지, 이루고 있다면 어떤 방식인지 더 잘 이해해야 합니다. 50년 전 루리아는 사람이 글자를 깨칠 때 정신 활동에서 일어나는 커다란 변화를 연구했습니다. 구체적이면서 상황에 따르던 인지 과정이 더 이상 그렇지 않게 됩니다. 글자를 깨치면 그때부터 추론을 이끌어내기 시작하는데, 자기 자신의 실제 경험만이 아니라 언어로 공식화된 전제까지 추론의 바탕으로 삼습니다. 루리아는 1931년 스탈린 치하의 러시아에서 연구를 했지만, 그 뒤로 우리는 문자 능력이 지각, 표상, 추론, 상상, 자기 인식 등에 가져오는 변화에 대해 많은 것을 알아냈습니다.

그러나 이런 연구에서는 대부분 개인의 문자 기술과 그 개인이 새로 갖게 되는 생각의 틀 사이에 인과관계가 존재한다고 가정합니다. 이제 설명하겠지만, 평민 문자문화의 역사에 비추어 볼 때 이 가정은 대체로 틀린 것입니다. 중세기 이후로 문자문화 사고의 특징이 되는 확실성이 압도적으로 널리 퍼진 것은 읽고 쓰는 기술을 가르쳐서가 아니라 다른 수단을 통해서였습니다. 이는 문자를 이해하기 이전, 문자를 어느 정도 이해하는 상태, 그리고 문자를 완전히 이해한 이후에 대한 현재의 논의에서 염두에 두어야 할 점입니다. 현재 '문자를 통한 교신' 기술을 퍼뜨리기 위해 쓰는 접근 방법이 실제로 문자문화 사고를 위험에 빠트리는 요인으로 작용할 수도 있습니다. 저는 여러분께서 문자문화 사고와 개인의 문자 기술은 서로 별개라는 사실에 주의하기를 바라지만, 제 논의의 중심은 현재 문자문화 사고가 겪고 있는 변화입니다.

지난 10년 동안 컴퓨터는 책을 대신하여 자아와 그 활동, 자아와 환경과의 관계를 마음속으로 그리는 근본 은유로서 급속도로 자리를 잡아가고 있습니다. 낱말은 '통신문의 단위'로, 말은 '언어의 사용'으로, 대화는 '구두 교신'이라는 이름으로, 소리 기호의 나열이던 글월은 '바이트'의 나열로 격하됐습니다.

저는 문자문화의 확실성이 어울리는 정신 공간과, 튜링 기계에 관한 확실성에 따라 생겨나는 저쪽의 정신 공간이 서로 이질적이라는 점을 말하고자 합니다. 우리 시대에 갈수록 더 지배적이 되어가는 저 완전히 다른 정신 공간의 성격을 파악하려면 평민 문자문화에 의해 생성되는 정신 공간을 연구하는 단계가 있어야 한다고 봅니다. 그리고 평민 문자문화가 개인의 문자 능력과는 그다지 관련이 없는 것처럼 인공두뇌적 사고 역시 개인의 컴퓨터 사용 능력과는 그다지 관계가 없습니다.

문자문화 사고를 연구하기 위한 기반은 이미 탄탄하게 놓여 있습니다. 저는 그저 이 연구 결과가 교육에 적용되기를 청원할 뿐이고, 또 교육 이론을 이끌어내는 논리적 공리 속에 함축되어 있으나 아직 인정되지 않은 전제가 이제는 인정되기를 호소할 뿐입니다. 구술적 존재와 문자적 존재 사이의 인식론적 단절을 가장 먼저 관찰한 사람은 밀먼 패리로서, 60년 쯤 전의 일입니다. 패리를 통해 우리는 어느 필경사가 음유시인의 노래를 ─ 우리가 『일리아스』라 부르는 작품을 ─ 도자기에 받아 적으면서 문자문화가 서사 구전문화의 마그마에서 섬처럼 솟아오른 것을 알아보게 됐습니다.

패리의 제자 앨버트 로드는 문자문화 시대에 시인이 되는 과정을 이해하기 위해 동원되는 개념으로는 구전문화 시대에 음유시인이 되는 과정을 이해할 수 없다는 사실을 일깨우고 있습니다. 에릭 해블록은 서기전 6~5세기 그리스에서 '문학'과 과학이 등장하고 추론 양식과 우주를 인식하는 방식에 크나큰 변화가 일어난 것은 구술문화 사고가 문자문화 사고로 바뀐 맥락에서만 이해할 수 있음을 강한 설득력으로 입증합니다. 또 알파벳 발명이라는 이 독특한 사건이 어떻게 브라만 인도로 퍼져나가고 거기서 다시 동양으로 퍼졌는지 탐구한 학자도 다수 있습니다.

저는 유럽인이라는 새로운 범주의 사람들이 문자문화의 인식 영역으로 들어가게 된 상황을 잘 알기 때문에 주로 그 시대를 예로 들며 설명을 이어가겠습니다. 인쇄기가 르네상스 문화에 끼친 영향을 다룬 기념비적 연구에서 엘리자베스 아이젠슈타인은 또 다른 시대에 문자문화 사고 안에서 일어난 또 하나의 커다란 변화를 다룹니다. 인류학자 잭 구디는 지금도 진행되는 '야만적 사고의 알파벳화'에 우리의 관심을 집중시켰습니다. 그리고 월터 옹은 지난 20년 동안 심리학자, 인류학자, 서사시를 공부하는 학자의 여러 연구를 취합하여, 알파벳화는 낱말의 '기술 혁신'에 해당한다고 주장합니다.

그러나 문자 능력과는 별개로 문자문화 사고의 역사를 연구하려는 사람은 아직까지 아무도 없습니다. 사실 어마어마한 과제입니다. 문자문화 사고는 눈부시게 선명하면서도 파악하기 어려운 현상입니다. 마치 해파리처럼 원래의 고유한 환경 속에서 관찰할 때에만 그 특징과 형태를 구별할 수 있기 때문입니다.

학교교육의 신화 만들기

이 새로운 연구를 위한 저의 청원이 더 설득력을 갖도록 제가 지금의 태도를 갖게 되기까지 거쳐 온 과정을 설명하겠습니다. 이는 제가 쓴 『학교 없는 사회』의 관점이 순진하다는 점을 비평함으로써 가능합니다. 저의 여행담은 20년 전 이 책이 나올 무렵에서 출발합니다. 출판사는 저의 원고를 가지고 아홉 달 동안 작업했는데, 그 사이에 저는 그 책의 글이 점점 더 불만스러워졌습니다. 그런데 그 글에서 저는 학교를 없애자고 주장하지는 않았습니다. 이 오해는 하퍼 출판사의 사장 카스 캔필드로부터 비롯되었습니다. 그분이 책에 제목을 붙이는 과정에서 저의 생각을 잘못 해석한 것입니다. 이 책은 학교라는 제도의 폐지를 주장합니다. 미국에서 교회라는 제도가 폐지된 것과 같은 뜻의 폐지입니다.

저는 교육을 위해 '학교 제도의 폐지'를 주장했는데 이것이 실수였음을 알아차렸습니다. 학교라는 제도를 폐지하는 것보다 훨씬 더 중요한 일은 — 이제 와보니 — 조건 없이 주어진 여가의 선물이던 교육이 절박한 필요로 되어가는 추세를 뒤집는 일이었습니다. 저는 교육이 교회처럼 제도적으로 폐지되면 갖가지 퇴화한 형태의 교육이 우후죽순처럼 되살아나지 않을까 두려운 마음이 들기 시작했습니다.

책이 나온 바로 그 주에 이 책의 주장을 철회한다는 저의 글을 노먼 커즌스가 『새터데이 리뷰』에 실었습니다. 그 글에서 저는 학교교육의 대안은 교육을 공급하는 대행자를 바꾸는 것도 아니고, 삶의 모든 측면에 교육 기회를 설계해 넣는 것도 아니며 사람들이 도구를 다른 태도로 대하도록 북돋는 사회가 바로 그 대안이라는 논지를 폈습니다. 그 뒤로 저는 교육의 필요라는 관념 자체가 대두된 역사적 상황에 호기심과 생각의 초점을 맞추었습니다.

제 주장이 어떤 성격인지 알 수 있도록 제가 교육을 연구하게 된 과정을 들려드리겠습니다. 저는 신학을 공부했습니다. 신학자로서 교회학을 전공했는데, 교회학은 사회를 분석할 때 유일하게 두 가지 존재를 근본적으로 구별하는 오래된 학문 전통입니다. 하나는 정신이 구체화한 가시적 공동체이고, 또 하나는 그와는 전혀 다른 도시나 국가 같은 공동체입니다. 이 이원론이 교회학의 본질입니다. 1,500년 전통의 교회학에 용기를 얻은 저는 교회를 새로운 알마 마터[1]의 은유를 넘어서는 것으로 보았습니다. 저는 대립되어 보이는 이 두 기관 사이에는 근본적 연속성이 있다는 것을 점점 더 강조하게 됐습니다. 적어도 여러 세기에 걸쳐 교육의 의미가 바뀐 과정을 보면 그렇습니다.

교회학에서도 제가 가장 좋아한 주제는 처음부터 예전禮典 연구였습니다. 예전학은 교회라는 현상에서 예의가 어떤 역할을 하는지를 다룹니다. 뿐만 아니라 엄숙한 동작, 성직 체계, 그리고 의례 행위에 사용되는 사물이 신앙뿐 아니라 신앙의 객체인 교회 공동체라는 실체까지 만들어내는 과정을 연구합니다. 비교예전학을 공부하면 본질적으로 신화 형성적 성격을 띠는 의례 행위와 우연한 행위 방식을 구별하는 눈이 예리해집니다. 그렇게 예민해진 눈으로 저는 학교 안에서 진행되는 그런 것들을 예전의 일종으로 살펴보기 시작했습니다. 물론 그리스도교 예전의 빼어난 아름다움에 익숙해져 있었던 만큼, 학교 특유의 천박한 방식에는 혐오감을 느낄 수밖에 없었습니다.

그때부터 저는 현대의 현실이 사회적으로 형성되는 과정에서 학교

---

[1] 새로운 알마 마터the new Alma Mater는 학교를 말한다.

교육이라는 예전은 어떤 자리를 차지하는지, 또 학교교육이 교육이라는 필요를 어느 정도로 만들어내는지 연구하기 시작했습니다. 저는 학교교육에 참여하는 사람의 사고방식에 어떤 흔적이 남는지 구별해내기 시작했습니다. 학습 이론뿐 아니라 학습 목표의 성과를 측정하는 연구까지 괄호로 묶어 빼버리고 나면 남는 학교 예전의 효과에 관심을 집중했습니다. 『학교 없는 사회』에 수록된 글에서 저는 학교교육의 현상학을 선보였습니다. 브루클린에서부터 볼리비아에 이르기까지, 학교교육은 소위 교사 한 명을 중심으로 나이에 따라 구성된 학급에서 하루 3~6시간씩 한 해에 2백 일 동안 이루어집니다. 해마다 등급이 올라가는데 이때 낙제자나 아래 단계로 등급이 떨어지는 사람은 제외됩니다. 세상 어떤 수도원의 어떤 예전보다도 더 세밀하고 신중하게 학습 주제가 선정됩니다.

 모든 곳에서 학급은 학생 12~48명으로 다양하게 이루어집니다. 교사는 이런 무의미한 의례 행위를 학생보다 몇년 더 흡수한 사람입니다. 모든 곳에서 학생은 '교육'을 ― 원래부터 학교가 교육을 독점하고 있는 상태에서 ― 얼마간 취득한 것으로 판정되는데, 이는 학생을 가치 있는 시민으로 만드는 데에 필요한 것으로 간주됩니다. 학생 각자는 자신이 학습의 어느 단계에서 '인생을 위한 준비'로부터 떨어져 나왔는지 알고 있습니다. 또 저는 교육이 하나의 필요선必要善으로 인식되는 사회적 현실이 학교교육이라는 예전을 통해 어떻게 만들어지는지 보았습니다. 그리고 저는 20세기의 마지막 20년 동안 포괄적 평생교육이 어떤 식으로 학교교육을 대신하여 신화 만들기 기능을 맡게 될지 그때 이미 의식하고 있었습니다. 그러나 지금 연구 주제로 제안하고 있는 이 부분, 즉 문자문화 교육에서 전통적으로 핵심이 된 여러 가지 개념이 쇠퇴하리라고는 생각하지 못했습니다. 그런 핵심 개념을 나타내는 여러 가지 용어가 컴퓨터 프로그램 언어와 유비되어 사용되고 있기 때문입니다. 그때는 학교교육이 이런 변화를 가려주는 가면이 될 거라고 생각지 않았습니다.

제가 이런 생각에 골몰하던 당시는 세계적으로 개발 노력이 최고조에 이른 때입니다. 전 세계적으로 학교를 무대로 경제적 진보라는 감춰진 전제가 연출된다고 볼 수 있었습니다. 학교 제도는 개발이 필연적으로 다다르게 될 곳이 어딘지 보여주었습니다. 전 세계적으로 똑같은 양상을 띠는 계층화, 서비스에 대한 광범위한 의존, 반생산적 전문화, 소수를 위한 다수의 격하 등이 학교 제도에서 드러났기 때문입니다. 『학교 없는 사회』를 썼을 때 어쩌면 제 관심의 중심은 교육의 역사적 본질이 아니라 교육의 사회적 효과였습니다. 그때까지도 저는 근본적으로 교육이라는 필요가 어떤 형태든 역사와 무관하게 주어진 인간성의 일부로 받아들였습니다.

정신 공간의 생성과 운명

제가 인간은 천성적으로 호모 에두칸두스라는 종에 속한다는 검증되지 않은 전제에서 멀어지게 된 계기는 맨더빌에서 마르크스까지 (르네 뒤몽을 통해), 벤섬에서 발라까지 (엘리 알레비를 통해) 경제 개념의 역사를 공부하고 또 칼 폴라니를 읽으며 제가 품었던 희소성의 확실성에는 역사가 있다는 사실을 의식하게 되면서입니다. 저는 경제학에는 어떤 색깔의 경제학자든 그가 세우는 전제를 역사적 구성으로서 분석하는 중요한 비판적 전통이 존재한다는 사실을 알아차렸습니다. 우리가 감정적으로 또 지적으로 동일시하는 호모 오이코노미쿠스는 아주 근래에 만들어졌다는 사실을 알게 됐습니다. 이렇게 하여 저는 '배움'이 교육을 생산하는 수단 안에서 희소성을 전제로 이루어질 때 그것이 교육이라고 이해하게 됐습니다.

이 관점에서 교육이라는 '필요'는 소위 희소의 사회화를 위한 수단을 만들어내는 사회적 믿음과 합의의 결과물로 나타납니다. 또 저는 같은 관점에서, 희소성이라는 조건 하에서 배움을 추구하는 행위는 가치가 있다는 믿음이 교육이라는 의례 행위를 통해 반영되고 강화되며 나아가 그런 믿음이 실제로 만들어졌음을 알아차리기 시작했습니다. 비교적 제한적인 성공에 그쳤지만, 저는 경제학 분야에서 사람들이 했던 바로 그 작업을 교육학 분야에서 해보도록 저의 학생들을 북돋아주었습니다.

폴라니는 물물교환이 상품의 경제적 시장 거래보다 수천 년은 아닐지라도 수백 년 앞선다는 사실을 보여줍니다. 경제 이전에 일어난 이런 교환은 상인이라기보다 외교관에 가까운 역할을 한 특별 계층인 무역상을 통해 이루어졌습니다. 폴라니는 아리스토텔레스의 『정치학』을 해석하면서 물품의 가치가 수요 공급에 따라 정해지고 상인에게 이익이 남는 시장 거래 기법은 서기전 4세기 초 그리스인이 만들어낸 것임을 보여줍니다.

그리고 저는 파이데이아[2]가 지금 교육이라 부르는 것에 비견할 만한

---

[2] paideia: '양육', '양성'이라는 뜻의 그리스어이다.

의미를 얻은 개념적 공간도 그 비슷한 시기에 정의됐다는 증거를 점점 더 많이 찾아냈습니다. 폴라니가 사회 안에서 형식경제 영역이 '뿌리뽑혀나간다'고 표현한 현상은 형식교육 영역이 뿌리뽑혀나가는 때와 같은 연대에 일어납니다.

비슷한 시기에 유클리드 공간이 공식적으로 존재하게 됐습니다. 이 공간의 생성과 운명은 제가 '정신 공간'이라 부르는 것을 설명하는 데에 유용합니다. 유클리드는 기하학을 정립하면서 그 바탕이 되는 공리를 신중하게 기술했습니다. 그는 그런 공리가 약속으로서 기억되기를 바랐습니다. 그러나 우리 현대인이 지금 예리하게 인식하고 있듯이, 실제로 그는 꼭 있어야 하는 전제를 생략하고 자명한 공리로 기술한 예가 있습니다.

두 개의 평행선은 절대 서로 교차하지 않는다는 내용을 공리로 기술했을 때 유클리드는 존재하는 공간은 하나뿐이라고 자기도 모르게 암시한 것입니다. 그 공간이 그의 이름을 딴 유클리드 공간입니다. 그가 내세운 전제는 검증되지 않은 채로 남아있다가 하나의 확실성으로 변했습니다. 그리고 2천 년 동안 서양의 학문 전통에서는 하나의 당연한 사실로 받아들였습니다. 19세기에 와서야 리만은 수학자가 볼 때 두 개의 평행선이 서로 절대 교차하지 않는 공간은 특별한 경우일 뿐이라는 사실을 보여주었습니다.

리만이 상대성을 위한 수학적 기초를 놓은 지 얼마 뒤 인류학자는 유클리드와 같은 눈으로 보지 않는 문화가 많이 있다는 사실을 알아차렸습니다. 그 뒤 민족언어학자는 예를 들어 호피족이나 도곤족이 공간과 방향을 말하는 방식은 인도게르만어의 어떤 언어로 옮길 때보다 수학의 텐서[3] 개념으로 옮길 때 더 이해하기 쉽다는 사실을 확인해주었습니다. 한편 역사학자는 고대의 문헌에서는 시각적 경험을 불러일으키는 방법보다 냄새나 소리, 그리고 어떤 분위기에서 겪은 경험을 언급하는 식으로 공간을 훨씬 완벽하게 묘사했다는 걸 알아냈습니다.

파노프스키 같은 미술사학자나 수전 랭어 같은 철학자는 미술가는 대부분 자신과 자신이 속한 시대가 보는 공간을 그린다고 설득력 있게 말했습니다. 미술가는 뒤러가 만든 원근법이나 데카르트의 좌표에서 시각 체계를 잡지 않는다는 것입니다. 이 주장에 따르면 원근법은 주로 자기중심적 방식으로 세계를 바라보는 능력을 새로이 발견하면서 그 능력을 표현하기 위해 회화에 도입한 것입니다. 과학에서 쿤이 말하는 설명적 사고의 틀이 차례차례 등장하며 지배적 위치를 차지하듯이, 미술사학자는 시각적 공간을 인지하는 독특한 방식에 대응하는 사고의 틀이 차례차례 등장하며 지배적 위치를 차지한다는 걸 발견했습니다.

구술문화와 문자문화의 분수령

경제적 공간이나 시각적 공간의 역사 연구 작업에 비견할만한 수준으로 교육학 이론이 형성된 정신 공간의 성립과 진화를 탐구하는 작업은 아직껏 시도된 적이 없습니다. 그렇다고 해서 모든 학문 분야가 한 가지 공간에 갇힌 상태로 유지됐다는 뜻은 아닙니다. 이런 정신적 제

---

[3] tensor: 어떤 것의 크기 등 성질을 묘사할 때 기준(좌표계)을 바꾸어도 달라지지 않는 값을 바탕으로 묘사하는 한 가지 방식.

약에 대한 가장 커다란 도전이 교육자가 아닌 사람들에게서 왔으며 또 교육 종사자 사이에서는 아직까지 인정되지 않았다는 뜻일 뿐입니다. 밀먼 패리가 구술과 알파벳이 서로 타율적으로 존재했다는 사실을 발견했을 때 교육자는 지금까지 자기도 모르게 수상쩍은 가정을 자기 분야의 공리로 받아들였다는 걸 알아차릴 수도 있었을 것입니다. 그러나 패리의 발견이 교육이론사에서도 타당하다는 점은 지금도 간과되고 있습니다.

패리는 서사 구술문화가 고대 그리스어로 적은 시문화로 바뀐 것이 하나의 인식론적 단절에 해당한다는 사실을 처음으로 알아차린 사람입니다. 그는 호메로스의 수식어에 대한 박사학위 논문[4]에서 문자문화 사고로는 문자문화 이전의 음유시인이 어떠한 맥락에서 노래를 짓는지를 짐작하기가 거의 불가능하다고 주장했습니다. 문자문화 사고 속에 본질적으로 내재되어 있는 확실성으로 만들어진 그 어떤 다리로도 구술의 마그마 속으로 돌아갈 수 없다는 것입니다. 로드, 해블록, 피바디, 노토풀로스, 옹 등이 지난 50년 동안 얻어낸 통찰과 결론을 지금 이 자리에서 요약하지는 못합니다.

저는 이들의 연구 덕분에 확신하게 됐는데, 서사 구술문화와 문자 시문화詩文化가 서로 별개라는 사실에 대한 이들의 글을 관심 있게 읽지 않은 사람들을 위해, 제가 내린 확실한 결론 몇 가지를 간단하게 소개하고자 합니다. 구술문화에서는 우리가 습관적으로 사전에서 찾아볼 수 있는 '낱말'이 있을 수 없습니다. 구술문화에서는 침묵과 침

---

[4] Milman Parry, *L'épithète Traditionnelle dans Homère*, Paris: Les belles lettres, 1928.

묵 사이가 음절일 수도 있고 문장일 수도 있지만, 우리의 언어 단위인 낱말은 그렇지 않습니다. 나아가 입에 올리는 모든 것은 날개가 돋친 듯 발음을 다 마치기도 전에 영영 사라지고 맙니다. 이런 소리를 한 가닥으로 꿰어 고정한다거나, 나중에 되살릴 수 있게 미라로 보존한다는 생각은 있을 수 없습니다.

따라서 구술문화에서 기억은 창고나 밀랍판으로 이해될 수 없습니다. 음유시인은 곁에서 수금 가락이 추임새를 넣는 동안 꼭 맞는 낱말을 '찾아보는' 게 아닙니다. 그보다는 전통적 표현을 담은 주머니에서 어울리는 말을 꺼내 적절한 박자에 맞춰 혀를 움직이는 것입니다. 음유시인 호메로스는 꼭맞는 낱말을 맞춰 넣어보고 마음에 들지 않으면 버리는 방식을 전혀 쓰지 않았습니다. 그러나 베르길리우스는 죽는 그때까지도 『아이네이스』의 낱말을 바꾸고 고치기를 계속했습니다. 그는 이미 문자문화 시인의 원형이자 유쾌한 슈리프트슈텔러[5]였던 것입니다.

서기전 5세기 아테네의 학교에서는 오늘날의 교과 과정에 해당하는 것을 적절하게도 무지케라 불렀습니다. 학생은 음악 짓기를 배웠습니다. 플라톤이 학교를 다녔던 서기전 4백 년 무렵까지 글쓰기는 주로 도공이 하는 노예의 기술이었습니다. 그러다가 플라톤 시대에 와서야 교과목이라 할 수 있는 게 존재하게 되었습니다. 그때에 와서야 앞 세대의 지혜를 지금 세대의 말로 전달하면서, 교사가 명확한 새 낱말로 해설을 덧붙일 수 있게 됐습니다. 알파벳 기록은 우리가 과학/문학이

---

[5] Schrift-Steller: '작가'라는 뜻의 독일어이다.

라 부르는 것의 조건이 되는 만큼이나 생각과 말을 구별하는 데에도 필요합니다.

구술문화와 문자문화의 분수령에서 고투한 몇 안되는 거인에 속하는 플라톤은 이처럼 경험을 항상 새로 되살리는 행위로부터 문자문화의 기억으로 옮겨가는 것을 『파이드로스』의 주제로 삼습니다. 그는 (기록되는) 낱말을 — 스스로 의사를 밝히지도 못하고 타인에게 제대로 진리를 가르치지도 못하는 낱말을 — 씨 뿌리는 교사가 등장하면서(『파이드로스』 276a) 전혀 다른 시대가 열리고 있고, 알파벳을 사용하면서 과거의 구술문화로 돌아가는 길은 막힐 거라고 예리하게 의식했습니다.

플라톤은 문자 능력이 생겨나면서 새로운 정신 공간이 존재하게 됐으며, 그와 더불어 이전에는 상상하지 못했으나 리시아스의 성장 과정에 완전히 새로운 의미를 부여할 여러 개념이 그 안에 존재한다는 걸 현대인보다 더 선명하게 의식했던 것 같습니다. 따라서 교육 관련 전제의 역사에서는 두 가지를 구별할 수 있습니다. 하나는 교육학적 공간의 — 이제 위협받게 될지도 모르지만 — 시작이고, 또 하나는 이 공간 내에서 서로 얽혀 자리 잡는 여러 가지 교육학 개념의 변형입니다.

띄어쓰기의 혁명, 눈으로 읽게 되다

문자문화 공간에 어울리는 그런 공리 한 가지가 확장되면서 어떻게 뚜렷한 지배력을 얻게 되었는지 '글월'을 예로 들겠습니다. 이 낱말은 고전어입니다. 라틴어로 텍스투스textus는 짜 만든 직물, 그리고 — 아주 드물게만 — 잘 흘러가는 낱말의 조합을 가리킵니다. 린디스판 성경[6] 시대에 이 낱말은 처음으로 성경과 같은 뜻으로 쓰였습니다. 그 뒤 14세기에 지금 우리가 당연하게 받아들이는 개념을 가리키는 말로 실제로 쓰였습니다. 곧 설명하겠지만, 이 개념은 그보다 이미 2백 년 전에 여러 가지 이름으로 등장한 바 있습니다. 저는 이 용어의 용법이 아니라 그 관념 또는 개념의 등장에 대해 설명하고자 합니다.

저는 두 가지 이유에서 글월이라는 관념을 예로 택했습니다. 이 관념은 교육 이론에서 중요할 뿐 아니라 또 통신 이론에서도 — 철저히 변형된 채 — 중심 위치에 있기 때문입니다. 12세기 중반 이후로 글월은 말을 건너뛰고 종이에서 눈으로 직접 받아들일 수 있도록 부호가 되었습니다. 통신 이론에서 이 용어는 이진부호의 연속을 말합니다. 문자문화 사고의 조건 요소가 되는 글월에는 그 시작과 끝이 있다는 것입니다.

알파벳은 원래 말소리를 시각적 형태로 기록하기 위한 기법입니다. 이런 측면에서 알파벳은 다른 모든 기호 체계를 훨씬 뛰어넘습니다. 표의문자, 상형문자, 심지어는 모음이 붙지 않은 셈어의 베타벳도 읽으려면 발음하기 전에 그 줄의 뜻을 이해해야만 합니다. 내용을 이해하지 못한 상태에서도 정확하게 읽을 수 있는 것은 알파벳뿐입니다. 실제로 2천 년이 훨씬 넘도록, 알파벳으로 적힌 것을 눈만으로는 해독

---

6 Lindisfarne Bible: 린디스판은 영국 동북부 해안에 있는 연육도이다. 이 섬의 수도원에서 서기 7세기 말~8세기 초에 그림으로 문자를 장식하는 기법을 사용하여 만든 라틴어 복음서 필사본을 린디스판 성경이라 부른다. 신약성경의 네 가지 복음서(마태오, 마르코, 루가, 요한의 복음서)를 수록하고 있다.

할 수 없었습니다. '읽기'란 낭독 또는 작은 소리를 내며 읽는다는 뜻이었습니다. 당대 최고의 설교자였던 아우구스티누스는 뜻밖에도 묵독이 가능하다는 사실을 발견하고 놀랐습니다.『고백록』에서 그는 소리를 내지 않고서도, 동료 수도사들을 깨우지 않고서도 읽는 법을 배웠다면서 이 발견에 대해 말하고 있습니다.

그 전에도 간혹 묵독을 하기는 했지만, 대체로 7세기 이전에는 묵독이 불가능했을 것입니다. 낱말 사이의 단절이나 공백을 몰랐기 때문입니다. 읽는 사람의 눈에게 말을 거는 글은 몇몇 기념비에 낱말과 낱말을 분리하여 새겨진 글뿐이었습니다. 밀랍판이나 파피루스, 양피지에서는 낱말이 끊이지 않고 연속되면서 한 줄씩 이어졌습니다. 문장을 미리 소리 내어 읽으면서 귀로 듣고 이해되는지를 보는 것 말고는 읽을 수 있는 방법이 거의 없었습니다. 말 조각을 문맥 밖으로 떼어내면 실질적으로 읽을 수가 없었습니다. 문장은 기록 목적으로서 '받아 적게' 했는데, 이제는 잃어버린 고전 시대의 산문 운율인 쿠르수스에 따라 구술해 주었습니다. 구술자가 고른 쿠르수스의 요령을 익힘으로써 눈으로 읽는 것이 가능해졌습니다. 의미는 소리 내어 읽을 때까지 종이 속에 묻혀 있었습니다.

낱말의 띄어쓰기는 베다(672~735) 시대에 교육용 장치로써 도입됐는데, '머리가 둔한 스코틀랜드 초보자'가 라틴 어휘를 쉽게 익힐 수 있도록 하기 위해서였습니다. 그 한 가지 부작용으로 필사본을 베끼는 과정이 바뀌었습니다. 이제까지는 수도사 한 명이 여러 명의 필경사 앞에서 원본을 읽어주거나, 필경사가 제각기 낱말을 소리 내면서 최대한 많이 읽어 청각으로 기억했다가 '자신에게 구술하면서' 받아

적었습니다. 그러나 낱말 사이에 공백이 생기면서 말없이 베껴 쓰기가 가능해졌습니다. 이제 베껴 쓰는 사람은 낱말 단위로 옮겨 쓸 수 있었습니다. 그 이전에는 한 개의 줄에 30~50개의 소문자가 끊이지 않고 이어져 있어 눈으로만은 도저히 베껴 쓸 수가 없었습니다.

중세기 여러 가지 고전의 사본에서는 글자가 다닥다닥 붙어있지 않고 시각적으로 낱말이 띄어 쓰이기는 했지만 그래도 글월이 시각적으로 드러나지 않았습니다. 시각적 글월이라는 새로운 현실은 베르나르[7]와 아벨라르의 사후에 이르러서야 그 형태를 드러냅니다. 이는 스무 가지의 기법이 하나로 모인 결과물로, 어떤 것은 아라비아어에, 어떤 것은 고전 시대의 선례에 바탕을 두었고 또 어떤 것은 완전히 새로운 기법이었습니다. 이런 혁신이 겹쳐지면서 본질적으로 새로운 관념 하나가 뒷받침되고 형성됐는데, 그것은 바로 책도 책의 낭독도 아닌 글월이라는 개념이었습니다.

장별로 제목이 붙고, 다시 작은 제목으로 나뉘었습니다. 이제 장과 절에 번호가 붙고, 인용문은 다른 색으로 밑줄을 그어 구별되게 했습니다. 문단이 만들어지고 또 간혹 여백에 주석을 달아 해당 문단의 주제를 요약했습니다. 세밀화는 장식보다는 설명 쪽으로 점점 더 기울었습니다. 이런 새로운 장치 덕분에 차례와 알파벳순 찾아보기를 만들 수 있게 됐고, 장 안의 한 부분에서 다른 부분을 참조하게 할 수도 있었습니다. 예전에는 쭉 읽을 수밖에 없었던 책이 이제는 아무 곳이든 펼쳐 읽을 수 있게 됐습니다.

---

[7] 12세기에 시토 수도회를 창설한 클레르보의 베르나르.

책을 참고한다는 관념에 새로운 의미가 부여됐습니다. 이제 새로운 방식으로 책을 고르고 집어들 수 있게 됐습니다. 12세기 초만 해도 철마다 특정 축제일이 되면 수도원장이 성물실에서 보석이나 성인의 유물과 함께 보관되어 있던 책을 엄숙하게 꺼내 집회실에 내놓는 풍습이 있었습니다. 그러면 수도사는 각자가 앞으로 몇달 동안 읽을 책을 골랐습니다. 12세기 말에 이르러서는 그동안 성물실의 궤짝 안에 보관돼 있던 책을 꺼내 제목을 잘 붙여 별도로 마련된 도서관에서 선반에 얹어 보관하기 시작했습니다. 최초의 도서 목록은 수도원의 장서로 구성됐고, 13세기 말에 이르렀을 때 파리 대학교와 옥스퍼드 대학교는 제각기 여타 도서관의 장서까지 취합한 종합 도서 목록을 자랑하고 있었습니다.

이런 기술적 변화 덕분에 참조, 인용문 확인, 묵독 등이 일반화됐고, 수도원의 필사실에서는 더 이상 각자 자기 목소리를 들으려고 애쓰지 않아도 됐습니다. 교사도 그 주위의 사람도 이제 읽고 있는 것이 무엇인지 들을 수 없게 됐고, 그 한 가지 여파로서 추잡한 책과 이단적인 책이 늘어났습니다. 기억의 궁궐 속에 고이 저장돼 있던 내용을 인용하던 옛 습관이 사라지고 책에서 곧장 언급하는 새로운 기술로 바뀌면서, 이 사본 저 사본에 상관없이 독자적으로 존재하는 글월 개념이 가시적으로 드러났습니다.

흔히 인쇄기의 영향으로 꼽는 사회적 효과의 많은 부분이 사실은 그 이전에 책에서 찾아볼 수 있는 글월이라는 개념에서 생겨난 것입니다. 예부터 내려온 받아 적고 한 줄씩 낭독하는 성직자의 기술에 이제 눈으로 글월을 찬찬히 살펴보고 원하는 부분을 찾아가는 기술이 더해졌습니다. 그리고 글월이라는 새로운 현실에 성직자의 새로운 기술이 복잡한 방식으로 더해지면서 성직자나 일반인이나 공통으로 갖고 있는 문자문화 사고에 영향을 미쳤습니다.

필서법과 성직자의 지위는 14세기 중반까지도 지극히 실용적 목적에서 서로 일치했습니다. 서명하고 글자를 적는 단순한 능력을 성직자의 특권을 나타내는 증거로 여겼고, 그런 능력을 보여줄 수 있는 사람이면 누구라도 사형을 면할 수 있었습니다. 성직자의 특권을 누린 것입니다. 그러나 그때까지도 성직자 대다수가 여전히 책의 글월을 '찾아보는' 데 너무나 서툴렀던 반면, 15세기에 '글월'은 수많은 평신도에게 존재의 방식을 고스란히 담는 본질적 은유가 됐습니다.

기억에서 기록으로

중세기를 연구하는 학자가 아니라도 그 당시 서양의 평민 문자문화 성장에 대해 역사학자가 알고 있는 내용을 잘 간추려 배우고 싶은 분이 있으면 마이클 클랜시의 『기억에서 기록으로』[8]를 권합니다. 클랜시는 성직자형 문자 능력이 문학과 과학에 기여한 부분을 강조하는 게 아니라, 문자가 보급되면서 그 시대의 자아상과 사회 관념이 어떻게 변화했는지에 초점을 맞춥니다.

예를 들면 영국에서는 재산 양도에 사용된 증서의 건수가 12세기 초에서 13세기 말 사이에 1백 배 이상 늘어났습니다. 나아가 맹세가

---

[8] Michael T. Clanchy, *From Memory to Written Record: England 1066~1307*, Cambridge: Harvard University Press, 1979.

사라지고 그 대신 계약 문서가 사용됐습니다. 맹세는 본질적으로 구술입니다. 예전에는 아버지가 아들에게 땅을 물려줄 때 아들의 손에 흙덩어리를 쥐어 주었으나 이제 '유언장'이 사용됐습니다. 법정에서 최종적으로 문서의 편을 든 것입니다! 소유는 깔고 앉음으로써 행사하는 활동이었으나, 이제 권리(점유, 유지)를 '쥐는' 것보다 중요성이 떨어지게 됐습니다. 쥐는 것은 손으로 하는 활동입니다.

예전에는 땅을 팔 때 땅을 살 사람을 데리고 그 둘레를 엄숙하게 걸었으나, 이제는 그곳을 손가락으로 가리키기만 하고 그 땅을 구체적으로 묘사하여 공증하는 방법을 알게 됐습니다. 문맹자까지도 글로 묘사해야 세계를 소유한다는 확실성을 습득했습니다. 예를 들면 이런 식입니다. '개 모양 바위에서 서른 걸음, 다시 직선으로 개울까지……' 여전히 필경사는 소수였지만 이제 모두가 구술자가 되는 경향이 생겼습니다. 놀랍게도 농노까지도 구술장에 찍을 도장을 가지고 다녔습니다.

이제 모두가 기록을 보관했습니다. 악마까지도 그랬습니다. 후기 로마네스크 양식 조각물에서 악마는 지옥의 서기관이라는 새로운 옷을 입고 '기록하는 악마'가 되어 등장합니다. 똬리 튼 꼬리를 깔고 쭈그리고 앉아, 최후의 심판을 위해 자신이 맡은 사람의 모든 행동, 말, 생각을 기록할 준비를 합니다. 이와 동시에 교회 주 출입문 위의 팀파눔에 최후의 심판에 대한 표현이 등장합니다.

여기에는 천국의 대문과 지옥의 아가리 사이에서 그리스도가 재판관으로서 옥좌에 앉아 있습니다. 그리고 천사가 생명의 책을 펼쳐 들고 있습니다. 거기에는 그곳에 도착한 가련한 영혼에 대한 기록이 적혀 있습니다. 제아무리 예의를 모르는 농부라도, 제아무리 비천한 잡일을 하는 여인이라도 교회의 문을 지나면서 자신의 이름과 행동이 하늘의 장부책에 글월로 적힌다는 것을 더 이상 모를 수가 없었습니다. 공동체에서는 다행하게도 잊어버린 과거지사이건만, 지주들처럼 하느님도 기록을 들추는 것입니다.

1215년에 열린 제4차 라테란 공의회에서 성직자에게 잘못을 털어놓는 고해 의식을 의무 규정으로 정했습니다. 이 공의회의 글월은 어떤 의무가 남녀 구분 없이 모든 그리스도교인에게 구속력을 갖는다고 명시한 최초의 교회법 문서입니다. 그리고 고해는 '기억'과 '고해'라는 두 가지 방식의 의미를 조장하여 글월의 의미를 내면화합니다. 그리스도교인은 1천 년 동안 공동체에서 습득한 그대로 기도문을 외웠는데 지역에 따라 세대에 따라 편차가 아주 컸습니다. 문장의 원형이 너무나 훼손된 나머지, 신앙심은 키워줄지 몰라도 뜻이 통하지 않는 때가 많았습니다.

12세기에 열린 여러 차례의 종교회의에서 이런 상황을 바로잡고자 했습니다. 경전에 있는 그대로 한 마디 한 마디 따라 읊게 하는 방법을 통해 평신도가 주기도문과 사도신경을 올바로 기억하게 훈련시킬 의무가 교회법으로 성직자에게 부여되었습니다. 고해 의식에 나갈 때 신자는 사제에게 자신이 기도문을 잘 외우고 있고, 낱말을 또박또박 새겨 넣을 정도의 기억을 습득했다는 걸 증명해 보여야 했습니다. 이런 기억력 시험을 치른 다음에야 신자는 자신의 악한 행동과 말과 생각이 세세하게 보관된 마음속의 또 다른 자리, 즉 양심을 살펴보는 과정으로 나아갈 수 있었습니다.

말로써 고해 의식에 나아가는 문맹의 '나'조차도 이제 새로운 문자 문화의 눈을 통해 자신의 '자아'를 글월이라는 모습 속에서 인식한 것입니다.

문자가 만드는 새로운 자아

문자로 고착된 이 새로운 종류의 과거는 자아와 결합된 만큼이나 사회와 기억과 양심, 또 계약서와 회계 장부와 명세서와 서명한 자백서와도 결합됐습니다. 그리고 개인이 경험하는 자아는 볼로냐 파리의 법률학교에서 형성되는 법률이라는 새로운 종류의 주제와 상응하면서, 여러 세기가 지나면서 서양 사회가 영향력을 행사하는 곳이면 어디서든 인격이라는 개념을 규정짓는 규범이 됩니다. 이 새로운 자아와 이 새로운 사회는 문자문화 사고 내에서만 떠오를 수 있는 현실입니다.
  구술 사회에서 과거의 진술을 되살릴 때에는 비슷하게만 되살려집니다. 알파벳이 아닌 기호법을 유지하는 사회에서도 말에 달린 날개는 떨어지지 않습니다. 한번 입에 올리고 나면 영영 사라지는 것입니다. 상형문자나 표의문자는 읽는 사람에게 하나의 관념을 암시하기 때문에 읽을 때마다 그에 해당하는 낱말을 새로이 찾아야 합니다. 알파벳의 글월은 소리를 고정합니다. 그것을 읽으면 과거 구술자의 문장이 현재가 됩니다. 현재를 위한 새로운 종류의 건축 재료가 존재하게 된 것입니다. 그 재료는 죽은 지 오래된 사람이 실제로 한 말로 만들어집니다. 그리고 중세기 말에 가시적 글월이 성립되면서 과거의 구성을 새로운 방식으로 온전히 현재로 가져오게 됐습니다.

구술 사회에서 사람은 자신이 한 말을 지켜야 합니다. 맹세로써 자신의 말을 확인하는데, 이때의 맹세는 혹시라도 신의를 저버릴 경우 자기 자신에게 내리는 조건부 저주입니다. 맹세할 때에는 수염이나 고환을 쥐면서 자신의 육체를 담보로 잡습니다. 자유인이 맹세를 하면 그에 대한 어떠한 소송도 종결됩니다. 그러나 문자문화가 지배하는 사회에서 맹세는 필사본 앞에서 빛을 잃습니다. 중요한 것은 이제 회상이 아니라 기록입니다. 그리고 기록이 없을 경우 피고의 마음을 읽을 수 있는 권한을 판사에게 부여했습니다. 그래서 고문이 절차의 하나로 도입됐습니다. 질문을 한 다음 마음을 강제로 열어보는 것입니다. 고문에 의한 자백이 이제 맹세와 유죄 판별법[9]을 대신합니다.

심문 기법을 통해 피고를 길들여, 법정이 피고인에게 읽어주는 글월과 피고의 마음속에 새겨진 또 다른 글월이 동일하다고 받아들이게 만듭니다. 두 가지 글월을 시각적으로 비교할 때에만 두 가지 내용물의 ─ 원본과 복사본의 ─ 동일성을 상상할 수 있는 것입니다. 1226년에 그려진 어느 세밀화에 '교정인'이 처음으로 등장합니다. 필경사의 어깨너머로 고개를 내밀고 두 부의 계약서가 '동일'함을 보증하는 새로운 관리입니다. 피고의 말과 그 마음 속 밑바닥에 있는 진실을 비교하도록 판사에게 요구하는 새로운 사법 증거법에 반영된 것은 이번에도 성직자의 기술입니다.

문자문화 사고는 과거를 바라보는 평민의 관념과 임종 시에 심판의 장부책을 대면하게 된다는 평민의 두려움뿐만 아니라 평민 자아, 평

---

[9] 죄가 없으면 신이 지켜줄 것이라며 끓는 물에 손을 넣게 하여 화상을 입는지 보는 등의 방법으로 죄의 유무를 판별하는 방법.

민 양심, 평민 기억의 깊디깊은 재구성을 암시합니다. 이런 모든 새로운 특징은 물론 평민과 성직자 모두에게 해당됩니다. 그리고 이런 특징은 학교나 수도원 밖에서 효과적으로 전달됩니다. 교육사학자는 이런 부분을 아직까지 대체로 소홀히 다루었습니다. 주로 성직자형 문자 능력의 진화에 초점을 맞추었고, 이런 정신 공간의 변화 속에서 재판관 기능의 부산물만 바라보았습니다. 역사학자는 편지투, 약어투, 글월과 장식의 통합 양식을 아주 잘 탐구했습니다.

이들은 제지 기술이 발달하고 표면이 매끈한 종이가 만들어지면서 13세기 흘림체의 진화에 어떤 영향이 있었는지 우리의 지식을 넓혀주었습니다. 그 덕분에 스콜라 철학의 대가들이 구술을 통하지 않고 손으로 적은 메모를 가지고 강연할 수 있었다는 것도 알게 됐습니다. 역사학자는 재판소에서 쓰는 봉랍의 양이 엄청나게 늘어났음에 주목했습니다. 역사학자는 12세기 중반에는 일반적으로 법정이 열리는 동안 열두 마리분 정도의 양가죽만 벗겨내면 됐으나 그로부터 한 세기 뒤에는 필요한 만큼의 양피지를 조달하기 위해 수백 마리치의 양가죽이 필요하게 됐음을 우리에게 알려줍니다.

만일 역사학자가 평민 문자문화의 진화에 관심을 기울이거나 좀 더 일반적으로 문자문화 사고가 띠는 새로운 형태에 관심을 기울였다면, 그랬다면 아마도 문자문화 사고가 성직자 사이에서 어떻게 형성되는지, 기베르나 아벨라르 같은 사람이 쓴 자서전에서 새로운 심리 영역으로서 새로운 자아가 어떻게 탐구되었는지, 어떻게 해서 스콜라 철학의 새로운 논리와 문법이 종이 위에서 글월의 시각적 표현을 전제로 하게 됐는지 관찰했을 것입니다.

몇몇 역사학자가 파블리오 연애담[10], 여행담, 설교 등이 많은 사람 앞에서 읽어줄 목적으로 쓰이는 빈도가 점점 잦아지면서 이런 글의 문체에 어떤 영향이 있었는지를 이해하려고 시도한 정도가 고작입니다. 하지만 문자문화 사고가 성직자 사이에서 확산된 데에는 학교 및 수도원과 성직자형 문자 능력이라는 새로운 관념이 핵심적 역할을 했으나, 평민 문자문화는 이런 수단을 통해 확산되지 않았다는 점은 확실합니다.

제가 자세히 든 예는 가장 잘 아는 12세기 후반에서 가져왔는데, 모두 한 시대의 문자문화 사고가 한 가지 특정 문자 기법에 어떻게 영향을 받아 형성될 수 있는지를 보여줍니다. 제가 든 예는 가시적 글월이 그 당시 알파벳에 의존하여 성립되는 여러 가지 서로 연계된 개념에 어떤 효과를 끼쳤는지 보여주고 있습니다. 저는 자아, 양심, 기억, 소유 명세, 동일성 등과 같은 관념을 예로 들었습니다. 서로 이렇게 얽힌 관념, 중세 후기 나라티오[11] 즉 '허구', 르네상스 시대 비평서, 인쇄기, 토착어 문법, '독자' 등에 대해 그 시대적 단계를 확립하는 일은 역사학자의 몫입니다.

교사의 새로운 이상이나 기법이 아니라 평민 문자문화의 새로운 형태를 가리키는 증거를 출발점으로 연구를 시작하면 교육사학자는 단계마다 새로운 영감을 얻을 것입니다. 그러나 제가 이렇게 연구를 하도록 탄원하는 주된 이유는 교육 연구에서 이렇게 소홀히 취급된 측

---

10 fabliaux: 12~14세기 프랑스 북부에서 유행한 문학 장르로서, 저속하고 상스러운 이야기를 익살맞게 그려낸다.
11 narratio: '이야기'라는 뜻의 라틴어이다.

면, 즉 알파벳 문화 공간에서 일어나는 여러 가지 현상에 대해 제가 관심이 있기 때문이 아닙니다. 이 연구를 해 주십사 탄원하는 것은 저 공간 자체에 대해 탐구해 주기를 바라기 때문입니다. 저는 이 공간이 이울면서 저의 자아 자체가 위협받는 느낌이 듭니다.

컴퓨터가 만드는 새로운 정신 공간

저는 1964년 미국 시카고에서 겪은 충격을 지금도 기억합니다. 세미나에 둘러앉은 자리였습니다. 저의 맞은편에는 젊은 인류학자가 앉아 있었습니다. 저는 대화를 하고 있다고 생각했는데, 그 중요한 순간 그 학자가 말했습니다. "일리치 선생님, 저한테는 전혀 수신이 안 돼요. 저하고 교신이 안 돼요." 난생 처음으로 저는 인격체로서가 아니라 송신기 취급을 받고 있다는 생각이 들었습니다. 어정쩡한 순간이 지난 뒤 모욕감이 들기 시작했습니다.

저는 살아 있는 사람에게 대답을 하고 있다고 생각했는데, 그 사람은 우리의 대화를 좀 더 일반적인 것, 즉 '인간이 교신하는 한 가지 형태'로 경험한 것입니다. 저는 서양 문화가 경험한 세 가지 구역질나는 모욕에 대해 프로이트가 묘사한 게 바로 생각났습니다. 태양 중심설, 진화론, 무의식 이론을 일상의 사고에 통합해야 하는 **크랭쿵겐**[12] 말입니다. 제가 여러분께 연구를 제안하는 이 인식론적 단절을 깊이 들여다보게 된 것은 25년 전 바로 그때입니다. 제가 보기에 이 단절은 프

---

[12] Kränkungen: '모욕'이라는 뜻의 독일어이다.

로이트가 암시한 것보다도 더 깊습니다. 그리고 교육자가 다루고 있는 주제와 분명히 직접적 연관이 더 있습니다.

고대 그리스에서 등장한 저 관념적 공간의 역사를 여러 해 동안 연구한 뒤에야 저는 누구든 컴퓨터를 은유로써 받아들이면 얼마나 멀리 — 문자문화 사고 공간으로부터 얼마나 아득하게 멀리 — 유배되는지를 이해할 수 있었습니다. 공간을 생성하는 공리의 근거가 알파벳 표기법을 통한 말소리의 기호화에 있지 않고 '정보'를 바이트로 저장하고 조작하는 능력에 있는 새로운 정신 공간의 등장에 대해 그때부터 반추하기 시작했습니다.

저는 기술적 도구로서 컴퓨터가 기록물의 보관과 접근에 어떤 영향을 미치는지 고찰하자고 제안하는 게 아닙니다. 컴퓨터를 읽기, 쓰기, 셈하기를 가르치는 도구로 활용할 방법을 고찰하자는 것도 아닙니다. 나아가 현대의 문체와 작문에 컴퓨터가 남기는 흔적을 연구하자는 것도 아닙니다. 그보다는 컴퓨터가 공통의 은유인 일련의 새로운 개념을 그물처럼 연결하고, 교육학이 처음 형성된 문자문화라는 공간에는 맞지 않아 보이는 용어와 관념을 들여다보자고 호소하는 것입니다.

이렇게 관심을 환기하면서 저는 어떠한 인과적 기능도 저 전자기계에 맡기고 싶은 유혹을 피하고 싶습니다. 서양의 정신이 '선형적 사고'로 틀이 잡히는 데에 인쇄기가 필수적이었다고 주장한 저 역사학자들이 저지른 커다란 실수와 마찬가지로, 컴퓨터 자체가 문자문화 사고의 생존을 위협한다고 믿는다면 그 역시 큰 실수가 될 것입니다. 구텐베르크가 첫 글꼴을 깎아내기 이미 몇세기 전인 12세기 수도원의 필사실에서 시작된 여러 작은 기법이 모여, 문자문화의 생활방식과 심상에서 일어난 대단히 복잡한 진화를 적절히 비춰주는 가시적 글월이 만들어졌습니다.

그리고 앞으로 문자문화 공간의 쇠퇴와 컴퓨터의 관계를 비슷한 방식으로 바라볼 역사학자가 있을지 의문입니다. 경제 및 교육 개발이 한창이던 20세기 2/4분기 동안 설명하기에는 너무나 복잡한 상황 속에서 문자문화의 여러 공리 사이의 상호 연계가 약해졌고, 그러면서 튜링 기계에 그 은유를 둔 하나의 새로운 정신 공간 내지 '구조'가 생겨났습니다. 제가 오늘 강연에서 이 새로운 단절을 연구하는 방법을 제안한다면 어리석을 것입니다. 그러나 오웰이 들려준 이야기를 기억에 떠올림으로써, 우리가 목격하고 있는 이 단절을 탐구하는 것이 '교육'이 무엇일지를 다루는 모든 연구에서 중심 위치를 차지한다는 점을 설명할 수 있기를 기대합니다.

조지 오웰의 경고

오웰이 『1984』를 쓴 시기는 미드, 린턴, 머독이 1932년에 만들어낸 역할이론의 언어를 사회학에서 막 받아들이기 시작한 때라는 걸 기억하는 것이 중요합니다. 인공두뇌학의 어휘는 아직까지 실험실을 벗어나지 못했습니다. 오웰은 소설가로서 시대의 풍조를 감지하고 아직 그 구성요소에 이름도 붙이지 않은 사고방식에 대한 우화를 만들어냈습니다. 그는 컴퓨터가 만들어지기 이전에 이미 말을 통신으로 취급할 때 사람에게 어떤 효과를 미치는지 통찰했습니다. 1945년에 웨스턴유니언이 『뉴욕 타임스』에 '통신문 전달자'를 채용한다는 광고를 실었는데, 전보를 전달하는 일꾼을 완곡하게 표현하는 말이었습니다. 『옥스퍼드 사전』의 부록에서는 통신이라는 용어가 오늘날의 뜻으로 사용된 최초의 사례로 들고 있습니다.

이처럼 오웰의 새말[13]은 오웰이 1930년대에 한동안 매료됐던 기본영어[14] 선전의 풍자나 해학적 모방을 훨씬 넘어서는 것입니다. 소설 끝에 이르러 그는 새말을 당시 영어에서 해당하는 낱말을 찾을 수 없는 어떤 것을 가리키는 기호로 설명합니다. 이는 사상경찰 오브라이언이 스미스를 고문하는 장면에서 명확해집니다. '우리는 적을 그냥 없애지는 않아. 적을 변화시키고 (……) 전향시켜 새로운 사람으로 만들지. (……) 적을 우리 편으로 만든 다음 죽이는 거야. (……) 뇌를 완전하게 만든 다음 총살하는 거 (……)' 이 시점에서 소설의 주인공 스미스는 귀담아 들으면 오브라이언이 하는 말이 이해될 거라고 여전히 믿고 있습니다. 그리고 그 다음 문단에서 스미스가 문자문화 사고로부터 어떻게 깨어나는지 설명합니다. 그는 오브라이언의 세계가 무의미하고 무자아적이라는 것과, 자신은 그 세계의 일원이 되기 위해 요법을 받고 있다는 것을 받아들여야 합니다.

윈스턴 스미스는 진리부에서 일합니다. 언어의 오용을 전담하며, 기본 영어를 풍자한 언어를 사용한 선전을 맡고 있습니다. 그는 문자문화 사고에서 있을 수 있는 극도의 왜곡을 실행합니다. 오브라이언은

---

[13] Newspeak: 오웰의 『1984』에 나오는 국가 중 하나인 오세아니아의 공용어이다. 영어에 바탕을 두고 있으며, 지배자의 사상과는 다른 사상은 구성이 불가능하도록 어휘가 제한돼 있다.
[14] Basic English: 언어학자이자 철학자인 찰스 케이 오그던Charles Kay Ogden(1889~1957)이 영어를 바탕으로 만든 통제자연어인데, 제안한 때는 1930년이지만 제2차 세계대전 직후 세계 평화를 위한 수단으로서 가장 많이 홍보됐다.

스미스를 완전히 새로운 세계 속으로, 먼저 '이해'한 다음 받아들여야 하는 공간으로 안내해 들어가는 임무를 맡습니다. 오브라이언은 스미스에게 이렇게 말합니다. '우리가 권력에 매달리는 이유를 말해봐 (……) 말해!' 스미스는 의자에 묶인 채 대답합니다. '당신이 우리를 지배하는 것은 우리 자신을 위한 것입니다. (……) 당신은 인간은 스스로를 제대로 다스리지 못한다고 믿습니다 (……)' 도스토예프스키의 소설에서 이반을 맡은 심문관이라면 이 대답에 만족했겠지만, 오브라이언은 이 대답을 듣고 스미스의 고통을 '33도'로 높입니다. '우리는 순전히 권력 그 자체를 위해 권력을 추구한다.' 오브라이언은 국가가 곧 권력임을 강조합니다.

앞서 그는 권력이란 책을 쓰는 능력으로 이루어짐을 스미스에게 이해시킨 바 있습니다. 스미스는 그 책 속의 한 줄이 될 것이며, 국가에 의해 쓰이거나 다시 쓰일 것입니다. 오브라이언은 이렇게 말합니다. '사람의 마음을 조각조각 찢어내 우리가 원하는 새로운 모양으로 다시 붙이는 게 권력이야.' 고문을 이기지 못한 윈스턴은 새말은 영어가 퇴화한 형태라는 믿음을 버립니다. 그리고 새말은 어떠한 이유도 어떠한 나도 없이 무의미한 지식을 주고받는 것임을 '이해'합니다. 오브라이언이 손가락 네 개를 펴 '세 개'라고 말하면, 스미스는 말하는 사람을 이해하는 것이 아니라 그때 전달되는 내용을 이해하게 됩니다. 기계 사이에서 오고가는 통신문 단위를 가리키는 영어 낱말을 찾을 수 없었던 오웰은 여기서 의도한 관계를 '집단 유아독존'이라 부릅니다. 스미스는 적당한 낱말, 즉 '통신'이라는 낱말을 모른 채 오브라이언의 국가가 움직이는 세계를 이해하게 됩니다. 오웰은 이 세계를 그저 이해하는 것만으로는 부족하며, 받아들이기까지 해야 한다고 역설합니다.

스미스가 무의미하고 무자아적인 존재를 받아들이려면 '101호실'의 최후 요법을 받아야 합니다. 그곳에서 배신을 거친 다음에야 그는 '마땅히 되어야 하는 그대로 일이 돌아가는 환상의 세계', 즉 화면 속에 있는 자신을 당연하게 받아들입니다. 그리고 무의미한 권력의 통신문 단위에 지나지 않음을 받아들이기 위해 먼저 자아를 지워야 합니다. 폭력도 고통도 오웰이 말하는 스미스의 '품위'를 파괴하지 못합니다. 오브라이언처럼 자아가 없어지기 위해 스미스는 먼저 자신의 연인 줄리아를 (101호실에서) 배신합니다. 나중에 다 타고 남은 껍질이 되어 다시 만날 때 두 사람은 101호실에서 한 말이 진심이었음을 압니다. 쥐를 통한 고문을 받고 스스로를 배신하며 뱉은 말이 스미스가 진심으로 한 마지막 말이었습니다. 오웰에 따르면 무의미한 통신으로 이루어지는 처형 집행자의 유아독존적 체제 안에 처형될 대상이 통합되어 들어갈 수 있으려면 오직 이런 종류의 배신을 통해야만 합니다.

여기까지 저 우화를 자세하게 설명했습니다. 이것은 컴퓨터로 변한 국가에 대한 이야기이며, 문자문화 공간에서 꽃피운 자아와 나 사이의 저 '괴리'를 잃어버리게 사람을 세뇌하는 교육자에 대한 이야기입니다. 이들은 자신을 '나의 체제system'로 칭하고 거대 글월 속에 적절한 행으로 자신을 '입력'하는 법을 익힙니다. 소설에서 오웰은 놀림조로 말합니다. 경고하는 의미 이상의 이야기를 들려주지만, 언젠가 현실로 다가올 수 있으리라는 생각으로 그려내고 있지는 않습니다. 사회가 사라진 이후에도 생존하는 국가, 문자문화 사고가 사라진 이후에도 생존하는 역할 수행자 간의 통신, 품위를 배신한 뒤 남아있는 '사람들'을 위한 암호문을 만들어냅니다. 오웰에게『1984』는 실제로는 불가능하지만 천재적 기자 기질을 동원하여 임박해 보이도록 만든 어떤 것을 나타내는 암호문입니다.

주인 없는 명령어가 나를 위협한다

돌이켜보면 오웰은 우리 같은 몇몇 사람이 볼 때 낙천주의자였던 것 같습니다. 그는 인공두뇌적 사고는 집중적 훈련의 결과로써만 퍼질 것으로 믿었습니다. 실제로는 오늘날 '101호실'이 전혀 필요없이 무의식적으로 컴퓨터를 자기 자신과 세계 속에서 자신의 자리를 가리키는 핵심 은유로 받아들이는 사람이 많습니다. 이들은 말없이 불평도 없이 평민 문자문화 영역으로부터 컴퓨터 영역으로 건너갑니다. 게다가 13세기의 평민이 펜과 양피지를 쓸 줄 몰랐던 것과 마찬가지로, 컴퓨터를 거의 활용할 줄 모르면서 그렇게 하는 경우도 많습니다.

인공두뇌적 사고는 새로운 종류의 평민을 교육 기관의 도움 없이도 삼켜버립니다. 이것이 좀처럼 제기되지 않는 다음 두 가지 질문에 주목해 주십사고 이 강연 첫머리에 청한 이유입니다. 첫째, 교육계가 성직자형 문자 능력 보급에 관심을 집중함으로써 문자문화 사고를 실제로 더 강하게 더 널리 퍼트릴 수 있으리라 믿을 만한 이유가 있는가? 그리고 둘째, 학교교육은 이제 교육이 핑계로 내세우는 문자문화 관념과 실제 팔고 있는 컴퓨터라는 모습 간의 모순을 참여자 모두에게서 감춤으로써 학생을 인공두뇌적 사고에 입문시키는 입회 절차가 됐는가? 이와 같은 생각을 통해 제가 여러분에게 부탁하는 주제를 명백히 설명하고 그에 대한 연구가 얼마나 긴급한지 충분히 전달되었기를 바랍니다. 이 연구는 말에 관한 전제의 역사적 현상학을 바탕으로 하고 있습니다. 알파벳이라는 기법으로써만 우리는 말을 기록할 수 있고 또 알파벳으로 이루어진 이 기록을 우리가 말할 때 사용하는 '언어'로 생각할 수 있습니다. 과거를 바라보는 관점과 아이들의 양육을 바라보는 관점이 이 전제에 의해 결정됩니다. 제가 탄원하는 연구는 유독 이 정신 공간에서만 나타나고 이 정신 공간에서만 '교육'에 타당한 여러 가지 전제를 찾아내는 시발점이 될 수 있습니다.

나아가 이 연구를 통해 알파벳 기록법을 사용하는 사회에서 생겨나는 특별한 사고방식을 문자를 아는 사람 모르는 사람 할 것 없이 얼마만큼 공유하는지 탐구하게 될 것입니다. 문자문화 사고는 서기전 7세기에 생겨난 역사적 특이현상에 해당됨을 알아보게 될 것입니다. 이 공간은 그 특징 면에서는 획일적이지만 거기서 파생되는 갖가지 왜곡과 변형에서는 다양하다는 점을 탐구하게 될 것입니다. 끝으로, 이 연구를 통해 문자문화 공간은 다른 세 가지 영역, 즉 구술 세계, 알파벳이 아닌 기호법으로 형성된 세계, 그리고 인공두뇌적 사고의 세계와는 별개임을 알아보게 될 것입니다.

저의 세계는 문자문화 세계임을 여러분은 알 수 있을 것입니다. 저는 알파벳의 섬에서만 편안함을 느낍니다. 읽고 쓸 줄 몰라도 사고방식은 근본적으로 저처럼 문자문화적인 많은 사람과 이 섬을 공유하고 있습니다. 그런데 책의 낱말을 해체하여 그저 통신 부호로 바꾸고 있는 저 성직자들의 배신 때문에 저를 비롯하여 이 사람들이 함께 위협을 받고 있습니다.

기억의 틀: 중세의 책과 현대의 책

'사물의 사물: 닻을 내린 글월을 위한 만가'
'사물의 사회기호학: 사회적 상징 과정에서 인공물의 역할'에 관한
국제협의회 폐회사
캐나다 토론토 대학교
1990년 6월 24일

우리는 누구나 예전에 있었던 것을 생각해내는 능력이 있습니다. 각자 과거를 재현하는 능력을 자기 세대와 공유합니다. 우리를 인간답게 하는 것은 과거성過去性이라는 그림자 속의 삶입니다. 그러나 간직한 과거는 다 다르기 때문에 사람들은 저마다 다릅니다.

우리 각자는 자신의 과거를 기억할 수 있습니다. 그러나 나이가 들수록 과거에서 유일하게 나만의 것인 부분과 다른 사람과 나눌 수 있는 부분의 차이를 더 귀중히 여기게 됩니다. 이 간극에서 보이는 과거는 나에게 뜻밖으로 다가올 수 있는 과거입니다. 함께 자란 뒤 나중에 우리가 함께 지낸 똑같은 순간을 생각해내는데도 내가 기억해낸 내용이 네가 기억해낸 내용과는 다른 때가 많기 때문입니다. 나아가 나에게는 심금을 울리는 과거라도 너의 가슴속에서는 불협화음을 일으킬 수도 있습니다. 혼인식을 알리는 종소리가 울렸을 때 그것이 네게는

죽음을 의미했다는 것을 나는 오랜 세월이 지난 뒤에야 문득 깨닫습니다. 이것이 바로 제가 다른 사람들과 함께 추억에 잠기기를 즐기는 한 가지 이유입니다. '그날 그 끔찍했던 저녁은 생각날 때마다 움찔했는데 네 이야기를 들은 뒤로는 즐거운 느낌이 들어.'

과거의 빛깔

과거는 떠올릴 때마다 다른 옷차림으로 나타납니다. 그리고 지나칠 때마다 뭔가 새로운 것을 남깁니다. 제가 저의 기억이라고 생각하는 고치에다 새로 한 겹을 자아내 씌우는 것입니다. 부르고뉴 포도주를 한 잔 할 때마다 동생과 함께 했던 그날 오후의 기억이 되살아납니다. 하지만 매번 그 빛깔이 다릅니다.

'똑같은' 과거가 이렇게 다양한 모습을 띤다는 사실이 너무나 매혹적이고 가슴 뛰는 나머지, 과거와 과거 사이에 존재하는 그보다 더 근본적 차이를 알아보지 못할 수도 있습니다. 과거는 어느 역사적 시대 안으로 불려오는가에 따라 아주 뚜렷한 과거성의 양상을 띠고 돌아옵니다. '작년에 내린 눈'[1]이 가리키는 과거와 '층계의 낡은 시계'가 가리키는 과거는 서로 비교가 불가능합니다.

이와 같은 과거성의 여러 양상은 경험으로 알 수밖에 없습니다. 저는 교회에 들어가면 — 정교회든 천주교든 — 빈 무덤 위에 세운 사원에 들어와 있다는 것을 압니다. 성찬식 동안 성인이 그 자리에 없는 것

---

[1] 프랑스어 원문은 'Les neiges d'antan'. 프랑스의 시인 프랑수아 비용(1431~1463)이 쓴 시의 한 구절이다.

은 사무실에서 동료와 함께 카롤루스 황제의 보물에 대해 대화할 때 그 자리에 황제가 없는 것과는 종류가 다릅니다. 저는 자라난 과정 덕분에 교회의 예전과 관련된 회상과 학문적 회상 간의 차이를 어렴풋하나마 무의식적으로 감지할 수 있습니다. 그리고 멕시코의 시골 마을에서 오래 지냈기 때문에 11월 2일이 되면 얼마 전 죽은 사람이 어떻게 무덤에서 걸어나와 길 위에 뿌려놓은 꽃잎을 따라 옛집으로 돌아오는지 감지할 수 있습니다. 소름이 돋는 이야기지만, 이들이 저와 함께 지내기 위해 돌아오는 것은 아님을 알고 있습니다.

그 나머지 과거성의 양상은 제 느낌의 영역을 완전히 벗어나 있습니다. 그저 귀동냥으로만 알 뿐입니다. 그런 과거성이 다른 사람의 심금은 울릴지라도 제 몸은 거기에 무감각합니다. 저는 아프리카인의 조상이 다시 나타나거나 멕시코의 여러 신이 신화적으로 우리에게 돌아오는 것에 어울리는 경험을 개념적으로 언급할 수 있습니다. 그러나 제가 태어나 자란 세계에서는 그런 사건이 일어날 수 있는 환경의 현실이 지워지고 없습니다. 그래서 회상에 대한 역사적 기록을 곰곰이 생각할수록 현재와 그때의 과거를 가르는 깊은 단절을 더 잘 볼 수 있습니다.

현재란 과거를 형성하는 틀입니다. 보애스가 문화라 부르는 것을 저는 아비 바르부르크의 조언대로 므네모시네라 부를 수도 있겠습니다. 유령이 되돌아와 몸을 갖는 틀이 문화가 아니면 무엇이겠습니까? 이렇게 이해하면 문화의 풍습과 상징, 의례 행위와 유물은 과거가 등장할 때 한몸처럼 공명하는 하나의 전체로 생각할 수 있습니다. 산들바람이 물 위에 닿으면 물결이 일어나 전체로 퍼져나가듯, 므네모시네로서 문화는 저 너머에서 불어오는 바람에 한몸으로 영향을 받습니다. 하지만 그렇게 일어난 물결이 절벽이나 바닷가에 부딪혀 출렁이고 물보라를 뿌리는 것처럼, 문화에는 저마다 기억이 부딪혀 부서지는 바닷가가 있습니다.

시대마다 과거를 불러내는 나름의 장치가 있습니다. 그리스인은 수금을 썼고, 아스텍인은 플루트를, 남아프리카 부시 사람은 북을 사용하여 므네모시네가 하나의 덩어리로 과거의 율동에 공명하도록 했습니다. 염주, 매듭, 그림, 산과 사막에 표시한 길 등이 모두 과거로 들어가기 위한 도구 역할을 했습니다. 프랑크인은 홈을 새긴 막대를 사용하여 맹세에 필요한 마법의 낱말을 하나하나 정확한 개수만큼 말했습니다. 음유시인은 자기만의 기법이 있었는데, 이 기법은 문자 능력을 갖춘 사람에게는 쓸모가 없습니다. 요루바인은 가면무를 이용했고, 그리스도교인은 빈 무덤 위에서 집회를 갖습니다.

필서, 기억을 실어 나르는 배

어떤 사회에서는 과거로 들어가는 특권이 주어진 길로서 필서筆書를 택했습니다. 그런데 필서는 유령이 이쪽으로 건너오는 길이기만 한 게 아닙니다. 남기고 싶은 말이 건널 수 있는 다리, 저 깊은 심연 너머 저편으로 이어지는 다리이기도 합니다. 또는 죽은 사람이 기록한 기억을 실어 나르는 배와 같습니다. 그러나 필서가 두드러진 역할을 하는 사회에서도 필서는 문화 기억의 주된 내용물이 아닙니다. 이 부분에서도 타자기 이후의 오늘날 사회는 커다란 예외임을 논증할 수 있습니다. 잠들어 있든 깨어 있든, 많은 사람이 기억을 아무 것에도 붙어 있지 않고 둥둥 떠 있는 '글월'로 이해하고 인식합니다.

과거의 필서는 여러 가지 의도를 가지고 연구할 수 있습니다. 고고학자에게 필서는 그 자체가 과거에서 살아남은 사물입니다. 역사학자에게 필서는 그 문서가 기록하려던 사건 또는 인식을 되찾게 해 주는 매개물입니다. 과거성 자체를 공부하는 사람에게 필서는 좀 더 구체적 기능을 띱니다. 필서는 특권이 있는 사물로서 두 가지를 탐구할 수 있게 해 줍니다. 하나는 그 시대에는 어떤 방식으로 과거를 불러냈는가이고, 다른 하나는 그 시대에는 기억의 본질, 곧 과거의 본질이 어떤 모습으로 보였나하는 것입니다.

이 자리에서 저는 필서의 한 가지 매우 특별한 측면을 짚어보고, 그렇게 하여 한 시대의 과거성 인식에 대해 무엇을 알아낼 수 있을지 묻고자 합니다. 저는 문자를 사용하여 사물의 표면에 만들어지는 문양, 그리고 이 문양이 '기억'에 대한 그 시대의 이해에 미친 영향으로 그 범위를 한정하고자 합니다. 다시 말해 책에 적힌 내용물이 무엇을 말하고 있는지가 아니라 면을 구성하는 문양이 과거를 불러내는 방식의 표현에 미치는 영향력을 들여다보고 싶은 것입니다.

제 강연의 주제는 기억을 주조하는 형틀로 본 면 구성입니다. 어떠한 형틀에서도 두 가지가 구별 가능합니다. 먼저 그 형틀에서 주조되는 동전이 둥근지 타원형인지, 큰지 작은지 질문해볼 수 있습니다. 그리고 그 동전에는 누가 그려져 있는지 피핀 왕인지 카롤루스 왕인지 질문해볼 수 있습니다. 여기서 저는 전자의 의미로 책의 면에 초점을 맞추고자 합니다.

저는 시대마다 제각기 기억에 관한 모든 것의 개념이 필서면의 문양 구성에 따라 그 틀이 잡혔음을 의심하지 않습니다. 이 자리에서는 이를 증명할 수 없습니다. 다만 아주 특별한 사례, 즉 책의 쪽이라는 형태를 띠는 면을 고찰함으로써 그럴법해 보이도록 할 수 있을 뿐입니다. 저는 12세기 동안 쪽의 형틀 기능에 변화가 있었고, 바로 이 변화의 순간 문자의 배치에 영향을 주는 여러 가지 기법이 바뀌면서 필사본의 쪽을 바탕으로 기억의 관념에 변화를 가져온 도구가 만들어졌다고 믿습니다.

미묘하기는 하지만 이런 변화는 사회적으로 강력한 영향을 미쳤습니다. 게다가 이는 활자가 사용되기 3백 년 전에 일어난 일입니다. 이런 변화는 눈에 띄는 일련의 새로운 공리를 뒷받침해 주었는데, 이런 공리가 없었다면 구텐베르크나 루터, 라이프니츠, 데카르트, 『뉴욕 리뷰 오브 북』, 펭귄북스 등이 절대로 지금과 같은 모습이 되지 못했을 것입니다.

12세기에 옛 과거가 종말을 맞다

저는 12세기의 저술가인 생빅토르의 위그가 쓴 글을 중심으로 이야기를 풀어나가겠습니다. 위그는 아우구스티누스 수도회 참사회 위원이었는데, 1100년 무렵 플랑드르에서 태어나 튀링겐에서 자랐습니다. 위그가 파리로 왔을 때는 아벨라르가 방법론 강연을 시작한 시기였으며, 생드니 수도원의 고딕 아치가 건축 중이었고, 몽부아시에의 피터가 톨레도에서 쿠란을 가지고 돌아와 번역을 하던 때였으며, 최초의 트루바두르[2]는 토착어로 노래를 지었습니다.

그리고 말년에는 생빅토르 학파의 우두머리가 되었습니다. 위그는 방대한 저작을 남겼는데, 그 중 세 권이 특히 책의 쪽과 위그 사이의 관계를 관통하는 역사적 연결점을 보여주는 데에 알맞습니다. 이 세 권의 책에 나타난 기억의 인식에 대해 설명하겠습니다.

첫째 책은 『디다스칼리콘』인데, '데 아르테 레겐디'라는 부제가 달려 있습니다. 이 책은 '읽는 기술'[3]을 논문 주제로 다룬 최초의 책입니다. 이 책이 명시한 내용은 자주 고찰의 대상이 됐습니다. 저는 위그는 '글읽기'를 할 때 무엇을 했는가, 또 자신이 무엇을 하고 있다고 상상했는가 하는 두 가지 질문에 대해 무엇을 암시하는지 귀를 기울이며 이 책을 읽었습니다. 읽을 때 손, 입, 혀, 눈, 귀는 정확히 무슨 활동을 했는가? 그리고 줄, 낱말, 양피지, 잉크, 또 그 밖에 뭐든지 그가 대면하던 책의 쪽에 담긴 것들에 그는 어떤 의미를 부여했는가? 저는 그가 가르치는 일곱 가지 기술의 요지보다는 그의 글읽기에 대해 알아내기 위해 『디다스칼리콘』을 읽었습니다. 그가 살던 시대의 배움이라는 행동학에 민감해지기 위해서였습니다.

위그를 읽는 동안 저는 책의 쪽을 따라 떠나는 순례로 이끌리는 느낌이 들었습니다. 글줄이 자라는 포도밭을 따라 위그와 함께 걸어 다닙니다. 글줄에는 낱말이 포도처럼 주렁주렁 매달려 있어서 제가 따낼 수 있습니다. 그리고 낱말로부터 지혜의 달콤함을 빨아들이라고 저에게 권합니다. 저에게 글읽기는 동적인 행위로 나타납니다. 혀로

---

2 troubadour: 11~13세기에 남부 프랑스와 북부 이탈리아에서 활동한 서정시인.
3 소리 내어 읽는 것을 말한다.

맛을 보는 활동으로, 귀를 열 때에만 의미 있게 다가오는 낭독으로 나타납니다. 물론 눈도 맡은 역할이 있습니다. 그러나 오늘날 글을 읽을 때 저의 눈이 맡는 그런 역할이 아닙니다. 위그는 눈에는 이중의 기능이 있다고 상상합니다. 그의 상상에서 눈은 광원입니다. 눈에서 나온 빛으로 쪽 위의 낱말이 반짝반짝 빛나기 때문입니다. 또 눈은 쪽을 통해 비춰지는 지혜의 빛을 받아들이는 창입니다.

제가 살펴보려는 위그의 두 번째 책은 아주 짧습니다. 오늘날이라면 수업 시간에 학생에게 내주는 유인물이라고 부를지도 모릅니다. 제목은 『세 가지 가장 중요한 요소에 대하여』인데, 기계적으로 반복해서 외우는 법에 대해 기초 교육이 필요한 사춘기 이전의 어린 수련 수도사를 가르치는 교재입니다. 놀랍게도 이 책의 글월은 여러 세기 동안 사람들의 주목을 받지 못했고, 최초의 인쇄본은 1932년에 와서야 등장했습니다. 작디작은 소책자이지만 독창성이 뛰어납니다.

그리스·로마의 고전 시대 이래로 학생이 가장 먼저 배워야 하는 것 중에는 기억술도 포함됩니다. 20세기 초에 이르기까지 암기는 인문학도가 배양해야 하는 기본 기술에 속했습니다. 암기가 유행에 뒤떨어지게 된 것은 지난 몇십 년 동안의 일입니다. 고대에 학생들은 대개 키케로가 묘사한 방법을 따랐습니다. 키케로는 마음속에 '대궐'을 짓도록 훈련을 받았습니다. 방이 많이 있는 상상의 집입니다. 기억하고 싶은 구절이 있으면 거기에 하나의 표상, 예를 들면 빨간 사과 같은 꼬리표를 붙인 다음 그 상상의 대궐 속 방에 둡니다. 토론 때 여러 개의 구절을 동시에 떠올리고 싶으면 같은 방에 둡니다. 학생은 이 대궐 안에서 이 방 저 방으로 재빠르게 달려갈 수 있는 기술을 몸에 익혔습니다. 학교에서 시험을 칠 때나 법정에서 반대 신문을 할 때 미리 준비해 둔 문장을 즉각 찾아내는 법을 익힌 것입니다.

지혜의 기초, 기억 훈련

『세 가지 가장 중요한 요소에 대하여』에서 위그는 기억 훈련이라는 전통 속에 자리 잡습니다. 그러나 그는 수련 수도사에게 조바심을 갖지 말라고 주의를 줍니다. 법률 공방이 아니라 성경을 묵상하여 통찰을 얻기 위해 기억을 훈련하기 때문입니다. 위그의 제자는 마치 갖가지 빛깔의 유리창 수십 개가 둘러 있는 고딕 대성당의 성가대석에 있는 것처럼 흔들림 없이 한 곳에 머무르기를 배웁니다.

> 내 제자야, 지혜는 보물이요, 그것을 보관해 두어야 할 곳은 너의 가슴이라. …… 금, 은, 보석 숨겨둘 곳이 다 따로 있도다. 너는 이런 곳곳을 알아 두어 그 속에 숨겨둔 것을 찾아낼 수 있도록 해야 하느니라. 이 가방에서 저 가방으로 손을 재빨리 움직이며 언제나 맞는 동전을 꺼내는 장터의 환전상 같이 되어야 하느니라.

위그가 볼 때 합당한 자리에 이렇게 끈기 있고 조용하게 고착하는 제자의 태도는 지혜의 기초에 해당합니다. '혼란은 무지와 건망증의 어머니라. 분별은 지성이 빛나게 하고 기억이 강해지게 하느니라.' 제자는 상상의 선이 시작되는 지점에 오른발로 딛고 서서, 그 선 위에 수평선 아득한 곳까지 일련의 로마 숫자로 계속 표시해나가게 됩니다. I에서부터 XLVIII[4] 이상까지 이어지는 이들 숫자는 각기 하나의 개념이나 그 개념에 적당히 붙이는 시각 표상을 얹어두는 선반 역할을 합니다. 예컨대 제자는 이런 '층층다리' 중 한 칸에 낙원에서 흐르는 네 개의 강, 이스라엘 민족이 건너야 했던 네 개의 강, 거룩한 땅에 물을 대주는 네 개의 강 등 성경에 나오는 모든 강의 목록을 둘 수 있습니다. 또 다른 칸에는 덕이 높은 사람이나 천사, 사도를 둘 수 있을 것입니다. 수련 수도사는 오른발로 상상의 선이 모두 한 자리에 모이도록 딛고 선 채, 장터의 환전상처럼 손을 뻗어 자신이 배운 것을 꺼내는 것입니다.

제가 살펴보려는 세 번째 책은 훨씬 커서 두 권으로 되어 있습니다. 제자의 가슴에 노아의 방주를 짓기 위한 규칙이 전부 담겨 있습니다. 수련 수도사가 아니라 어른이 된 일반 수도사를 위한 책입니다. 오늘날이라면 서커스 곡예사처럼 유별나다고 낙인이 씌힐 내용인데, 그가 교류한 사람들 사이에서는 당연하게 받아들여진 것으로 보입니다. 대홍수 동안 노아가 동물을 구한 것과 같은 방법으로 제자는 죄 많은 세계의 맹렬한 폭풍 한가운데에서도 기억을 보존할 것입니다.

자세하게 들어가서, 위그는 이 방주를 짓는 법을 설명합니다. 물에 뜨는 여러 층의 상자 모양인데 계단과 사다리, 서까래, 보 등을 갖추고 있습니다. 이 상상의 뜰 것이 위그에게는 거대한 3차원의 게시판 역할을 합니다. 그에게는 돛대와 키, 문틀마다 그 모양이 구석구석까지 세밀한 형태를 갖추고 있습니다. 그리고 그는 이런 구조 요소 하나하나

---

[4] 1~48.

에 한 가지씩 사물의 기억을 첨부했습니다.

책의 쪽 속으로 순례하면서 무엇이든 흥미로운 것을 주우면 방주의 한 곳에 핀으로 고정해 두었다가, 어둠 속에서 묵상할 때면 다시 꺼냅니다. 위그는 어른이 된 제자에게 수도사란 땅 위의 집을 떠난 사람이며, 히스토리아[5]의 모범인 노아의 방주를 가슴속에 띄운 채 히스토리아 속으로 항해하는 사람이라고 강조합니다. 위그의 방주를 청사진으로 펼쳐놓되 꼬리표를 읽을 수 있는 크기로 만들자면 넓이가 교실 한 개만 한 양피지가 있어야 방주에 첨부한 것을 모두 새겨 넣을 수 있을 것입니다.

메모리아는 숲처럼 죽어간다

저는 펜실베이니아 대학교에서 제가 가르치는 학생들에게 이 세 가지 책의 내용을 자주 읽어주었습니다. 그럴 때마다 한두 명이 정말 궁금해져서 자신의 확실성과 위그의 확실성이 어떻게 다른지 비교해보기 시작했습니다. 그러나 학생들 대부분은 회상을 기계에 맡기지 않고 온전히 사람이 하던 시대와 맞닥뜨리는 것을 피하며 학기를 보냈습니다. 이들은 숲뿐만 아니라 메모리아[6]까지 사라지는 것을 받아들이는 세대입니다.

임학을 공부하는 학생 한 명이 다음과 같은 유비를 내놓았습니다.

---

[5] historia: '역사', '이야기'라는 뜻의 라틴어로, '연구하여 배움', '배운 것을 이야기함'이라는 뜻의 고대 그리스어에서 온 말이다.
[6] memoria: '기억'이라는 뜻의 라틴어이다.

맞는 말이다. 숲은 죽어가고 있다. 하지만 처녀림은 이미 오래 전에 다 없어지지 않았나? 혼합림이라고 해서 똑같이 사멸의 길을 가지 말아야 할 까닭이 어디 있나? 나무 재배가 시작될 것이고, 재배지 안에 놀이터를 마련하도록 하는 법률이 마련될 것이다. 그러면 어린이는 지금의 위험한 숲에서보다 자연에 더 가까워질 것이다.

저의 학생이 책을 펼치면 이들은 순례를 떠나는 게 아닙니다. 녹음기 시대에 살다 보니 학생에게 역사적 날짜를 기억할 필요를 일깨워주기가 쉬운 일이 아니게 됐습니다. 게다가 기억을 생각해내는 능력을 훈련시키는 수사학 스승에게서 배운 사람은 저의 동료 중에서도 드뭅니다. 제가 기억에 대해 말하면 대부분은 기억을 기계적 암기와 메가바이트, 또는 전형典型이나 꿈과 연관 지어 생각합니다. 그들에게 파구스[7], 즉 산책하고 싶은 마음이 드는 경작지와 건물이라는 의미의 쪽은 비현실적 환상이고 무의식으로부터 탈출이지, 위그처럼 현실의 뒷면이 아닙니다. 역사를 싣는 배를 가슴에 짓는다는 생각은 이들에게 더더욱 낯섭니다.

위그의 세계와 우리의 세계가 갈라지는 것은 두 세계의 은유가 서로 다르기 때문만이 아니라 정신의 위상 자체가 서로 다르기 때문입니다. 여기서 두 가지 종류의 쪽은 두 가지 별개의 정신 공간을 비추는 거울이며 은유인 동시에, 두 정신 공간을 생성하는 근원으로 작용합니다. 그처럼 이질적인 두 정신 공간이 서로 얼마나 멀리 떨어져 있는지 확실히 알아내기 위해 각 정신 공간의 쪽을 고찰하는 것보다 더

---

[7] pagus: '동네', '지역', '시골'이라는 뜻의 라틴어이다.

나은 방법을 저로서는 알지 못합니다. 그 시대의 벨탄쇼웅[8]을 비추는 거울로서뿐 아니라 그것을 형성하는 틀로서 쪽의 얼개를 고찰할 수 있는 것입니다.

컴퓨터 시대의 이방인

그러기 위해 두 가지가 아니라 세 가지 유형의 쪽을 비교하고자 합니다. 위그가 상상 속에서 움직이고 다닌 파기나[9], 13세기부터 20세기 말까지 학자에게 익숙한 글월, 그리고 현재 워드퍼펙트나 워드스타[10] 덕분에 제가 화면상에서 관리할 수 있는 디지털 문서 파일이라는 전자 유령이 그 세 가지입니다.

 지난 20년 동안 '글월'에는 철학과 과학뿐 아니라 일상적으로 쓰는 말에서도 애매한 의미가 한 가지 더해졌습니다. 글월은 영어로 쓰인 문장, 파스칼 언어로 쓴 프로그램, 유전자에서 특징이 되는 아미노 염기 서열, 또는 새가 지저귈 때 음조의 배열을 가리키게 된 것입니다. 저는 성경 해석, 카를 크라우스, 지드, 멩켄 등의 메뉴를 두루 섭렵하며 자라온지라, 1960년대 초 일상어에서 글월의 새로운 용법에 적응하기까지 시간이 다소 걸렸습니다. 저는 영어학과가 '통신학부'에 편입되던 때에 이런 구조주의와 생물학 용법이 글월의 의미 속으로 뻗쳐 들어

---

8 Weltanschauung: '세계관'이라는 뜻의 독일어이다.
9 pagina: '쪽'이라는 뜻의 라틴어이다.
10 워드퍼펙트는 1980년대 말~1990년대 초 동안 인기를 누린 컴퓨터용 문서 작성기로, 지금은 코렐사의 코렐 워드퍼펙트에 포함돼 출시된다. 워드스타는 1978년에 출시된 컴퓨터용 문서 작성기로, 1980년대 초부터 중기까지 인기를 누렸으나 지금은 판올림을 포기한 상태이다.

오는 걸 어떻게 처음 알았는지 지금도 기억합니다.

1970년에 저는 어느 동료의 책에 머리말을 써주기로 했습니다. 내용에 동의해서라기보다 친구와 의리가 더 강했습니다. 출판사가 완성된 책을 보내왔을 때, 그가 쓴 논문의 '글월'이 제가 머리말을 쓴 뒤로 철저하게 바뀌었다는 사실에 마음이 어지러웠습니다. 저는 글로 쓰인 말을 이렇게 존중할 줄 모른다는 생각에 속상했습니다. 그로부터 10년도 더 지난 뒤 어느 파티에서 우연히 그 동료와 마주쳤습니다. 저는 그 친구가 무엇을 하고 있는지 알고 싶었습니다. 저는 그의 학과에서 초청한 손님이었으며, '무엇을 하고 있는지'라는 말은 물론 '무엇을 쓰고 있는지'라는 뜻입니다. 그의 대답은 이랬습니다. '멋진 걸 하고 있지. 문서 작성기를 샀는데, 그걸로 어떤 일을 할 수 있는지 상상도 못 할거야. 우리 책을 거기에 입력했더니 정말 만족스러운 글월을 쏟아 놓더라고.' 저는 '글월'을 쪽 밖으로 뽑아내 버린다는 데에 충격을 넘어 불쾌감까지 들었습니다.

그 순간까지 저는 제가 글월을 얼마나 신성하게 여겼는지, 그 신성 불가침함에 얼마나 깊이 신세를 졌는지 의식하지 못했습니다. 저는 그 세포 조직 밖으로 도무지 몸을 빼낼 수 없습니다. 아우구스티누스나 위그와는 달리, 저는 서양사를 커다랗게 시대별로 나눌 경우 글월에서 파생된 관념이 사회와 자연과 자아를 정의하는 시대에 태어났습니다. 저는 글월이라는 저 신성한 사물 안에 안식처를 마련하고 계곡이나 사막을 거닐듯 정처 없이 책 속을 거닐 수 있는 옛 랍비나 수도사가 아닙니다. 저는 사본과 기사와 비평서 사이에서 살아갑니다. 저는 철저히 중세 이후 세계에 속하는 사람입니다. 무엇이든 지각되는 대로 글로 묘사될 운명에 놓인 세계 말입니다.

저의 눈은 유랑하지 않습니다. 저의 눈은 글월을 받아들일 뿐입니다. 제가 소리를 내면 제가 방금 받아들인 글월이 들립니다. 위그의 시대에는 암소의 주인이 바뀔 때 거래를 맹세로 마무리 지었습니다. 한 손은 암소의 엉덩이에 대고 또 한 손은 자신의 수염이나 고환을 쥔 채 소리 내어 맹세의 말을 했습니다. 그로부터 1백 년 뒤에는 이런 거래에서 문서가 만들어질 가능성이 높았습니다. 그 거래를 확증하는 것은 행동이 아니라 사고팔 동물과 거래 당사자를 묘사하는 사물이었습니다. 물건과 사람의 관계는 이제 맹세로 소유하는 방식이 아니라 증명된 소유권으로 바뀌었습니다. 진실이 구체적 기록으로 존재하게 됐습니다. 제가 태어난 세계는 이런 세계입니다. 그래서 저는 점점 더 한때 있었던 존재가 되어갑니다. 징처 없는 글월이 화면 위에 유령처럼 나타나 편집되는 새로운 세계에서 저는 이방인이 되어갑니다.

학구적 글읽기의 종말

조지 슈타이너는 글월로 태어났기 때문에 생겨난 자아상에 이름을 붙였습니다. 그는 그것을 '학구적'인 사람들이라 부릅니다. 슈타이너에 따르면 학구는 역사적 특이점에 해당되며, 기술, 이념, 사회 기조 등이 희한하게 맞아떨어져 생겨난 정신적 기후입니다. 이것은 책을 소유하고, 소리 없이 읽거나 또 학계나 커피숍, 정기간행물 등 메아리가 퍼지는 공간에서 마음대로 논의할 수 있다는 가능성에 의존합니다. 글월과 맺는 이런 관계는 학교가 지향하는 이상이었습니다. 그러나 역설적이게도, 학교가 대다수에게 의무적이 될수록 이런 의미의 학구적인 사람의 비율은 더 줄어들었습니다. 20세기 중반에 태어난 사람 대부분에게 학교교육은 화면 위의 글월에 대비하는 과정이었습니다.

슈타이너가 볼 때 학구적 성격은 인쇄와 함께 나타납니다. 학구적 특성을 살펴보는 그의 현상학은 감탄할 만합니다. 하지만 저는 서양의 인식이 띠는 독특한 학구적 성격은 활자를 이용한 인쇄술보다 더 오래 됐다고 주장합니다. 제가 볼 때 학구적 성격은 생겨난 시기는 가시적 글월이 변이를 거쳤을 때이며, 가시적 글월이 쪽 위로 떠오르기 시작했을 때입니다. 또 그 그림자가 인쇄술보다 3백 년 전에 여기나 저기, 이 책이나 저 책, 양피지 위나 '영혼' 속에 나타날 때였습니다. 이는 대학교가 세워지기 두 세대 전, 위그가 죽던 무렵에 일어난 일입니다. 글월 자체가 여기저기서 쉴 수 있는 순례자가 됐습니다. 물품을 싣고 다니다 어느 항구에나 닻을 내릴 수 있는 배가 됐습니다. 그러나 부두에 정박하지 않는 한 읽을 수 없었고 그 보물을 내릴 수 없었습니다. 저 자신이 글월의 이런 학구적 의미에 얼마나 깊이 젖어 있는지 깨달았지만, 놀랍기는 해도 부끄럽지는 않습니다.

그리고 그런 사람이 저 혼자만이 아닌 것이 확실합니다. 사소해 보이는 경험 한 가지로 그 사실을 말씀 드리겠습니다. 제도의 언저리에서 살아오다 보니 오래 전에 포기한 것 한 가지는 속기사입니다. 이십대와 삼십 대일 때에는 사람을 불러 받아 적게 하는 것이 제게는 한 가지 당연한 방법이었습니다. 속기술이 발명된 이래로 많은 글이 이렇게 쓰였습니다. 그러다가 딕터폰이 나왔고 나중에는 컴퓨터가 나왔습니다. 속기사는 보물처럼 진귀해졌고 비서는 비싸졌습니다. 타자수는 글월 조작 기계를 운전하는 사람에 지나지 않습니다. 그리고 편집자는 플로피 디스켓을 요구합니다. 조직에 속하지 않은 사람은 손으로 쓴 것을 반드시 타자로 쳐야 됐는데, 이는 컴퓨터 사용법을 익혀야 한다는 뜻이 됐습니다.

이런 상황에서 저는 여섯 명이나 되는 가장 가까운 동료에게 컴퓨터를 사용하기 위한 최소한의 기술을 가르칠 기회를 얻었습니다. 어쨌거나 손가락 힘이 약한 사람에게 컴퓨터는 타자기에 불과합니다. 기능 몇 가지가 더 있을 뿐입니다. 그리고 초보자가 가장 먼저 익혀야 하는 기능은 '삭제'입니다. 다들 학식이 높은 독서가인 여섯 명이 '삭제' 글쇠와 처음 마주쳤을 때 어떻게 반응하는지 관찰했습니다. 모두 충격을 받았고, 그 중 둘은 실제로 메스꺼워했습니다. 범위로 선택한 문장이 사라지자마자 글자들이 당겨오며 그 공백을 메우는 광경을 이들은 하나같이 불쾌한 경험으로 받아들였습니다. 우리가 뭔가를 잊을 때에는 이런 방식으로 잊는 게 아닙니다. '복구' 명령 역시 우리가 회상하는 방식을 나타내는 비유가 아닙니다. 학구적 사고를 하는 사람이 볼 때 기계 명령어 프로그램을 짜는 사람이 인문학 비평 용어를 가져다 쓰는 방식에는 뭔가 마음 깊이 불편한 느낌이 있습니다. 화면에 나타나는 것은 **글로 쓴 것**이 아닙니다. 마그리트의 '담뱃대'가 담뱃대가 아닌 것과 마찬가지입니다.[11]

컴퓨터 화면 앞에 앉으면 문자문화 사고로 확립된 지평 너머에 사물을 대하게 됩니다. 상형문자나 마야 사본은 문자의 지평 너머에 있

---

11 르네 마그리트의 그림 「이것은 담뱃대가 아니다」를 말한다. 담뱃대 그림 밑에 '이것은 담뱃대가 아니다'라고 적혀 있는데, 이 작품에 대해 질문을 받은 작가는 다음과 같이 대답했다고 한다. '당연히 담뱃대가 아니다. 담배를 한번 재어보라.'

습니다. 그러나 역사적으로 말해 이런 고대 문자는 — 아시리아의 점토판, 피라미드의 글월, 마야의 나무껍질 문서 등은 — 저의 뒤쪽으로 시간을 거슬러 올라가는 시선의 지평 너머에 놓여 있습니다. 이런 것들은 다른 시대의 과거로 들어가는 다리의 모형이며, 잉카 사람이 안데스의 계곡을 가로질러 엮은 나무덩굴이 조지워싱턴 다리와 다른 만큼이나 저의 글월과 다릅니다. 제가 대면하고 있는 것, 제 앞에 놓여 있는 저것은 있지도 없지도 않은 파일 중에서 선택하여, 가져오고, 범위를 설정하고, 삽입하고, 삭제하고, 저장하고, 보관하고, 합치고, 범위를 풀고, 찾아가고, 넣고 빼도록 저를 길들이는 프로그램된 조합체의 나열입니다. 그리고 화면 앞에서 어느 정도 오래 시간을 보내고 나면 제가 그 영향을 받습니다. 제가 앉아 있는 방의 흙벽돌 벽과 천장의 보에 눈이 다시 적응하기까지는 얼마간 시간이 걸립니다. 저의 마누 스크립툼[12]을 컴퓨터 파일로 옮기는 데에 사용한 인공두뇌적 개념이라는 도구 상자를 내려놓자면 노력을 기울여야 합니다.

 기억을 되살린다는 것은 사물이 나타나도록 둔다는 뜻으로, 수면 밑에서부터 올라오게 두고 안개 밖으로 드러나도록 허용한다는 뜻입니다. 또한 돌아서서 갈망하는 눈으로 뒤쪽을 바라보며, 어렴풋해진 가락을 듣기 위해 귀를 쫑긋 세운다는 뜻이기도 합니다. 그것은 죽은 자들의 그림자를 불러냄으로써 그들을 되살린다는 뜻입니다. 제가 잊어버린 것들을 다시 불러내 다시 옷 입힐 때 이런 모든 비유가 통합니다. 그러나 책의 쪽을 연구하는 역사학자로서 제가 하는 행동은 이것

---

[12] manu scriptum: '(손으로 쓴) 원고'라는 뜻의 라틴어이다.

이 아닙니다. 이 부분에서 제가 의도하는 것은 과거성이 과거에 지닌 방식을 되살리는 것입니다. 저는 생빅토르의 위그의 눈에 보인 그대로의 쪽을 되찾아내고자 합니다. 쪽이 위그에게 과거를 되가져다 준 그 방식에 대한 이해를 얻고자 합니다. 그의 메모리아가 — 컴퓨터 시대의 메모리가 아닌 — 제 탐구의 주제입니다. 그리고 이 주제에 가까이 다가가려면 아르스 레겐디[13]에 관한 그의 글을 해석하는 동안 저 자신의 관찰방식을 경계하게 해 줄 학문 분야가 필요합니다.

게의 눈에 펼쳐지는 과거의 풍경

루돌프 쿠헨부흐는 현재와의 거리를 잊어버리지 않으면서 과거를 복구하는 역사편찬학이라는 학문분야를 탐색하다가 우화 하나를 찾아냈습니다. 그는 게의 눈을 통해 역사편찬학을 말합니다. 동물은 대부분 달아날 때 몸을 돌려 앞을 보며 달립니다. 게는 튀어나온 눈을 달아나는 대상에게 고정한 채 뒤로 물러납니다. 저는 컴퓨터 화면을 현재의 모습으로 삼습니다. 페니키아어, 히브리어, 쐐기문자, 상형문자로 쓴 필서는 저의 뒤로 손이 닿지 않는 곳에 있습니다. 저는 눈을 현재에 고정한 채 뒤로 움직이기 시작하면 어떤 일이 벌어질지 탐구해 보고 싶습니다. 그리고 그렇게 등 뒤가 보이지 않는 상태로 과거를 향해 물러나는 첫 단계에서 화면과 저 사이에 들어오는 것은 저의 과거 경험에서 되살아나는 것들입니다.

---

[13] ars legendi: '(소리 내어) 읽는 기술'이라는 뜻의 라틴어이다.

제가 화면에 눈을 고정한 채 뒤로 물러날 때 맨 처음 멈추는 곳은 코넬 대학교입니다. 저는 체 게바라가 살해당한 그 밤을 잊지 못합니다. 그때 저는 산아제한을 다룬 라틴아메리카의 사설 수천 편을 수집한 — 포드 재단으로부터 받은 막대한 연구 기금으로 — 마이런 스타이코스의 자료집을 연구하려고 그곳에 가 있었습니다. 그는 산아제한을 찬성하는 이유와 반대하는 이유를 분류하고자 했습니다. 저는 똑같은 자료를 가지고 코일, 루프, 알약, 콘돔이 무엇을 의미했는지 알아내고 싶었습니다. 경제적 지원이 컸던 덕분에 스타이코스는 컴퓨터도 사용할 수 있었습니다. 저는 얼마 안 되는 저의 포트란 지식을 총동원하여 밤을 꼬박 새우면서 다시 프로그램했습니다.

이렇게 저는 컴퓨터를 처음으로 경험했습니다. 잠도 자지 못하고 혼자 전산실에서 보낸 그 밤과 나중에 전산실 기사와 나눈 대화를 지금 회상해 보면 한 가지가 뚜렷해집니다. 지금 제가 당연하게 생각하는 문서 작성기가 25년 전에는 이상향의 이야기는 아니었지만 그렇다고 누구나 쉽게 상상할 수 있는 것도 전혀 아니었습니다. 정보이론이 일반 대화 속에 흠뻑 젖어들기 시작했음이 확실합니다. 자연과학과 사회과학에 시스템 분석이 도입되기 시작한 뒤였습니다. 학계에서는 인공두뇌 기술이 이미 유행했습니다. 그러나 신문에서 이런 새로운 용어를 쓸 경우 아무런 설명이 없으면 솔직히 무슨 말인지 도무지 알 수 없었습니다.

만일 제가 컴퓨터 단말기 앞에서 일어서서, 뒤로 돈 다음 60년대 중반을 향해 — 저의 기억 속에서 — 걸어간다면, 원고를 워드퍼펙트에 쳐 넣을 때 쓰는 저 특별한 안경을 어김없이 걸치고 있을 제 모습이 나타날 것입니다. 그때 이후로 읽은 여러 책을 지나칠 것입니다. 펜로즈나 모라벡의 책, 또는 촘스키가 만년에 또 초기에 쓴 책 모두, 그리고 푀르스터나 그 제자인 바렐라와 마투라나를 처음 접한 때를 지나칠 것입니다. 사물을 제가 어떻게 지금처럼 보게 됐는지를 주의 깊게 관찰할 것입니다. 제가 현재 지니고 있는 개념과 지각 표상의 사회적 발생을 알 수 있는 자료를 모을 것입니다.

그러나 뒤로 돌지 않고 게처럼 뒤로 물러나면 저의 관심은 주로 저의 세계가 그때 어떠했는지에 집중됩니다. 이 학문 방식은 저의 세계를 이루는 것들이 산산조각 나고 흩어져 사라지는 때의 놀라움을 회상하는 것으로써 이루어집니다. 저는 앞으로 걸어가는 시선으로 과거의 순간을 쳐다보지 않으려 하며, 게와 같이 뒷걸음질치는 시선으로 현재를 파악하고자 합니다. 1960년대 중반에 글월은 더 이상 학구적이지 않게 되었지만 그래도 본질적으로 종이 및 인쇄와 연관돼 있었습니다.

더욱 더 뒤로 물러나 1950년대 말로 들어가면 컴퓨터 화면은 시야를 벗어납니다. 제 마음의 지평에서 어렴풋이 반짝이는 점 하나만이 제가 뒤로 물러나기 시작했을 때 대면하고 있던 컴퓨터 단말기를 나타내고 있을 뿐입니다. 그 당시 대학교에서 통신학과를 진지하게 받아들인 사람은 아무도 없었습니다. 푸에르토리코 남부 해안에 있는 어느 해산물 식당에서 그곳을 방문 중이던 생물학자 몇명과 저녁 시간을 보냈던 때를 기억합니다. 이들은 유전학에 관한 협의회 때문에 와 있었는데, 유전자 속에 글월로 매겨져 있는 정보에 대해 이야기했습니다. 저는 이들이 무슨 말을 하는지 이해했습니다. 통신문의 문자열과 생물학적 변이가 서로 놀라우리만치 유사했기 때문입니다. 그러나 중세학자로서 애초부터 뭔가 섬뜩한 것이 있었습니다.

이 사람들이 정말로 자연이라는 책에 적힌 초현미경 수준의 글월을 말하고 있는 것일까? 이런 기괴한 글월은 누구 보라고 쓴 것일까? 이런 이상한 은유를 받아들여야 하는 불편한 마음이 해소되기까지는 오랜 세월이 걸렸습니다. 쓴 사람도 없고 읽을 사람도 없으며 해석할 사람도 염두에 두지 않은 문자의 나열을 가리켜 '글월'이라고 표현한 게 분명합니다. 이들은 '쓰기'와 '읽기'를 사람이 아니라 사물이 수행하는 기능으로서 말했습니다.

과거의 무구한 풍경 속으로 게처럼 뒷걸음질로 기어가면서 가장 먼저 지나치는 이 두 지점을 생각하다 보면 저는 그 다음 지점에서 멈추고 싶은 유혹이 일어납니다. 그것은 언어를 하나의 부호로 연구할 수 있다는 관념을 처음 마주했을 때입니다. 1940년대 말 제 자신의 사고의 틀을 회상하고 동료들에게 그들 자신의 사고의 틀을 되새겨주면, 그때와 지금의 두 정신 공간 사이의 깊은 심연을 묘사하고 분석에 나설 만큼 현재로부터 충분한 거리를 둘 수 있을 것입니다. 이렇게 하면 제 관심은 글월의 새로운 용법이 생겨나면서 기술이나 과학 담론에 끼친 영향이 아니라 주로 대중의 사고에 어떤 방식으로 영향을 끼쳤는지에 집중될 것입니다. 거룩한 기호로 작용하는 함축적인 것들, 예컨대 '컴퓨터'의 상징적 영향이 저의 주요 관심사로 자리 잡을 것입니다.

그러나 이 자리에서는 그런 분석을 할 수 있는 올바른 분위기를 만들어내고자 할 뿐입니다. 이 목표는 신기술이 어렴풋이나마 비슷한 효과를 띠었던 더 먼 과거로 돌아가는 방법을 통해 달성하고자 합니다. 서기 1200년에 있었던 쪽의 변화를 해석하는 일이 역사학자에게 얼마나 어려운지 안다면 가까운 과거에 초점을 맞추는 사람들은 위안과 용기를 얻을 수 있을 것입니다. 학구적 글읽기 시대가 끝났다고 보는 지점을 조명하기 위해, 대학교가 생겨나기 직전의 시점까지 여전히 게처럼 뒷걸음으로 물러나 그 시작점을 다시 한 번 쳐다보고자 합니다.

12세기에 사라진 독서법

발터 베냐민은 '역사의 천사'라는 유혹적 이미지를 만들어냈습니다. 이 천사는 뒤돌아서서 시간의 질풍에 마주 섭니다. 그는 질풍에 뒤로 밀려 현재 속으로 들어갑니다. 그리고 이 천사의 흔들림 없는 눈앞에 시간의 잔해가 펼쳐집니다. 저는 게가 되어 정확하게 그 반대 방향으로 움직입니다. 제가 출발한 현재가 제 앞에서 흔들림 없이 그대로 있는 동안, 제가 지닌 확실성이 제가 뒷걸음치는 풍경 속으로 하나씩 하나씩 사라집니다.

로마네스크 양식의 안뜰이 고딕 양식의 정문으로 바뀌는 무렵 저의 등에 문 하나가 와 닿으면서 열리고, 저는 그 문 너머까지 가서 멈춰 섭니다. 이는 리처드 서던이 유럽시대 내지 현대시대로 들어가는 경첩시간이라고 이름 붙인 순간이지만, 저는 그보다는 책의 한 쪽이 다음 쪽으로 넘어가는 것으로 보고 싶습니다.

실제로 저는 저의 게 엉덩이에 열린 문을 필사본의 쪽으로 상상하는 편을 좋아합니다. 이렇게 하면 제가 공상을 계속할 수 있기 때문입니다. 제가 뒷걸음질을 멈춘 그 로마네스크 양식의 수도원에는 두 가지 사물이 저의 눈앞에 있습니다. 하나는 제가 뒷걸음질로 열어놓은 문입니다. 그 옆에는 그 이전 시대의 수많은 쪽이 놓여 있습니다. 그리고 열린 문 사이로 아득한 곳에서 점 하나가 여전히 형광을 내뿜고 있는 것이 보입니다. 자제력을 발휘하여 게의 자세를 계속 취한 채 저는 저 너머에 놓여 있는 두 개의 '글월'을 계속 마주하는 한편 제가 다다른 시대에 맞는 위그의 파기나를 관찰합니다. 이런 학문 방식은 제가 지금 고찰하고 있는 글월을 전자적 범주와 학구적 범주 모두로부터 멀리 떼어놓는 데에 도움이 될지도 모릅니다.

위그는 책읽기는 탐색이며 일종의 순례라는 문장으로 시작합니다. 책읽기는 그의 눈을 비춰 줄 등불을 찾는 행위입니다. 위그의 책을 읽는 동안 저는 그가 성가대석에 앉아 스테인드글라스의 장면이 동이 트며 드러나기를 참을성 있게 기다리는 모습이 보입니다. 낱말에서도 빛이 나옵니다. 낱말에는 황금색 바탕에 그려진 이 시기의 축소 인물상처럼 나름의 광휘가 있기 때문입니다. 인쇄기가 처음 나왔을 무렵, 르네상스 미술 작품 속 인물을 비춰주기 시작한 그림 속의 빛은 위그 시대의 것이 아닙니다. 우리라면 '학문 분야의 시각'이라 부를 법한 것을 그 형식의 빛 아래[14]라고 말한 13세기의 토마스 아퀴나스는 이미 그것을 이해하고 있었습니다. 그러나 그와는 달리 위그는 스스로 불이 켜지는 낱말을 제자의 가슴에 심어주고 싶었습니다. 학생이 보물을 암기하게 하고 싶었습니다. 낱말을 올바른 곳에 두면 히스토리아 안

---

[14] 라틴어 원문은 "lumen formale sub quo"이다.

에 짜고 엮어 넣을 수 있습니다. 잘 암기하면 낱말이 의미의 유추 속에서 서로를 밝혀 줍니다.

거인족과 뒤섞인 인류에 대한 창조주의 진노에서 살아남은 것은 모두 노아의 방주 속에 자리가 마련됐습니다. 이처럼 책은 방주로 볼 수 있습니다. 그런 다음 가슴에 책을 품습니다. 12세기에는 이것을 깨우치는 방법이 많았습니다. 우리는 가슴속에 받아들인 것을 잘 지켜야 그것이 더럽혀지지 않습니다. 붓을 대기 전에 물감이 잘 흡수되도록 가슴의 표면을 부드럽게 해야 합니다. 이렇게 남긴 붓 자국은 아무도 지울 수 없을 것입니다. 양피지에 남긴 붓 자국처럼 주머니칼로 파내려 해도 구멍을 내지 않고는 파낼 수 없을 것입니다. 색을 여러 겹으로 입히고 잘 다듬어 반짝반짝 빛나도록 해야 합니다.

아르카는 '거룻배', '궤'라는 뜻입니다. 낱말 같은 사물을 넣어 두는 그릇입니다. 외적인 책은 모디 쿰 사피타 에스트 렉시오 니시 글로삼 수마트 엑스 코르데[15], 즉 '가슴에서 나오는 소리를 (또는 "그 혀를"로도 옮길 수 있다) 얻지 않으면' 거의 아무런 맛도 없습니다. 위그는 글을 따라 걸으며 주워 올린 것을 귀로 듣고 입으로 맛을 봅니다. 그의 입술이 마치 수금의 줄처럼 보체스 파기나룸[16], 즉 쪽에 담긴 목소리를 끌어냅니다. 위그와 같은 시대를 산 사람 중에는 사물과 낱말을 확연하게 구별하고자 한 사람도 있지만, 위그의 글에서는 그 구별이 아직 애매합니다. 그는 입으로 소리 내어 읽으면서 입술과 혀에 남는 그 감각을 '꿀보다 더 단맛'으로 묘사합니다. 위그는 아우구스티누스를 비롯한 교

---

[15] 라틴어 원문은 "modi cum sapita est lectio, nisi glossam sumat ex corde"이다.
[16] 라틴어 원문은 "voces paginarum"이다.

부들이 시작한 웅얼웅얼 소리 내고 명상하고 음미하고 듣는 글읽기 전통의 끝자락에 서 있습니다. 이와 같이 수도원의 예전적 글읽기를 통해 계발된 메모리아를 이와는 다른 또 한 가지 메모리아와 구별해야 합니다. 즉 정치가와 법률가를 훈련시켜 장광설과 논쟁에서 말하는 법을 가르친 로마의 수사학 교사들이 길러낸 고전적 메모리아와 혼동하면 큰 실수가 될 것입니다. 중세의 메모리아를 키케로의 가르침과 구별하여 이해할 때만 1200년 무렵 그 끝자락에 이르렀을 때를 제대로 이해할 수 있을 것입니다.

세 가지의 쪽

위그는 제가 알기로 자기 시대의 글읽기를 넘어 멀리까지 내다본 최초의 저술가입니다. 그는 글읽기를 세 가지로 구분하는데, 내 귀를 위한 글읽기, 남에게 들려주기 위한 글읽기, 그리고 책의 쪽을 말없이 명상하는 글읽기가 그 세 가지입니다. 게처럼 앉아 있는 저의 시야에는 열린 문처럼 펼쳐진 그 다음 세기의 쪽, 그리고 1142년 위그가 죽기 전 쓰인 저 쪽이 그와 대비되어 나타나 있지만, 이 세 번째 종류의 책 읽기를 위그가 어떤 방식으로 했을지는 여전히 수수께끼입니다.

중세 초기와 중기의 쪽은 쳐다보는 것만으로는 그 뜻을 이해할 수 있도록 되어 있지 않습니다. 운동 감각을 동원해야 해독할 수 있습니다. 줄과 줄 사이의 공간에 주석이 끼어듭니다. 이 쪽과 그 다음 쪽이 비슷해 보입니다. 문단 나누기는 드뭅니다. 제목은 별로 도움이 되지 않습니다. 지금 제가 쳐다보고 있는 바로 이 필사본에서는 물리적으로 어느 지점으로 돌아가 제가 기억하는 문장을 찾을 수 있을 것입니다. 그러나 하나의 '글월' 안에서 시각적 기준을 정할 수 있도록 필서 기법 차원에서 도움을 주는 것은 거의 없습니다. 위그가 소리 없이 명상한 그 파기나는 그가 육체의 눈으로 보는 사물이 아니라 그의 마음속에 떠 있는 방주였으리라고 상상하지 않을 수 없습니다. 그는 그 안에 걸어둔 특정 문장을 찾아내려면 그 안의 어느 방으로 가야 할지, 어느 문의 상인방上引枋을 보아야 하는지 알고 있었습니다.

그보다 1백 년 뒤에 쓰인 쪽을 들여다보면 완전히 다릅니다. 쪽은 시각적으로 정리된 글월을 받치는 바탕이 되었습니다. 이제 쪽은 물체를 두는 저장소도 아니고 낱말이 열리는 덩굴을 받치는 과수시렁도 아니게 됐습니다. 저를 향해 열린 저 문 위에 펼쳐져 있는 쪽은 꼼꼼하고 가지런하게 정리되어 구성됐는데, 여남은 가지의 혁신적 기법이 한 데 어우러진 결과물입니다. 문단, 들여쓰기, 제1 …… 제5 등 개요에 번호 매기기, 주석을 깨끗이 없애버린 행간 등을 보았다면 위그는 깜짝 놀랐을 것입니다.

별표나 당초문양은 주석이 들어간 곳을 가리킵니다. 본문은 큰 글자로 쓰였습니다. 난외주가 들어갈 자리를 남길 경우 본문이 얼마나 들어갈지를 필경사가 쪽마다 꼼꼼하게 계산한 게 분명합니다. 저자의 말과 구별하기 위해 인용문은 붉은색인 진사辰砂로 썼습니다. 첫 쪽에서는 장 번호나 심지어는 절 번호까지 표시한 목차를 볼 수 있습니다. 제목과 부제가 도드라져 보입니다. 책의 끝부분에는 인명뿐 아니라 사물까지 알파벳순으로 나열한 찾아보기가 붙기도 합니다. 위그 세대의 사람이라면 낱말의 첫 글자에 따라 사물의 순서를 정한다는 생각을 괴상하다고 여겼을 것입니다.

　우리로서는 이해하기 어렵겠지만, 달이나 요일, 번지 등을 알파벳순으로 나열해 놓으면 우리도 울컥할 것입니다. 그러나 우리는 또 글읽기가 늘 이곳에서 저곳으로 구불구불 이어지는 순례 여행이던 사회에서 순차적이 아닌 임의접근 방식이 얼마나 새로웠을지를 염두에 두는 것에서도 어려움을 겪을 것입니다. 이 두 가지의 쪽을 나란히 놓고 보면 볼수록 여기서 가시적인 어떤 것의 탄생이 더 분명하게 보입니다. 그것은 한눈에 받아들여지게끔 글로 고정된 말의 짜임새입니다. 이제 글월은 이런 저런 표지 안에서 구체적으로 체현된 모습과는 별개로 실제로 존재하는 대상물로 떠올리고 상상하고 생각할 수 있게 됐습니다.

글자로 프로그램된 세계

저는 역사의 천사와는 반대로 움직여 글월이 태어난 시점에 다다랐습니다. 글월이라는 관념은 알파벳이라는 관념에 비견할 수 있습니다. 일단 발명되자 알파벳은 그 자체로 존재하게 됐습니다. 바퀴라든가 말의 가슴걸이, 배의 용골에 다는 키처럼 일단 생겨나면 완성되는 종류에 속합니다. 아주 많이 개선될 여지가 없습니다. 그러나 전혀 기대하지 못한 방식으로 사용될 수 있습니다. 시각화된 글월을 만드는 질료가 됐을 때 글자에 일어난 일이 바로 이것입니다. 그리고 글월은 쪽을 벗어난 뒤로 강력한 은유로 남았습니다. 그리고 옛적에 글자가 새로운 존재물이 만들어지는 질료가 된 것과 마찬가지로, 글월은 이제 완전히 새로운 일련의 개념이 생겨나는 질료가 됐습니다.

물리학에서 막스 플랑크는 책을 세계의 은유로, 또 자연을 '읽는' 사람을 과학자의 은유로 되살려냈습니다. 그는 물리학자를 고고학자에 비유했습니다. 읽는 사람에게 무엇을 드러내려는 의도도 없고 감추려는 욕망도 없이 완전히 이질적인 문화가 남긴 흔적을 이해하려 애쓰는 사람인 것입니다.

글쓰기를 더 이상 은유가 아니라 설명을 위한 비유로 사용한 최초의 사람은 유대인 이민자 에르빈 슈뢰딩거로 역시 물리학자입니다. 더블린에서 지내던 1943년에 그는 유전 물질은 안정된 글월이라 생각하면 가장 이해가 쉬우며, 간혹 변이가 나타날 때 글월의 변이로 해석해야 한다고 했습니다. 물리학자로서 슈뢰딩거는 이 생물학 모형을 제시하면서 완전히 자신의 영역 밖으로 나왔습니다. 그로부터 채 몇달이 지나지 않아 생물학자 에이버리가 게놈을 박테리아 안에 '삽입'할 수 있다는 것을 처음으로 보여주었는데, 필사본의 본문에 주석을 넣는 것과 거의 비슷했습니다. 이제 수태 순간의 우리 개개인을 하나의 원문으로 떠올릴 수 있게 됐습니다.

슈뢰딩거의 생각은 적어도 1200년 무렵에 있었던 필서 혁명만큼 글월 관념에 영향을 주었습니다. 그는 뭔가 새로운 것을 성립시켰는데, 지성에 기인하지도 않고 지성을 대상으로 하지도 않으면서 효력을 발휘하는 '글자'의 나열이 그것입니다. 슈뢰딩거 이후로 '글월'은 하나의 과정이 구성될 때 결정 요소로 작용하면서 의미도 전후관계도 없는 프로그램이 됐습니다.

읽는다는 행동을 통해 의미가 부여되기로 되어 있던 글월이 이처럼 글쓴이가 없는 명령어로 재구성된 때문에 의미론적으로 특별한 여파가 일어났음을 가장 먼저 이해한 사람은 에르빈 샤르가프였습니다. 그는 '핵산'을 처음으로 분리해낸(1869년 미셔) 1백 주년을 기념하면서, 에이버리의 실험에 비추어 슈뢰딩거를 읽으면서 '나는 어렴풋하나마 눈앞에서 아주 대략적으로 적힌 생물학의 "문법"을 보았다'고 말합니다. 슈뢰딩거의 물활론적 유비를 설명적 모형으로 바꿔 놓으면 살아 있는 자연의 변이성을 기호화하는 데 네 가지 '염기'로 — 아주 여러 가지 '글자'가 아니라 — 충분할 거라는 점을 샤르가프는 이해했습니다.

생물학의 이 새로운 언어로 인해 생겨난 두 가지 상징적 여파를 제가 이해할 수 있게 해 준 사람 또한 샤르가프입니다. 첫째, 문맹 퇴치라는 저 악몽이 지금은 유기 세포가 서로를 '읽어내는' 능력에 닻을 내리고 있다는 사실입니다. 둘째, 이제부터 진보는 사람이 자연이라는 책을 되프로그램한다는 뜻이라는 것입니다. 이 말과 함께 저 게는 로마네스크의 쪽과 고딕의 쪽 사이에 서 있는 문으로 뛰쳐나와 다시 컴퓨터 앞에 떨어졌습니다.

컴퓨터, 인공두뇌의 꿈에서 깨어나기

과학기술 사회를 통한 과학 사업단이 주최한
'기술 문자문화'에 대한 제2차 전국 과학기술 사회 협의회 강연
미국 워싱턴시 펜실베이니아 주립대학교
1987년 2월

교육자, 공학자, 과학자가 모이는 이 협의회에서 이번에 두 해째로 기술 문자문화[1]가 의제로 올랐습니다. 올해의 주제는 기술과 상상입니다. 상상은 밤낮으로 활동합니다. 저는 사람들이 네온 불빛[2]에 파묻혀 지내는 낮 동안의 상상에 대해 말하고자 합니다. 누구나 약간은 해커가 된 것 같은 기분을 주는 자판이나 분기 명령, 그래프 등에 관한 사소한 능력에 대해서는 간접적으로만 언급하려고 합니다. 쓸모가 있기는 하겠지만, 저는 주로 이런 종류의 유사 문자문화를 프로그램된 세계에서 유머 감각을 유지하기 위한 조건쯤으로 생각합니다. 저는 컴퓨터라는 기계와 그것의 인공두뇌적 논리는 어렴풋이 꿈같은 정신 상태를 유도한다는 범위 안에서만 다룰 것입니다. 저는 컴퓨터 시대에

---

[1] 문자문화에 대해서는 219쪽의 본문 참조.
[2] 컴퓨터 화면의 빛을 말한다.

깨어 있을 방법에 관심이 있습니다.

컴퓨터의 불길한 능력

한 가지의 기술이 인간의 조건에 영향을 주는 방식을 세 가지로 구분하면 도움이 됩니다. 기술적 수단은 첫째, 기술자의 손에서 도구가 될 수 있습니다. 기술자가 작업을 맡으면 그 작업을 위해 도구를 고르고 개량하고 적용합니다. 두 번째 방식에서는 도구가 어떤 식으로 사회적 관계에 영향을 미칩니다. 전화가 일반화된 사회에서는 여전히 '신뢰'라 부르기는 하지만 실제로는 새로운 ― 말은 하지만 얼굴은 볼 수 없는 사람들에 대한 ― 뭔가가 생겨납니다. 끝으로, 도구는 모두 그 자체가 인간의 사고에 영향을 주는 강력한 은유가 되는 경향이 있습니다. 이는 벽시계도 모터도 엔진도 마찬가지입니다. 알파벳 기호로 가득한 책의 쪽도 이진 비트로 이루어진 문자열도 마찬가지입니다. 도구의 효과 중 앞에서 말씀드린 두 가지, 즉 기술적 이용과 그것이 사회 구조에 가져오는 부수적 결과는 오늘 이 자리에서는 다루지 않기로 합니다. 저는 지배적 은유로서 인공두뇌학에 초점을 맞추고자 하며, 사고를 압도하는 장치로서 컴퓨터를 말하고자 합니다.

하지만 본론에 들어가기 전에 한 가지를 더 분명히 해 두고자 합니다. 저는 컴퓨터의 이 불길한 능력에 대해 일반적이거나 세계적 차원에서 말하는 게 아닙니다. 저는 11년 동안 매일 세 시간씩 한자를 배운 일본 어린이에게 하나의 은유로서 컴퓨터가 무엇을 하는지 말하는 게 아닙니다. 저는 우리의 논의를 특정 정신 상태, 즉 1천 년이 넘게 알파벳과 알파벳 글월에 의해 하나의 지배적 은유로서 형성된 서양, 특히 유럽의 정신 공간과 인공두뇌적 은유가 맞물리는 자리를 향해 진행하고자 합니다. 이렇게 한정하는 데는 세 가지 이유가 있습니다. 첫째, 제가 아는 것이 주로 역사에 대한 것이기 때문입니다. 둘째, 중세 이후 유럽 특유의 검토되지 않은 공리가 알파벳 때문에 생겨났을 거라는 관점에서 알파벳 기호의 기능을 연구하고 있기 때문입니다. 셋째, 여러분과 함께 사회학적이 아닌 문학적·역사적 현상으로서 컴퓨터라는 은유가 미치는 영향을 논의하고 싶기 때문입니다.

현실에서 유리된 인공두뇌적 꿈

고전 과학은 자연을 논하는 낱말의 소리를 기록한 사람들이 만들었습니다. 수천 년 동안 소리 없는 추상 개념을 그림으로 표현한 중국인이 만든 게 아닙니다. 최근까지도 자연과학자는 무엇보다도 문학적인 사람이었습니다. 현대 과학은 따라서 밀먼 패리나 월터 옹이 말하는 의미의 문자문화 사고에서 생겨난 부산물입니다. 튜링의 만능기계는 저 운명의 해인 1932~1933년에 이 정신 공간 내에서 하나의 특이점으로 나타납니다. 저는 노버트 위너가 제안한 인공두뇌적 은유가 알파벳 사고의 정신적 위상에 어떻게 영향을 주었는지 탐구할 것을 제안합니다. 저는 문자문화 사고 특유의 지각 작용과는 대비되는, 컴퓨터에 압도된 정신 상태에서 현실에서 유리된 방식으로 이루어지는 지각작용에 대해 설명하고자 합니다.

인공두뇌적 은유에 취해 있는 사람들 사이에서 이루어지는 이런 방식의 이해와 소통을 나타내기 위해 모리스 버먼은 훌륭한 용어를 만들어냈습니다. 그는 이런 상태를 '인공두뇌적 꿈'이라 부릅니다. 여러분 중에는 버먼이 1981년에 내놓은 책 『세계에 다시 마법을 걸다』를 읽고 그를 아는 사람이 많을 것입니다. 지금은 '역사의 신체'에 대한 책을 쓰고 있는데, 『인본주의 심리학 저널』에 실린 글을 보면 얼마나 매력적인 책일지 느낄 수 있습니다.

버먼은 고전 시대의 문자문화 사고를 형성한 저 암묵적인 확실성이 흐려지는 상황을 인식합니다. 그는 의식 및 관찰이 이루어지는 여러 가지 대안적 방식을 찾아내려는 갖가지 시도에 관심을 집중합니다. 이런 갖가지 방식은 대부분 ― 어떤 식으로든 ― 스스로 '뉴에이지'라는 커다란 범주 안에 자리를 잡고 있습니다. 또 버먼에 따르면 이들에게는 대부분 한 가지 공통점이 있는데, 그것은 추종자에게 인공두뇌적 꿈에 빠지도록 권장한다는 것입니다.

이 책에서 버먼은 환상에서 깨어난 과학자로 행세하며 최근 일반 대중에게 큰 영향을 미치는 북아메리카의 몇몇 저자를 검토한 끝에 저렇게 결론을 내립니다. 그는 더글러스 호프스태터, 프랭크 캐프라와 켄 윌버, 제러미 리프킨, 루퍼트 셀드레이크 등이 언어, 논리, 어투에서 보이는 크나큰 차이를 인식합니다. 또 입체영상적 사고의 틀, 형태 형성의 장, 실시간, 숨은 질서 등 각 저자가 즐겨 사용하는 용어를 능숙하게 설명합니다. 그리고 이들 모두가 베이트슨마저도 ― 만년에 이르러 ― 신체를 일원론적 정신 과정의 일부로 분류하면서 빠졌던 함정에 똑같이 뛰어들고 있음을 설득력 있게 논합니다.

이들은 '현재의 과학' 또는 '과학 기득권층'의 의식은 기계론적이고 경험론적이며 가치 관념이 없다고 보며, 그런 의식과는 달리 현실을 인식론적으로 접근할 방법을 제공한다고 주장합니다. 그러나 버먼에 따르면 이들은 실제로 그것을 제공하려는 행동은 아무 것도 하지 않습니다. 이들은 저마다 표현은 달라도 모두 정보이론과 관련된 또 다른 여러 개념을 연결하여 순전히 형식적이고 추상적이며 실체 없는 기준을 만들고 자신의 사고 속에서 벌어지는 것을 이 기준과 동일시합니다. 이런 정신 상태를 가리켜 버먼은 '인공두뇌적 꿈'이라 부르는 게 가장 어울린다고 생각합니다. 이는 사고를 어떠한 상황에도 순응하는 상태로 만듭니다. 버먼이 볼 때 인공두뇌적 꿈은 기계론적 과학 3백 년의 논리가 고스란히 열매 맺은 것입니다. 저는 이것이 하나의 '특이점'에 ― 블랙홀이 시공간에서 하나의 특이점인 것과 마찬가지로 ― 해당된다고 봅니다.

건널 수 없는 심연

버먼은 수전이라는 친구의 이야기를 들려줍니다. 너무나 인상적이어서 자세히 설명하지 않을 수가 없습니다. 수전은 북부 플로리다의 고등학교 교사입니다. 대다수 학생이 집에 컴퓨터를 가지고 있습니다. 수전이 과제를 내주면 학생들은 집에 있는 컴퓨터로 달려가, 과제의 핵심어를 입력하여 정보은행에서 자료를 꺼내고 하나로 엮어 교사에게 과제물을 제출합니다.

어느 날 오후, 프랭크라는 학생이 방과 후 수전과 함께 학교에 남았습니다. 그 주의 과제는 사하라 남부의 가뭄과 굶주림이었습니다. 프랭크는 수전에게 컴퓨터의 출력물을 계속 보여주려고 했고, 어느 시점에 수전이 프랭크의 발표를 중단시키며 이렇게 말했습니다. "프랭크, 그래서 너는 어떤 느낌이니?" 프랭크는 수전을 잠시 쳐다보다가 대답했습니다. "무슨 말씀인지 모르겠는데요." 이 순간 수전과 프랭크 사이에 가로놓인 심연이 드러납니다. 미셸 푸코라면 인식론적 단절이라는 말로 표현했을 것입니다. 수전과 프랭크의 사고의 차이를 간단히 설명하겠습니다.

수전에게 진술은 하나의 발언입니다. 발언 뒤에는 하나하나 말하는 대로 의미하는 누군가가 있습니다. 그리고 수전은 그 의미를 어떻게 구체화할지에 대한 느낌이 없이는 그 어떤 것도 말할 수가 없습니다. '절망적인 굶주림'이라고 또박또박 표현할 때 수전은 뭔가를 느낍니다. '33'을 가지고 설명할 때에는 그런 느낌이 없습니다. 따라서 수전에게 문장을 이루는 낱말은 다른 사람의 감정으로 이어지는 다리를 이루는 널빤지나 같습니다.

프랭크에게 낱말은 정보 단위입니다. 이것을 꿰어 하나의 통신문을 만듭니다. 중요한 것은 거기에 담긴 주관적 함축이 아니라 객관적 일관성과 지시의 정확성입니다. 그는 추상 관념을 연산하고 자료의 용도를 프로그램합니다. 그의 인식은 머릿속에 갇혀 있습니다. 프랭크는 잉여와 잡음을 통제합니다. 감정과 의미는 불안과 공포와 격정을 일으키며, 따라서 이런 것을 낮은 수준으로 유지하면서 냉정을 유지합니다. 문서 작성기는 그의 인식 방식을 찍어내는 본형입니다. 프랭크에게 감각은 '지각체'이며 자아는 '수용체'입니다.

수전은 (이제 하나의 이상형으로 볼 때) 지각적으로 체화된 자아입니다. 그녀의 발언은 살과 피의 덩어리에서 솟구쳐 나오며, 그녀가 말한 모든 것을 삼켜버리는 감정과 의미의 숲에서 솟구쳐 나옵니다. 수전이 교사일 수 있는 이유는 의미와 감정을 절제하되 그 질을 떨어뜨리지 않기 때문입니다. 크나큰 고통을 견디며 내면의 데카르트와 내면의 파스칼이 서로 감시하여, 몸과 마음, 영혼과 육체, 논리와 감정이 서로 균형을 이루기 때문입니다.

제가 볼 때 프랭크는 이 순간 지각 상태와 정반대를 나타내는 표상입니다. 그는 스스로 감정의 늪으로부터 거리를 두었습니다. 그는 공중으로 떠올라, 밀도 높은 대기 밖으로 나가, 중력이 없이 자유로운 우주에서 유영하는 법을 배웠습니다. 그는 컴퓨터에 접속되어 있고 가동형 사고[3]라는 저인망에 갇혀 있습니다. 튜링의 공식에 따라 그는 인공두뇌적 꿈에 빠졌습니다. 그는 사하라 남부의 사헬 지역을 비행하며 메마른 지구와 죽어가는 낙타를 바라보고 절망과 적의가 퍼져나가는 것을 감지할 수 있습니다. 그의 정신은 걸러 내버린 저런 신호는 왜곡하지 않는 카메라와 같습니다. 프랭크는 자신이 하나의 '글월'로 작성한 장면에 수전이 성적을 매겨주기를 바랍니다.

수전과 프랭크는 모두 인격체입니다. 이들은 현재 자신의 정신 상태에 책임이 있습니다. 수전은 낭만적 감상과 명석한 비판 사이로, 어지럽고 민감한 여러 함축적 선택 사이로 나아가, 전통적 계보의 저자들을 택하여 그 안에 자신의 은유가 어울려 들어가기를 바랍니다. 말할 때에는 글로 적힌 낱말을 사용하며, 생각이란 사물을 말없이 명확하

---

[3] operational thinking: 꿈이나 환상, 상징 같은 것과 유기적으로 연계되지 않은, 기계적 가동 상태만을 유지하는 유사 의식 상태의 사고를 말한다.

게 설명하는 방식의 하나입니다. 이처럼 끊임없이 알파벳을 참조하기 때문에 수전은 문자문화 이전의 사람들과 다르지만, 그와는 아주 다른 방식으로 프랭크와도 다릅니다. 프랭크 역시 자신이 하는 행동에 책임이 있습니다. 그는 자신의 행동을 가리켜 인공두뇌적 은유를 사용할 수 있습니다. 모형에 반영하는 부분보다 놓치는 부분이 더 많은 분석 도구로서 말할 때 그렇습니다. 그는 인공두뇌적 은유를 우스개로 사용할 수 있습니다. 에리히 프롬이 마음의 소화관에 대해 말하는 것처럼 프랭크는 똥입똥출[4]에 대해 말할 수 있습니다. 하지만 그는 또한 허술해질 수도 있습니다. 그래서 인공두뇌적 은유가 다른 모든 것을 삼키도록 내버려두다가 마침내는 버먼이 말하는 인공두뇌적 꿈의 상태로 들어갈 수도 있습니다.

인터페이스, 얼굴 없는 만남

이 두 가지 사고방식이 서로 대립되면 둘 다 이념으로 굳어질 수 있습니다. 저는 수전처럼 문자문화가 인공두뇌를 반대하는 이념이 된 사람을 여럿 보았습니다. 이들은 컴퓨터에 대한 말이 나올 때마다 그리스도교 근본주의자가 공산주의를 대할 때와 같은 반응을 보입니다. 컴퓨터에 반대하는 이런 근본주의자에게는 컴퓨터의 나라로 여행을 떠나 컴퓨터를 조작하며 약간의 재미도 느껴보는 것이 이 시대를 살며 제 정신을 유지하기 위해 꼭 필요합니다.

---

[4] shit-in, shit-out: 자료의 질이 나쁘면 결과물의 질도 나쁠 수밖에 없다는 뜻의 속어.

여러분 중에는 컴퓨터 문자문화를 연구하면서 컴퓨터가 또한 우리를 마비시키는 컴퓨터의 마법을 몰아내는 중요한 수단임을 가끔씩 잊어버리는 사람도 있습니다. 그러나 저는 또한 이 마법에 걸려 좀비로 변해버린 프랭크 같은 사람도 많이 알고 있습니다. 이런 위험에 대해서는 일찍이 모리스 메를로퐁티가 거의 30년 전에 뚜렷하게 내다본 바 있습니다. 그때 그가 한 말을 인용합니다. '인공두뇌는 하나의 이념이 됐다. 이 이념에서 인간의 창조는 자연의 정보 처리에서 파생되며, 다시 컴퓨터로서의 인간이라는 모형을 바탕으로 이해된다.' 이런 정신 상태에서 과학은 몽상을 통해 '몇몇 추상 지표를 바탕으로 인간과 역사를 구성'하며, 이런 꿈꾸기에 관여하는 사람에게 '현실 속의 인간은 스스로를 피조작체라 생각하는 그 존재가 된다.'

앞서 저는 수전과 프랭크를 인식론적 단절을 사이에 두고 서로 반대되는 모습으로 설명했을 때 저는 이 둘이 서로 '마주보고' 있다는 말을 피했습니다. 메를로퐁티 식으로 말하면 수전의 신체는 '낱말마다 몸짓마다 드러나는 분별이 뿌리내린 흙'이고, 프랭크의 신체는 외관이 손상된, '정보 기계'의 고안물입니다. 이 둘은 서로 마주볼 수 없으며, '인터페이스'[5]를 하려면 프랭크는 자기와 같은 종족의 사람을 찾아야만 할 것입니다.

사용자의 눈앞에 보여주는 유리 화면을 생각하면, 누군가가 화면과 눈이 서로 '얼굴을 마주하고' 있다고 말하면 저는 뱃속이 뒤틀립니다. 거기에서 벌어지는 것을 가리키는 용어는 1959년 메를로퐁티가 저

---

[5] interface: 컴퓨터 용어. 서로 통신하기 위해 얼굴과 얼굴이 마주 본다는 뜻으로, 상대가 이해할 수 있는 방식으로 자신을 표현하는 것을 말한다.

글을 썼을 때에는 아직 만들어지기 않았습니다. 그 용어는 그로부터 10년 뒤 매클루언이 만들어냈고, 그로부터 1년이 안 되어 '인터페이스'라는 용어는 심리학, 공학, 사진, 언어학에서 널리 쓰이게 됐습니다. 저는 수전이 프랭크의 얼굴을 찾아내려는 친구이기를 바랍니다. 어쩌면 수전은 프랭크의 얼굴을 찾아내는 것을 자신의 천직으로 볼지도 모르겠습니다.

IV

신체의 역사, '신체 생산자'의 출현

생 명 은   지 옥 으 로 !

생명 윤리학의 가면을 벗겨라

신체의 역사, '신체 생산자'의 출현

'미국의 보건과 치유'에 대한 자문
미국 펜실베이니아 주립대학교
1985년 1월

12년 전에 저는 『의학의 응보』를 썼습니다. 이 책은 이렇게 시작합니다. '의료 시설은 건강에 중대한 위협이 되었다.' 오늘 이 말을 듣는다면 저는 이렇게 대꾸할 것입니다. '그래서, 뭐?' 오늘날의 주요 병원체는 건강한 신체를 추구하는 그 자체가 아닐까 합니다. 그리고 중요한 것은 이런 노력에는 역사가 있다는 사실입니다.

건강한 신체의 추구는 국민국가가 등장하면서 하나의 대의명분으로 처음 등장합니다. 민중이 '인구'라는 하나의 자원을 이루게 됐습니다. 건강은 입대의 질적 기준이 됐고 그 뒤 19세기에는 노동자에게 그리고 나중에는 어머니에게 적용되는 기준이 됐습니다. 프로이센, 또 프랑스에서는 위생경찰에게 보건을 집행하는 임무를 주었습니다. 그러나 건강을 추구하는 것은 또 개인의 권리로, 제퍼슨 식 민주주의에서 행복 추구권의 물리적 실현으로 이해됐습니다.

늘어서도 일한다는 병약자의 꿈, 그리고 생산성 높은 노동자와 더 많이 낳는 재생산자를 원하는 경제의 요구가 어우러져 건강이라는 관념 속에 융합됐습니다. 그러나 처음에는 하나의 의무이자 권리로 시작됐던 건강이 나중에는 절박한 필요로 변질됐습니다. 1985년이 된 지금이라면 저는 이 이상한 필요의 역사적 현상학을 연구의 중심에 놓을 것입니다. 우리 시대의 많은 사람에게 건강 추구는 신체의 경험과 본질적으로 동일해졌습니다.

병을 만들도록 재구성되는 신체

『의학의 응보』를 쓴 뒤로 건강 관리의 상징적 성격이 바뀌었습니다. 미국인은 이제 음식이나 주택보다 건강을 위해 전문가에게 돈을 더 많이 씁니다. 주목할 만한 역설 한 가지가 나타나고 있습니다. 즉 사람들이 생각하고 느끼는 방식이 의료, 심리, 환경, 사회적 장치에 점점 더 크게 영향을 받는 반면, 한편에서는 전문가들이 내세우는 개념과 이론에 공개적으로 의문이 제기되고 있습니다. 그 결과 전인적 안녕을 위해 잡다한 프로그램에 지출하는 액수가 의료비보다 더 빠르게 증가했습니다.

우리가 보고 듣는 광고의 둘 중 하나가 건강에 대한 것이고 매체 영상의 둘 중 하나가 건강에서 영감을 받은 것 같습니다. 안전, 생태, 법 집행, 교육, 민방위 등은 통합 보건 관리 사업과 연관성을 인정받으면 예산이 배정됩니다. 따라서 보건 부문에서 의료 시설은 그 중요성이 상대적으로 줄었습니다. 독선적이고도 세밀한 자기관리법과 첨단 기술에 의지하는 순진한 열성이 희한하게 뒤섞이다 보니, 의사의 노력과 배려는 점점 더 설 자리가 좁아지고 있습니다. 저는 의료가 실제로 병의 근원을 파헤치는 차원에서 보건에 기여하는 부분은 오늘날 그다지 크지 않을 것으로 생각합니다.

『의학의 응보』에서 저는 의료 기관이 만들어내는 다양한 효과를 다루고자 했습니다. 이런 효과를 '의원성醫原性'[1]이라는 말로 표현했는데, 거기에는 수사학적 목적이 있었습니다. 1950년대 말과 1960년대 동안 의료의 효력을 연구하도록 대중의 관심을 불러일으키고 싶었기 때문입니다. 결론에서 저는 뻔한 내용을 적었습니다. 즉 치유, 고통의 완화, 재활, 위안, 예방이 이루어진 사례 중 의료의 결과로 볼 수 있는 것은 전체에서 아주 일부분에 지나지 않는다는 것입니다. 이런 효과는 대부분 의료 처치가 없었거나 처치를 했는데도 불구하고 나타납니다. 게다가 의료로 생기는 질병은 그 비중이 의료로 인한 건강과 비길 만합니다. 당시에는 충격적으로 들렸지만 이제는 흔한 사정이 됐습니다.

1986년에 대한 예측에서 미국 보건부 장관은 8만 명에서 10만 명의 환자가 입원 치료 때문에 중상을 입을 것으로 추정했습니다. 그러나 이런 사고에 의한 부상은 제가 쓴 책의 논지에서 중요한 부분이 아니었습니다. 저는 의료체계가 제도와 사회, 문화에 끼치는 효과를 조명하기 위해 책을 썼습니다. 저의 분석은 고통, 질병, 장애, 사망 등이 의료로 인해 새로운 형태를 띠는 현상을 중심에 두고, 그것을 사람들

---

[1] iatrogenic: 의사의 말과 행동 때문에 병이 생겨난다는 뜻이다.

이 경험하는 그대로 다루었습니다. 이런 경험의 문화적 속박과 그 상징적 영향이 — 의료가 개입하는 경우에 한해 — 저의 관심사였습니다. 저의 글이 그 자체로 마음에 들지 않은 것이 아니라, 의료체계보다 더 심각한 의원성이 무엇인지 알아보지 못했다는 사실에 마음이 괴롭습니다. 그것은 바로 신체 자체의 의원성입니다. 저는 20세기 중반에 이르러 '우리 신체와 우리 자신'의 경험이 얼마만큼 의료 개념과 보살핌의 결과물로 바뀌었는지를 보지 못하고 지나쳤습니다.

저는 병, 장애, 고통, 죽음의 인식 외에도 신체의 지각 표상 자체가 의원성이 되었음을 알아차리지 못했습니다. 따라서 저의 분석은 두 가지 면에서 결함이 있었습니다. 첫째, 저는 그 시대 신체 지각의 역사적 '게슈탈트'가 무엇인지, 그것을 형성하는데 의료가 어떤 역할을 하는지 명확히 밝히지 않았습니다. 둘째, 저는 경험되는 신체의 의원성을 의식하지 못했기 때문에 그것이 어떻게 변형되었는지, 그래서 전문가 시대의 첨단 기술 생활방식과 어울리는 신체 지각 표상이 어떻게 등장하게 됐는지도 탐구하지 않았습니다. 이렇게 현 시대에 벌어지고 있는 변형을 제대로 바라보기 위해 신체의 역사는 저에게 1980년대를 성찰하며 살아가기 위한 중요한 조건 중 하나가 됐습니다.

시대마다 신체를 다르게 느낀다

저는 원래 유럽 중세기를 가르치다가 신체의 역사에 이르게 됐습니다. 12세기에 대해 강의하면서 제가 초점을 맞춘 것은 특정 관념의 등장에 대한 것이었고, 고대에는 똑같은 게 없었으나 우리 시대에는 확실성으로서 경험되는 주제와 개념이었습니다. 이런 것 가운데 한 가지는 우리가 '나 자신'이라 부르는 것입니다.

위스턴 휴 오든은 시에서 '내 코에서 30인치쯤 앞장서서 / 내 인격의 경계가 나아간다'고 읊었습니다. 자기 자신과 다른 사람을 이런 식으로 구별할 자신이 없는 사람은 서양 사회에 어울려 들어갈 수 없습니다. 일반적으로 이런 의미의 자기 자신은 십자군, 대성당, 유럽의 소작농, 도회지와 함께 등장한다고 보고 있습니다. 나아가 그 변천과 여러 다른 문화와 비교하는 연구가 많이 이루어졌습니다. 그러나 서양의 자신은 살과 피로 경험된다는 사실, 또 자아라는 관념이 생겨나면서 유럽의 신체 경험이 다른 어느 곳과도 다르게 된 것에 대해서는 거의 아무도 관심을 두지 않습니다.

저는 18세기 초의 신체를 연구하는 동료와 협력하여 신체의 역사적 현상학에 필요한 개념을 전개했습니다. 그리고 이내 다양한 시기와 환경에서 똑같은 질문을 가지고 애쓰는 사람들을 만나게 됐습니다. 신체의 역사가 형태가 잡혀감에 따라 우리는 역사적 순간이 저마다 어떤 식으로 시대 특유의 신체로 구체화됐는지 이해하게 됐습니다. 이제 우리는 주관적으로 경험하는 신체를 한 시대의 사조가 독특하게 육화한 것으로 해독하기 시작했습니다. 저는 이런 연구를 통해 서양의 신체를 자아가 점진적으로 육체가 되는 과정으로 보게 됐습니다.

저는 로마네스크의 세계관이 고딕의 세계관으로 바뀌던 과정에서 일어난 이질적 변화를 해석하는 데에 도움이 될 만한 공통 요소를 찾다가 우연히 신체의 역사라는 관념을 발견했습니다. 1110년에서 1180년 사이에 신성함의 향기가 어쩌다 사라졌는지, 성인의 유골을 보기만 해도 어떻게 치유될 수 있었는지, 또 불쌍한 영혼이 연옥[2]에서 신체를 갖게 될 때 상황이 구체적으로 어떤 것인지 등을 설명할 필요가 있었습니다. 로마네스크 교회에서는 내부를 장식하고 있던 동물 형상이 왜 고딕 성당에서는 외부에서 날아오를 자세를 취하는 괴물 형상이 되었을까?

왕의 옷차림을 하고 양팔을 뻗은 그리스도 상이 1200년에 이르러 어쩌다가 십자가에 알몸으로 매달린 순교자의 신체가 되었을까? 성 베르나르가 수천 곳의 시토 개혁 수도원을 위해 수도사를 훈련시키면서 어린 수도사들에게 그리스도의 순수한 젖을 먹여 기르라고 가르친 것은 어떻게 설명할 것인가? 그리고 사회적 여파가 어마어마하다는 점에서 가장 중요한데, 현대의 성과 결혼이라는 관념이 어떤 맥락에서 형성되었는지를 저는 이해하기 시작했습니다. 남성과 여성은 서로에게 줄 수 있는 '인간'의 신체를 타고났고, 그럼으로써 신체의 권리를 교환하는 개인 간의 법적 계약에 의해 — 집안 어른의 의지에 의해서가 아니라 — 양가의 가족을 하나로 이어주는 인척 관계를 맺었습니다.

고통을 겪어내는 기술

저는 신체를 경험이 일어나는 근본 장소로 바라보는 뚜렷한 인식이

---

[2] 천주교의 교리에서, 죄가 있지만 지옥에 갈 정도로 큰 죄는 없는 사람이 죽으면 천국에 가기 전에 그 죄를 씻기 위한 준비 과정을 거치는데 이 과정이 이루어지는 천국도 지옥도 아닌 곳을 연옥이라 한다.

있었음을 알게 됐습니다. 하나의 시대에 특유하면서도 때로는 비교적 짧은 기간에도 깊디깊은 변화를 거칠 수 있는 이 신체는 그림이나 조각, 묘사의 대상이 된 신체와 닮았으나 동시에 명확한 거리를 두기도 했습니다. 저는 이런 통찰과 이해 덕분에 『의학의 응보』에 필요한 적절한 비평을 찾을 수 있었습니다. 그 책에서는 살아가는 기술, 자신의 시대를 견디거나 참아내고 즐기며 살아가기 위해 문화적으로 형성된 기능과 의지를 제 논지의 핵심에 두었습니다. 철학자로서 저는 일상생활이 철저하게 의료화된 시대 속에서 이 기술과 그에 관련된 전통을 촉진하고 보호하는 데 관심이 있었습니다.

저는 살아가는 기술에는 빛과 그늘이라는 두 가지가 모두 존재함을 보여주고자 했습니다. 즉 즐기는 기술에 대해서도 고통을 감내하는 기술에 대해서도 말할 수 있는 것입니다. 이 부분에 대해 일부 비평가가 '문화'를 주관적 방식으로 재정의한 저의 동기에 의문을 제기하며 비판했습니다. 그분들은 제가 '고통을 겪어내는 기술'의 모형이자 결과물인 문화의 이점을 강조하므로 낭만적 피학대 성욕자이자 진보에 대한 어떠한 기대도 억누르려고 안달인 설교자라고 주장했습니다. 또 어떤 사람은 문화 개념의 뿌리를 개인이 겪어내는 고통의 의미에 두려는 저의 노력에 찬사를 보냈습니다.

하지만 저는 신체의 역사 덕분에 저의 분석에서 진정으로 모자라는 면을 보게 됐습니다. 즐거움과 고통을 겪어냄은 모두 추상 개념이며, 감각이 문화적으로 체현된 두 가지 상반된 형태를 가리킵니다. 즐거움은 쾌락이 문화적으로 구체화된 것을 가리키며, 고통은 좌절이나 우울, 고민, 아픔의 정신적 위상을 가리킵니다.

시대마다 전통적으로 '육체'라 불리는 인간의 조건을 경험하는 나름의 양식이 있습니다. 최근까지 저는 신체를 역사학자의 영역 바깥에 있는 자연발생적 사실로 바라보았습니다. 경험되는 신체, 그리고 역사학자라면 용도와 의미를 고찰해야 하는 사물로서 신체보다 수명이 긴 것들 사이의 차이를 — 커다란 차이가 있을 수 있는데도 — 전에는 이해하지 못했습니다. 저의 신체와 같은 신체를 12세기에서는 왜 찾을 수 없을까 하는 궁금증이 일면서, 오로지 한 세대에만 해당되는 사회적 구성의 결과물인 1960년대의 의원성 '신체'를 알아보게 됐습니다.

첨단 기술에 의한, 첨단 기술을 위한 신체

저는 의료체계가 임신부터 뇌사까지 신체를 보살핀다 해도 그것이 신체를 발생시킬 수는 없다는 사실을 깨달았습니다. 어떠한 시대에서도 신체는 맥락 안에서만 존재합니다. 특정 집단이 하나의 시대를 경험할 수 있을 때 신체는 그 시대의 느낌을 형성합니다. 대부분의 시대에서 여성은 남성과, 농노는 영주와 다른 신체를 지니고 있는 것 같습니다. 그것은 환자가 처방을 얻기 위해 의사에게 들려주는 자신의 느낌입니다. 기술자들이 13세기에 등장한 새 풍차를 수리하며 이 지역 저 지역으로 다니기 시작했을 때 도시 사람 농촌 사람 할 것 없이 모두 괴기스러운 느낌이 든다는 이유로 이들을 피했습니다.

우리 신체의 사회적 발생에서 수송 수단은 의료만큼이나 큰 역할을 합니다. 날마다 수송해 주어야 하는 신체는 몇세대 전에는 생각할 수 없었습니다. 자동차나 비행기를 이용할 때 우리는 '어디에 간다'고 말합니다. 공학 교재를 보면 엘리베이터를 타지 않고 우리의 발을 이용할 때를 '자가 수송'이라 표현합니다. 그리고 우리는 첨단 목발에 대해서는 권리가 있다고 느끼고, 자신의 발을 이용해야만 할 때는 혜택을 받지 못한다고 느낍니다.

저는 베트남 전쟁 동안 미국인의 신체는 호모 트란스포르탄두스, 즉 수송 대상인 인간이 된 것으로 이해할 수 있고, 지금 우리의 이 신체는 암에 놀란 정신 안정제 소비자로 풍자할 수 있습니다. 그러나 얼마간 연구를 하고 나니, 지금 일어나고 있는 하나의 전환을 직접 가리키는 것이 가장 적절한 용어라는 사실을 알게 됐습니다. 현재 의원성 신체가 해체되면서, 첨단 기술로 만들어진, 첨단 기술을 위한 신체로 전환이 일어나고 있습니다. '의원성'이라는 형용사를 고름으로써 저는 의료 시설과 신체 인식 사이에 아주 특별한 관계가 있다는 사실에 관심을 집중시키고 있습니다. 그런데 이 관계가 저의 눈앞에서 분해되고 있습니다. 뭔가 벌어지고 있는 것이 보입니다.

의료 시설이 신체의 사회적 구성에 미치는 영향은 20세기 중반 무렵 그 어느 때보다 높은 수준에 이르렀습니다. 새로운 가구나 자동차를 고안할 때에는 의학적 기준을 따랐습니다. 학교와 매체 때문에 우리의 상상 속은 의학적·정신학적 환상으로 범람했습니다. 그리고 복지 구조와 보험 체제 때문에 모든 사람이 환자가 되도록 훈련되었습니다. 우리는 의료라는 매개자가 신체적 현실을 구성하는 독점권을 향해 다가간 역사의 특별한 순간을 경험했습니다.

감각되는 신체가 생성될 때 보통은 거기에 관여하는 매개자가 단

하나만 있지는 않습니다. 1622~1623년에 피렌체에 역병이 퍼졌을 때 어떠한 보건 체제도 동원되지 않았습니다. 줄리아 칼비는 재앙에 맞서 도시 전체가 일어서는 과정을 훌륭하게 묘사합니다. 이발사, 외과의사, 양초장이, 냄새 약 노점상, 행정관, 무덤 파는 사람, 중증 환자 특별 보호소 담당 신부, 향 상인 등이 나름의 방식으로 역병에 대응했습니다. 각 '동업자 조합'이 일어서서 역병의 '항체'가 됐습니다. 남자든 여자든, 괴로움을 겪는 사람이든 병든 사람이든 피렌체 사람 개개인의 육체가 여러 가지 거울에 비치고 해석되며 반영됐습니다. 역병에 휩쓸린 저 육체를 한 개의 거울에 망라하여 비추고 해석할 수 있는 단일 전문가 단체는 없었습니다. 감각되는 신체를 그렇게 성립할 수 있는 권한을 홀로 부여받은 매개자는 없었습니다. 20세기 중반에 의료가 신체를 독점하려고 애썼지만 전례가 없는 일이었고, 결과적으로 일시적인 현상에 그쳤습니다.

나의 신체에서 나의 체제로

저는 지난 10년 사이에 의료 시설이 이 독점 권한을 잃어버렸다고 믿게 됐습니다. 전문가가 현실을 정의하는 권한은 정점에 다다랐고 이제 아래로 떨어지고 있습니다. 이 순간 첨단 기술과 약초 지식, 생명공학, 자율 체육이 어지러이 뒤섞이면서, 감각되는 신체를 비롯한 여러 가지 감각되는 현실을 만들어내고 있습니다. 20년 전에는 '내가 지니고 있는 신체'를 '나의 신체'라 부르는 것이 보통이었습니다. 우리는 일상어 속의 이런 소유 관계 표현이 데카르트 이후 시대의 것임을 알고 있습니다. 이런 표현은 소유적 개인주의[3]가 유럽에 퍼지면서 유럽의 모든 언어에 처음 등장하는데, 이 현상에 대해서는 크로퍼드 맥퍼슨이 잘 설명하였습니다. 그러나 지금 저는 누군가가 자신의 신체를 자기 자신과 '동일시'하지 않는 걸 보면 빙긋이 웃는 젊은이를 자주 봅니다. 이런 사람은 자기 자신인 신체에 대해 말하지만, 그러다가도 역설적으로 그 신체를 '나의 체제'라고 표현합니다.

1960년대에 의료 종사자는 신체가 무엇인지, 어떤 느낌이어야 하는지 결정하는 데 중요하게 작용했습니다. 1970년대에는 사람을 객관화하는 권한을 다른 여러 매개자와 공유하기 시작했습니다. 사람을 객관화하여 신체 또는 정신으로 규정하려는 의도에서 출발하여, 자신을 객관화하는 사람을 만들어내는 새로운 모형이 생겨났습니다. 이런 사람은 스스로를 자신의 신체 '생산자'로 생각합니다. 이는 새로운 인식론적 토양에 해당되지만, 지금으로서는 형태가 잡혀가는 과정에 있습니다. 이 토양으로부터 어쩌면 자신을 복잡한 컴퓨터 프로그램에 기여하는 존재로 경험하거나 자신을 컴퓨터 프로그램의 한 부분으로 보는 사람들이 태어날지도 모릅니다. 제가 보기에 '신체 만들기'로 나아가는 현재의 추세와 문화를 체현하는 전통 기술을 명확히 구분하는 일보다 더 중요한 일은 없습니다.

---

3 possessive individualism: 크로퍼드 맥퍼슨의 이론으로, 이 이론에서 개인은 자기 자신의 기술을 독점적으로 소유하며 사회에 대해 아무 것도 갚을 의무가 없는 사람으로 간주된다.

생명은 지옥으로!

미국 복음주의 루터교회가 개최한
'기획을 위한 행사' 강연
미국 시카고
1989년 3월 29일

신사 숙녀 여러분, 여러분께 미국 복음주의 루터교회는 1988년 1월 1일에 생겨났다고 들었습니다. 기존 교단 셋이 합병한 결과입니다. 교인이 560만 명이어서 미국에서 네 번째로 규모가 큰 그리스도교단입니다. 이 교단과 주교는 협의회를 소집하면서 '기획을 위한 행사'라는 이름을 붙였습니다. 저는 이 새 교단이 선교 활동에서 고려해야 하는 환경에 대해 의견을 말해 달라고 초청한 외부인사 여섯 명 중 한 사람입니다.

제가 부탁받은 강연 주제는 '자원과 제도'입니다. 저는 이 기회에 20세기의 제도가 지니고 있는 한 가지 특징을 곰곰이 생각하는 자리를 마련하고자 합니다. 그 특징은 기본 필요라고 정의될 수 있는 존재물을 생성해내는 능력과, 그 다음 희소하다고 인식되는 자원을 정의하는 능력입니다. 쉽게 설명하기 위해, '생명'이라 불리는 새로운 종류의 존재물과 교회의 제도적 관계를 살펴보겠습니다. 이 생명은 '하나의 생명', '미국의 생명들', '지구상의 인간 생명', 또 일부가 말하는 '가이아, 생물권의 생명' 등 여러 가지 방식으로 언급되는 관념을 말합니다. 이런 낱말은 이제 공공의 논의에서 자주 사용되는데, 아무도 감히 생각에서 제외할 수 없는 새로운 종류의 사회적 구성을 가리키는 말입니다.

인간의 생명이 자원으로

이런 담론을 분석해 본 결과, 저는 이 새로운 담론의 주제가 되는 존재물 생명이 뭔가 귀중하고 위기에 처해 있으며 희소한 것으로 다뤄지고 있다는 결론을 내리게 됐습니다. 나아가 생명은 제도적으로 관리하기에 적합한 동시에, 실험실의 과학자부터 치료사와 전문 관리자에 이르기까지 항상 새로운 전문가를 훈련시킬 필요를 지닌 것으로 다뤄지고 있습니다. 그리스도교단 중에는 '생명'의 수호자로서 막중한 책임을 지고 있다거나 스스로 그 전문가라고 주장하는 교단이 다수 있습니다. 한편에서는 '지구상의 생명'이 생태 과학이라는 새로운 신화와 철학에서 결정적 역할을 하면서 보호가 필요한 궁극의 자원으로 논의되고 있습니다. 생명은 자원을 제도적으로 더 폭넓게 통제하도록 편리하게 이용되지만 검토를 거치지 않고도 확실성의 모양새를 갖춘 전제의 좋은 예입니다.

저의 논제를 뒷받침하기 위해 역사에서 관찰한 다섯 가지를 제시하겠습니다. 그 각각을 작은 적요 형식으로 제시하겠습니다. 저의 자료를 이런 식으로 강의나 세미나를 위한 개요 역할을 하는 개념 단위 형태로 꾸리면 여러분이 저를 초청하여 듣고자 한 논의를 진행하기가 더 쉬워집니다. 또한 역사적, 신학적 연구 과제를 위한 노선을 정하는 데에도 도움이 됩니다. 성경 연구 분야에서 지도력을 발휘하는 루터교회가 성경 속의 생명과 현재 생명이라는 낱말이 의미하는 것 사이의 관계를 탐구하는 일에도 앞장설 수 있을 것입니다.

필립 헤프너는 저에게 설득력이 강한 강연으로 신학적 반응을 이끌어내면서 구체적 주제를 가지고 쟁점 중심으로 논의를 이끌어 달라고 부탁했습니다. 그래서 저는 명제 하나를 제시하면서 강연을 시작하겠습니다.

> '인간의 생명'은 최근 생겨난 사회적 구성으로, 지금 우리가 너무나 당연하게 받아들이는 나머지 감히 진지하게 의문을 제기하지 않습니다. 저는 이 새로운 실명사 형태의 생명을 교회의 담론 밖으로 몰아낼 것을 제안합니다.

생명은 현재의 생태, 의료, 법률, 정치, 윤리 담론에서 필수적으로 언급되고 있습니다. 이 낱말을 쓰는 사람은 하나같이 이 관념에는 역사가 있다는 사실을 잊어버립니다. 이것은 서양의 관념이며, 궁극적으로는 그리스도교가 전하는 내용이 곡해된 결과입니다. 게다가 지극히 현대적 관념으로서, 무엇을 엄밀하게 나타낼 능력을 없애버리는 헛갈리는 함축을 지니고 있습니다. '하나의 생명'과 '인간의 생명'이라는 방식의 사고는 어렴풋이 뭔가 굉장히 중요하다는 함축을 띠는 동시에, 이제까지 전문가의 보호 감독이 넘보지 못하게 울타리 역할을 하던 품위와 상식이라는 한계선을 모조리 무너뜨리는 경향이 있습니다.

'생명'과 '하나의 생명'이라는 영어 낱말이 현재의 용법대로 사용되면 교회가 역사적으로 대면했던 우상 중 가장 강력한 우상이 만들어지게 됩니다. 제국의 이념이나 봉건 질서보다, 국가주의나 진보보다, 영지주의나 계몽보다, 실명사로 쓰이는 생명은 하느님이 부여한 현실로서 받아들이면 그 자체로 그리스도교 신앙의 새로운 부패로 이어지기 쉽습니다. 제가 두려워하는 것은 이렇습니다. 즉 교회가 성경의 언어에 굳게 뿌리내리지 못한 까닭에, 20세기 말의 제도적 장치로서 교회가 지닌 신화 형성 능력을 '생명'이라는 세속의 추상 관념을 조장하고 떠받들고 성화하는 일에 발휘하지나 않을까 하는 것입니다.

이처럼 깊이 '종교적'이면서도 그리스도교답지 않은 활동을 수행하면 교회는 서양의 개인주의라는 인본주의가 닻을 내리고 있는 '인격체'라는 관념을 차츰 밀어내고 그 자리에 대신 생명이라는 이 유령 같은 존재물이 대신 들어서게 할 수 있습니다. '하나의 생명'에 대해 말할 경우 '하나의 인격체'에 대해 말할 때는 생각할 수 없는 방식으로, 가용 자원이라는 차원에서 관리와 개선과 평가의 대상이 되기 쉬워집니다.

관리되는 세계에서 언어의 마비

저는 관리라는 관념을 교회와 세계가 맞닿을 때 생겨나는 핵심 문제의 하나로 바라보고 있습니다. 20세기 말 우리 사회의 조직을 설정하는 저런 확실성이 관리를 통해서 형성되고 확립되기 때문입니다. 저는 교회가 제도적 장치와 협력하여 이런 현실을 뒷받침하는 것을 기회로 여기기보다 위험으로 여기도록 하고자 합니다.

이 주제에 대해 여러분께 강연하면서 어려움은 제가 이번 협의회에 관해 지난 일곱 달 동안 받은 우편물의 문장 하나하나에서 드러납니다. 풍자적으로 설명하자면, 여러분이 처음 보낸 편지 첫 줄에서 이 교회가 오순절[1]이 아니라 1월 1일에 '존재하게 되었다'고 언급함으로써 여러분은 이 교회가 하느님의 뜻에 따른 결과가 아니라 기존 세 단체가 합병한 결과라고 알려주고 있습니다.

이 교회에는 주교가 한 사람 있지만, 그를 둘러싸고 있는 사람들은 경영진입니다. 경영진이란 기획을 하는 조직체입니다. 1980년대 바티칸 같은 집행 대리인들이 자신의 모습을 감동적일 정도로 순진하게 관리자로 내보였습니다. 지금 저는 회계, 은행 업무, 유리창 청소, 기금 마련 등의 일을 다룰 능력을 문제 삼는 것이 아닙니다. 홍보, 통계, 로비 활동도 문제 삼지 않습니다. 그리고 삽을 삽이라 부르는 것을 환영합니다. 그러나 기업체에서 가져온 은유를 교회 사람들이 자신의 공동체에 적용하는 저 순진함에는 약간의 주의를 기울일 필요가 있습니다. 한 가지 이야기를 들려주겠습니다.

저의 훌륭한 스승 중에 자크 마리탱이라는 분이 있었습니다. 그분은 철학자였고 신토마스주의자였으며 신비주의 시인이었습니다. 그리고 지금 들려드릴 이야기에서는 미국 프린스턴 시의 고등연구소에서

---

[1] 유대교의 큰 명절. 예수가 십자가에서 처형된 뒤 첫 오순절에 예수를 따르는 사람들이 한 자리에 모였는데, 그리스도교는 이것을 교회의 시작으로 본다.

아인슈타인의 동료로 있었습니다. 1957년, 그러니까 제가 뉴욕 빈민가의 교회에서 일하다가 푸에르토리코의 교육위원회로 자리를 옮긴 지 2년째 되던 해였습니다. 당시 저는 푸에르토리코 섬의 정부가 인력 자격 검정 기획을 위해 새로 구성한 부서에 깊이 관여하게 됐습니다.

저는 자격이 검정된 인력이라는 — 교회의 기획이 아니라 — 것의 기획 때문에 생겨나는 철학적으로 애매한 부분 때문에 고민이 깊었습니다. 사전도 도움이 되지 않았습니다. '기획planning'은 히틀러와 스탈린과 루스벨트가 2년 정도를 사이에 두고 착수한 것이지만 전쟁 전에 나온 『옥스퍼드 영어사전』 증보판에는 나오지 않습니다. 그래서 저는 미국 본토로 건너갔을 때 마리탱 교수를 찾아갔습니다. 그 전에 마리탱 교수는 제가 그리스도교적 서양 세계에서 덕의 이론과 실제에 관한 역사를 연구할 때 저를 지도한 적이 있었습니다. 사고의 틀로서 제가 익숙해져 있는 책임 있는 습관이라는 전통적 체계 속에 '기획'을 어떻게 맞춰 넣을 것인가? 저는 마리탱에게 제가 쓰고 있는 그 용어를 설명하는 데에 아주 애를 먹었습니다. "기획은 회계가 아닙니다, 법률도 아니고, 기차 시간표 같은 것도 아닙니다."

우리는 베란다에서 차를 마셨습니다. 그게 제가 그분을 마지막으로 찾아뵌 때였습니다. 저는 그분의 아름다운 얼굴을 바라볼 수 있어 기뻤습니다. 죽음에 가까워져 고딕 성당의 스테인드글라스에 있는 교부의 얼굴처럼 투명한 얼굴이었습니다. 그분 손에 들린 찻잔이 떨리고 있었습니다. 그러다가 마침내 찻잔을 내려놓고는 동요된 표정으로 입을 열었습니다. "자네가 말하는 기획이란 건 죄가 아닌가? 추정에 뿌리를 내리고 자라나는 새로운 악이 아닌가?" 마리탱 덕분에 저는 인간을 관리 가능한 자원으로 생각하면 인간성에 대한 새로운 확신 하나가 은밀히 존재하리라는 걸 이해할 수 있었습니다.

오늘날 그리스도교의 미덕이라는 맥락에서 기획이라는 관념을 고찰하면 어리석다는 생각이 들 것입니다. 기획은 이미 오래 전에 일반에게 인정되고 잘 검증된 기법이라는 지위를 획득했습니다. 오늘날 '관리', '통제', '소통', '전문가주의' 등의 관념이 차지하는 인식론적 지위에 의문을 제기하는 일은 생각도 할 수 없게 됐습니다. 강연하는 사람은 이해 비스무레한 것을 바탕으로 깔고 자기 마음대로 어떤 방식을 써서라도 거의 모든 것에 이러한 개념을 무분별하게 적용합니다. 예를 들면 '인력'이 일단 연구, 기획, 개발, 투자, 개선의 대상이 되고나면 인력이라는 허깨비가 치밀한 실체를 얻습니다. 아이들조차 인적자원 차원의 사고에 익숙해지며 자라납니다. 아이들에게 인기 있는 놀이에서는 정책, 계획, 의사결정을 아이들에게 주입합니다. 관리가 필요한 희소자원이라는 개념이 역사와 무관하게 존재하는 확실성이라는 허울을 획득하여 일평생 이어집니다. 현대의 제도가 지니는 섬뜩한 권력은 그 제도의 전문가가 관리 대상으로 삼을 사회적 현실을 만들어내고 거기에 이름을 붙이는 능력입니다.

건강, 교육, 심리적 균형, 발전 등을 비롯한 현대의 우상을 규범으로 명명할 권력은 이런 '가치'와 관련된 결핍이 하나의 필요로 경험되고 그것이 다시 하나의 권리로 해석되는 사회적 맥락을 실제로 만들어내는 권력 못지않습니다. 이 부분은 하느님의 말씀을 선포할 교회의 의무를 강렬하게 의식하고 있는 루터교회의 전통에서 특히 중요합니다. 일상 대화와 의식 속으로 뚫고 들어와 색을 입히는 갖가지 관료주의 용어를 복음적으로 비평하는 일이 하느님의 말씀을 증언하는 행동 속에 포함된 임무라고 생각됩니다.

물신이 필요한 시대

관리되는 삶을 일상적으로 경험하면 우리는 모두 가공의 사물로 이루어진 세계를 당연하게 받아들이게 됩니다. 그리고 이런 관리된 허깨비를 보건의 '진보', 보편적 교육, 전 지구적 의식, 사회 발전 등과 같은 새로운 낱말이나 뭔가 '더 나은', '과학적', '현대적', '첨단', '빈민에게 유익한' 어떤 것을 암시하는 낱말을 동원하여 말합니다. 관리되어 만들어진 허깨비를 가리킬 때 쓰는 저런 아메바 같은 말은 이처럼 우리가 직접 맛보고 냄새 맡고 경험하는 그 어떤 것도 나타내지 않으면서 거기에 가르침과 사회적 관심과 합리성이 담겨 있으니 잠자코 귀 담아 들어라 하는 함축을 지닙니다.

흐리멍덩한 메아리로 가득한 이런 의미론적 사막에 있는 우리에게는 라이너스의 담요[2] 같은 것이 필요합니다. 나는 거룩한 가치를 수호하는 좋은 사람이야 하는 기분이 들게 해 주고, 번듯한 물신으로 삼아 끌고 다닐 수 있는 것 말입니다. 돌이켜보면 국내의 사회 정의, 해외 개발, 세계 평화 등이 그런 물신이었습니다. 이번의 새로운 물신은 생명입니다. 현미경을 들여다보며 생명을 찾아내려는 데에는 뭔가 종말론적인 것이 있습니다 (마태오의 복음서 24, 26장).

---

[2] 라이너스Linus는 찰스 슐츠의 연작 만화 『피너츠』의 등장인물로, 마음의 안정을 위해 항상 담요를 가지고 다닌다.

생명을 지지하는 사람들이 있습니다. 어떤 사람은 낙태를 반대하고 또 어떤 사람은 생체 해부, 사형, 전쟁 등을 반대합니다. 그 반대편에서는 임신을 중지하거나 생명을 구하는 치료를 중지할 선택권을 지지합니다. 3년 전 윌 캠벨이 제게 말한 대로, '생명은 교회를 찢어놓고 있습니다.' 그런데도 공개 논쟁에서 이런 아메바 같은 말의 용법에 대해 감히 아무도 반대하지 않습니다.

교회 사람은 특히 더 그렇습니다. 어떤 사람은 생명의 향을 태웁니다. 어떤 사람은 성경을 등에 업고 생명의 '가치'를 숭상하는 사이비 신앙심을 퍼뜨리는 전문가가 됐습니다. 의료가 생명을 정자에서부터 구더기의 먹이가 될 때까지 관리하는 동안, 교회는 이런 의료 활동에 윤리적 담론 비슷한 틀을 만들어주며 새로운 사회적 지위를 얻었습니다. 생명 윤리 덕분에 존경받는 직업 시장이 새로 만들어지는데, 이 시장에서는 대학 학위가 있으면서 직업이 없는 성직자를 선호합니다.

따라서 저는 관리의 새로운 영역을 제도적으로 보장함으로써 허깨비 같은데도 당연한 존재로 자리 잡은 관념의 대표적 사례로 생명을 고를 때 제가 처한 어려움을 완전히 의식하고 있습니다. 그리고 위험이 한 가지 더 있다는 것도 알고 있습니다. 그 위험이란 지난 1월 1일 있었던 합병의 결과로 탄생한 교단에 와서, 세상이 자기 교단에게 무엇을 기대하는지 알고 싶어 조바심 내는 임원들에게 그 사례를 들려주고 있다는 사실입니다.

분명한 것은 그리스도교적 서양은 근본적으로 종류가 다른 인간의 조건 한 가지를 탄생시켰다는 사실입니다. 이 조건은 이제까지 존재한 그 어떤 것과도 다르고, 천 년 동안 교회가 산파 역할을 하지 않았으면 존재했을지도 모를 그 어떤 것과도 다릅니다. 자크 엘륄이 '기술 체제'라 부르는 저 토양에서만 이런 새로운 유형의 인간 조건이 완전히 열매 맺을 수 있었습니다. 제도를 신화화하고 도덕적으로 해석하고 합법화하는 새로운 역할이 생겨납니다. 이 역할은 옛 종교의 관점으로는 딱히 이해되지 않는데도 일부 교회는 그 역할을 차지하려고 발 빠르게 움직입니다.

새로운 기술 사회는 특이하게도 사람들이 깊이 풍부하게 애착을 형성할 수 있는 신화를 생성해낼 능력이 없습니다. 그렇지만 가장 기본적인 관리를 하자면 인식론적 감상주의의 대상으로 삼을 만한 정당한 물신을 만들어낼 매개자가 있어야 합니다. 이런 식의 서비스를 제공할 능력이 있는 매개자가 필요했던 때는 일찍이 없었습니다. 게다가 대형 그리스도교단이라면 — 전통적으로 정당성을 인정받고 지성적으로 존경 받으며, 잘 관리되고, 독자적으로 재정을 꾸려나가고 있으므로 — 이 일을 맡길 구심점으로 적절해 보입니다. 고르바초프 시대는 교회가 과격파와 대면하는 시대가 아닙니다. 그보다는 새로운 종류의 음모가 위협이 됩니다. 콘스탄티누스 제국의 승리주의 때문이 아니라, 질서와 평화를 유지하는 수단으로 복지, 발전, 정의를 장려하는 권력 때문입니다.

생명은 신이 준 선물

저는 교회가 세상에 귀 기울여야 자신의 사명을 찾는다고 믿게끔 배우지 않았습니다. 루터교회는 신도가 많고 부유하기만 한 게 아닙니다. 대중의 삶에서 도덕 문제를 정의하고 미국 정치에서 윤리적 책임을 부르짖는 중요한 매개자이기만 한 게 아닙니다. 관현악단, 민주 단체, 동창회, 〈미국 혁명가의 딸〉[3] 등과 함께 사회에 일관성을 부여해주는 중추 기관이기만 한 게 아닙니다. 저는 루터교회가 또한 무엇보다도 뚜렷한 신학 전통을 담고 있는 커다란 그릇임을 믿지 않을 수 없습니다.

어떤 면에서 미국의 모든 그리스도교인은 싸구려 대중 과학 용어가 가득한 세계 속에서 복음 말씀을 수호하는 루터교회에 의지하고 있습니다. '생명'과 '하나의 생명'을 뚜렷하게 구별하는 것이 오늘날 이 임무에서 본질적이고도 모범적인 부분입니다. 그러나 교회가 자신의 뜻을 알릴 때 쓰는 용어를 정의하는 능력을 잃어버린 바로 그 순간에 어떻게 우리가 교회에 우상의 추방을 요구할 수 있겠습니까? 교회가 서양 세계를 이끌고 들어올 때 타고 왔던 바로 그 파도를 거슬러 항해하도록 어떻게 요구할 수 있겠습니까? 바다를 항해하는 배와 교회의 비유는 교부 시대로 거슬러 올라갑니다. 배의 키가 발명되고 거기에서 좌지우지한다는 위협적인 함축이 연상되기 시작한 시기보다 앞섭니다.

이 거대한 배가 이제 전혀 낯선 물길을 따라 항해하고 있습니다. 중세기 지도에서 세계의 가장자리에 바다가 불타고 하늘에서 유황비가 내리는 곳으로 그렸던 영역을 항해하고 있습니다. 오존층과 기후, 유전자 다양성, 유전적 면역성, 숲과 고래 ― 즉 쉽게 말해 솔로몬의 성전

---

[3] the Daughters of the American Revolution: 미국의 민간단체로 조상 중 미국 독립전쟁에 기여한 사람이 있음을 증명할 수 있는 여성만 가입할 수 있다.

에 관능미를 부여한 삼나무, 그리고 요나가 그 뱃속에서 그리스도와 마찬가지로 사흘을 지냈던 괴물 — 등 교회가 오랜 세대에 걸쳐 항해할 때 내내 주위에 있던 환경이 거의 사라진 1990년대에 교회의 선원이 된다는 것이 어떤 의미인지를 여러분에게 일깨워주는 데에 그보다 더 나은 그림이 저로서는 생각나지 않습니다.

  이처럼 달라진 바다에서 여러분은 한 주 동안 기도와 명상을 위해 한 자리에 모였습니다. 배에는 예수가 마르타에게 '나는 생명이다' 하고 말하며 선포한 복음을 싣고 있습니다. 예수는 '나는 하나의 생명이다' 하고 말하지 않습니다. 그저 '나는 생명이다' 하고 말합니다. 본질적 생명의 역사적 뿌리는 인간 예수는 하느님이기도 하다는 계시 속에 있습니다. 이 유일한 생명이 마르타와 우리의 믿음을 이루는 실체입니다.

  우리는 이 생명을 선물로 받기를 바라고, 또 이 생명을 나누기를 바랍니다. 이 생명이 십자가 위에서 우리에게 주어졌고, 또 십자가의 길에서가 아니면 이 생명을 찾을 수 없음을 알고 있습니다. 단지 살아 있다는 것만으로 이 생명을 지니고 있다는 뜻은 아닙니다. 이 생명은 거저 주는 것으로, 태어나 살아 있음을 넘어서 그 위에 존재합니다. 그러나 아우구스티누스나 루터가 항상 강조했듯 이 생명이라는 선물이 없으면 살아 있음이 먼지나 마찬가지입니다.

  이 생명은 한 명의 사람이 될 정도로 인격적인데, 요한의 복음서 19장에 계시되고 또 약속된 대로입니다. 이 생명은 미국의 신문 머리기사에서 실명사로 나타나는 그 생명과는 심오하게 다른 것입니다. 그리고 얼핏 보면 둘은 공통점이 전혀 없습니다. 한쪽에서 이 낱말은 임마누엘, 하느님 — 사람, 육화에 대해 말합니다.[4] 다른 쪽에서 이 용어는 의사가 책임을 맡고 첨단 기술로 연장하며 핵 무장으로 보호하는 하나의 현상, 법정에서 설 자리가 있고 부당하게 주어질 수 있는 하나의 현상, 마땅한 절차 없이 또는 국방이나 산업 성장에 필요한 수준 이상으로 파괴할 경우 소위 생명 존중 단체가 격앙되는 하나의 현상에 실체를 부여하기 위해 사용됩니다.

그러나 자세히 살펴보면, 생명을 재산으로, 가치로, 국가적 자원으로, 권리로 보는 관념은 서양의 관념이며, 세속 사회를 정의하는 그 밖의 핵심 진리와 마찬가지로 그리스도교가 그 조상입니다. 전문적으로 또 법적으로 보호할 수 있는 실체적 인간 생명이라는 관념은 그 뿌리가 신학으로 거슬러 올라가는 법·의료·종교·과학 담론을 통해 왜곡된 것입니다. 힌두교, 불교, 이슬람교의 전통에서 생명에 함축된 개념과 감정은 현재 서양 민주 국가에서 오가는 담론에서 드러나는 것과는 판이하게 다릅니다. 이것이 생명의 신화를 걷어내는 작업에 신학 훈련을 받은 역사학자가 관여해야 하는 일차적 이유입니다.

정치적으로 생명 존중 운동은 주로 그리스도교의 여러 교파가 후원하고 있습니다. 그런데 이들은 제가 말하는 저 우상을 사회적으로 구성하는 데 커다란 역할을 해온 단체입니다. 이것이 제가 이 관념을 명확히 하기 위해 교회로 눈을 돌리는 두 번째 이유입니다. 그리스도교회는 지금 추한 유혹을 대면하고 있습니다. 신학적 관점에서 보면 사회적으로 물신을 만들어내는 일에 협력하는 행위는 계시된 생명을 타

---

[4] 그리스도교에서는 이 세 가지 모두 하느님이 예수로 태어난 사건을 가리킨다.

락시켜 우상으로 만드는 행위입니다.

과학의 탄생, 자연의 죽음

그리스도교 신학은 우상의 타파가 끝난 자리에서 시작됩니다. 만일 여러분이 하나의 기관으로서 자원을 투입하여 복음 해석을 통해 인식론적 감상주의를 배제하고자 한다면, '생명의 역사'는 여러분이 다루어야 할 의제에 속합니다. 그리고 이 역사에 관여하는 사람은 다음과 같은 다섯 가지 사항을 염두에 두는 것이 좋을 것입니다.

첫째, 실명사적 관념으로서 생명은 1801년 무렵에 등장합니다. 피를 나타내는 히브리어 낱말 담과 영혼이라 번역하는 그리스어 용어 프시케는 서로 제한적으로 대응한다는 사실을 성경 학자는 잘 알고 있습니다. 두 용어 모두 실명사로서 생명의 뜻과는 거리가 아주 멉니다. 고대 그리스 로마 시대에는 생명이라는 개념이 존재하지 않습니다. 비오스는 운명이 가는 길이라는 뜻이고 조에는 생기발랄함에 가깝습니다. 히브리어에서 이 개념은 완전히 신 중심이며 하느님의 숨을 암시합니다.

실명사 관념의 생명은 2천 년 뒤에 그것을 연구한다는 학문과 함께 등장합니다. '생물학'이라는 용어는 19세기 초에 장바티스트 라마르크가 지어냈습니다. 그는 식물학과 동물학 분야를 단순한 분류법 수준으로 격하시키는 추세에 반발했습니다. 라마르크는 새로운 용어를 만들어 이 새로운 연구 분야에 '생명의 과학'이라는 이름도 붙였습니다.

천재 라마르크는 영혼이 식물과 동물로 구분되어 들어간다고 보는 전통에 맞섰습니다. 따라서 자연을 광물계, 식물계, 동물계라는 세 가지 계통으로 나누어서는 안 된다고 생각했습니다. 그는 살아 있는 존재와 무기물을 눈에 보이는 구조가 아니라 조직에 따라 구별하게 해주는 생명이 존재한다고 가정했습니다. 라마르크 이후로 생물학에서는 '조직을 이루도록 자극하는 원인'을 탐색하고 그 근원지를 세포, 세포 조직, 원형질, 유전 정보 내지 형태 형성의 장에서 찾습니다. '생명은 무엇인가?'는 따라서 해묵은 질문이 아니라 번식, 생리학, 유전, 조직, 진화, 그리고 더 근래에는 적응이나 형태 형성 등과 같은 잡다한 현상을 다루는 과학 연구 보고의 자투리에 해당하는 대중 과학입니다.

나폴레옹 전쟁 동안 생명은 새로운 생물학자들이 기계론, 생기론, 유물론 등 서로 경쟁 관계에 있는 서술적 연구를 넘어서기 위한 하나의 가정으로 등장합니다. 그 뒤 19세기 중반까지 형태론과 생리학과 유전에 관련된 연구가 좀 더 정밀해지면서, 생명과 그 진화는 점점 추상적이고 형식적인 양상을 띠는 과학 용어를 일상의 담론에서 반영하는, 의도하지 않은 애매한 부산물이 됐습니다. 최초 두 세대에 해당하는 19세기 생물학자는 예외로 칠 수 있겠지만, 실명사적 관념의 생명에 바탕을 둔 이 부산물은 과학으로서 생물학 논거에 포함되지 않으며 포함된 적도 없습니다. 따라서 최근 교회 임원들이 생물학자에게 신학자와 힘을 모아 라마르크 이후의 생명과 관련된 문제를 연구하자고 근엄하게 요청하는 것을 보면 놀라울 따름입니다.

둘째, 하느님에 의존한다는 인식의 상실, 자연의 죽음, 하나의 생명의 등장 등은 한 가지 새로운 자각의 다른 모습에 지나지 않습니다. 서로 판이하게 다른데도 그 실마리를 따라가면 모두 아낙사고라스(서기전 500년경~서기전 428년경)로 거슬러 올라가는 철학 체계가 여러 가지 있는데, 그 실마리는 바로 자연이 살아 있다는 논지입니다. 자연이 살아서 예민하게 움직인다는 관념은 16세기가 한창일 때까지 물활론, 유심론, 영지주의, 질료형상론 등의 모습으로 끊임없이 표현됐습니다. 이런 다양한 모습 속에서 자연은 모든 것이 태어나는 모태로서 경험됩니다. 아우구스티누스에서 스코투스로 이어지는 긴 세월 동안 자연의 이런 출산 능력은 세계가 하느님의 끊임없는 창조 의지에 의존한다는 점에 뿌리를 두고 있었습니다.

또 13세기에 이르러 특히 프란치스코파 신학에서 세계의 존재는 하느님의 창조만이 아니라 하느님 자신의 존재 즉 하느님의 생명을 자비로이 나누어주는 행위에 의존한다고 보게 됐습니다. 가능성 즉 데 포텐시아에 머물러 있다가 존재의 필연성 안으로 들어가는 것은 무엇이든 하느님 자신의 친밀성을 기적적으로 공유함으로써 무럭무럭 자라나는데, 이 친밀성을 가리키는 말로는 '하느님의 생명'보다 더 나은 것이 없습니다.

과학 혁명이 일어나면서 하느님에게 의존한다는 인식에 뿌리를 둔 사고는 점차 사라지고 기계론적 모형이 인식을 지배하게 됩니다. 캐럴린 머천트는 이로 인한 '자연의 죽음'은 남성의 우주관과 우주 인식 변화에 가장 광범위하게 작용하고 있는 사건이라 주장합니다. 그러나 또 이 때문에 떨쳐버릴 수 없는 한 가지 질문이 제기되기도 했습니다. 그것은 죽어버린 우주 속에서 생물체가 존재하는 것을 어떻게 설명할 것인가 하는 문제입니다. 실명사로서 생명 관념은 이렇게 이 질문에 대한 직접적인 대답이 아니라 일종의 공백을 메우기 위해 아무 생각 없이 툭 던지는 말로서 등장합니다.

하나의 재산이 된 생명

셋째, 소유적 개인주의 이념 때문에 생명을 하나의 재산으로 말하는 방식이 만들어졌습니다. 19세기 이후 급진주의적으로 자아를 인식하는 한 가지 새로운 철학이 사회의 법적 구성에 점점 더 반영되고 있습니다. 그 결과 고대 그리스 시대부터 서양 역사를 뒷받침해온 윤리와의 단절이 일어났는데, 이것은 선에서 가치로 관심이 옮겨간 것에서 명백하게 나타납니다. 사회는 이제 인간은 궁핍한 상태로 태어나며 또 그 궁핍을 해소하기 위해 필요한 가치는 원래 희소하다는 실용적 전제를 바탕으로 조직됩니다. 따라서 가치론에서 생명의 소유는 최고의 가치로 해석됩니다. 호모 오이코노미쿠스가 윤리적 성찰의 기준이 됩니다.

삶은 생존을 위한 발버둥이거나 더 근본적으로 말해 생명을 차지하기 위한 경쟁과 같아집니다. 인간의 행위 및 사회 조직의 궁극적 동기로 '생명의 보존'을 말하는 게 관습이 된 지도 이제 한 세기가 넘었습니다. 오늘날 일부 생명 윤리 학자는 한 걸음 더 나아갑니다. 이제까지 법률에서는 인간이 살아 있다고 암시했지만, 이들은 생명이 있는 상태와 단순히 살아 있는 상태 사이에는 깊은 차이가 있음을 인정하라고 우리에게 요구합니다. 이렇게 소유 내지 전유하는 행동을 실행할 능력을 입증할 수 있는지가 '인간됨'의 기준이자 법적 주체의 존재 기준으로 바뀝니다.

 같은 시기에 호모 오이코노미쿠스가 살아 있는 모든 존재의 상징이자 유비로 은밀하게 받아들여졌습니다. 모든 것을 기계론적으로 인격화하는 풍조가 널리 퍼졌습니다. 박테리아도 '경제적' 행동을 모방하여, 자신의 환경에서 희소하게 존재하는 산소를 차지하려고 죽고 죽이는 경쟁에 들어가는 것으로 상상합니다. 전 우주에 걸쳐 점점 더 복잡한 생명체 간에 벌어지는 발버둥이 과학 시대 인류의 바탕 신화가 됐습니다.

 넷째, 생명의 부자연스러운 성격은 생태학 논의에서 특히 신랄하게 나타납니다. 생태학은 생물과 서식지 간의 상호관계에 대한 연구로 볼 수 있습니다. 이 용어는 또 알 수 있는 모든 현상을 서로 연관시키는 철학적 방법을 가리키는 말로도 점점 더 많이 쓰이기도 합니다. 그리고는 인공두뇌적 체제에 의한 사고를 나타내는 말로 쓰이는데, 이 사고는 모형인 동시에 실시간으로 작용하는 현실입니다. 즉 하나의 과정으로서 스스로를 관찰·정의하고 규제·지속합니다. 이런 양식의 사고에서 생명은 체제 그 자체와 같다고 간주됩니다. 생명은 체제를 가려버리는 동시에 성립시키는 추상적 물신인 것입니다.

 인식론적 감상주의는 우주적 과정과 실체 간의 개념적 경계선이 이렇게 무너지고 그 둘이 생명이라는 물신으로 신화적으로 체현되는 데에 그 뿌리를 두고 있습니다. 우주를 하나의 체제로 이해하면 합리적으로 분석하고 관리할 수 있는 존재물에 비유하여 생각하게 됩니다. 그와 동시에 바로 이 관념적 장치가 낭만주의적으로 생명과 동일시되어, 뭔가 신비하고 형태가 다양하며 연약하고 또 다감하게 보호해야 하는 것이 되어 숨죽인 목소리로 주고받는 대화의 주제가 됩니다. 창세기에 대한 한 가지 새로운 해석에서는 아담과 이브가 생명을 맡아 그것을 질적으로 향상시킬 임무를 받았다고 설명합니다. 이 새로운 아담은 골렘[5]을 빚어 돌보는 사람입니다.

생명의 관리자가 된 의사

다섯째, 대중 과학의 물신인 '하나의' 생명은 인격의 법적 관념을 무효로 만드는 경향이 있습니다. 이 과정은 의료 행위, 사법 절차, 그리고 생명 윤리 담론의 관계에서 잘 나타납니다. 히포크라테스 전통에서 의사는 환자의 체질에 균형(건강)을 되찾아줄 의무가 있었지만 자신의 기술을 이용하여 죽음에 맞서는 행위는 금지되어 있었습니다. 담당 의사는 환자와 맺은 치유 계약을 해제하는 자연의 권한을 받아들여야 했습니다. 히포크라테스가 말한 징후가 나타나 환자가 죽음의 고통 속으로, '삶과 죽음 사이의 안마당' 속으로 들어갔다고 판단되면 의사는 그 죽음의 자리에서 물러나야 했습니다. 자궁 속의 첫 태동 ─ 살아난다는 뜻 ─ 과 고통의 시작 ─ 죽으려는 개인적 몸부림 ─ 을 경계선으로 그 사이에서만 의료 처치의 대상이 성립되는 것입니다. 이것이 지금은 재빠르게 바뀌고 있습니다.

학교에서 의사는 난자가 수정되는 순간부터 장기 수확이 이루어지는 때까지의 생명을 책임지는 사람이라고 가르칩니다. 20세기 초에

---

[5] 유대의 전설에 등장하는 인조인간으로, 진흙으로 빚어놓고 주문을 걸어 만든다. 주인에게 절대 복종하지만 언제라도 미쳐 날뛸 수 있는 위험한 존재이다.

는 능력을 부분적으로 잃어버려 환자의 역할에 놓인 사람에게 사회가 임명한 지도교사로 의사를 인식하게 됐습니다. 지금 의사는 환자가 아니라 하나의 생명에 대해 사회적으로 책임을 지는 관리자가 됐습니다. 명망 높은 어느 생명 윤리학자는 과학을 통해 인격체의 생명과 '인격체가 아닌 인간'의 생명을 구별하는 능력이 사회적으로 형성되었다고 말합니다. 후자의 생물에게는 '도덕 공동체에서 역할을 맡는 데 필요한 능력' 내지 특성이 결여돼 있습니다. 생명 윤리학이라는 새로운 학문 분야는 생명이라는 물신의 질적 평가에 '인간됨'의 뿌리를 두는 도덕적 담론의 유사품을 만들어 대중 과학과 법률 사이를 중재합니다.

생명 윤리학의 가면을 벗겨라

일리노이 주립대학교 의과대학에서 논의하기 위해
로버트 멘델존 박사와 함께 쓴 초안
미국 시카고
1987년 11월 20일

의료 윤리라는 말은 안전한 성, 핵 보호, 군사 정보만큼이나 모순적인 어법입니다.

1970년 이후로 생명 윤리가 역병처럼 번지면서, 본질적으로 비윤리적인 맥락에서 윤리적 선택 비스무레한 것을 만들어내고 있습니다. 이 맥락은 의료를 수태에서 장기 수확까지로 확장하면서 그 형태가 잡혔습니다. 이 새로운 활동 영역에서 의료는 이제 더 이상 아픈 사람의 고통을 들여다보지 않습니다. 이제 인간의 생명이라 불리는 것이 보살핌의 대상이 된 것입니다.

한 인격체를 '하나의 생명'으로 탈바꿈시키는 것은 죽음을 가져오는 시술이며, 아담과 이브 시대에 생명의 나무를 향해 손을 뻗는 것과 마찬가지로 위험합니다.

윤리학, 연구소, 갖가지 학위·학과 과정 등을 통해 의료적, 전문적,

행정적 관리의 대상으로서 '생명'이 등장하는 담론이 만들어졌습니다. 이로써 학문을 동원하여 포괄적으로 합리화가 이루어지면서, 본질적으로 결함이 있는 기획에 정당성을 제공하고 있습니다. 의료 윤리는 이제 고통과 죽음을 겪으며 덕을 실천하는 행위를 무색하게 하고 있습니다.

저희가 보기에 생명 윤리는 우리가 아픔과 괴로움, 체념과 죽음을 마주할 때 앞세워야 할 살아 있음과는 무관하다고 봅니다.

V

품위 있는 침묵에 대한 권리

나 또한 침묵을 지키기로 결심한다

품위 있는 침묵에 대한 권리

'민중포럼: 희망'
일본 도쿄
1982년 4월 23일

작년 겨울, 독일의 어느 도시를 방문한 사람은 아주 특이한 광경을 목격했을 것입니다. 몇몇 사람이 복잡한 사거리에서 정기적으로 모여 정해진 시간에, 그것도 딱 한 시간만 침묵을 지킨 것입니다. 그들은 추위 속에서도 이따금 발만 움직일 뿐, 한 마디도 하지 않고, 지나는 사람이 말을 걸어도 아무런 대꾸도 없이 서 있기만 했습니다. 그러다 시간이 다 되면 흩어졌습니다. 여전히 침묵한 채로. 이 조용한 사람들은 교통을 방해하거나 행인을 가로막지 않도록 조심했습니다. 입은 옷은 평범했습니다. 그중 대개 한두 명이 그 이유를 알려주는 팻말을 들고 있었습니다.

"제가 침묵하는 것은 핵의 파괴력에 대해 아무 할 말도 없기 때문입니다."

침묵이 필요한 이유

저는 이 침묵하는 무리에 몇차례 참여했습니다. 그리고 지나가는 사람들에게는 이렇게 조용한 사람들이 아주 거슬릴 수 있다는 사실을 금방 알 수 있었습니다. 이들의 침묵은 억누를 수 없는 큰 목소리로 말하기 때문입니다. 이런 침묵은 말로 표현할 수 없는 혐오를 천둥처럼 전달합니다.

독일인은 핵 기계의 효과에 대해서는 잘 알고 있습니다. 하지만 그들 대다수는 핵 장치가 배치되면 인간이 피할 수 없는 결과가 무엇인지 보여주는 과학적 증거는 가벼이 여깁니다. 일부 존경 받는 종교계 인사는 독일 땅에 미국의 크루즈 미사일과 퍼싱 미사일이 점점 더 많이 배치될 때 떠안아야 하는 위험을 마음으로 받아들이기도 했습니다. 하지만 더 이상의 핵 무장은 안 된다며 단호하게 반대하는 사람이 눈에 띄게 늘고 있고, 그 중에는 무조건적인 핵 무장 해제에 헌신하는 사람도 생겨나고 있습니다. 침묵하는 사람들은 강경파뿐 아니라 모든 부류의 반전론자에게도 자극적인 방식으로 의문을 제기하고 있습니다. 길모퉁이의 의례 행위에 참여한 사람들은 아무 말도 하지 않고 아무 질문에도 대답하지 않는 행동을 실행하고 있습니다. 한번은 성이 난 어떤 사람이 한 시간 내내 저를 괴롭혔습니다. 그 사람 역시 일방적인 무장 해제를 저만큼이나 지지하는 게 분명했지만, 그가 보기에 침묵은 저의 확신을 주장하기 위한 적절한 방법이 아니었습니다. 그러나 그때 그 자리에서 저는 아무 대꾸도 할 수 없었습니다.

이제 여러분에게 제가 우리 가운데 비폭력적, 방어적 침묵을 행사하는 사람들이 — 우리 친구 몇몇이 괴롭힘을 당하고 다치는 일이 있다 해도 — 절대적으로 필요하다고 믿는 이유를 네 가지 들 수 있습니다. 많은 사람이 이 믿음에 동참하고 있습니다. 이제 네 가지 질문에 대해 답하겠습니다. 1) 핵폭탄에 대해 특히 독일에서 침묵으로 대응하는 것이 왜 그렇게 중요한가? 2) 철학자로서 나는 왜 핵 장치의 생산, 배치, 유지에 항거하는 방법으로 논증만으로는 부족하다고 믿는가? 3) 내가 침묵이 말보다 더 강력할 때가 많다고 생각하는 이유는 무엇인가? 4) 나는 왜 침묵이 법으로 보호할 만한 인권에 포함된다고 보는가?

원자폭탄은 무기가 아니다

첫째, 저는 독일의 젊은이는 대량 학살 기계와 특별한 관계가 있다고 믿습니다. 그런데 여기서 대량 학살 기계가 무엇인지 이해해야 합니다. 그것은 무기가 아닙니다. 그것은 원자폭탄처럼 근본적으로 새로운 유형의 현상입니다. 핵 장치는 과거 만들어진 그 어느 것과도 닮은 부분이 없는 물건입니다. 그렇지만 대량 학살은 새로운 게 아닙니다. 역사를 통틀어 정복자가 정복한 도시 안에 살아 있는 짐승과 사람을 모조리 죽여버린 때가 많으니까요. 예를 들면 성경에서 유대인은 정복한 도시 안에 있는 사람을 모두 죽이라고 그들의 하느님이 명령한 것으로 받아들였습니다.

그러나 우리 조상은 곤봉이나 칼, 불 등 정상적인 용도로도 사용할 수 있는 수단을 통해 대량 학살을 저질렀습니다. 이런 것들은 예를 들면 음식을 장만한다든가 하는 평화로운 목적으로도 이용됐지만, 고문과 살인, 대량 학살이라는 끔찍한 행동에도 이용됐습니다. 원자폭탄의 경우에는 그렇지 않습니다. 그 목적은 오로지 대량 학살뿐입니다. 다른 어떠한 목적에도, 심지어 살인에도 사용하지 못합니다. 이런 대량 학살의 도구, 사람을 집단적으로 파괴하기 위한 발명품은 1940년대 초에 사상 처음으로 고안됐고, 그와 동시에 미국의 루스벨트 대통령은 알베르트 아인슈타인의 권고에 따라 원자폭탄을 만들기 시작했습니다. 같은 때에 히틀러 역시 독일에서 그런 폭탄을 연구하기 시작했습니다. 하지만 그 결과 독일은 유대인, 집시, 동성애자를 비롯하여 살 자격이 없다고 생각되는 부류의 사람을 대량 살인하기 위한 몰살 수용소를 만들었습니다.

에놀라 게이[1]가 히로시마에 원자폭탄을 떨어뜨렸을 때 이런 수용소는 4년째 운영되고 있었습니다. 수용소는 독일인이 운영했는데 그들 대다수는 이미 죽었거나 살아 있어도 아주 나이가 많습니다. 하지만 독일의 젊은이 중에는 마지막 집단 수용소, 마지막 가스실, 마지막 집단 화장장이 문을 닫거나 철거된 뒤에 태어났지만 부모 세대가 사용한 저런 대량 학살 기계에 개인적으로 연루돼 있다고 느끼는 이들이 많습니다. 이런 젊은이는 수용소의 이미지에 시달리며 말할 수 없는 공포를 경험합니다. 이들은 그런 수용소의 재건에 저항하는 이유는 말할 필요조차 없다고 보며, 나아가 그 어떤 이유도 말하기가 불가능하다고 봅니다. 말할 필요가 없다고 생각하는 것은 오늘날 독일에서는 아무도 대량 학살 목적의 집단 수용소를 제안하지 않기 때문이

---

[1] Enola Gay: 미국 육군항공대 소속 B-29 폭격기 중 한 대로, 1945년 8월 6일 미국이 히로시마에 원자폭탄을 떨어뜨릴 때 사용한 폭격기의 애칭.

며, 또 명백한 것을 놓고 논의하기가 불가능하다고 생각하기 때문입니다.

나치 독일에서 집단 수용소의 설립과 운영에 반론을 주장한 사람은 나치의 일부 고위 인사뿐이었습니다. 그러나 이들은 대량 학살을 나중으로 미루어야 한다고 보거나 다른 수단을 동원하면 더 효과적일 것으로 생각했습니다. 또 어떤 인사는 비용이 많이 든다는 사실에 주목했습니다. 오늘날 유럽에는 그런 나치 인사처럼 행동하기를 거부하는 젊은이가 많습니다. 이들은 원자폭탄은 무기가 아니라 대량 학살 기계이고, 그 존재에 대해 — 특히 그것을 독일 땅에 두는 것에 대해 — 마땅히 저항해야 하며, 그러나 거기에 한 마디 말도 낭비하지 않아야 한다는 사실을 인식하고 있습니다.

침묵의 외침

둘째, 사람은 공포에 질려 더 이상 감정을 조절할 수 없을 때 비명을 지르기도 합니다. 그리고 명철한 머리가 아니라 분별 있는 가슴에서 우러나는 행동에는 아무런 잘못이 없습니다. 그러나 철학자로서 저는 어떤 화제의 경우에는 직접적 논의에 끌려들어 가기를 거부해야 하는 강력한 이유가 있다는 사실을 알고 있습니다. 유대인, 그리고 일부 그리스도교인은 하느님의 이름을 입에 올려서는 안된다고 믿습니다. 현대의 철학자는 어떤 개념은 진술문 속에 등장할 경우 그 진술문이 무의미해진다는 사실을 알아냈습니다. 예를 들면 유언장에서 '내가 죽으면 나는 ……'으로 시작하는 문장은 통상적이기는 하지만 의미가 없습니다. 내가 죽으면 나는 더 이상 어떤 것도 되지 못하고 어떤 것도 하지 못하니까요.

대량 학살 기계 역시 이와 마찬가지로 논리학자가 '특별한 인식론적 지위'를 부여하는 개념입니다. 제가 핵폭탄에 대해 (그리고 제 개인적 의견으로 볼 때는 핵발전소에 대해서도 마찬가지) 말할 수 있을 때는 오로지 그것이 대량 학살 기계임을 증명하는 논리와 함께 말할 때뿐입니다. 하지만 이것이 일단 증명되고 나면, 그때부터는 발언자로서 저의 지위를 인간 이하로 떨어뜨리지 않으면서 이 개념을 사용해 문장을 말하기란 불가능합니다. 토론 목적에서조차도 대량 학살의 위협을 고찰하는 — 아무리 신중하게 입에 올린다 해도 — 논의에 참여할 수 없습니다.

"아니오, 사양합니다"

셋째, 이 문제를 논의를 통해 다루는 사람들과 마주칠 때 저는 오로지 비명을 지를 수 있을 뿐입니다. 그리고 역설적이게도 비명은 말보다도 침묵에 더 가깝습니다. 눈물, 내지는 '엉엉' 소리처럼, 특정 방식의 통곡과 비명은 침묵과 마찬가지로 언어라는 영역 밖에 놓여 있습니다. 그러면서도 이런 표현 형식은 말보다 더 큰 소리로 더 정확하게 말할 수 있습니다. 나아가, 공포의 비명이라는 틀 속의 침묵은 언어를 초월합니다. 나라와 연령대가 다르고 공통의 언어가 없는 사람들도 침묵의 비명으로는 한 목소리로 말할 수 있습니다. 결국에는, 침묵에 몰입함으로써 대량 학살 기계의 존재에 대해 무조건적 반대를 표현하는 것은 철저하게 민주적입니다. 무슨 말인고 하니, 만일 제가 원자폭탄은 무기가 아니라 대량 학살 기계라 주장하고 또 과학자로서 핵에너지는 필연적으로 미래 세대를 위험에 빠트린다고 주장하면, 제 논지의 무게는 복잡한 주제를 다루는 저의 능력에 의존하게 되고 제 말의 신빙성은 저의 사회적 위치에 달리게 됩니다. 특히 매체가 지배하는 오늘날의 사회에서 공개 논의는 계층적이 될 수밖에 없습니다. 하지만 합리적으로 택한 웅변적 침묵은 그렇지 않습니다. 정말로 지적이고 경험 많은 전문가라면 침묵을 '최종결론으로' 말할 수 있습니다. 그리고 삶에 대한 믿음과 자기 아이들을 위한 희망을 품고 있는 현명한 사람이라면 세상 누구라도 그것을 그대로 표현하는 방법으로서 침묵으로 항거하면서 말할 수 없는 공포를 표출할 수 있습니다. 침묵을 지킨다는 결정, '아니오, 사양합니다' 하는 의례 행위는 대다수가 간단명료하게 말할 수 있는 목소리입니다.

넷째, 저는 한 가지 행동 방식으로서 침묵을 지지하지만, 침묵을 지키는 이유를 찾는 분별 있는 논의를 억제하려는 의도는 없습니다. 하지만 저는 침묵에는 무질서를 가져올 위험이 있다는 점을 알고 있습니다. 침묵을 지키는 사람은 지배할 수 없습니다. 그리고 침묵은 확산됩니다. 그러므로 우리의 침묵을 깨뜨리려는 시도가 있을 것입니다. 우리에게 '평화 토론'에 참여하도록 요구할 것입니다. 침묵하는 사람에 대한 마녀 사냥까지 있을 수 있습니다. 그런 만큼 논의를 벗어나 침묵할 권리, 참여자 자신의 존엄이 위태롭다고 판단될 때 논쟁을 끝낼 권리를 이 시점에서 되찾고 옹호해야 합니다. 공포에 질린 침묵을 전파할 권리 또한 있는 것입니다.

나 또한 침묵을 지키기로 결심한다

제20차 독일 개신교 교회의 날 행사에서 낭독, 배포
독일 하노버
1983년 6월 9일

나 또한 침묵을 지키기로 결심한다. 왜냐하면

대량 학살에 관한 어떤 토론에도 끌려 들어가지 않기 위해서이며,

핵폭탄은 전통적 의미의 무기가 아니라 인간의 말살 이외에는 어디에도 사용될 수 없기 때문이며,

핵폭탄을 배치하는 행위는 평화와 전쟁 모두를 무의미하게 만들기 때문이며,

여기서 침묵이 말보다 더 잘 말해주기 때문이며,

이런 폭탄의 사용을 거부하는 조건을 논의하는 순간 내가 범죄자가 되기 때문이며,

핵 억지력이란 어리석은 것이기 때문이며,

나의 자살을 가지고 다른 사람을 협박하지 않기 위함이며,

나치 치하에서 대량 학살을 둘러싸던 '침묵 영역'이 '논의 영역'으

로 바뀌었기 때문이며,

이 강제적인 평화 논의 영역에서는 오직 나의 침묵만이 분명하게 말할 수 있기 때문이며,

공포에 질린 내 침묵은 그 누구도 이용하거나 통제할 수 없기 때문이며 ……

무엇이든 여러분에게 맞지 않는 항목은 빼십시오. 침묵을 지키려는 여러분 자신의 이유를 적어 넣으십시오. 그리고 배포하십시오.

IVAN ILLICH

더글러스 러미스 Douglas Lummis (1936~)

세계적인 평화운동가, 정치사상가. 70년대 초부터 이반 일리치와 함께 '개발'에 대한 비판 작업을 하며 평생의 우정을 쌓아왔다. 1960년 미 해병대에 입대하여 오키나와에서 근무했으며, 제대 후 진보적 열기의 한복판에 있던 버클리 대학교에서 정치학으로 박사학위를 받았다. 1980년 도쿄 쓰다 대학 교수로 강단에 섰고 2000년에 정년퇴임했다. 이후 오키나와에 거주하면서 집필과 반전평화운동을 해왔으며, 2013년 서울에서 이라크 전쟁 10년을 맞아 비영리 사회운동단체 〈나눔문화〉와 함께 평화행동을 이어갔다. 주요 저서로 『경제성장이 안되면 우리는 풍요롭지 못할 것인가』 (녹색평론사), 『에콜로지와 평화의 교차점』 (녹색평론사), 『급진적 민주주의 Radical Democracy』 (Cornell University Press) 등이 있다.

이반 일리치를 회상하며

더글러스 러미스

이반 일리치를 마지막으로 본 건, 2000년 당시 캘리포니아 오클랜드 시장이던 제리 브라운이 주최한 세미나에서였다. 그리고 2년 후, 오스트리아 빈에서 태어나 평생을 망명자처럼 떠돌았던 20세기의 한 위대한 사상가가 그의 마지막 정착지인 독일 브레멘에서 세상을 떠났다는 소식을 들었다.

2013년 봄, 내가 태어난 고향도 아닌, 지금 내가 사는 오키나와도 아닌 서울에서 나처럼 일리치를 기억하며 살아가는 사람들을 만나게 되었다. 시간이 흘러 낯선 땅에서 일리치를 다시 만난다는 건 참으로 흥미로운 경험이다.

지금 나는 일리치의 역작 중 하나인 『과거의 거울에 비추어』가 시간을 거슬러 새롭게 태어나는 것을 바라본다. 그리고 한국에서 출간되는 그의 책에 몇 마디 말을 덧붙이게 되었다. 어떤 사상을 이해하려면 그 사상가를 이해해야 한다. 또한 한 사람을 이해하는 가장 좋은 방법은 그를 분석하는 것이 아니라 그와 얽힌 이야기를 듣는 것이다. 내가 일리치라는 사람을 전부 증언할 수는 없을 것이다. 나는 지금 그를 회상하고, 시간이 흘러도 잊혀지지 않고 떠오르는 기억을 말할 것이다. 나의 이 작은 이야기가 『과거의 거울에 비추어』에 정교하게 축조된 일리치 사상을 이해하는 데 조금이라도 도움이 되었으면 한다.

일리치를 좋아하게 된 날

1980년대 어느 날, 당시 일본에 살던 나는 심포지엄에 참석하기 위해 일본을 방문한 일리치를 만났다. 그는 내게 한 가지 부탁을 했다. 도쿄의 유엔 대학교에 초빙 교수로 오게 되었는데, 몇개월간 묵을 수 있는 싸고 낡은 집을 알아봐 달라고 했다. 대학 측에서는 비용을 지급하며 호텔에 숙소를 마련해주었는데 자신은 호텔에서 지내고 싶지 않다고 말했다.

여기저기 찾아보다가 내가 살던 동네에 허름한 아파트를 발견했다. 몇개월 뒤 철거 예정이라 건물 전체에 사람이 살지 않는 몹시 낡고 지저분한 아파트였다. 방은 어둡고, 부엌엔 기름때가 덕지덕지 붙어있고 천장은 오래된 갈색으로 바래 있었다. 부동산 주인이 이 집으로 하겠냐고 물었다. 나는 친구에게 먼저 보여줘야 할 것 같다고 말했다. 돌아오면서 일리치가 그 집을 보면 싫어할지 모른다는 생각이 들었다. 그가 원한 낡은 집은 아마도 일본식 정원이 딸린, 오래되면서도 아담한 집일 것이다.

일리치가 일본에 도착한 날, 나는 그 집으로 안내했다. 분명 실망할 거라고 생각했다. 어두컴컴한 복도를 지나 허름한 방과 부엌을 둘러보더니 그가 말했다. "딱 내가 꿈꾸던 집이에요. 정말 고맙습니다." 그 날은 내가 일리치를 정말로 좋아하게 된 날이었다.

한번은 일리치의 독일인 동료인 바르바라 두덴Barbara Duden과 함께 저녁 식사를 하게 되었다. 그 자리에 함께 참석한 일본인 친구 무로 겐지室謙二는 일리치가 수십 개 언어를 구사하는 데 큰 관심을 갖고 있었다. "일리치 씨, 17세기에 그리스도교를 전파하러 일본에 왔던 성 프랜시스 자비에St. Francis Xavier도 선생님처럼 여러 언어를 할 줄 알았습니다. 하지만 죽을 때에는 아무도 이해하지 못하는 언어로 말했어요. 스페인 바스크 출신이니 어쩌면 바스크어겠지요. 외국어를 아무리 많이 배운 사람이라도 모국어는 하나이지 않을까요? 선생님의 모국어는 무엇인가요?"

일리치는 "할아버지와 말할 때는 크로아티아어로 하고, 삼촌과 말할 때는 영어로 하고, 동생과 여자 얘기를 할 때는 불어로, 다른 화제를 얘기할 땐 독일어로 말합니다"라고 여러 언어를 나열하더니 "어느 말도 제 모국어는 아닙니다. 모두 똑같아요"라고 대답했다. 무로는 그래도 납득이 안 가는 듯 다시 물었다.

"일리치 선생께선 죽을 때 어떤 언어로 말을 하겠습니까?"

일리치는 웃으며 말했다. "당연히 라틴어죠!"

그건 일리치 특유의 '진지한 농담'이었다. 라틴어는 누구에게도 모국어일 수 없다. 이제 태어나면서 라틴어를 배우는 아이들은 없기 때문이다. 그는 '모국어는 하나'라는 무로의 말을 반박한 것이었고, 또한 죽음의 순간에 자신에게는 평생 변치 않고 따랐던 신에 대한 믿음만이 있을 것임을 암시한 것이다.

가난도 발전한다

60년대 나는 근대화 이론과 경제성장 개념에 대한 비판을 주제로 박사 논문을 쓰고 있었다. 근대화 이론을 비판하는 사람이 아무도 없던 시기라 고독하고 힘겨운 작업이었다.

일리치는 1966년 멕시코 쿠에르나바카에 세운 〈문화교류문헌자료센터CIDOC〉를 거점으로 당시 모두가 숭배하던 '개발' 이념에 도전하기 위해 토론과 세미나를 진행하고 있었다. 80년대 중반에는 그가 1956년부터 5년 동안 가톨릭 대학교 부총장으로 일했던 푸에르토리코에서 연구 모임을 가졌다. 일리치는 이런 식으로 세계 여러 지역에서 연구 모임을 가졌다. 이때 처음으로 일리치가 이끄는 모임에 참석하게 되었다. 참석자 중에는 구스타보 에스테바[1]와 볼프강 작스[2] 그리고 마지드 라흐네마[3]가 있었다. 각자가 논문을 제출하고, 그것을 어떻

---

[1] Gustavo Esteva: 작가이며 풀뿌리 활동가. 라틴아메리카를 비롯한 여러 지역에서 국제 조직망과 공조망을 쌓았으며 1996년 사파티스타 운동의 고문을 지냈다. 서른 권이 넘는 책을 썼고 멕시코 시티의 『일하는 날 La Jornada』에 정기적으로 기고한다. (각주4 『반자본 발전 사전』에서 참조함. 이하 역자 주임.)

[2] Wolfgang Sachs: 저술가. 독일에 있는 부퍼 탈기후환경에너지 연구소 연구실장. 그린피스 독일 이사장, 정부간기후변화전문위원회 위원, 로마클럽 회원. 슈마허 칼리지에서 꾸준히 강의하며 카셀 대학교 명예교수로 있다.

[3] Magid Rahnema: 1960년대 말 이란의 정치인. 이후 유엔 개발계획에 들어가서 말리를 비롯해 여러 나라에서 활동했다. 현재 작가로 활동하며 미국 버클리에 있는 캘리포니아 대학교 방문 교수로 있다.

게 출간하고, 어떤 형태로 만들지 토론이 벌어졌다. 그 자리에서 나는 "여기 있는 사람들은 다들 단어를 정의하고 개념을 사용하길 즐겨하니 사전을 만들어 보면 어떨까요?"라고 제안했다. 그렇게 하여 우리는 『개발 사전The Development Dictionary』[4]을 쓰게 됐다.

일리치가 현대 사회에 끼친 가장 큰 영향은 '경제성장에 대한 근원적 비판'일 것이다. 당시 근대화나 경제성장을 옹호하는 책들이 셀 수 없이 쏟아져 나오고 있었다. 사람들은 가난은 곧 미개발이며 가난에서 벗어나는 것이 근대화라고 믿게 되었다. 일리치는 단 세 단어, '가난의 근대화modernization of poverty'라는 말로 이 생각을 완전히 뒤집었다. '가난의 근대화'는 가난도 근대화 혹은 현대화될 수 있다는 의미이다. 대부분의 사람들이 일리치의 이 표현을 처음 들었을 때 충격을 받았다. 지금은 근대적 가난이 만들어진다는 사실을 어렵지 않게 목격할 수 있지만 60~70년대만 해도 그것을 감지할 수 있는 사람은 드물었다. 현대의 산업은 '미개발'이라는 이름을 탄생시켰다. 미개발이라는 현상은 그 자체가 '개발'된 것이다.

나는 가난에는 네 가지 종류가 있다고 생각한다. 첫째는 인간이 살아가는 데 꼭 필요한 물과 식량이 충분하지 않은 절대적 가난이다. 둘째는 지역과 마을에서 오랫동안 형성되어온 전통적 가난이다. 셋째는 사회관계로 규정되는 가난이며, 넷째는 기술 발전으로 야기되는 가난이다.

두 번째로 언급한 전통적 가난은 전 세계의 수많은 사람이 살고 있

---

[4] 이 책의 한국어판, 『반자본 발전 사전』, 볼프강 작스 외 지음, 이희재 옮김, 아카이브, 2010.

는 모습이다. 예를 들어 내가 서울에서 본 박노해 시인의 사진[5] 속에 안데스 사람들은 우리보다 훨씬 적은 소유로 살아간다. 돈을 많이 쓰지도 않고, 먹는 음식의 종류도 훨씬 적다. 하지만 산업화된 세계에 사는 사람들은 그들을 가난하다고 말한다. 자동차도 없고, 전화기나 세탁기도 없고, 아파트도 없으니 가난하다고 말한다. 안데스 사람은 다른 문화권과 비교될 때 가난한 사람이 된다. 하지만 그들은 스스로를 가난하다고 생각하지 않는다. 그들은 하나의 독특한 삶의 양식을 살고 있는 것이다.

세 번째, 사회관계로 규정되는 가난은 계층과 계층, 개인과 개인 간의 관계로 정의된다. 당신은 돈이 있고 나는 돈이 없다고 가정해보자. 내가 소비사회에서 살아가기 위해서는 당신에게서 돈을 얻어야 한다. 나는 누군가의 밑에서 일을 해야 하고, 그 사람은 나에게 명령하고 나를 이용하고 모욕을 준다. 이 가난은 소유물의 절대적 양이 아니라 나보다 돈이 많은 사람에게 복종하는 가난이다. '부유함'을 뜻하는 영어의 'rich'는 소유물의 절대량이 아니라 사회관계를 의미한다. 모든 사람이 똑같은 양의 금을 갖고 있으면 아무도 부자가 되지 못할 것이다.

네 번째 가난은 기술 발전으로 초래되는 가난이다. 근대화의 이상은 기술 발전으로 가난을 없애겠다는 것이다. 하지만 일리치는 기술 발전이 특정 종류의 가난을 지속적으로 창출할 것이라고 주장했다. 자동차가 발명되면 초기에는 부자들만 자동차를 구입할 수 있다. 자동차가 발명되기 전에는 아무도 차를 가지지 않았고, 가질 생각도 하

---

[5] 박노해 시인이 전 세계 토박이들의 삶을 담아온 사진이 '라 갤러리'(서울 종로구 부암동)에서 상설 전시되고 있다. 사진집으로 『나 거기에 그들처럼』(느린걸음, 2010)이 있다.

지 않았다. 존재하지 않았으니 당연하다. 그런데 차가 발명되고 나자, 갑자기 특정 계층의 사람 전부가 단지 자동차가 없다는 이유로, 그 물건을 살 수 없다는 이유로 가난해지고 말았다.

이 가난은 기술이 발전하는 한 계속된다. 존재하지 않았기 때문에 원해본 적도 없는 것들이 존재하게 되면서 이 신종 가난은 끊임없이 출몰한다. 미래에 우리는 우주 여행을 가지 못한다는 이유로 가난해질지 모른다. 어떤 것이 됐든 구매할 수 없는 사람은 가난한 사람이다. 일리치의 '가난의 근대화'는 '절대적 가난'이 소멸되지 않은 채, 전통적 가난이 현대화된 가난으로 변형된 것이다.

쓸모 있는 물건이 쓸모없는 사람을 만든다

근대화된 가난은 일리치 사상의 핵심 중 하나인 '근원적 독점radical monopoly'과 연관된다. 어떤 물건이 없이는 살아갈 수 없는 환경을 만들어 그것을 사용하도록 강요하는 근원적 독점은 세 단계로 이루어진다. 1단계는 새로운 상품이 만들어졌지만, 가격이 비싸서 소수의 부유층만 구매할 수 있는 단계다. 2단계는 가격이 떨어지면서 보통 사람들 대다수가 구매하는 단계이다. 이 단계에서 상품은 갖고 있으면 '편리'한 물건이다. 3단계는 그 상품 없이는 제대로 된 삶을 살 수 없을 만큼 사회가 재조직되는 단계로, 이제 물건은 '편의품'에서 '필수품'이 된다.

한때 로스앤젤레스는 통근열차 시스템이 매우 잘 짜여진 도시였다. 그런데 자동차가 발명되면서 자동차 회사, 석유 기업, 타이어 회사들이 철도 시스템을 사서 폐지해버렸다. 사람이 걸어 다니기에는 너무 광대한 도시에서 기차가 없어지자, 자동차 없이 이 도시에 산다는 것은 불가능한 일이 되어버렸다. 자동차 말고는 원하는 시간에 목적지에 갈 방법이 전혀 없는 사회에서 차를 사는 것은 의무가 된다. 그리고 자동차를 타는 것이 의무가 된 사회에서 자동차가 없는 사람은 가난한 사람이다.

개인용 컴퓨터가 처음 나왔을 때 나는 컴퓨터로는 결코 글을 쓰지 않겠다고 다짐했다. 얼마 후 그 결심은 무너지게 되었다. 출판사들이 디스크에 저장된 원고가 아니면 받지 않았기 때문이다. 지금까지도 사용하지 않는 것은 휴대 전화이다. 언제 어디서든 내 몸에서 전화벨 소리가 울리는 것은 끔찍한 일이다. 그런데 아이가 다니는 학교에서 급한 일이 생길 때를 대비해 휴대 전화를 꼭 소지하라고 압박한다. 휴대 전화가 없다는 이유만으로 나는 아이를 제대로 보살피지 않는 무책임한 부모, 최악의 부모가 되어버렸다. 이제는 사람들이 나에게 이런 부담스런 질문을 던진다. "어떻게 휴대 전화가 없을 수가 있나요? 왜지요?" 이제는 그 누구도 근원적 독점에서 탈피하기란 어려운 일이 되었다.

일리치는 '근원적 독점'과 함께 '반생산성' 개념으로 현대 기술의 근원적 문제를 지적했다. 반생산성은 기술이 어떤 한계점을 지나면 애초에 의도했던 것과 정반대의 효과를 만들어낸다는 일리치의 독창적 개념이다. "의료 시설은 건강에 중대한 위협이 되었다"라는 첫 문장으로 사람들에게 충격을 던졌던 『의학의 한계』에서 그는 약이 수명을 연장하고 질병을 고치는 단계가 있지만 어떤 한계를 지나면 생명을 살리기보다 건강을 위협하는 단계에 이른다고 말했다.

그의 진단은 현실이 되었다. 병원은 치료하는 것보다 더 많은 병을 만들어낸다. 학교는 학생들에게서 스스로 배울 능력을 빼앗고, 감옥은 죄를 양산하고, 자동차는 교통을 지체시킨다. 반생산성 단계에 이르면 제도로 인해 개인들은 스스로 삶을 꾸려나가고 문제를 푸는 능력을 빼앗기고, 그 대신 전문가의 지식에 의존하도록 내몰린다. 급기야 제도가 인간의 삶을 대신하고, "역사상 가장 부유한 인류가 역사상 가장 무기력한 인간"이 된다.

일리치는 그의 첫 저서 『의식의 축제』에서 마르크스가 리카르도 학파를 비판한 문장을 인용하며 끝을 맺는다. "그들은 '쓸모 있는 물건'만 만들고자 한다. 하지만 쓸모 있는 물건을 너무 많이 만들면 쓸모없는 사람도 늘어난다는 사실은 잊고 있다."

미래란 없다, 희망만이 있을 뿐

1980년대 들어 일리치는 제도에 대한 비판을 넘어 그가 '확실성'이라 불렀던, 현대에 의심 없이 받아들여지는 관념의 기원을 탐구하기 시작했다. 『과거의 거울에 비추어』에는 이 시기 연구 성과가 담겨 있다. 일리치는 모두가 믿는 것, 아무도 의심하지 않는 것을 의심하고자 했다. 현대로부터 낯선 거리를 두기 위해 유럽의 중세, 특히 12세기를 연구했다. 그는 12세기를 현대의 여러 중요한 전제가 형성된 시기로 보았다.

어떤 이들은 일리치가 과거를 동경했던 사람이라고 말한다. 일리치는 늘 그 말을 부정했다. 그에게 역사를 연구한다는 것은 과거로 돌아가자는 의미가 아니었다. 역사는 오랫동안 변해버려 지금과 완전히 달라져버린 가치, 우리가 잃어버린 소중한 가치를 발견하는 길이었다.

한번은 도쿄에서 열린 전문가 토론회에 일리치가 참석한 적이 있다. 그를 제외한 다른 전문가들은 미래가 어떤 모습일지를 예측하는 소위 미래학자들이었다. 그 자리에서 일리치는 12세기에 대해 이야기했다. 미래학자 한 명이 일리치를 바라보며 "일리치 씨, 당신은 몽상가군요. 좀 더 현실적이 되는 게 좋지 않을까요?"라고 말하자 일리치는 "무슨 소리지요? 저는 지금 실제로 일어난 일을 이야기하고, 선생께서는 일어나지도 않은 일을 이야기하는데, 누가 몽상가지요?"라고 답했다.

역사는 실제적인 것에 대한 지식이며 실제로 벌어진 일이다. 미래는 일어나지 않은 일이다. 언젠가 일리치에게 '가능한 미래'에 대해 물은 적이 있다. 그는 이렇게 대답했다.

"미래 따위에는 관심이 없습니다. 그건 사람을 잡아먹는 우상입니다. 제도에는 미래가 있지만, 사람에게는 미래가 없습니다. 오로지 희망만이 있을 뿐입니다."

내가 어렸을 때 우리 가족은 샌프란시스코에 살았다. 어느 날 여동생이 동화 한 편을 지었다. 소년과 소녀가 사랑에 빠져 결혼을 하면서, 집에 정원을 만들기 위해 아스팔트를 깨고 흙을 찾아내 나무를 심는다는 이야기였다. 동생에게 지구는 아스팔트로 덮여 있다. 해머로 뚫지 않는 한 이 행성의 표면은 아스팔트인 것이다. 한 번도 시골에 산 적이 없던 어린 아이에게는 '자연스러운' 생각이었다.

일본에서도 마찬가지 경험을 한다. 아이들은 사슴벌레 같은 곤충을 몹시 좋아한다. 예전 같으면 시골이나 공원의 숲을 뛰어다니며 나무에서 곤충을 잡던 아이들이 이제 백화점에서 돈을 주고 곤충을 산다. 아마 도쿄에 사는 아이들에게 "장수하늘소가 어디서 살지?"라고 물으면 "백화점이요"라고 대답할 것이다. 곤충도 상품이 되었다. 이것 역시 지금의 아이들에겐 자연스러운 현상이다. 이 아이들은 자본주의와 산업사회를 '항상 그래왔던 세계'로 인식하기 때문이다.

경제학자들은 자유시장 체제가 마치 역사의 모든 시기마다 존재했던 것처럼 글을 쓴다. 자유시장과 경쟁이 인간의 본성인 것처럼 이야기한다. 그러나 자유시장이 만들어진 것은 불과 2백 년 전이고, 경제성장 이데올로기는 60년도 채 되지 않았다.

일리치의 방식대로 역사를 통해 배울 수 있는 것은 세상이 항상 이런 모습이 아니었고, 어떤 변화를 거쳐 지금의 세계가 되었다는 점이다. 지금 우리가 살고 있는 삶은 태초에 신이 내려준 것도 아니며, 인간 유전자에 새겨진 것도 아니다. 우리는 수많은 삶의 방식 중 하나를 살고 있는 것이며, 지금의 현실 또한 영원하지 않을 것이다.

일리치는 '과거라는 거울'을 통해 궁극적으로 사람들이 당연하게 받아들이는 고정관념에 의문을 던지고자 했다. 나는 일리치가 지금의 현대인들에게 주는 메시지가 무엇일까 곰곰이 생각해본다. 그는 사람들에게 무엇을 해야 할지 이전에 어떻게 생각할지를 가르쳐주려 했다. 생각의 전환은 삶의 전환을 불러일으킨다. 해석과 재사유가 가능하면, 변화의 가능성은 이미 존재하는 것이다.

마르크스는 「포이에르바하에 관한 테제」에서 "철학자들은 세계를 단지 다양하게 해석해왔을 뿐이다. 그러나 중요한 것은 세계를 변화시키는 것이다"라고 말했다. 일리치는 마르크스의 선언을 한번 더 전복하며 나아간다. 세계를 변화시키기 위해서는 이 세계를 뿌리로부터 다시 생각해야 한다고 말이다.

종말은 이미 시작되었다

일리치는 말년에 "이제 나는 무력함을 받아들입니다. 책임은 이제 망상입니다"라고 발언할 정도로 고통스러워했다. 1990년대에 들어 그는 현대 사회의 거대한 시스템을 '악'이라고 규정했다. 환상을 제조하는 이 세계가 사람을 삼켜버려 시스템으로 흡수해버린다고 절망했다. 그 누구라도 시스템에 닿는 순간 시스템의 일부가 되어버린다. 그는 인간의 저항과 책임마저 매끈하게 통합해버리는 현대의 악 앞에서 철저한 무력감을 느꼈다.

일리치가 말하는 시스템 논의의 핵심은 사악한 결과가 반드시 사악한 사람들 때문에 생겨나는 건 아니라는 점이다. 나무랄 데 없이 선량한 사람이나 주변의 평범한 사람이 끔찍한 결과를 초래한다. 예를 들어 기업의 경영자는 일을 하는데 있어 그가 착한 사람인지 악한 사람인지는 별로 중요하지 않다. 그는 주주들에게 이윤을 벌어다 주기 위해 충실히 일을 하지만 다른 사람을 착취하기도 하고, 스스로 의도하지 않은 결과를 초래하기도 한다.

지금 나는 전쟁과 평화에 대한 책을 쓰면서, 이 문제로 곤혹스러움을 느낀다. 군대에 입대하는 미국의 청년들은 대부분이 선량한 젊은 이들이다. 오키나와에서 간혹 그들을 만나 얘기를 나누어보면, 내 하얀 머리 탓인지 깍듯이 예의를 차리고 꼬박꼬박 '선생님'이라 부르며 공손하게 대답한다. 하지만 이 청년들은 자신들의 직업 때문에 이라크와 아프가니스탄에 가서 끔찍한 일을 저지른다. 그리고 많은 이들이 심한 정신적 후유증을 앓는다. 열일곱, 열여덟, 열아홉의 이들은 보통의 젊은이들이다. 시스템은 이렇게 평범한 사람을 데려다 무시무시한 결과를 낳는다.

사람들은 내게 왜 그렇게 이 시대를 비관적으로만 보냐고 묻는다. 나는 이렇게 대답하곤 한다. 월·수·금은 비관적이고 화·목·토는 희망을 느낀다고. 나는 우리 시대의 '종말'이 이미 시작되었다고 생각한다. 무한히 성장하려는 경제와 한정된 자원은 모순이다. 이 대립에는 분명 끝이 있을 것이다. 중요한 것은 이 대립이 끝났을 때 세상이 어떤 모습일까 물음을 던지는 것이다.

'지성의 비관주의'와 '의지의 낙관주의'라는 그람시의 말처럼 낭만적인 생각으로는 미래를 낙관할 수 없다. 최악의 관점에서 생각하고, 할 수 있는 일이 무엇인지 최선을 다해 찾아야 한다. 하지만 안타깝게도 우리는 '부정否定의 시대'를 살고 있다. 모든 것을 알지만 모르는 척하면서, 행동도 하지 않고 인정도 하지 않으면서 무턱대고 앞으로 달려가는 질주의 시대를 살고 있다.

어떤 범주에도 넣을 수 없는 사상가

일리치는 죽기 전 20년 동안 얼굴 한쪽에 자라는 악성종양 같은 혹 때문에 고통을 받았다. 그러나 병원에서 진단도 받지 않았고 치료를 받지도 않았다.

주변 친구들이 왜 그렇게 고통을 감수하냐고 물으면 그는 성 제롬St. Jerome의 말을 인용해 "나는 헐벗은 마음으로 그리스도를 따를뿐"이라고 말했다. 이 고통이 피하려고 해서는 안 되는 시련이라고 느꼈고, 고통을 선물로 받아들였다. 그는 하루하루 충실한 삶 속에서 죽음을 맞을 준비를 했고, 때가 되자 받아들였다.

> "저는 인간이 타고난 조건의 진실을 믿습니다. 저는 고통을 받고 있습니다. 저는 어떤 장애를 겪으며 괴로워하고 있습니다. 저는 분명히 죽을 것입니다. 어떤 사람은 저보다 더 큰 고통을 겪을 것이고, 어떤 이는 저보다 더 심신을 쇠약하게 하는 장애를 입겠지요. 하지만 우리는 모두 죽음에 맞닥뜨려야 합니다. 주위를 둘러보세요. 우리에게는 태어나는 순간이나, 사고를 당할 때 또는 죽음의 순간에조차 남을 돌볼 수 있는 위대한 능력이 있습니다."[6]

70~80년대 한동안 일리치 열풍이 있었다. 이제 사람들은 더 이상 일리치를 읽지 않는 듯하다. 유행은 종종 그렇게 된다. 그러나 현대 문명의 깊고 복잡한 위기가 일리치를 유행에서 고전으로 부활시키고 있다. 고전에는 하나의 원칙이 있다. 고전은 그 내용의 난해함을 뚫고 무수한 해석이 갈래를 뻗치며 격렬한 논쟁을 촉발시키고 탄생한다. 그리고 고전은 숭배하는 사람만큼이나 증오하는 사람이 뒤따른다.

---

[6] Ivan Illich, "Health as One's Own Responsibility: No, Thank You", *Ellul Studies Forum*, No.8, January 1992. (1990년 독일 하노버에서 한 연설을 기초로 작성되었다.)

일리치는 뜨거운 찬사만큼이나 격렬한 분노를 일으켰다. 일리치만큼 다양한 수식어가 붙는 사상가 또한 드물 것이다. 주류 언론의 부고 기사에서 그는 논쟁만 부추기는 '선동가'이거나 현실성 없는 '몽상가'였고 '기인'이었으며, '사회주의자'이자 '반공주의자'였다. 한때 일본에서 그는 천황제를 지지하는 극우 사상가로 이용되기도 했다. 좀 더 공정하게 말하는 쪽에서는 '비타협주의자', 현대의 모든 우상을 부수는 '우상파괴자'라 불렀다.

내게 일리치를 규정하라고 한다면, 나는 '급진적radical'이라는 단어가 그의 사상을 표현하는 가장 적합한 단어라고 말할 것이다. 영어의 'radical'은 '뿌리root'에서 온 단어로, '뿌리로 돌아간다'는 의미이다. 일리치가 평생 추구한 것은 근원으로 돌아가는 것이었다. 일리치는 그 어떤 범주로도 넣을 수 없는 사상가다. 그를 규정할 수 있는 범주는 오로지 '일리치'라는 그의 이름뿐이다.

내 인생의 길은 우정의 길이었다

일리치는 전 세계 수많은 사람들에게 위대한 사상가이자 스승이기 이전에 진정한 우정이 무엇인지를 보여준 우리의 벗이었다. 그는 친구를 만나 함께 웃고 이야기를 나누는 순간에서 축복과 기쁨을 느꼈다. 매 순간 그들에게 헌신했으며 삶 자체를 진심으로 즐겼다. 친구들과 이야기할 때마다 그의 눈은 반짝이며 "들어봐, 들어봐"라고 말하는 것 같았다. 그의 곁에 있는 것은 크나큰 기쁨이었다.

1998년 독일 브레멘시에서 수여한 문화평화상을 받으며 일리치가

했던 연설이 지금도 기억에 남는다. 그는 "덧없는 모험이 될 수도 있었던 우리의 모임이 무소불위의 권력과 이념에 도전할 수 있었던 것"은 "서로를 존중하고 자기를 절제하는 분위기가 공기처럼 퍼졌기 때문"이라고 말했다.

"진리의 추구는 우정으로 꽃피어나는 서로 간의 신뢰를 벗어나서는 절대로 이루어질 수 없다는 것을 저는 여전히 확신합니다"라고 말했던 그의 연설문을 읽으며 난 눈물이 났다. 내가 가르치던 대학과 대학원은 그걸 이해하지 못하는 곳이었다. 교육을 하기 위해 학생들을 꾸짖고, '너희는 아무것도 아는 것이 없어'라고 질책하는 곳이었다.

우정은 일리치의 삶과 사상을 관통하는 하나의 실과 같다. 그는 우정이야말로 서로에게 지지와 확신을 주는, 우리가 발 디딜 자리라고 믿었다. 사람들은 확신이나 희망, 살아갈 힘을 얻기 위해 외부에 의지한다. 종교에 의지하기도 하고, 국가나 제도, 회사에 기대지만 우리가 온전히 서있기엔 위태로운 발판들이다. 일리치는 모든 것이 파괴된 이 현대 사회에서 인간의 영혼을 발견할 수 있는 곳은 바로 내 옆에 있는 이의 심장이라고 믿었다.

"몸속 깊은 곳에서 다른 이를 경험하지 못한다면, 내가 당신을 온전히 겪어내지 못한다면 자신을 구원할 수 없습니다."

일리치는 평생 우정의 삶을 살았다. 그는 "내 인생의 길은 우정의 길이었습니다. 우정은 서로 교차되었다가, 평행하게 가다가 다시 교차되는 여러 갈래의 길을 따라 걷는 것"이라고 말했다.

이제 내가 일리치와 맺었던 우정을 여러 사람과 나눌 때이다. 그대와 일리치가 서로를 마주보아야 할 때이다. 그 만남은 격렬하고도 생생한 부딪침일 것이다. 처음에는 막막함을 감당해야겠지만, 고통스러울수록 일리치와 그의 저서에 가까이 다가가는 것이라고 나는 믿는다. 나의 친구 일리치가 주었던 선물을 그대 또한 간직하기를 바라는 마음이다. (옮긴이: 허택)

이반 일리치 연보

1926년 9월 4일 오스트리아 빈에서 1차 세계대전과 2차 세계대전 사이, 아리아인 아버지와 유대인 어머니 사이에서 태어났다. 아버지 피에로 일리치Piero Illich의 집안은 유서 깊고 부유한 가문으로, 달마티아에서 포도주와 올리브 오일을 대규모로 생산했다. 일리치는 태어난 지 한 달 후, 할아버지가 있는 달마티아 섬에 보내져 어린 시절을 보냈다.

1932년(6세) 어머니는 당시 유고슬라비아에 번지고 있던 반유대인 정서를 피해 달마티아를 떠나 세 아이를 데리고 빈으로 이주했다. 그 뒤 일리치와 쌍둥이 두 남동생은 영영 아버지를 보지 못하게 되었다. 유년기부터 중부 유럽을 옮겨 다니며 성장한 일리치는 '여기가 내 집'이라고 부를 만한 장소 없이 평생 전 세계를 떠돌며 살았다. 이때까지 그는 학교교육은 거의 받지 않고 자랐지만, 여섯 살 때 프랑스어, 이탈리아어, 독일어를 함께 쓰고 있었으며, 여덟 살 때 세르보-크로아티아어를 배우기 시작해 이후 그리스어와 라틴어, 스페인어 그리고 힌디어를 익혔다.

1938년(12세) 독일이 오스트리아를 합병했고 빈은 나치에 점령당했다. 빈에 있던 외할아버지의 대저택도 나치에게 빼앗겼다. 이 무렵 아버지의 사망 소식을 들었다.

1942년(16세) 어머니와 동생을 데리고 이탈리아 피렌체로 피신했다. 고등학교에서 이탈리아 나치 저항 운동의 "작은 역할"을 했다. 중등교육을 마치고 피렌체 대학교에서 결정학結晶學 과정을 수료했다.

1943년(17세) 신학을 공부하기로 결심하고 로마로 향했다. 로마 그레고리오 대학교에서 철학과 신학을 공부했다. 그가 전공한 신학은 교회학 중에서도 예전학禮典學이었다. 일리치에게 대학 학위는 파시스트 정권 하에서 신분 보장을 위한 방편이었다.

1946년(20세) 그레고리오 대학교를 졸업한 후 로마노 구아르디니 Romano Guardini의 종교적 동기의 바탕에 집중하여 석사과정을 시작했다. 동시에 오스트리아의 잘츠부르크 대학교에서 토인비에 대한 연구로 박사학위를 취득했다.

1951년(25세) 로마에서 사제 서품을 받았다. 그의 첫 미사는 초기 그리스도교인들이 박해를 피해 숨었던 지하묘지 카타콤Catacomb에서 열렸다. 일리치는 촉망받는 사제였고 로마 교황청 국제부 근무가 예정되어 있었다. 하지만 그는 교회의 관료제도 속으로 들어가길 원치 않았다.

같은 해, 프린스턴 대학교에서 알베르투스 마그누스Albertus Magnus 의 연금술에 대한 박사과정을 밟기 위해 뉴욕으로 향했다. 뉴욕에 도착한 첫날, 할아버지의 친구들로부터 뉴욕에 급증하는 푸에르토리코 이민자들의 이야기를 듣고 난 후 프랜시스 스펠먼Francis Spellman 추기경에게 푸에르토리코인 정착지의 교회로 배치해주기를 청했다. 젊은 신부 일리치는 뉴욕 175번가 푸에르토리코 강생 교구의 보좌신부로 임명되었다. 이후 빈민가의 작은 아파트를 빌려 〈마리아의 작은 집 El Cuartito de Maria〉을 세워 가난한 푸에르토리코인들이 이웃과 함께 스스로 문제를 해결하도록 도왔다.

이 시기 일리치와 함께 했던 포덤 대학교의 조셉 피츠패트릭Joseph Fitzpatrick 신부는 당시의 일리치를 이렇게 회상했다.

"일리치는 깊은 존경을 받았고, 두드러지는 인물이 되었습니다. 교구 신자들은 그를 매우 따랐으며, 미사에 대한 그의 헌신적인 태도에 깊은 감명을 받았습니다. 신자들과 삶을 공유하는 신부가 거의 없었던 시절에 그는 그들과 삶을 함께했습니다."

1955년(29세) 진보적 가톨릭 잡지 『고결Integrity』에 피터 캐논Peter Canon이라는 필명으로 교회 변화를 역설하는 「미국의 교회 공동체The American Parish」를 기고했다.

1956년(30세) 포덤 대학교 캠퍼스에서 푸에르토리코인들을 위한 대규모 축제를 개최했다. 이 축제에 3만여 명의 인파가 모여들었다. 미국 사회에 새로운 이민자 집단이 공식 출현한 이 행사와 일리치에 대해서 미국 전역의 관심이 집중되었다. 같은 해 푸에르토리코 주교의 요청으로 가톨릭 대학교 부총장에 임명되었다.

1957년(31세) 푸에르토리코의 가톨릭 대학교에 〈문화간 소통 연구소 Institute of Intercultural Communication〉를 설립해 스페인어와 민중에 대한 경외심을 함께 가르치고자 했다. 부총장으로 취임한 지 1년이 지난 당시, 몇몇 동료들과 함께 당시 카스트로나 케네디 모두가 지지하던 개발 이념에 문제제기를 하고자 했다. 그동안 모은 돈을 모두 털어 카리브 해가 내려다 보이는 아드준타스Adjuntas 산 위에 한 칸짜리 판잣집을 구해 모임을 이어갔다.

같은 해, 푸에르토리코 정부의 총교육위원회를 총괄하는 위원으로 선출되었다. 이곳에서 처음으로 교육 현장을 목격하고 학교교육에 대한 고민을 하게 되었다. 이때의 경험을 바탕으로 1971년 『학교 없는 사회』를 출간하게 된다.

1959년(33세) 스펠먼 추기경으로부터 가톨릭 고위 성직자에 대한 경칭인 몬시뇰Monsignor 칭호를 받았다. 당시 전 세계 몬시뇰 칭호를 받은 사람 중에서 최연소였다. 같은 해, 24쪽의 짧은 논문인 「사라져가는 성직자The Vanishing Clergyman」의 초안을 작성했고, 이 글은 1967년 시카고의 『비평가Critic』지에 게재되었다.

1960년(34세) 존 케네디가 민주당 대통령 후보로 지명되기 한 달 전, 보수적 정치 성향의 푸에르토리코 주교와 정치적 갈등에 휘말렸다. 일리치는 '외교상 기피 인물persona non grata'로 지목되어 푸에르토리코에서 추방되어 뉴욕으로 송환되었다. 뉴욕으로 돌아온 후, 칠레에서 베네수엘라까지 5천 킬로미터를 걷고 말을 타며 여행했다.

같은 해, 미국 대통령이 된 케네디는 '진보를 위한 동맹Alliance for Progress'을 발표했고, 교황 요한 23세는 이를 지원하기 위해 북미 성직자의 10퍼센트를 라틴아메리카로 보낼 것을 명했다. 이 과정에서 평화봉사단Peace Corps이 창설되었다.

일리치는 개발의 시대를 전복하려는 목적으로 멕시코 쿠에르나바카에 〈국제문화자료센터CIF · Center of Intercultural Formation〉를 설립했다. 그는 '개발'이 미국 중산층 생활문화를 제3세계에 강요하는 일이며 모두를 가난한 생존에 빠뜨릴 것이라고 예견했다.

1966년(40세) CIF를 발전시켜 멕시코 쿠에르나바카에 〈문화교류문헌자료센터CIDOC · Center for Intercultural Documentation〉를 설립했다. 브라질 페트로폴리스에는 『페다고지』로 유명한 교육사상가 파울로 프레이리와 함께 설립했다. 1970년대 중반 CIDOC는 명실상부하게 '대안대학', '자유대학'의 위상을 갖게 되었다. 또한 전 세계 사상가와 활동가들의 집결지이자 급진사상의 진원지가 되어 "서구의 급진적인 진보 지식인들과 제3세계 운동가들의 의무적인 만남의 장소"가 되었다. 일리치는 CIDOC에서의 활발한 토론과 세미나를 바탕으로 그가 '팸플릿'이라 부른 작은 책자들을 출간했다.

그러나 그의 사상과 실천이 커질수록 신변의 위협도 커졌다. 일리치는 "쇠사슬로 폭행을 당하기도 했고, 총격을 당하기도 했다."고 말했다.

1967년(41세) 거대한 관료조직이 된 교회와 세속적 꼭두각시가 된 성직자들을 비판하는 『사라져가는 성직자 The Vanishing Clergyman』를 출간했다.

1968년(42세) 교회에 대한 급진적 비판으로 교황청과 갈등을 빚던 끝에 바티칸 신앙교리성에 소환되어 심문을 받았다. 심문 내용은 멕시코 가톨릭 보수파와 CIA 보고서를 기반으로 작성되었다. 일리치는 자신을 변호하는 것을 거부하였다. 이 사건은 다음 해 『뉴욕 타임스』와 『뉴요커』에 보도되었다.

1969년(43세) 교황청은 CIDOC를 탄압하기 위해 자금을 차단하고, 신부와 수녀들의 출입을 통제했으며, 일리치에 대한 비난의 강도를 높여 갔다. 일리치는 담당 주교인 테렌스 쿡Terence Cooke 대주교에게 다음과 같은 편지를 보내고 스스로 사제직을 버렸다.

"일련의 과정을 통해 저는 교회의 암담한 현실을 보았습니다. 그리스도교인으로 살고자 했던 저의 선택과 성직자, 교육자로서의 역할을 더 이상 계속할 수 없어 보입니다. 지금 이 순간 저는 교회를 떠나고자 합니다. 신부로서 해왔던 모든 역할과 지위, 사무실, 특혜와 특권, 모든 것을 공식적으로 포기하겠습니다. 이제 두 번 다시 어떤 식으로도, 로마 가톨릭 교회가 사제의 활동이라 생각하는 어떠한 활동에도 관여하지 않겠습니다. 그리고 어떠한 의무도 어떠한 특권도 거부합니다."

1970년(44세) 푸에르토리코 시절 교회에 대한 비판적 세미나와 연설의 내용을 모아 『교회, 변화 그리고 개발The Church, Change and Development』을 출간했다.

같은 해, 『의식의 축제Celebration of Awareness』를 출간했다. 이반 일리치의 본격 첫 저서라 할 수 있는 이 책은 그를 사회적 신화와 현대 산업 사회의 오래된 제도에 대한 통렬하고 격정적인 비판자로 자리매김했다. 서문에서 에리히 프롬은 일리치의 사상을 '인간적 급진주의'라고 명명했다.

"인간적 급진주의는 모든 전제에 대해 의문을 던지며 설사 비웃음을 살지라도 통찰과 대안을 만드는 것을 두려워하지 않는다. 일리치 박사가 쓴 저서의 가장 위대한 가치는 풍부한 상상력으로 그러한 인간적 급진주의를 표방했다는 것이다. 그는 전혀 새로운 가능성을 제시하여 사람들의 마음을 해방시키는 효과를 준다. 틀에 박히고, 생기 없고, 고정관념에 가득 찬 관념의 감옥 문을 활짝 열고 생명 가득한 세상으로 나올 수 있게 해준다."

1971년(45세) 『학교 없는 사회 Deschooling Society』를 출간했다. 이반 일리치라는 이름을 전 세계에 알린 『학교 없는 사회』는 출간 2년 만에 약 30개국, 351종의 간행물, 71권의 단행본에서 570명의 저자가 인용할 정도로 큰 영향을 미쳤다.

1973년(47세) 도구가 인간을 지배하는 시대를 비판하며, 인간성의 회복을 위해 도구의 성장에 한계를 부여해야 한다는 논리를 예리하게 펼쳐낸 『공생을 위한 도구 Tools for Conviviality』를 출간했다. 『옥스포드 인용사전 The Oxford Dictionary of Quotations』(1980)은 『공생을 위한 도구』의 다음 구절을 인용, 게재했다.

"소비사회에서는 필연적으로 두 가지 종류의 노예가 생겨난다. 하나는 중독에 속박된 노예이고 또 하나는 시기심에 속박된 노예이다."

『학교 없는 사회』와 『공생을 위한 도구』는 일리치를 세계적 사상가로 만들었다. 세계적 관심과 논쟁 속에 그는 저자와 강연자로서 엄청난 명성을 얻었다. 그의 에세이는 『뉴욕 리뷰 오브 북』과 『새터데이 리뷰』의 첫머리를 장식했고, 강연은 사람들로 북적였다.

1974년(48세) 『공생을 위한 도구』에 이어 반생산성을 '운송과 교통'에 적용한 『에너지와 형평성Energy and Equity』을 출간했다. 임박한 에너지 위기를 주장하는 것이 하나의 유행이 되어 평등과 산업성장의 모순을 숨기고 환상을 신성화하고 있다고 비판했다. 에너지 소비가 많아지면 필연적으로 사회관계가 무력해지며, 사람들은 발의 효용을 빼앗기고 증대되는 수송 기관망의 노예가 될 것이라고 주장하면서, 공생의 본보기로 자전거를 제안했다.

1975년(49세) 『의학의 응보Medical Nemesis』를 출간했다. '의료 시설은 건강에 중대한 위협이 되었다'는 첫 문장은 일리치의 신랄한 사회 비판의 개막 성명이자 기본 입장이다. 과잉 전문화에 의해서, 건강의 유지가 어떻게 악몽처럼 정신과 신체를 파괴하는 동인으로 변질되는지를 방대한 문헌으로 입증하며 현대 의료의 신화를 해체한다. 일리치의 저서 중 가장 많은 영향을 끼친 책 중에 하나로 이듬해 『의학의 한계 Limits to Medicine』라는 이름으로 확장 출간되었다.

1976년(50세) 4월 1일, CIDOC는 정확히 설립 10년이 되는 날 쿠에르나바카 사람들의 성대한 축제 속에 문을 닫았다. CIDOC 폐쇄에는 일리치의 깊은 고민이 있었다. 그는 사회 제도를 비판했던 '반생산성' 이론을 스스로에게도 엄격히 적용했다. CIDOC의 영향력이 커지면서 자신들의 자유로운 분위기가 '제도화'될지 모른다고 생각했기 때문이다.

 CIDOC를 폐쇄하고 동남아시아로 도보여행을 떠났다. 자신이 속한 서양 현대 문명을 '낯설게 보기 위한' 탐사였다. 아시아로 향했던 여정을 끝내고 돌아와 유럽의 중세를 연구했다. 일리치는 12세기를 현대의 여러 중요한 전제가 형성된 시기로 보았다. 이어서 독일 카셀 대학교와 마르부르크 대학교, 올덴부르크와 브레멘 대학교에서 강의했다. 미국에서도 수년 간 펜실베이니아 주립대학교와 캘리포니아 클레어몬트의 피처 대학교, 맥코믹 가톨릭 신학교에서 다양한 강의를 펼쳤다.

1977년(51세) 『인간을 불구로 만드는 전문가들 Disabling Professions』을 출간했다. 여러 동료들과 함께 만든 이 논문집은 제도를 운영하며 시민들 위에 군림하는 전문가 권력에 대한 문제를 제기한다.

1978년(52세) 『누가 나를 쓸모없게 만드는가 The Right to Useful Unemployment and Its Professional Enemies』를 출간했다. 이 짧은 에세이에서 일리치는 '유용한 실업에 대한 권리'를 요구한다. 이 개념은 시장을 위한 상품 생산 바깥에서 사람들이 자신과 타인에게 할 수 있는 유용한 활동을 다룬다. 전문가들로부터 벗어남으로써, 경제학자들이 측정하지 못했고 측정할 수 없는 이러한 활동들이 진정으로 만족감, 창조성, 자유를 낳는다고 말했다.

  같은 해, 『필요의 역사를 향하여 Toward a History of Needs』를 출간했다. 이 저서를 통해 일리치는 연구 분야를 '역사적 고고학'으로 확장하기 시작했다.

1981년(55세) 칼 폴라니의 경제사 연구에 영향을 받아 '희소성'이라는 개념의 역사 탐구를 시작했고, 그 초안이 되는 다섯 편의 글을 묶어 『그림자 노동 Shadow Work』을 출간했다. 현대인의 경제 생활에 대한 역사적이고 사회학적인 분석을 통해 정치적 좌파와 우파가 제시하는 대안을 뛰어넘는 사회적 선택에 대한 다차원적 분석을 시도했다. 그림자 노동과 대비되는 '토착' 영역을 발굴, 복원해 개념을 제시했다. 『그림자 노동』에서 처음으로 역사학자의 입장으로 글을 쓴다는 점을 분명히 밝혔다.

1982년(56세) 『젠더Gender』를 출간했다. 여성의 노동 역사에 대한 여권주의 학자들의 연구를 접하고 호기심이 인 그는 노동에 대한 역사를 탐구하던 중, 새로운 사실을 발견했다. 역사상 어느 시기를 살펴보아도 남자의 노동 또는 여자의 노동이 있었을 뿐, 성별이 배제된 노동의 흔적은 찾을 수가 없었던 것이다.

하지만 이 책은 일리치의 책 중 가장 많은 비방을 받았으며, 그를 낭만주의자나 반동주의자, 또는 둘 다라고 치부해버리는 평론이 잇따라 나왔다. 일리치는 점차 인기작가 대열에서 사라져갔으며, 주류 언론 및 평론계로부터 외면당하게 되었다. 『젠더』는 일리치가 미국의 주류 출판사에서 펴낸 마지막 책이 되었다. 이후 그의 저서는 소규모 독립 출판사나 대학 출판사에서 펴내게 되었다.

1984년(58세) 독일에서 『박물관의 학교 Schule ins Museum: Paidros und die Folgen』를 출간했다.

1985년(59세) 『H_2O와 망각의 강 H_2O and the Waters of Forgetfulness: Reflections on the Historicity of "Stuff"』을 출간했다. 미국 텍사스의 댈러스 인문 문화 연구소가 일리치에게 도심지 인공호수를 설계하는 계획에 대한 의견을 청하면서 발전된 저서이다. H_2O는 현대의 사회적 피조물이고 희소하며 기술적 관리를 필요로 하는 자원이다. 일리치는 악취 없는 위생을 추구하는 20세기 상품 자원으로서 H_2O의 사용과 남용의 역사를 추적한다. 그는 이러한 문제를 물과 결부된 이념, 신화, 환상의 역사와 대비한다.

1988년(62세) 『ABC: 민중지성의 알파벳화 ABC: The Alphabetization of

the Popular Mind』를 출간했다. 배리 샌더스와 함께 쓴 이 책은 인간의 역사에서 읽고 쓰기가 어떻게 출현하고 확산되었는지를 다루었다. 특히 사람들의 사고 과정과 태도에 끼친 알파벳의 영향을 분석했다.

여러 시대를 거쳐온 문명의 역사에서 인간은 두 개의 역사적 분수령을 건너왔다. 그 두 가지 분수령은 고대 그리스에서 서사적 구술문화로부터 문자문화로 넘어간 것, 그리고 12세기 유럽에서 현대적 책의 조상으로 볼 수 있는 것이 등장한 사건이다.

그리고 현대에 들어와 새로운 기술적인 진보로 인해 나타난 언어에 대한 새로운 태도가 어떻게 세계관과 자신과 공동체에 대한 인식을 변화시키는지를 주목했다.

1990년(64세) 9월 14일 독일 하노버에서 한 연설에서 현대의 "건강은 나의 면역 시스템이 사회·경제적 세계 시스템으로 매끈하게 통합되는 것을 요구"하기 때문에 이를 거부한다고 말했다. 이 연설은 2년 후 「자기 책임으로서의 건강: 사양합니다! Health as One's Own Responsibility: No, Thank You!」라는 제목으로 『자크 엘륄 학술 포럼』에 실렸다.

이 에세이는 '건강'과 '건강에 대한 책임'이 주제이지만 이 주제를 다루는 방식은 그가 지금껏 도전했던 현대 기술 문명 전부와 그 문명이 만들어낸 모든 가정과 확실성에 대한 포기 선언이다. 그가 한때 외친 '침묵을 할 권리'는 이제 현대의 책임 전부에 대한 전면적인 '사양합니다'라는 의식으로 발전했다.

"우리는 고통을 겪습니다. 우리는 아픕니다. 우리는 죽습니다. 그러나 우리에게는 희망과 웃음, 축복이 있습니다. 우리는 서로를 보살피는 기쁨을 알고 있습니다. 건강에 대한 두려움에서 시선과 생각을 들어올려 삶의 기술과 고통의 기술, 죽음의 기술을 키워야 합니다."

1991년(65세) 독일 헤벤스하우젠 마을에서 농업에 관한 모임을 가진 뒤 「흙에 관한 헤벤스하우젠 선언 Hebenshausen Declaration on Soil」이라는 성명문을 발표했다.

1992년(66세) 1978년부터 1990년까지 연설문을 묶어 『과거의 거울에 비추어 In the Mirror of the Past』를 출간했다. 일리치는 평생 자신의 사상을 집대성한 저서를 출간하지 않았기 때문에, 이 책은 그의 사상 전체를 엿볼 수 있는 저서로 평가되고 있다.

1993년(67세) 12세기 대수도원장이자 학자였던 생빅토르의 위그의 『디다스칼리콘 Didascalicon』에 대한 논평집 격인 『텍스트의 포도밭에서 In the Vineyard of the Text: A Commentary to Hugh's Didascalicon』를 출간했다. 이 제목은 '책이란 걸어가며 단어를 맛보는 포도밭'이라는 은유를 담은 것이다. 일리치는 12세기에 일어난 변화 — '텍스트'와 '체계'라는 뿌리 은유를 가르는 분수령 — 의 한 중심에 있었던 생빅토르의 위그를 세밀하게 해석하여, 새롭게 대두된 체계 담론의 추상적이면서도 비실체적인 성격에 대해 분석했다.

같은 해, 프랑스 보르도 대학교에서 열린 저명한 기술철학자 자크 엘륄 Jacques Ellul을 기념하는 국제 회의에서 연설을 했다. 자신이 평생 품어온 화두인 '최선이 타락하면 최악이 된다'를 명시적으로 선언한 이 연설에서 그는 "너무 끔찍해서 이성만으로는 이해할 수 없는 역사상 극단적으로 낯선 모습"의 특징을 다음과 같이 말했다.

"첫째, 현대 기술과 그 악의적인 결과는 다른 어떤 사회의 물질 문화와도 비교가 불가능합니다. 둘째, 이 역사적인 낭비와 사치는 복음이 그리스도교라 불리는 이념으로 전복되어 나타난 결과라는 걸 알 필요가 있습니다. 문화든, 세계든, 사회든 그것을 어떻게 부르든 현대 인간이 살아가는 실제 조건은 그리스도교에서 기형적으로 뻗어 나온 것입니다. 현대 제도의 모든 구성 요소는 그리스도교의 왜곡입니다."

1996년(70세) 독일 브레멘 대학교에서 서구 전통에서 나타난 우정 phila의 기원과 흔적을 찾아 고문헌에 대한 연구와 강의를 했다.

1998년(72세) 독일 브레멘 시에서 주는 문화평화상을 수상했다. 수락 연설에서 고대 그리스와 초기 그리스도교의 의례를 통해 진정한 평화와 우정의 의미를 설명했다. 이 연설은 「어울림을 가꾸기The Cultivation of Conspiracy」라는 제목으로 『이반 일리치의 도전The Challenges of Ivan Illich』에 실려 있다. 일리치의 사상에서 '우정'은 초기부터 중요한 자리를 차지했지만 후기 사상에 이르러 전면에 나서게 되었다. 진정한 우정에 도달하기 위해 일리치는 우리의 감각을 안내자로 삼으라고 말했다. 서로의 친구가 되기 위해 보아야 하고, 들어야 하고, 냄새를 맡아야 하고, 맛을 봐야 하고, 느낄 수 있어야 한다.

2002년(76세) 12월 2일, 독일 브레멘에서 타계했다. 일리치는 50대 중반부터 죽기 전까지 얼굴 한쪽에 자라는 혹 때문에 고통받았다. 그러나 병원에서 진단을 받지도, 치료를 받지도 않았다. 그는 혹을 그냥 내버려두기로 했으며 침술, 요가, 생아편, 자기수양 등으로 최선을 다해 통증을 이겨냈다. 주변 사람들이 왜 그렇게 고통을 감수하느냐고 물으면, 성 제롬St. Jerome의 말을 인용해 "나는 헐벗은 마음으로 그리스도를 따를 뿐"이라고 말했다.

일리치의 평생 친구였던 리 호이나키는 일리치가 말년에 겪은 세 가지 고통을 다음과 같이 전했다.

"일리치에게 육체적 고통은 한순간도 쉬지 않고 끈질기게 찾아왔다. 또한 그는 다른 사람에게 친구로 다가가려는 시도에서 점점 더 심한 좌절을 느꼈다. 하지만 내 생각에 그는 모든 고통을 넘어서는 끔찍한 고통을 겪어야 했는데, 그것은 말하고 싶은 것을 말할 수 없음의 고통이었다. '최선의 타락corruptio optimi'과 '악의 신비misterium iniquitatis' 이 두 가지 실재 사이의 관계, 그 각각이 세계와 교회와 맺는 관계 그리고 문화·역사·그리스도교적인 측면에서 신과 관련된 것들의 상호관계였다. 지금 일리치의 죽음을 보며 나는 커다란 감사를 느낀다. 그는 죽기 전까지 하루, 한 주, 한 달, 수년을 수많은 고통 속에 보내야 했다. 이제 그 모든 것들이 그의 믿음을 완수하는 속에서 삼켜져버렸다."

그가 타계한 다음 날, 전 세계 언론은 책 한 권이 넘을 분량의 부고 기사를 일제히 쏟아냈다.

"20세기 후반의 가장 급진적 사상가"(타임스)

"어떤 위치에서든 총을 겨눌 수 있는 지적인 저격수"(뉴욕 타임스)

"이번에는 일리치가 정말로 죽었다. 내가 이렇게 쓰는 이유는 지난 몇 년 동안 일리치를 언급할 때면 어김없이 그가 언제 죽었느냐고 물어왔기 때문이다."(르몽드 디플로마티크)

"전 세계에서 가장 위대한 사상가 중의 한 명. (그러나) 서구 제도에 대한 격론을 벌이는 그의 저서는 우파들로부터는 웃음거리가 되었고, 복지국가에 대한 공격으로 좌파들로부터는 멸시를 당했다. 후반 20년 생애는 공식적으로 잊혔다. 그는 마치 오늘날 미국 주류에서 노암 촘스키 같이 논쟁적 인물이었다."(가디언)

말년에 일리치와 대담을 나누었던 캐나다 CBC의 프로듀서 데이비드 케일리는 "주류 언론에서는 일리치가 이미 20여 년 전에 죽은 사람처럼 부고 기사를 썼다. 하지만 사람들 가슴속에 일리치만큼 생생하게 살아 있는 사람은 없을 것이다. 나는 이 성경 구절만큼 그에게 합당한 부고도 없을 것이라고 생각한다."며 다음을 인용했다.

"나는 세상에 불을 던지러 왔노니, 이미 그 불이 타올랐으면 내가 무엇을 원하리요."(누가복음 12:49)

이반 일리치 연보의 참고문헌

이반 일리치의 대담과 논평집

이반 일리치·데이비드 케일리 대담, 『이반 일리치와 나눈 대화』, 권루시안 옮김, 물레, 2010.

데이비드 케일리 대담·엮음, 『이반 일리히의 유언』, 이한·서범석 옮김, 이파르, 2010.

Lee Hoinacki · Carl Mitcham 엮음, *The Challenges of Ivan Illich*, New York: State University of New York Press, 2002.

이반 일리치의 저서

The Church, Change and Development, Chicago: Urban Training Center, 1970.

Celebration of Awareness, New York: Doubleday, 1970.

Deschooling Society, New York: Harper and Row, 1971.

Tools for Conviviality, New York: Harper and Row, 1973.

Energy and Equity, London: Marion Boyars, 1974.

Medical Nemesis, New York: Pantheon, 1976.

Disabling Professions, New York: Marion Boyars, 1977.

The Right to Useful Unemployment and Its Professional Enemies, London: Marion Boyars, 1978.

Toward a History of Needs, Berkley: Heyday Books, 1978.

Shadow Work, London: Marion Boyars, 1981.

Gender, New York: Pantheon, 1982.

H_2O and the Waters of Forgetfulness: Reflection on the Historicity of "Stuff", Dallas, TX: Dallas Institute of Humanities and Culture, 1985.

In the Mirror of the Past: Lectures and Addresses 1978~1990, New York: Marion Boyars, 1992.

In the Vineyard of the Text: A Commentary to Hugh's Didascalicon, Chicago: University of Chicago Press, 1993.

Ivan Illich · Barry Sanders, *ABC: The Alphabetization of the Popular Mind*, San Francisco: North Point Press, 1988.

이반 일리치의 연설문

"Health as One's own responsibility: No, Thank you", *Ellul Studies Forum*, No.8, January 1992.

"Statements by Jacques Ellul and Ivan Illich", *Technology In Society Vol.17*, No.2, 1995.

"Declaration on Soil", *Whole Earth Review*, Vol.71, Summer, 1999.

"The Cultivation of Conspiracy", *The Challenges of Ivan Illich,* New York: State University of New York Press, 2002.

이반 일리치에 대한 기사

Douglas Martin, "Ivan Illich, 76, Philosopher Who Challenged Status Quo, Is Dead", *New York Times*, December 4, 2002.

"Carl Mitcham discusses the life and works of Ivan Illich following his death at the age of 76", *National Public Radio*, December 4, 2002.

"Ivan Illich", *The Times*, December 5, 2002.

"Obituary of Ivan Illich Sociologist and former priest", *The Daily Telegraph*, December 5, 2002.

"Ivan Illich: A polymath and polemicist", *The Guardian*, December 9, 2002.

Thierry Paquot, "The Nonconformist – Ivan Illich: A tribute", *Le Monde Diplomatique*, January 2003.

Jerry Brown, "A Voice for Conviviality", *Utne magazine*, March/April, 2003.

Augustin Fragnière, "The Two Lives of Ivan Illich", Books&Ideas, http://www.booksandideas.net/The-Two-Lives-of-Ivan-Illich.html, 2011-03-18.

옮긴이의 말

공용이 사라져가는 시대의
우리와 이반 일리치

 다른 사람의 사상을 이해하려 할 때 항상 그렇듯, 이반 일리치를 읽을 때에도 무슨 '주의자'로 규정짓지 않은 상태에서 있는 그대로 받아들이려는 태도가 중요하다. 어떤 주의자로 규정지어 놓은 상태에서 읽으면 그것이 색안경으로 작용하기 때문에 일리치가 말하는 내용을 제대로 이해하기가 어려워진다. 일리치는 옳다고 생각하는 것을 말하고 있을 뿐, 급진주의자도 무정부주의자도 아니다. 여권주의 운동에 대해 비판했지만 여권주의를 반대하자는 주의자는 아니다. 과거에 대해 자주 말하고 있지만 과거로 돌아가자는 주의자도 아니다.
 사람들이 일리치에게 즐겨 붙이는 이런 저런 꼬리표에는 꼬리표를 붙인 사람의 이기적 관심이 반영되어 있다. 일리치와 친분이 깊었던 브라질의 대주교 엘더 카마라도 이런 말을 한 적이 있다. "내가 가난한 사람들에게 먹을 것을 주면 사람들은 나를 성인이라 부른다. 그 사람들이 왜 가난한지 물으면 사람들은 나를 공산주의자라 부른다."

일단 저런 식으로 규정짓고 나면 내 편으로 끌어 붙여 이용하기도 쉽고 적으로 몰아 공격하기도 쉽다. 현학적인 사람이라면 일리치에 대해 뭔가 본질적으로 알고 있다고 착각하게 하려는 심리가 작용하고 있을 수도 있다. 한 사람의 사상에는 그 사람의 일생이 담겨 있다. 그 일생을 담을 수 있는 말은 그 사람의 이름뿐이다. 일반적인 낱말, 특히 '주의자'라는 말로 표현하기란 애초에 불가능한 것이다.

일리치의 사상을 담을 수 있는 말 역시 이반 일리치라는 이름뿐이다. 일리치를 읽을 때 색안경으로 작용하는 또 한 가지는 바로 우리 자신이다. 목이 마를 때 물을 떠올리는 사람과 주스나 탄산음료를 떠올리는 사람에게 목마름의 의미가 다르듯, 샘물이나 냇물을 길어다 먹는 사람과 수돗물이나 플라스틱 병에 든 물을 먹는 사람에게 물 한 모금의 의미는 다르다. 일리치는 포장된 물을 마시는 우리에게 샘물을 마시는 사람의 물 한 모금을 잘 설명해 주고 있지만, 우리는 어쩌면 그보다 많이 변해 있는지도 모른다.

일리치는 뉴욕에 새로 도착한 푸에르토리코인과 독일에서 사는 터키인을 예로 들어 '길'이라는 공용의 파괴에 대해 설명한다. 이들은 길을 공용으로 생각하지만 도시 생활에 익숙해져 있는 뉴욕인이나 독일인은 그렇게 생각하지 않는다. 마찬가지로 우리 중에도 길이 공용일 수 있다는 사실을 상상할 수 없는 사람이 많이 있을 것이다. 예전에 어른들은 길에 평상을 내놓고 앉아 한담을 나누었고 아이들은 길에서 술래잡기와 구슬치기를 하며 놀았다. 이들은 지금 길이 공용이던 시대를 기억하는 마지막 세대에 속한다. 언젠가부터 우리나라의 대도시에서 큰길이 아닌 뒷길, 흔히 '이면도로'라 부르는 길에 가장자리를 따라 노란 차선이 그려지기 시작했다. 얼핏 보행자를 위한 선 같지만 사실은 보행자를 위해 그린 것이 아니다. 사람을 노란 선 밖으로 내몰기 위한 것이다. 어두운 밤 좁은 뒷길을 달리는 자동차가 길가의 담이나 기둥, 전봇대 같은 것을 들이받지 않고 더 빨리 달릴 수 있도록 그린 선이다. 이제 길은 머무름을 허용하지 않는다. 오로지 통과를 위해 존재한다. 뒷길에 그린 노란 선은 길이라는 공용 밖으로 사람을 쫓아내는 선명한 색깔의 담장이다. 그러나 한담을 나눌 때에는 카페에 가서 앉아야 하는 시대의 우리, 태어나면서부터 정해진 틀에 따라 삶을 살아온 때문에 길에서 술래잡기를 해본 적이 없는 우리는 저 노란 선을 보면서도 그 본질을 알아보지 못할 정도로 달라져 있다. 우리는 일리치가 직접 대면한 청중 세대보다 어쩌면 한 걸음 더 멀리 와 있을지도 모른다는 생각이 드는 것도 그 때문이다.

  일리치를 읽을 때에는 이 두 가지를 염두에 두기를 권한다. 그래서 이 책을 다 읽은 다음 자기 자신과 우리 시대, 우리 사회를 바라볼 수 있는 또 하나의 관점을 얻는다면 그 무엇보다도 큰 수확일 것이다.

2013년 4월
권루시안

주요 고유명사와 용어

『1984』
1984. (오웰 지음)

ㄱ

가동형 사고 operational thinking.

가이아 Gaya.

가치 value.

간디, 모한다스 카람찬드 Gandhi, Mohandas Karamchand. (1869~1948) 인도의 정신적, 정치적 지도자, 독립운동가, 법률가.

갈릴레이, 갈릴레오 Galilei, Galileo. (1564~1642) 이탈리아 태생의 철학자, 과학자, 물리학자, 천문학자.

감각지각 sense perception.

개발 10개년 Development Decades.

개신교 교회의 날(독일) Evangelischer Kirchentag.

게바라, 체 Guevara, Che. (1928~1967) 아르헨티나 태생의 쿠바 혁명가.

게슈탈트 gestalt.

게이오기주쿠 대학 Keio University. (일본 도쿄)

경첩시간 hinge-time. 리처드 서던이 만든 용어. 전환점을 가리킨다.

고대 후기 late antiquity. 서양사의 시대 구분으로서 대개 서기 2~8세기의 시대를 말한다.

고등연구소 Institute of Advanced Studies. 미국 뉴저지 주 프린스턴에 있는 사설 연구소.

고르바초프, 미하일 세르게예비치 Gorbachev, Mikhail Sergeyevich. (1931~) 구 소련의 대통령.

고르즈 수도원 Gorze Abbey. 프랑스 로렌에 있는 베네딕투스 수도회의 수도원.

『고백록』 Confessions. (아우구스티누스 지음)

고테스프리덴 Gottesfrieden. '하느님의 평화'라는 뜻의 독일어.

공생 conviviality.

공용(물) commons.

구디, 잭 Goody, Jack. (1919~) 영국의 사회 인류학자.

구텐베르크, 요하네스 Gutenberg, Johannes. (1397?~1468) 1440년경 금속 활판 인쇄술을 발명한 독일의 금 세공업자.

국민공회 Convention nationale.

프랑스 혁명 당시 만들어진 입법 기관. (1792~1795)

국제개발협회 Society for International Development.

궁핍한 인간 needy man.

그 형식의 빛 아래 lumen formale sub quo. 라틴어.

그라나다 Granada. 스페인의 지명.

그림자 경제 shadow economy.

그림자 노동 shadow work.

기베르, 노젠의 Guibert of Nogent. (1055?~1124) 베네딕투스 수도회 수사, 역사학자, 신학자.

기본 영어 Basic English. 언어학자이자 철학자인 찰스 케이 오그던이 영어를 바탕으로 만든 통제자연어.

기본적 필요 basic needs. '기본적 욕구'로도 많이 쓰인다.

기술적 선택 technical options.

『기억에서 기록으로』 From Memory to Written Record: England 1066~1307. (클랜시 지음)

기억 memory.

꼭 맞는 낱말 le mot juste. 프랑스어.

꽥꽥일류 uniquack. 제임스 레스턴이 만든 용어. 미국 최초의 시판용 컴퓨터인 유니백 I UNIVAC I이 나왔을 때 그 발음을 이용해 만든 낱말로, '하나', '단일'이라는 뜻의 uni와 오리 울음소리를 흉내 내는 quack을 붙였다.

『꿈』 Somnium. (케플러 지음)

ㄴ

나라티오 narratio. '이야기'라는 뜻의 라틴어.

나바라 Navarra. 프랑스 남부와 스페인 북부에 걸친 지역 이름. 옛 왕국. (Navarre)

나치 Nazi.

내적 부분 internalities.

네브리하, 안토니오 Nebrija, Antonio. (1441~1522) 스페인의 문법학자.

네슬레 Nestlé.

네이더, 랠프 Nader, Ralph. (1934~) 미국의 사회 운동가.

노토풀로스, 제임스 Notopoulos, James Anastasios. (1905~1967) 미국의 고전학자.

누녜스, 에르난 Núñez, Hernán. (1475~1553) 스페인의 인문학자, 고전학자, 문헌학자, 속담학자.

뉴에이지 New Age. 20세기 후반에 서양에서 일어난 정신운동으로, 동서양의 전통을 취합한 여러 가지 방법을 통해 자기완성으로 나아가는 것이 주된 관심사이다.

『뉴욕리뷰 오브 북』 The New York Review of Books. 정기간행물.

니그로 Negro.

ㄷ

다마노이 요시로 Yoshiro Tamanoi 玉野井芳郎. (1918~1985) 일본의 경제학자.

다위츠 Duits. 서게르만어군에 속하는 언어. 네덜란드어로 '도이치어'라는 뜻.

단테, 알리기에리 Dante, Alighieri. (1265~1321) 이탈리아의 시인.

달밑세계 sublunar sphere. 아리스토텔레스의 우주관에서 우주는 크게 둘로 나뉘는데, 우주의 중심인 지구로부터 달까지를 달밑세계 또는 지상계라 부르고 바깥을 달윗세계 또는 천상계라 부른다.

대량 학살 기계 genocidal machine.

대중 지성 popular intellectual.

대처 능력 competence.

대폿집 pulqueria. 아스텍 시대로 거슬러 올라가는 멕시코의 전통 술 풀케를 마실 수 있는 주점.

댈러스 인문 문화 연구소 Dallas Institute of Humanities and Culture.

데 포텐시아 de potentia.
'능력', '잠재력'이라는 뜻의 라틴어.

데샹 Deschamps. 오페라 가수.

데카르트, 르네 Descartes, René. (1596~1650) 프랑스 합리주의 철학자.

도곤족 Dogon.
아프리카의 말리 고원 지역에서 사는 민족.

도덕경제 moral economy.

도스토예프스키, 표도르 미하일로비치
Dostoevskii, Fyodor Mikhailovich.
(1821~1881) 제정 러시아의 소설가.

도쿄 대학교 Tokyo University. (일본 도쿄)

되먹임 feedback.

뒤러, 알브레히트 Dürer, Albrecht. (1471~1528)
독일의 화가, 조각가.

뒤몽, 루이 Dumont, Louis. (1911~1998)
프랑스의 인류학자.

뒤몽, 르네 Dumont, René. (1904~2001)
프랑스의 농공학자, 사회학자, 환경정치가.

뒤피, 장피에르 Dupuy, Jean-Pierre. (1941~)
프랑스의 철학자.

드보베, 미셸 Debeauvais, Michel.
(1983~1987) 제5대 세계비교교육학회 회장.

디 솔라 프라이스, 데릭 de Solla Price, Derek.
(1922~1983) 영국의 물리학자, 과학사학자.

『디다스칼리콘』 Didascalicon de arte legendi.
생빅토르의 위그가 지은 백과사전.

딕터폰 dictaphone. 원래는 상표명.
속기용 구술 녹음기.

ㄹ

라 노르말리다드 la normalidad.
'직립', '수직'이라는 뜻의 스페인어.

라마르크, 장바티스트 Lamarck, Jean-Baptiste.
(1744~1829) 프랑스의 생물학자.

라블레, 프랑수아 Rabelais, François.
(1483~1553) 르네상스를 대표하는
프랑스의 소설가.

라이너스 Linus. 만화가 찰스 슐츠의 연작 만화
『피너츠』의 등장인물.

라흐네마, 마지드 Rahnema, Majid. (1924~)
이란의 정치가, 외교관.

란트프리덴 Landfrieden.
'땅의 평화'라는 뜻의 독일어.

랭어, 수전 Langer, Susanne. (1895~1985)
미국의 철학자.

러빈스, 에이모리 Lovins, Amory. (1947~)
미국의 환경운동가, 물리학자.

『레미제라블』 Les Misérables.
빅토르 위고가 지은 소설.

레비아단 Leviathan.

레스턴, 제임스 Reston, James. (1909~1995) 미국
의 자유기고가. 오랫동안 『뉴욕 타임스』에 기고했다.

레이스, 윌리엄 Leiss, William. (1939~)
캐나다의 철학자.

레테 강 Lethe. 그리스 신화 속의 강. 저승에 있는
다섯 개의 강 중 하나로, 망각의 강이라 부른다.

로드, 앨버트 Lord, Albert. (1912~1991) 밀먼 패리
가 죽은 뒤 그 뒤를 이어 서사시 연구를 계속했다.

로렌 Lorraine. 프랑스 동북부,
독일과의 국경에 있는 지방.

로망스어 Romance.

로버트슨, 제임스 Robertson, James. (1928~)

영국의 정치·경제 사상가·활동가·저술가.
반대정상회담의 창시자 중 한 사람이다.

롱사르, 피에르 드 Ronsard, Pierre de.
(1524~1585) 프랑스의 시인.

루리아, 알렉산더 Luria, Alexander. (1902~1977)
소련의 신경심리학자. 그의 이론을 바탕으로
루리아-네브래스카 신경심리검사가 개발됐다.

루소, 장 자크 Rouseau, Jean Jacques.
(1712~1778) 프랑스의 작가, 사상가.

루스벨트, 프랭클린 델러노 Roosevelt, Franklin
Delano. (1822~1945) 미국의 제32대 대통령.

루이 14세 Louis XIV. (1638~1715) 프랑스의 왕.

루이 15세 Louis XV. (1710~1774) 프랑스의 왕.

루터, 마르틴 Luther, Martin. (1483~1546)
독일의 종교 개혁가.

르네상스 Renaissance.

리마 Lima. 페루의 태평양 해안에 있는 도시.

리만, 베른하르트 Riemann, Bernhard.
(1826~1866) 독일의 수학자.

리베라, 디에고 Rivera, Diego. (1886~1957)
멕시코의 화가.

리스트, 질베르 Rist, Gilbert. (1938~)
스위스의 개발학자.

리시아스 Lysias. (서기전445?~서기전380?)
고대 그리스 아테네의 웅변가.

리우 카니발 Rio Carnival.
리우데자네이루에서 열리는 축제.

리우데자네이루 Rio de Janeiro.
브라질 남동부 대서양 해안의 도시.

리프킨, 제러미 Rifkin, Jeremy. (1945~)
미국의 경제학자, 작가.

린디스판 성경 Lindisfarne Bible.

린턴, 랠프 Linton, Ralph. (1893~1953)
미국의 인류학자.
인류학에서 지위와 역할의 차이를 정의했다.

링컨, 브루스 Lincoln, Bruce. 미국의 종교사학자.

ㅁ

마그리트, 르네 Magritte, René. (1898~1967)
벨기에의 초현실주의 화가.

마누스크립툼 manu scriptum.
'(손으로 쓴) 원고'라는 뜻의 라틴어.

마르쿠스 테렌티우스 바로 Marcus Terentius
Varro. (서기전116~서기전27)
고대 로마의 철학자, 저술가.

마르쿠스 툴리우스 키케로 Marcus Tullius Cicero.
(서기전106~서기전43) 로마의 정치가,
철학자, 웅변가, 저술가.

마르쿠스 파비우스 퀸틸리아누스 Quintilian.
(Marcus Fabius Quintilianus) (35?~100?)
로마의 수사학자.

마르크스, 카를 하인리히 Marx, Karl Heinrich.
(1818~1883) 독일의 사회학자, 경제학자, 정치이론가.

마리 앙투아네트 Marie Antoinette. (1755~1793)
프랑스 왕 루이 16세의 왕비.

마리탱, 자크 Maritain, Jacques. (1882~1973)
프랑스의 천주교회 철학자.

마셜 플랜 Marshall Plan.

마음의 소화관 psychic plumbing. (에리히 프롬)

마이모니데스 Maimonides. (1135~1204)
스페인 코르도바에서 태어나 모로코와
이집트에서 활동한 유대인 랍비, 철학자, 의사.
모세 벤 마이몬 Moses ben-Maimon의 라틴어 이름.

마이아 Maya. 그리스 신화. 아틀라스와 플레이오네
의 딸이며, 플레이아데스 일곱 자매 중 맏언니.
제우스의 아들 헤르메스를 낳았다.

마츠오 바쇼 Matsuo Basho 松尾芭蕉.
(1644~1694) 일본의 시인. 우리나라의 김삿갓에

비견하는 경우가 많다. 5음절-7음절-5음절을
기본으로 하는 정형시 하이쿠로 특히 유명하다.

마테나 링구아 materna lingua.
'모어'라는 뜻의 라틴어.

마투라나, 움베르토 Maturana, Humberto.
(1928~) 칠레의 생물학자, 철학자. 프란시스코
바렐라와 함께 생물학에 '자기창조' 개념을 도입했다.

마하트마 Mahatma.

만능기계 universal machine. (튜링)

『만족의 한계 - 필요와 상품의 문제점에 관한 에세이』
William Leiss, *The Limits of Satisfaction:
An Essay on the Problem of Needs and
Commodities*, Toronto: University of
Toronto Press, 1976. (레이스 지음)

망드루, 로베르 Robert Mandrou. (1921~1984)
프랑스의 역사학자.

매스틀린, 미하엘 Maestlin, Michael. (1550~1631)
독일의 천문학자, 수학자. 케플러의 스승.

매클루언, 마셜 McLuhan, Marshall. (1911~1980)
캐나다의 사회학자, 철학자. 미디어 이론 연구의
기초를 놓은 사람으로 평가받는다.

매킨토시 Macintosh

맥퍼슨, 크로퍼드 Macpherson, Crawford B.
(1911~1987) 캐나다의 정치학자.
일리치가 언급하는 책: *The Political Theory
of Possessive Individualism: Hobbes to
Locke*, Oxford: Oxford University Press, 1962.

맨더빌, 존 경 Mandeville, Sir John. (?~?)
1356년 무렵 활동한 영국의 작가.

맨발의사 barefoot(ed) doctor. 적각의생赤脚医生.

맬서스, 토머스 로버트 Malthus, Thomas Robert.
(1766~1834) 영국의 경제학자.

머독, 조지 Murdock, George. (1897~1985)
미국의 인류학자.

머천트, 캐럴린 Merchant, Carolyn. (1936~)
미국의 여권주의 생태 철학자, 과학사학자.

멈포드, 루이스 Mumford, Lewis. (1895~1990)
미국의 문명 비평가.

메디코 인터내셔널 Medico International.

메를로퐁티, 모리스 Merleau-Ponty, Maurice.
(1908~1961) 프랑스의 철학자.

메모리아 memoria. '기억'이라는 뜻의 라틴어.

멘델존, 로버트 Mendelsohn, Robert S.
(1926~1988) 미국의 소아과 의사.

멩켄, 헨리 루이 Mencken, Henry Louis.
(1880~1956) 미국의 평론가, 언론인.

모디 쿰 사피타 에스트 렉시오 니시 글로삼 수마트
엑스 코르데 modi cum sapita est lectio, nisi
glossam sumat ex corde. '가슴에서 나오는
소리(또는 혀)를 얻지 않으면'이라는 뜻의 라틴어.

모라벡, 한스 Moravec, Hans. (1948~)
오스트리아 태생의 미국 로봇공학자, 미래학자.

모어母語 mother tongue.

몽부아시에의 피터 Peter of Montboissier.
(1092?~1156) 프랑스 클뤼니 수도원의 원장.

무라타 Murata.

무로마치 Muromachi.

뮤즈 Muse. 그리스 신화 속의 아홉 명의 여신.
헤시오도스는 제우스와 므네모시네 사이에서
태어난 것으로 묘사하고, 우라노스와 가이아의
딸로 묘사하는 문헌도 있다.

무어인 Moor.

무지케 musiké. 문예 전반에 걸친
'교육'이라는 뜻의 고대 그리스어.

무직 unemployment.

문두스 mundus. '세계'라는 뜻의 라틴어.

문법 기술 발명가 inventores grammaticae
facultatis. (단테)

문자문화 사고 literate mind.

뮈르달, 군나르 Myrdal, Gunnar. (1898~1987)
스웨덴의 경제학자.

뮈샹블레, 로베르 Muchembled, Robert. (1944~)
프랑스의 현대사학자.

므네모시네 Mnemosyne.
그리스 신화에서 기억이 의인화된 여신.

미국 교육조사협회 American Education Research Association.

미국 동부경제학회 Eastern Economics Association.

미국 복음주의루터교회 Evangelical Lutheran Church in America.

미국 혁명가의딸 the Daughters of the American Revolution. 조상 중 미국 독립전쟁에 기여한 사람이 있는 여성만 가입할 수 있는 단체.

미나마타 일본의 도시. 수은중독 때문에 생기는 미나마타병의 발생지로 유명해졌다.

미드, 조지 허버트 Mead, George Herbert.(1863~1931)
미국의 철학자, 사회학자, 심리학자.

미샨, 이즈라 Mishan, Ezra. (1917~)
영국의 경제학자.

미셔, 프리드리히 Miescher, Friedrich. (1844~1895) 스위스의 의사, 생물학자.

ㅂ

바라나시 Benares. 인도 우타르프라데시 주의 도시. 갠지스 강둑에 자리 잡고 있다. 힌두교의 성지.

바렐라, 프란시스코 Varela, Francisco. (1946~2001) 칠레의 생물학자, 철학자, 신경과학자. 움베르토 마투라나와 함께 생물학에 '자기창조' 개념을 도입했다.

바르부르크, 아비 Warburg, Aby. (1866~1929)
독일의 예술사학자, 문화이론가.
본명은 Abraham Moritz Warburg.

바르샤바 조약기구 Warsaw Pact. 1955년 폴란드 바르샤바에서 동구권 8개국이 결성한 군사동맹 조약기구. 정식 명칭은 우호 협력 상호원조 조약 (Treaty of Friendship, Cooperation and Mutual Assistance)이다. 1991년 프라하 회의에서 공식 해체됐다.

바푸 Bapu. 힌디어로 '아버지'라는 뜻. 사람들이 존경과 사랑을 담아 간디를 부르던 호칭이다.

바하사 멜라유 Bahasa Malayu.
인도네시아, 말레이시아, 브루나이 등지의 공용어.

반대정상회담 The Other Economic Summit.

반생산성 counter-productivity.

발라, 마리 에스프리 레옹 Walras, Marie Esprit Léon. (1834~1910) 프랑스의 수리경제학자.

발트 해 the Baltic Sea. 지명.

밤바라족 Bambara. 말리의 건조한 지역에서 농사를 짓는 민족. 또 이들이 쓰는 언어.

버먼, 모리스 Berman, Morris. (1944~)
미국의 서양 문화사학자, 지식사학자.

베냐민, 발터 Benjamin, Walter. (1892~1940)
독일의 문학 평론가, 철학자, 사회학자, 방송인, 수필가.

베다 Bede. (672/673~735) 노섬브리아 수도원의 수도사. 신학자, 역사가로 유명하다.

베르길리우스 Vergil. (서기전70~서기전19)
로마의 서사시인. Publius Vergilius Maro.

베르나르, 클레르보의 Bernard of Clairvaux. (1090~1153) 프랑스의 신학자. 시토 수도회의 창립자.

베르댕 Verdun. 프랑스 동북부의 도시.

베르사유(궁전) Versailles.

베른, 쥘 Verne, Jules. (1828~1905)
프랑스의 소설가.

베이트슨, 그레고리 Bateson, Gregory. (1904~1980) 영국 태생의 미국 인류학자.

벤섬, 제러미 Bentham, Jeremy. (1748~1832)
영국의 철학자, 경제학자.

벨탄쇼웅 Weltanschauung.
'세계관'이라는 뜻의 독일어.

보건 health care.

보나파르트, 나폴레옹 Bonaparte, Napoleon.
(1769~1821)

보들리언도서관 Bodleian Library.
옥스퍼드 대학교의 도서관.

보보족 Bobo. 아프리카 부르키나파소와
말리에서 사는 민족. 강에서 물고기를 잡는다.

보살핌 care.

보애스, 프란츠 Boas, Franz. (1858~1942)
미국의 인류학자.

보야즈, 매리언 Boyars, Marion. (1928~1999)
영국의 인문 사회서적 출판사 매리언 보야즈의
설립자. 지금은 딸이 운영하고 있다.

보체스 파기나룸 voces paginarum.
'쪽의 목소리'라는 뜻의 라틴어.

볼딩, 케네스 Boulding, Kenneth E. (1910~1993)
영국 태생의 미국 경제학자.

「부정가치-자본의 은밀한 축적」 Disvaluation: The
Secret Capital Accumulation. (일리치 지음)
1987년 3월 탈고했으나 출간하지 않은 원고.

부정가치 disvalue.

부정효용 disutilities.

부족함을 채우려는 욕망 wants.

붓다 Buddha. (서기전624?~서기전544)
불교의 교조.

브라츠 Brac. 크로아티아의 섬.

브라헤, 튀코 Brahe, Tycho. (1546~1601)
덴마크의 천문학자.

브루노, 조르다노 Bruno, Giordano. (1548~1600)
이탈리아의 사상가, 철학자.

브루클린 Brooklyn. 미국 뉴욕시의 한 지구.

비교예전학 Comparative liturgy.

비르 라보란스 vir laborans.
'노동하는 남자'라는 뜻의 라틴어.

비오스 bios. '생명'과 연관된 고대 그리스어.

비용, 프랑수아 Villon, François. (1431~1463)
프랑스의 시인.

비하르주 Bihar. 인도의 주.

뿌리뽑히다 disembed.

ㅅ

사고의 틀 paradigm.

사모예드 Samojed.

사벨리, 파브리치오 Sabelli, Fabrizio. (1940~)
이탈리아의 인류학자.

사우스브롱크스 South Bronx. 뉴욕시의 자치구.

사우스시카고 South Chicago.

사카모토 요시카즈 Yoshikazu Sakamoto
坂本義和. (1927~) 일본의 국제정치학자.

사회 재생산 social reproduction.

사회공학 social engineering.

사회적 발생 sociogenesis.

사회적 생산 social production. 경제적 생산
(economic production)의 상대 개념.

사회적 선택 public options.

사회화 희소 socialization scarce.

살라망카 Salamanca. 스페인의 지명.

삼바 춤 samba.

새말 Newspeak. 오웰의 『1984』에 나오는 국가 중 하나인 오세아니아의 공용어이다. 영어에 바탕을 두고 있으며, 지배자의 사상과 다른 사상은 구성이 불가능하도록 어휘가 제한돼 있다.

『새터데이리뷰』 The Saturday Review. 정기간행물.

색슨족 Saxons.

생드니 수도원 Abbey of Saint Denis. 프랑스 파리 북쪽 교외의 도시 생드니에 있는 옛 프랑스 왕실 수도원.

생명 존중 pro-life.

생빅토르 학파 School of Saint-Victor.

생산력 productive forces.

『생소한 사람들의 필요』 Michael Ignatieff, The Needs of Strangers, New York: Viking, 1984.

샤르가프, 에르빈 Chargaff, Erwin. (1905~2002) 우크라이나 태생의 미국인 생화학자. DNA의 이중나선 구조 발견에 중요한 역할을 한 법칙 두 가지를 발견했다.

샤스트라 shastra. '교육', '지식', '규칙'이라는 뜻의 산스크리트어.

샨티 shanti. '평화', '평온', '침잠'이라는 뜻의 산스크리트어.

샬롬 shalom. '평화'라는 뜻의 히브리어.

서던, 리처드 Southern, Richard. (1912~2001) 영국의 중세사학자. 글을 펴낼 때에는 R. W. Southern이라는 이름을 썼다.

성 고르고니우스 St. Gorgonius. (3세기~304) 로마 디오클레티아누스 황제의 그리스도교 박해 때 죽은 순교자.

성별 gender.

성직자형 문자 능력 clerical literacy.

성찰하는 삶 examined life.

『세 가지 가장 중요한 요소에 대하여』 De tribus maximis circumstantiis gestorum. (생빅토르의 위그 지음) 어린이를 위한 기억법.

세계비교교육학회 World Council of Comparative Education Societies.

『세계에 다시 마법을 걸다』 Reenchantment of the World. (버먼 지음, 1981)

세넥스 오이코노미쿠스 senex oeconomicus. '경제적 노인'이라는 뜻의 라틴어.

세르모 불가리스 sermo vulgaris. '사람들의 언어'라는 뜻의 라틴어.

세메이온 semeion. '표식'이라는 뜻의 그리스어.

세인트캐서린 칼리지 St. Catherine's College. 옥스퍼드 대학교의 한 대학.

센 강 the Seine. 프랑스 파리를 지나는 강.

셸드레이크, 루퍼트 Sheldrake, Rupert (1942~). 영국의 생화학자, 식물생리학자.

소브리암 에브리에타템 sobriam ebrietatem. '맑은 정신의 만취상태'라는 뜻의 라틴어.

소유적 개인주의 possessive individualism. (크로퍼드 맥퍼슨)

소크라테스 Socrates. (서기전470?~서기전399) 고대 그리스의 철학자.

송가이족 Songhai. 아프리카 서부지역에서 사는 민족. 여러 부족 사이를 오가며 상인 역할을 한다.

수정궁 Crystal Palace. 1851년 영국 런던 만국박람회가 열린 건물. 벽과 지붕을 유리로 만들었다.

숨은질서 implicate order. (제러미 리프킨)

슈뢰딩거, 에르빈 Schrödinger, Erwin. (1887~1961) 오스트리아의 이론물리학자.

슈리프트슈텔러 Schrift-Steller. '작가'라는 뜻의 독일어.

슈마허, 에른스트 프리드리히 Schumacher, Ernst

Friedrich. (1911~1977)
독일 태생으로 주로 영국에서 활동한 경제학자.
『작은 것이 아름답다』의 지은이.

슈타이너, 조지 Steiner, George. (1929~)
유럽 태생의 미국 문학비평가, 작가, 철학자, 교육자.

스레노스 threnos. '만가', '애가'라는 뜻의 그리스어.

스미스, 애덤 Smith, Adam. (1723~1790)
영국의 경제학자, 윤리학자.

스코투스, 둔스 Scotus, Duns. (1265?~1308)
중세 중기 영국의 철학자, 신학자.

스키너, 버러스 프레더릭 Skinner, Burrhus
Frederic. (1904~1990) 미국의 심리학자.
행동주의 심리학으로 유명하다.

스키너화한 낙원 Skinnered Eden.

스타이코스, 마이런 Stykos, Myron.

스탈린, 이오시프 비사리오노비치 Stalin, Iosif
Vissarionovich. (1879~1953) 소련의 정치가.

스토르흐, 요하네스 펠라르기우스 Storch,
Johannes Pelargius. (1681~1751) 독일의 의사.

시카고 보이 Chicago Boys. 1950년대 미국이
칠레의 경제관을 바꿔놓기 위해 '칠레 사업'을
실행하면서 시카고 대학교에서 칠레의 학생들에게
경제학을 가르쳤는데 실제 칠레의 경제정책에는
이들의 경제관이 그다지 반영되지 않았다. 그러다가
1973년에 피노체트가 쿠데타로 집권하면서 이들의
신자유주의 경제관을 경제정책 전면에 내세우면서
이들에게 시카고 보이라는 별명이 붙었다.

신경제 new economy.

신국제 경제질서 New International Economic
Order. 1970년대 초에 선진국, 특히 미국의 이익을
중심으로 하는 국제 경제질서를 근본적으로
개혁하여 개발도상국의 이익을 중시하는
새로운 경제질서를 세우기 위해
제3세계 국가들이 시작한 운동.

실시간 real time. (더글러스 호프스태터)

실질 소득 real income.

실체경제 substantive economy.

ㅇ

아낙사고라스 Anaxagoras.
(서기전500?~서기전428?) 고대 그리스의 철학자.

아날학파 Annales School.

아누스미라빌리스 anus mirabilis. '경이로운 해'
라는 뜻의 라틴어 annus mirabilis를 빗대어
만든 말인 듯.

아닷 adat. 말레이시아 언어로 '관습'이라는 뜻.

아드리아해 the Adriatic.
이탈리아와 발칸 반도 사이의 바다.

아라곤 Arragon.
스페인 북동부 지역 이름. 옛 왕국. (Aragon)

아론 Aaron. 구약성경에서 나오는 인물.
인용된 성경 구절은 시편 133편.
"아론의 머리에서 수염 타고 흐르는,
옷깃으로 흘러내리는 향긋한 기름 같구나."

아르마스 이 레트라스 armas y letras.
'무기와 문자'라는 뜻의 스페인어.

아르카 Arca. '거룻배', '궤'라는 뜻의 라틴어.

아르테스 artes. '학예', '기예', '術'이라는
뜻의 라틴어.

「아름다움과 고물수집장」 Beauty and the
Junkyard. (일리치 지음)
1987년 3월 탈고했으나 출간하지 않은 원고.

아리스토텔레스 Aristotle.
(서기전384~서기전322)
고대 그리스의 철학자, 과학자.

아리에스, 필립 Ariès, Philippe. (1914~1984)
프랑스의 역사학자.

아벨라르, 피에르 Abélard, Pierre. (1079~1142)
프랑스의 신학자, 철학자.

아사히 학술토론회 Asahi Symposium.

아사히 신문 Asahi Shimbun.

아시아 평화연구학회 Asian Peace Research Association. 1992년 4월에 아시아 태평양 평화연구학회 (Asia-Pacific Peace Research Association)로 바뀌었다.

아우구스투스 Augustus. (서기전63~서기14) 로마 제국의 초대 황제.

아우구스티누스 Augustinus. (354~430) 알제리와 이탈리아에서 활동한 신학자. 서방교회의 4대 교부 중 한 사람. (Augustin)

『아이네이스』 Aeneid. (베르길리우스 지음)

아이비엠 IBM.

아이스킬로스 Aeschylus. (서기전524?~455?) 고대 그리스의 대표적 비극 작가.

아이젠슈타인, 엘리자베스 Eisenstein, Elizabeth. (1923~) 미국의 역사학자. 인쇄 혁명이 서양 문화에 끼친 영향에 대한 연구로 유명하다. (미국에서는 '아이센스타인'으로 읽음)

아인슈타인, 알베르트 Einstein, Albert. (1879~1955) 독일 태생의 미국 이론물리학자.

아케론 강 Acheron. 저승에 있다는 신화 속의 강.

아폴론 Apollo.

안녕 well-being.

알 라지, 무하마드 이븐 자카리야 al-Razi, Muhammad ibn Zakariya. (865~925) 페르시아의 의사, 연금술사, 화학자, 철학자. 그밖에 여러 방면에 걸쳐 2백 권 이상의 책을 남겼다.

알레비, 엘리 Halévy, Élie. (1870~1937) 프랑스의 철학자, 역사학자.

알마 마터 에클레시아 Alma Mater Ecclesia. '(우리를) 길러주는 어머니 교회'라는 뜻의 라틴어.

『알마게스트』 Almagest. (프톨레마이오스 지음)

알미사 Almissa. 크로아티아의 해안도시.

알폰소 10세 Alfonse X. (1221~1284) 레온-카스티야왕국의 왕. 현명왕, 학문왕이라는 별명이 있다.

앙시앵레짐 Ancien Régime. 프랑스 혁명 이전 시대의 구체제.

앨퀸 Alcuin. (730년대 또는 740년대~804) 영국의 학자, 신학자, 시인, 교육자.

에너지 집계 energy accounting.

에놀라 게이 Enola Gay.

에두카시오 프롤리스 educatio prolis. '자녀교육'이라는 뜻의 라틴어.

에드워드 7세 Edward VII. (1841~1910) 영국의 왕.

에밀 Emile. 루소의 책『에밀』에 등장하는 아이.

에스노스 ethnos. '(사람이나 동물의) 집단'이라는 뜻의 고대 그리스어.

에우리디케 Euridice. 그리스 신화 속의 인물.

에이버리, 오즈월드 Avery, Oswald. (1877~1955) 캐나다 태생의 미국인 의사, 중세학자.

에이엔피 슈퍼마켓 A&P. 캐나다의 슈퍼마켓.

에이즈 AIDS.

에킨스, 폴 Ekins, Paul. (1950~) 영국의 경제학자. 지속 가능한 경제 분야에서 유명하다.

에토스 ethos. '성격', '관습'이라는 뜻의 고대 그리스어.

엔트로페오 entrópeo. 용어 '엔트로피'의 어원이 된 고대 그리스어.

엔트로피 학회 Entropy Society.

엘로이즈 Heloise. (1098?~1164) 신학자이자 철학자인 피에르 아벨라르의 아내.

엘륄, 자크 Ellul, Jacques. (1912~1994) 프랑스의 철학자, 법학자, 사회학자, 신학자, 그리스도교 무정부주의자.

역할 이론 role theory.

영국 왕립 건축가 협회 Royal Institute of British Architects.

영국 왕립 의학회 London(Royal) College of Physicians.

영국해협 the English Channel.
영국과 프랑스 사이의 해협.

예전학 liturgy.

『옛날에 개발이라는 게 있었다』 Gilbert Rist, Fabrizio Sabelli, Gérald Berthoud, *Il était une fois le développement*, Lausanne: Edition d'en bas, 1986. (리스트·사벨리 함께 지음)

오그던, 찰스 케이 Ogden, Charles Kay. (1889~1957) 영국의 언어학자, 심리학자. 기본 영어의 창시자.

오든, 위스턴 휴 Auden, Wystan Hugh. (1907~1973) 영국 태생의 미국 시인.

오로스코, 호세 클레멘테 Orozco, José Clemente. (1883~1949) 멕시코의 화가.

오르페우스 Orpheus. 그리스 신화 속의 인물.

오웰, 조지 Orwell, George. (1903~1950) 영국의 작가, 언론인. 조지 오웰은 필명이며 본명은 에릭 아서 블레어(Eric Arthur Blair)이다.

『옥스퍼드 영어사전』 *Oxford English Dictionary*.

옴니부스, 옴니아, 옴니노 도켄디 아르스 Omnibus, omnia, omnino docendi ars. '모두에게 모든 것을 모조리 가르치는 법'이라는 뜻의 라틴어.

옹, 월터 Ong, Walter. (1912~2003) 미국의 예수회 소속 신부. 영문학, 문화/종교사학, 철학 교수.

완전고용 full employment.

왕립 예술원 Royal Society of the Arts. (영국)

외부비용 external costs.

외부 효과 externality. 시장 활동으로 인한 경제적 영향이 그 시장 활동에 참여하지 않은 제3자에게 미치는 것. 예를 들면 공해를 발생하는 공장은 사회 전체에 비용을 발생하며(부정적 외부효과), 동네에서 한 집이 정원을 아름답게 꾸미면 그 동네 전체의 주택 가치를 유지하거나 높이는 데에 도움이 된다(긍정적 외부효과).

외적비용 external cost.

요루바인 Yoruba.
아프리카 기니에 사는 흑인, 또는 그 언어.

우라노스 Uranus. 그리스 신화에서 하늘의 신.

우르두어 Urdu.
파키스탄과 인도에서 공용어로 쓰이는 언어.

우이준 Ui Jun. (1932~2006)
일본의 환경학자, 환경운동가.

울브리히트, 발터 에른스트 파울 Ulbricht, Walter Ernst Paul. (1893~1973) 독일의 정치가. 베를린 장벽을 세웠다.

워드, 프레더릭 올드필드 Ward, Frederick Oldfield. (1818~1877)
영국의 의학자. 에드윈 채드윅과 함께 영국의 위생 개혁 운동을 벌였다.

워드스타 Wordstar. 1978년에 출시된 컴퓨터용 문서작성기로 1980년대 초부터 중기까지 인기를 누렸으나 지금은 판올림을 포기한 상태이다.

워드퍼펙트 Wordperfect. 1980년대 말~1990년대 초 동안 인기를 누린 컴퓨터용 문서작성기. 지금은 코렐사의 코렐 워드퍼펙트에 포함돼 출시된다.

웨스턴유니언 Western Union. 미국의 통신, 금융 회사. 2006년에 전보 서비스를 종료했다.

웨일스공 Prince of Wales.

위고, 빅토르 마리 Hugo, Victor Marie. (1802~1885) 프랑스의 시인, 극작가.

위그, 생빅토르의 Hugh of St. Victor. (1096~1141) 유명한 스콜라 신학자.

위너, 노버트 Weiner, Norbert. (1894~1964) 미국의 수학자.

위생경찰 medical police.

윌버,켄 Wilber, Ken. (1049~) 미국의 저술가. 신비주의, 철학, 생태학, 발달심리학 등이 주요 관심사이다.

유니백 Univac. 미국 최초의 시판용 컴퓨터. 1951년에 미국 통계청이 첫 제품을 구입했다.

유엔대학교 United Nations University.

유용한 무직 useful unemployment.

유클리드 공간 Euclidian space.

유클리드 Euclid. (서기전330~서기전275) 그리스의 수학자. 그리스어 이름은 에우클레이데스.

의료살해 medicide.

의식화 conscientizing.

『의약화학 저널』 *Journal of Medical Chemistry*. 미국의 학술지.

의존 contingency.

『의학의 응보』 *Medical Nemesis*. (일리치 지음)

이그나티에프,마이클 Ignatieff, Michael. (1947~) 캐나다의 역사학자, 정치가.

이단심문소 (Holy Office of) the Inquisition. (그리스도교)

이리아이 iriai. いりあい (入会) 일정 지역의 주민이 관습에 따라 일정한 산림·들·어장 등에 들어가서 그것을 공동으로 이용하여 풀·땔감·물고기 등을 채취하는 일.

이븐 알 샤티르 Ibn al-Shatir. (1304~1375) 시리아 다마스커스에서 활동한 아랍의 무슬림 천문학자, 수학자, 공학자, 발명가.

이사벨 여왕 Isabel la Católica. (1451~1504) 카스티야와 아라곤의 여왕.

이상형 ideal type.

이시다타케시 Ishida Takeshi 石田雄. (1923~) 일본의 정치학자.

이진부호 binary sequence.

인간경제 Human Economy.

인공두뇌적 꿈 cybernetic dream. (버먼)

인노켄티우스3세 Innocentius III (1160?~1216) 교황 재위. (1198~1216)

인도어 중앙연구소 Central Institute of Indian Languages.

인디오 Indio.

『인본주의 심리학 저널』 *Journal of Humanistic Psychology*. (정기간행물)

인본주의 심리학 Humanistic Psychology. 인간 개개인의 전인적 완성이라는 관점에서 출발하는 심리학.

『일리아스』 *Illiad*. (호메로스 지음)

일본 엔트로피 학회 Japanese Entropy Society.

읽는 기술 ars legendi. 라틴어.

입체영상적 사고의 틀 holographic paradigm. (켄 윌버)

ㅈ

자급 subsistence. 또는 존립.

자원 resources.

자조自助 self-help.

적정 기술 appropriate technology.

정격 생산능력 installed production capacity.

정신사 l'histoire des mentalités.

『정치학』 *Politics*. (아리스토텔레스 지음)

제2차 바티칸 공의회 Vatican Council II.

(1962~1965) 가톨릭 교회의 제21차 에큐메니컬 공의회.

제3세계 빈민을 위한 기술 Techniques for the Third World Poor.

제4차 라테란 공의회 the Fourth Lateran Council. (1215) 가톨릭 교회의 제12차 에큐메니컬 공의회.

제4항 계획 Point Four Program.
미국 트루먼 대통령이 1949년 1월 20일 취임사에서 '개발도상국' 원조 계획을 발표했는데, 연설에서 언급한 외교 목표 중 네 번째이기 때문에 이런 이름이 붙었다.

제노도투스 Zenodotos. 서기전 280년경 명성을 날린 그리스의 문법학자, 문학비평가. 알렉산드리아 도서관 최초의 사서.

제닝스, 조지 Jennings, George. (1810~1882) 영국의 위생 기술자이자 배관공. 최초의 공중 화장실을 고안했다.

제로섬 게임 zero-sum game.

제우스 Zeus.

제이콥스, 제인 Jacobs, Jane. (1916~2006) 미국 태생의 캐나다 저술가, 활동가.

조건 요소 hinge element.

조에 zoe. '생명'과 연관된 고대 그리스어.

조지 워싱턴 다리 George Washington Bridge.

죄 없는 사람들의 묘지 Cimetière des Innocents. 파리의 공동묘지. 성경에 기록된 어린아이의 학살을 (마태복음 2:16-18) 추모하는 뜻에서 붙인 이름이다. 18세기까지 주로 무연고 시신을 집단 매장하는 용도로 사용했으나 시신을 모두 파내 다른 곳으로 이장하고 더 이상 사용하지 않았다.
원래 이곳은 1424~25년으로 거슬러 올라가는 '죽음의 춤' 연작 그림이 벽화로 그려져 있던 곳이다.

주부 Hausfrau. 독일어.

중간 기술 intermediate technology.

중계 구조 intermediary structures.

지낼 곳 shelter.

지드, 앙드레 폴 기욤 Gide, André Paul Guillaume. (1869~1951) 프랑스의 작가.
1947년 노벨 문학상을 받았다.

ᄎ

차원 해석 dimensional analysis.

채드윅, 에드윈 경 Chadwick , Sir Edwin. (1800~1890) 영국의 사회개혁가.

『천구의 회전에 관하여』 De revolutionibus orbium coelestium. (코페르니쿠스 지음)

천구 sphere. 오늘날 천문학에서 천구는 가상의 구면이지만, 고대 서양에서는 수정 같은 투명한 물질로 만들어진 물리적 실체로 생각했다.
행성은 천구에 고정되어 있고, 행성의 움직임은 사실은 천구의 움직임이라고 보았다. 그리고 제일 바깥 천구에는 항성이 고정돼 있는 것으로 생각했다.

촘스키, 에이브럼 노암 Chomsky, Avram Noam. (1928~) 미국 언어학자, 정치활동가.

최소 설계 기준 negative design criteria.
어떤 것을 설계할 때 결과물이 갖추어야 하는 최소한의 기준.

추상 지표 abstract index.

ᄏ

카디 khadi.

카라치 Karachi. 파키스탄 남부의 무역항.

카롤루스 Carolus Magnus / Charlemagne. (742?~814) 신성로마제국 황제. 카롤링거 왕조의 제2대 프랑크 국왕. 대개 샤를마뉴 대제로 알려져 있다.

카롤링거 왕조 Carolingian dynasty. 서기 7세기에 유럽에서 성립된 프랑크족 왕가. 987년까지 왕위를 이었으나 실질적으로 887년에 실권을 잃었다.

카미 kami. 듣는 사람을 포함하지 않는 '우리'라는 뜻의 말레이어.

『카스티야어 문법』 Grammatica Castellana.
(네브리하 지음)

카이사르 Caesar. (서기전100~서기전34)
고대 로마의 정치가, 장군, 작가.

카프, 칼 윌리엄 Kapp, Karl William. (1910~1976)
독일 태생의 미국 경제학자.

칼비, 줄리아 Calvi, Giulia. 이탈리아의 역사학자. 일리치가 언급하는 책: *Histories of a Plague Year: The Social and the Imaginary in Baroque Florence*, Berkeley: University of California Press, 1989.

캉브론, 피에르 Cambronne, Pierre. (1770~1842)
프랑스 제국의 장군. 혁명 전쟁과 나폴레옹 시대에 전쟁에 참여했다.

캐프라, 프랭크 Capra, Frank. (1897~1991)
시칠리아 태생의 미국 영화 감독.

캔필드, 카스 Canfield, Cass. (1897~1986)
미국의 출판인.

캠벨, 윌 Campbell, Will. (1924~)
미국의 침례교회 목사, 인권활동가, 저술가, 강사.

커즌스, 노먼 Cousins, Norman. (1915~1990)
정치 저널리스트. 한국에서는 『웃음의 치유력』의 저자로 더 잘 알려져 있다.

콜롬비아대학교 Columbia University. (미국)

케네디, 존 Kennedy, John. (1917~1963)
미국의 제35대 대통령.

케랄라 사스트라 사히트야 파리샤드 Kerala Sastra Sahitya Parishad. 인도 케랄라 주에서 1962년에 시작된 민중 과학 운동.

케인스, 존 메이너드 Keynes, John Maynard. (1883~1946) 영국의 경제학자.

케플러, 요하네스 Kepler, Johannes. (1571~1630)
독일의 수학자, 천문학자, 점성학자.

코넬대학교 Cornell University. (미국)

코란 Koran.

코르, 레오폴드 Kohr, Leopold. (1909~1994)
오스트리아에서 태어나 영국에서 활동한 경제학자, 정치학자.

코르뱅, 알랭 Corbin, Alain. (1936~)
프랑스의 역사학자.

코메니우스, 요한 아모스 Comenius, Johann Amos. (1592~1670) 체코의 종교지도자, 교육 사상가. 대개 '현대 교육의 아버지'로 본다.

코페르니쿠스, 니콜라우스 Copernicus, Nicolaus. (1473~1543) 지동설을 주장한 천문학자.

콜럼버스, 크리스토퍼 Columbus, Christopher. (1451~1506) 이탈리아 출신의 탐험가.

쿠르수스 cursus. 라틴어 산문의 운율.

쿠헨부흐, 루돌프 Kuchenbuch, Ludolf. (1939~)
독일의 역사학자, 재즈 음악가.

쿤, 토머스 Kuhn, Thomas. (1922~1996)
미국의 과학철학자.

크라우스, 카를 Kraus, Karl. (1874~1936)
오스트리아의 평론가, 작가.

크라이스키, 브루노 Kreisky, Bruno. (1911~1990)
오스트리아의 정치가. 1970~1983년 동안 총리를 지냈다.

크라테스 Krates.

크래퍼, 토머스 Crapper, Thomas. (1836~1910)
영국의 배관공으로 토머스 크래퍼 회사를 설립했다. 수세식 변기를 발명한 사람은 아니며, 대중화에 기여한 사람이다.

크랭쿵겐 Kränkungen.
'모욕'이라는 뜻의 독일어. (복수형)

크로이츠베르크 Kreuzberg. 독일 베를린의 한 구역으로, 다른 구역과는 달리 역사가 비교적 짧다.

클라우지우스, 루돌프 Clausius, Rudolf. (1822~1888) 독일의 물리학자. 열역학에 절대온도, 엔트로피, 엔탈피 개념을 도입했다.

클랜시, 마이클 Clanchy, Michael. (1936~)
영국의 중세사학자.

클레망소, 조르주 Clemenceau, Georges. (1841~1929) 프랑스의 의사, 기자, 정치가.

클뤼니 수도원 Cluny Abbey. 프랑스 손에루아르 주 클뤼니에 있는 베네딕투스 수도회의 수도원.

키타 kita. 듣는 사람까지 포함하는 '우리'라는 뜻의 말레이어.

ㅌ

태동 quickening.

테노치티틀란 Tenochtitlan. 고대 아스텍 문명의 수도. 오늘날의 멕시코시티.

테오필루스 사제 Theophilus Presbyter. (1070?~1125) 베네딕투스 수도회 수사.

텐서 tensor.

템스 강 the Thames. 영국 런던을 지나는 강.

토마스 아퀴나스 Thomas Aquinas. (1225?~1274) 가톨릭 교회의 도미니쿠스회 소속 신부, 신학자, 철학자.

토마스주의 Thomism. 그리스도교 철학자 토마스 아퀴나스가 세운 철학·신학 체계.

토양·물 기반 soil-water matrix.

톨레도 Toledo. 스페인의 지명.

톰슨, 에드워드 파머 Thompson, Edward Palmer. (1924~1993) 영국의 역사학자, 작가, 사회학자, 평화운동가.

퇴화 degradation.

튀링겐 Thuringia. 독일의 지명.

튀빙겐 Tübingen. 독일의 지명.

튜링 기계 Turing Machine. 일련의 기호를 정해진 규칙에 따라 조작하는 추상적 장치. 1936년에 앨런 튜링이 도입한 개념이다.

튜링, 앨런 Turing, Alan. (1912~1954) 영국의 수학자, 논리학자.

트라방코르 Travancore. 인도의 지명.

트루먼, 해리 Truman, Harry. (1884~1972) 미국의 제33대 대통령.

트루바두르 troubadour. 11~13세기에 남부 프랑스와 북부 이탈리아에서 활동한 서정시인.

트리반드룸 Trivandrum. 인도의 지명.

ㅍ

파구스 pagus. '마을', '지역', '시골'이라는 뜻의 라틴어.

파기나 pagina. '쪽'이라는 뜻의 라틴어.

파노프스키, 에르빈 Panofsky, Erwin. (1892~1968) 독일 태생의 미국 미술사학자.

파라셀수스 Paracelsus. (1493~1541) 스위스의 의학자, 화학자.

파벨라도 favellado. 브라질 리우데자네이루의 산비탈에 생겨난 빈민가를 가리킨다.

파블리오 fabliaux. 12~14세기 프랑스 북부에서 유행한 문학 장르로서, 저속하고 상스러운 이야기를 익살맞게 그려낸다.

파스칼, 블레즈 Pascal, Blaise. (1623~1662) 프랑스의 수학자, 물리학자, 종교철학가.

파스칼 Pascal. 현재 널리 쓰이고 있는 컴퓨터 언어의 한 가지로, 1980년대와 1990년 초반에 가장 널리 쓰였다.

파이데이아 paideia. '양육', '양성'이라는 뜻의 그리스어.

『파이드로스』 Phaedrus. (플라톤 지음)

파트리우스 세르모 patrius sermo. '가부장의 언어'라는 뜻의 라틴어.

팍스 로마나 pax romana.

팍스 오이코노미카 pax oeconomica.

팍스 포풀리 pax populi. '민중의 평화'라는

뜻의 라틴어.

패리, 밀먼 Parry, Milman. (1902~1935)
서사시 학자, 구두전승 학문의 창시자.

페늘롱, 프랑수아 드 살리냐크 드 라 모트 Fénelon,
François de Salignac de La Mothe. (1651~1715)
프랑스의 성직자, 신학자, 저술가.

페미나 도메스티카 femina domestica.

페스탈로치, 요한 하인리히 Pestalozzi, Johann
Heinrich. (1745~1827) 스위스의 교육가, 사상가.

펜로즈, 로저 Penrose, Roger. (1931~)
영국의 수리물리학자, 수학자, 철학자.

펭귄북스 Penguin Books.
1935년에 설립된 영국의 출판사.

평민 문자문화 lay literacy.

포드 재단 Ford Foundation.

포레, 샤를 가브리엘 Porée, Charles-Gabriel.
(1685~1770) 프랑스의 저술가.

폴라니, 칼 Polanyi, Karl. (1886~1964)
헝가리의 정치지도자, 경제인류학자.

푀르스터, 하인츠 폰 Förster, Heinz von.
(1911~2002) 오스트리아 태생의 미국 과학자.
인공두뇌학으로 유명하다.

표기 체계 notational system.

푸코, 미셸 Foucault, Michel. (1926~1984)
프랑스의 철학자.

풀라니족 Peul. 아프리카의 넓은 영역에 걸쳐
흩어져 있는 유목민족. 너무 건조해서
농사를 지을 수 없는 지역에서 가축을 기른다.

프란치스코 San Francesco. (1182~1226)
아시시의 성 프란치스코. 가톨릭의 수도사.

프랑스 학술원 l'Institut de France.

프랑크어 Frankish.

프로이트, 지그문트 Freud, Sigmund.
(1856~1939) 오스트리아의 정신과 의사, 철학자,
정신분석학파의 창시자.

프롬, 에리히 Fromm, Erich. (1900~1980)
독일의 정신분석학자·사회학자.

프시케 psyché. '생명'과 연관된 고대 그리스어.

프톨레마이오스 Ptolemy. (83?~168?)
고대 그리스의 수학자, 천문학자, 지리학자, 점성학자.

플라비우스 발레리우스 아우렐리우스 콘스탄티누스
Constantinus. (272~337) 콘스탄티누스 1세,
콘스탄티누스 대제. 로마의 황제.
최초의 그리스도교인 로마 황제.

플라톤 Plato. (서기전428~서기전347?)
고대 그리스의 철학자.

플랑드르 Flandre. 벨기에의 지명.

플랑크, 막스 Planck, Max. (1858~1947)
독일의 이론물리학자. 양자역학의 창시자로 본다.

피스 peace.

피조작체 manipulandum. 라틴어.

피타고라스 Pythagoras.
(서기전569?~서기전497?) 고대 그리스의
철학자이자 종교 단체인 피타고라스 학파의 교주.

피핀 왕 King Pippin. (714~768) 프랑크 왕.

필요 분석 needs analysis.

필요 심사 needs test.

필요 양식 need pattern.

필요 needs. '욕구'를 사용하는 경우도 많지만
이 책에서는 모두 '필요'로 옮겼다.

ㅎ

하리히, 볼프강 Harich, Wolfgang. (1923~1995)
독일의 철학자, 언론인.

『하버드 에듀케이셔널 리뷰』 *Harvard Educational*

Review. (정기간행물)

하비, 윌리엄 Harvey, William. (1578~1657) 영국의 의사.

하시모토 아키코 Hashimoto Akiko 橋本明子. 일본 태생의 미국 사회학자.

『학교 없는 사회』 *Deschooling Society*. (일리치 지음)

해링턴, 존 경 Harrington, Sir John. (1561~1612) 영국의 시인, 저술가.

해블록, 에릭 Havelock, Eric. (1903~1988) 영국의 고전학자로 미국과 캐나다에서 주로 활동했다.

허핑和平 huo'ping. 중국어.

헤르메스-아폴론 Hermes-Apollo.

헤시오도스 Hesiod. 서기전 7세기 경 활동한 고대 그리스의 서사시인.

헤프너, 필립 Hefner, Philip. 루터교회 목사, 신학자.

헬린저 Hellinger.

형식경제 formal economy.

형식경제학 formal economics.

형태형성의 장 morphogenetic field. (루퍼트 셸드레이크)

호모 에두칸두스 homo educandus. '교육의 대상인 인간'. 라틴어.

호모 오이코노미쿠스 homo oeconomicus. '경제적 인간'. 라틴어.

호모 인두스트리알리스 homo industrialis. '산업적 인간'. 라틴어.

호모 카스트렌시스 homo castrensis. '수용되는 인간'. 라틴어.

호모 트란스포르탄두스 homo transportandus. '수송의 대상인 인간'. 라틴어.

호모 하빌리스 homo habilis. '솜씨가 있는 인간.' 라틴어.

호텐토트 Hottentot.

호프스태터, 더글러스 Hofstadter, Douglas. (1945~) 미국의 인지과학자. 『괴델, 에셔, 바흐: 영원한 황금 노끈』의 작가로 유명하다.

호피족 Hopi. 주로 미국 애리조나 주에서 사는 미국 원주민 민족.

혼성어 pidgin.

회상 remembrance.

후도 fûdô. 일본어. 풍토風土를 가리키는 것 같다.

훔볼트, 빌헬름 폰 Humboldt, Wilhelm von. (1767~1835) 독일의 언어학자, 철학자, 외교관. 베를린 대학교의 공동설립자.

희소성 scarcity.

히스토리아 historia. '역사', '이야기'라는 뜻의 라틴어. '연구하여 배움', '배운 것을 이야기함'이라는 뜻의 고대 그리스어에서 온 말이다.

히틀러, 아돌프 Hitler, Adolf. (1889~1945) 오스트리아 태생의 독일 정치가.

히포크라테스 Hippocrates. (서기전460?~서기전377?) 고대 그리스 의학자.

과거의 거울에 비추어
현대의 상식과 진보에 대한 급진적 도전

초판 6쇄 발행 2019년 1월 9일
초판 1쇄 발행 2013년 5월 8일

지은이 | 이반 일리치
옮긴이 | 권루시안
디자인 | 윤지혜
홍보 마케팅 | 이상훈
인쇄 | 미광원색사
제본 | 광성문화사
표지가공(이지스킨) | 이지앤비

발행인 | 임소희
발행처 | 느린걸음
등록일 | 2002년 3월 15일
등록번호 | 제 300-2009-109호
주소 | 서울시 종로구 사직로8길 34, 330호
전화 | 02-733-3773
팩스 | 02-734-1976
이메일 | slow-walk@slow-walk.com
페이스북 | facebook.com/slow-walkbooks
블로그 | slow-walk.com

ISBN 978-89-91418-13-4 03300

이 도서의 국립중앙도서관 출판예정도서목록(CIP)은 서지정보유통지원시스템 홈페이지(seoji.nl.go.kr)와 국가자료종합목록시스템(www.nl.go.kr/kolisnet)에서 이용하실 수 있습니다. (CIP제어번호 : CIP2018039052)

〈느린걸음〉의 우리 시대 희망의 길찾기

누가 나를 쓸모없게 만드는가
이반 일리치 지음, 허택 옮김 | 148쪽 | 12,000원

전문가 독재 사회에 맞서 새로운 자급 사회를 제안하는 짧고도 강력한 에세이. 상품을 소비하지 않고 직장에 고용되지 않으면 쓸모없는 인간이 되는 시대, 인간 능력을 회복하기 위해 '쓸모 있는 실업을 할 권리'를!

다른 길
박노해 글·사진 | 352쪽 | 19,500원

"우리 인생에는 각자가 진짜로 원하는 무언가가 있다. 분명, 나만의 다른 길이 있다." 지도에도 없는 길을 걸어온 '지구시대 유랑자' 박노해 시인. 티베트에서 인디아까지, 140여 컷의 이야기가 있는 사진이 펼쳐진다.

그러니 그대 사라지지 말아라
박노해 지음 | 560쪽 | 18,000원

12년 만의 신작 시집. 인생의 갈림길에 설 때마다 삶의 길잡이가 되어줄 304편의 시가 울려온다. 좋은 말이 난무하는 시대, 거짓희망이 몰아치는 시대, 박노해의 시를 읽고 아프다면 그대는 아직 살아 있는 것이다.

김예슬 선언
김예슬 지음 | 128쪽 | 7,500원

"오늘 나는 대학을 그만둔다, 아니 거부한다" 2010년 고려대를 자퇴한 김예슬의 한국 최초의 사회적 '대학 거부 선언'이자 우리 모두의 인간 선언. 낡은 진보를 깨고 나온 젊은 세대의 혁명은 이렇게 시작되었다.

촛불혁명 2016 겨울 그리고 2017 봄, 빛으로 쓴 역사
김예슬 지음, 김재현 외 사진, 박노해 감수 | 448쪽 | 38,000원

기억은 기록으로 역사가 된다. 1,700만 시민이 183일간 이어간 세계사에 유례없는 겨울혁명, 평화혁명, 승리한 혁명! 불의한 권력을 탄핵한 촛불혁명의 전 과정을 7개 국면과 45가지 테마글, 484장의 사진으로 생생히 담아냈다. '역사적 소장품'이 될 단 한 권의 책.